곤충과
들꽃

곤충과 들꽃

생존을 위한 곤충과 식물의 공진화

정부희
글과 사진

 보리

야생화와 곤충, 그리고 나의 삼각 동행

저에게도 어린 시절 소중한 꿈이 있었습니다. 중학교 때, 대학교를 갓 졸업하고 부임해 오신 영어 선생님을 많이 따랐는데, 그 뒤로 제 꿈은 영어 선생님이었지요. 어찌저찌하다 15년 넘게 간직했던 그 꿈을 접고 나니 불현듯 세상이 넓어 보였습니다. 그때가 서른 살 무렵이었지요. '역마살'이 끼어서인지 틈날 때마다 짐을 꾸려 우리나라 유적지를 찾아다녔습니다. 전국 방방곡곡을 누비며 우리 조상들의 숨결이 깃든 유물에 푹 빠져들 무렵, 유적지 어귀에 핀 야생화가 눈에 들어오기 시작했습니다. 치마랑 똑 닮은 눈부시게 아름다운 처녀치마 꽃, 봄바람에 살랑살랑 춤추는 청초한 꿩의바람꽃, 얼음을 뚫고 피어난 장한 복수초 꽃, 고혹적인 보랏빛 얼레지 꽃⋯⋯. 얼마나 예쁘던지 숨 막혀 죽는 줄 알았습니다. 서른 살 넘어 그렇게 꽃이 제게로 왔습니다.

지금이야 '도감 풍년'이지만 그때는 도감이 흔하지 않던 시절이라 야생화 이름을 몰라 애를 태우기도 했지요. 야생화는 원래 피었던 자리에서 또 피고 지니, 해마다 그 자리에 가고 또 가면서 야생화의 매력에 푹 빠져 살았습니다. 마치 주술에 걸린 듯 야생화에 미쳐 몇 년을 보냈지요. 그러던 어느 날, 야생화에 날아온 곤충들이 하나둘 제 눈에 띄기 시작했습니다.

그 곤충들이 누군지는 몰랐지만 저마다 개성 있게 생겨 마치 외계인을 만난 듯했습니다. 사람하고 닮은 구석이라곤 하나도 없는 곤충 몸이 어찌 저리도 세밀하게 생겼을까? 몸길이가 1센티미터도 안 되는데 있을 건 다 있고, 몸 색깔은 어찌나 아름답게 치장을 했는지 볼수록 묘한 기분이 들었지요. 그 뒤로 야생화를 만날 때면 어김없이 곤충을 찾게 되고, 어느새 야생화와 곤충, 그리고 나의 삼각 동행이 시작되었습니다.

동행이 잦아지면서 궁금증도 많아졌습니다. 특정한 야생화에는 늘 비슷한 곤충들만 찾아와 꽃도 먹고 잎사귀도 뜯어 먹는 게 아니겠어요? 신발만 신고 밖에 나가면 널려 있는 닭의장풀에는 짙은 쪽빛 벌레가 붙어 있고, 원추리 새순에는 털이 북슬북슬한 새까만 벌레가 붙어 있고, 사람 밥상에 자주 오르는 배춧잎에도 초록빛 벌레가 붙어 있고, 물가의 버드나무 잎에는 까만 물방울무늬 옷을 입은 벌레가 어김없이 붙어 있었지요. 심지어 잎사귀를 멍석처럼 돌돌 말아 집을 짓고 사는 벌레도 있었습니다. 지금이야 곤충학자가 되었으니 그 곤충들이 누군지 알지만 그때는 몰라서 갑갑하기만 했지요. 날이 갈수록 야생화를 찾아온 곤충들에 대한 호기심은 늘어만 갔습니다. 결국 그 궁금증에 목말라 불혹의 나이에 곤충의 길로 접어들었으니, 야생화는 나를 곤충과 인연 맺게 해 준 중매쟁이인 셈입니다.

지금까지 지구상에 이름을 갖고 있는 동물 종만 따지면 약 150만 종이 넘을 것으로 추정하는데, 그 가운데 곤충이 약 100만 종이나 됩니다. 식물은 약 40만 종입니다. 식물이 지구상에 나타난 것은 약 5억 년 전입니다. 지구에 출현한 식물은 수많은 세월을 거치며 진화를 거듭하다 공룡이 뛰놀던 약 1억5천만 년 전 중생대 말기 백악기에 이르러 '꽃 피는 식물(속씨식물)'이 생겨났습니다. '꽃 피는 식물'은 중생대 이후부터 오늘날까지도 눈부시게 번성하고 있습니다. 물론 '꽃 피는 식물'이 번성하기까지는 바람, 새, 동물 들이 많은 도움을 줬는데, 특히 중매 곤충의 공헌은 이루 다 말할 수 없을 정도로 컸습니다. 한 발짝도 움직이지 못하는 식물들이 대를 이으려면 자기 유전자가 실린 꽃가루를 누군가 옮겨 줘야 합니다. 그래서 식물들은 자기 번식 사업에 중매쟁이들을 끌어들입니다. 대표적인 중매쟁이는 바람과 새, 그리고 곤충 들입니다. 자기 꽃가루를 바람에 실어 다른 포기의 꽃으로 배달하는 식물은 풍매화이고, 곤충을 불러들여 자기 꽃가루를 다른 포기의 꽃으로 배달시키는 식물은 충매화입니다. 물론 바람에 꽃가루를 맡겨 꽃가루받이를 하는 것보다 중매 곤충의 힘을 빌려 꽃가루받이하는 것이 가문을 잇는 데 훨씬 효과적입니다.

충매화에는 어떤 꽃들이 있나요? 그동안 보았던 꽃들을 떠올려 보세요. 노란색 꽃, 분홍색 꽃, 주황색 꽃, 모자 같은 멋진 꽃덮개를 쓰고 있는 꽃, 꽃잎이 없는 꽃, 나팔꽃처럼 생긴 꽃, 종처럼 생긴 꽃, 달콤한 향기를 풍기는 꽃, 고약한 냄새를 풍기는 꽃, 수벌을 닮은 꽃과 같이 많은 꽃들이 피고 집니다. 꽃 한 송이를 가만히 들여다보세요. 꽃잎에는 추상화처럼 아름다운 줄무늬로 꿀 안내판이 새겨져 있고, 꽃잎 안쪽에 있는 수술대 끄트머리엔 꽃가루가 수백 개에서 수천 개도 넘게 붙어 있고, 꽃 한가운데 있는 암술머리에는 끈끈하고 달콤한 물질이 붙어 있고, 심지어 꽃의 가장 깊은 곳에는 꽃꿀까지 저장되어 있습니다. 다들 중매 곤충의 관심을 끌려고 색깔로, 향기로, 모양으로, 크기로, 꽃꿀로, 꽃가루로 잔뜩 치장을 한 것이지요. 이렇게 치장하려면 비용이 얼마나 들어가는지 계산이 안 됩니다. 식물은 잎사귀에서 부지런히 광합성을 해서 모아 둔 영양분 가운데 많은 양을 꽃 피우는 데 투자합니다. 그래도 자기를 중매해 줄 곤충을 불러들이려면 그런 것쯤은 감수해야 합니다.

식물의 눈물 나는 정성을 알기라도 하듯이 많은 곤충들이 푸짐하게 차려진 꽃 밥상에 찾아옵니다. 꿀벌, 나비류, 꽃등에류, 애꽃벌류 같은 많은 곤충들이 꽃을 들락거리며 꽃 만찬을 즐깁니다. 신기하게도 곤충들은 자기 주둥이 생김새에 맞게 저마다 다른 방식으로 꽃밥을 먹습니다. 꽃등에류는 꽃가루를 쓱쓱 핥아 먹고, 나풀나풀 선녀처럼 나는 나비는 빨대 주둥이로 꽃꿀을 빨아 마시고, 털북숭이 꿀벌은 몸털에 꽃가루를 덕지덕지 묻히고 꽃꿀을 따 먹고, 방패연 같은 노린재는 침 주둥이로 꽃 즙을 빨아 먹고, 심지어 검은다리실베짱이는 어여쁜 꽃잎까지 쑹덩쑹덩 씹어 먹고……. 다들 분주하게 날았다 앉았다 하며 배부르게 식사를 합니다. 그도 그럴 것이 몇몇 곤충들의 밥은 꽃입니다. 곤충에게 꽃은 자기 생명을 유지시켜 주는 고마운 밥인 것이지요. 꽃가루와 꽃꿀에는 탄수화물뿐만 아니라 단백질, 지방, 비타민, 유기산 같은 영양분이 많이 들어 있거든요.

곤충들이 꽃가루와 꽃꿀을 먹는 사이에 곤충들의 몸에는 우연히도 꽃가루가 덕지덕지 묻습니다. 그럴 때마다 꽃은 신이 납니다. '어서어서 많이 묻혀 다른 포기의 꽃으로 날아가 중매를 해 주렴.' 꽃의 간절함이 통했는지 꽃 식사를 마친 곤충들이 다른 꽃으로 날아갑니다. 다른 포기의 꽃에 앉아 꽃밥을 먹는 동안 몸털에 묻혀 온 꽃가루가 우연히도 암술머리에 떨어집니다. 이것으로 중매쟁이 역할 끝! 세상에 공짜는 없는 법! 이렇게 곤충들은 꽃들의 중매를 서서 밥값을 합니다.

그런데 말입니다. 곤충들이 정말로 밥 먹은 대가를 치르려고 중매를 할까요? 아닙니다. 그건 사람의 해석입니다. 곤충의 마음은 딴 곳에 가 있습니다. 곤충들은 그저 꽃들을 푸짐한 밥상으로 이용할 뿐이고, 꽃들은 그저 곤충들을 불러들이려고 열심히 밥상을 차리고 있을 뿐입니다. 꽃은 오로지 자신의 대를 잇기 위해 꽃 밥상을 차려 놓고, 곤충들은 오로지 자신의 주린 배를 채우기 위해 꽃 밥상을 찾는 것이지요. 꽃과 곤충의 생각이 달라도 한참 다릅니다. 동상이몽이지요. 곤충들이 굶주린 배를 채우느라 이 꽃 저 꽃 찾아다니는 와중에 정말 우연히도 꽃을 중매시키게 되니 말입니다. 아이러니하게도 우연치고는 중매 성공률이 아주 높습니다.

더 노골적으로 말하면 곤충에겐 중매에 대한 생각이 없습니다. 그저 우연히 일어나는 중매가 식물 가문의 번성과 멸망을 좌우합니다. 냉정하게 보면 꽃과 곤충의 관계는 서로 돕는 관계가 아닙니다. 각자 살길을 찾는 관계일 뿐이지요. 식물은 가문의 생존과 번식을 위해 반드시 꽃을 피워야 하고, 또 곤충은 가문의 생존과 번식을 위해 반드시 꽃밥을 먹어야 합니다. 그러다가 우연히 중매가 이루어져 식물도 계속 살아남아 꽃을 피우고, 곤충도 계속 살아남아 꽃밥을 먹습니다. 물론 오랜 세월 동안 특정한 식물의 꽃을 정해 놓고 찾는 곤충도 생겼습니다. 이렇게 꽃과 곤충의 세계에는 '필연'과 '우연'의 두 축이 교묘하게 끼어 '따로 또 같이' 돌아갑니다.

그럼 풍매화는 어떻게 대를 이을까요? 충매화와 달리 풍매화는 중매 곤충 도움이 없어도 잘만 번식합니다. 대신 수꽃의 꽃가루가 바람을 타고 떠돌다가 우연히 다른 포기의 암꽃에 살포시 앉아 꽃가루받이를 합니다. 바람의 도움을 받으려면 풍매화는 꽃가루를 엄청나게 많이 만들어야 합니다. 수꽃의 꽃가루가 바람에 날리면서 소실되는 양이 많기 때문이지요.

그뿐이 아닙니다. 서양민들레 같은 꽃은 바람의 도움도, 중매 곤충의 도움도 다 정중히 거절합니다. 곤충들이 중매를 해 주든 말든 아무런 상관없이 스스로 자신을 복제해 대를 이어 갑니다. 닭의장풀 같은 꽃도 중매 곤충을 기다리다 지치면 스스로 꽃잎을 닫고 꽃잎 속에서 남매끼리 꽃가루받이를 할 때도 있습니다. 환경이 나빠져 중매 곤충이 줄어들면 꽃가루받이를 못하기 때문이고, 또 가족끼리 결혼하면 유전자 다양성이 떨어질 것을 알지만 그래도 대가 끊기는 것보다는 낫기 때문입니다.

그런데 서로를 필요로 하는 곤충과 식물 관계에 반전이 일어납니다. 바로 곤충과 잎사귀 관계에서요. 곤충과 잎사귀의 생존 전략을 잘 들여다보면 긴장감이 팽팽 돕니다. 식물은 꽃에 곤충이 많이 모여들면 들수록 굉장히 신이 나지만, 잎사귀를 먹는 곤충이 많이 모여들면 들수록 속이 엄청나게 상합니다. 왜냐하면 잎사귀를 먹는 곤충은 식물이 살아남는 데 아무짝에도 도움이 되지 않으니까요. 식물은 잎사귀에서 광합성을 해서 영양분을 많이 얻어야 번식에 필요한 꽃을 만들 수 있습니다. 잎사귀를 곤충이 다 먹어 버리면 모든 것이 물거품이 됩니다. 실제로 곤충 100만 종 가운데 식물을 먹고 사는 곤충이 약 30퍼센트(약 35만 종)나 차지하니 곤충에게 식물은 먹이 창고입니다. 그래서 식물들에게 비상이 걸렸습니다. 초식 곤충들이 광합성 공장인 잎사귀를 축내니 잘못하다간 꽃도 피우기 전에 죽을 수도 있습니다. 식물은 대책을 세웁니다. 초식 곤충이 자기를 뜯어 먹지 못하도록 몸에 가시나 털이 다닥다닥 자라도록 합니다. 그렇다고 물러설 곤충이 아니지요. 계속 잎사귀를 뜯어 먹자 식물은 다음 단계로 독 물질을 만들어 몸에 저장했습니다. 이런 갖가지 무기를 만드는 일에는 비용이 엄청 많이 들어갑니다. 자나 깨나 광합성을 해서 만든 영양분을 많이 투자해야 하니까요. 그래도 살아남으려면 어쩔 수 없습니다.

하지만 곤충도 만만치 않습니다. 잎사귀는 초식 곤충들한테는 밥이기 때문에 녀석들 입장에서는 죽느냐 사느냐의 문제입니다. 독 물질이 있어도 잎사귀를 열심히 먹습니다. 그렇게 오랜 세월 동안 특정한 식물을 정해 놓고 먹으면서 초식 곤충들은 식물의 방어 물질에 내성이 생겼습니다. 그래서 지금껏 자기가 좋아하는 식물을 정해 놓고 열심히 잎사귀를 먹습니다. 이쯤이면 초식 곤충의 판정승이지요. 그럼 식물은 뜯어 먹히기만 할까요? 아닙니다. 식물은 '통 큰 자선 사업'을 합니다. 자기가 생존하는 데에 필요한 양보다 훨씬 더 많은 잎사귀를 만들어 냅니다. 초식 곤충들이 아무리 먹어도 남을 만큼 잎사귀를 넉넉히 만듭니다. 또 초식 곤충도 염치없이 식물을 죽일 정도로 잎사귀를 먹어 대진 않습니다. 식물이 죽으면 결국 식물 밥이 없어져 곤충도 멸망의 길로 들어서기 때문에 개체 수를 조절하기도 합니다. 그렇게 자연은 빈틈없이 돌아갑니다. 사람의 소견으로는 해석이 안 될 정도로 말이지요.

바쁘신가요? 잠시라도 틈을 내 들길이나 산길을 걸어 보세요. 바쁜 일상과는 생판 다른 세상이 펼쳐집니다. 길옆에 피어 있는 수많은 야생화, 그 야생화를 찾아와 열심히 식사하는 곤충들과 눈 마주치며 놀다 보면 문득 여기가 무릉도원이란 생각이 들지도 모릅니다. 분주한 바깥세상 일은 잠시 잊을 수 있으니까요. 꽃 한 송이, 풀 한 포기, 나무 한 그루에 깃들어 사는 뭇 생명들의 합창 소리에 한순간이라도 묻혀 살 수 있다면 얼마나 좋을까요.

꽃과 곤충이 아옹다옹 살아가는 모습을 보니 문득 김춘수의 아름다운 시 〈꽃〉이 떠오릅니다. 요즘 패러디 몸살을 앓고 있는 시이지요. 저도 그에 편승해 곤충 마음과 야생화 마음을 얹어 슬쩍 패러디해 봅니다.

꽃

내가 그의 이름을 불러 주기 전에는
그는 다만
하나의 하찮은 벌레에 지나지 않았다.

내가 그의 이름을 불러 주었을 때
그는 나에게로 와서
보석보다 귀한 손님, 중매쟁이 곤충이 되었다.

내가 그의 이름을 불러 준 것처럼
이 고운 빛깔과 향기를 맡으며 맛난 꽃가루와 꽃꿀을 먹고
나의 꽃가루를 다른 포기의 암꽃에 뿌려 다오.
암꽃에게로 가서 나도
씨앗을 맺고 싶다.

우리 꽃들은 모두
곤충에게 밥이 되고 싶다.
나는 대 잇기 위해 꽃 피우고, 그는 살기 위해 꽃을 먹지만
우린 잊혀지지 않은 하나의 영원한 관계이고 싶다.

이제 이 글을 마치려니 제 맘은 20년 전으로 되돌아갑니다. 두 갈래 길에서 서성이던 나를 자연 세계로 이끌어 준 야생화, 곤충이라곤 전혀 관심이 없던 나를, 곤충이라면 무서워 손사래를 치던 나를 곤충학자의 길로 이끌어

준 야생화, 하마터면 생명의 경이로움을 놓치고 살 뻔한 나를 경외심 가득한 자연의 세계로 이끌어 준 야생화……. 그런 야생화를 처음 만나고 제겐 소원이 하나 생겼습니다. '바늘과 실' 같은 곤충과 야생화의 열정적인 대화를 사람의 말로 통역하고 싶다는 소원이요. 야생화와 곤충을 한 식탁에 올리기까지 굉장히 조심스럽고 어려웠습니다. 진정한 통섭의 문제니까요. 지금, 곤충과 야생화가 함께 한 식탁에 둘러앉아 나누는 얘기를 듣자니 뭔가 뭉클한 게 목 밑까지 올라옵니다.

봄이 오길 열 손가락을 꼽아 가며 기다립니다. 어서 산과 들에서 펼쳐질 곤충과 야생화의 도란거리는 속삭임을 듣고 싶습니다. 촌스럽게 앞으로 그들의 얘기에 귀 기울이며 더 많은 시간을 보내야겠다는 다짐을 벌써부터 해 봅니다.

광장동 연구실에서
정부희

개정판을 내며

지구에 터 잡고 사는 수많은 생명은 태양에 의지하며 살아갑니다. 태양은 식물에게 빛 에너지를 무상 급식하고, 식물은 그 빛 에너지를 광합성 하는 데 이용해 소중한 영양물질과 산소를 만들어 냅니다. 이 영양물질을 곤충을 비롯한 동물들이 직간접적으로 먹습니다. 결국 지구에 사는 약 150만 종이나 되는 동물들을 먹여 살리는 주체는 식물입니다. 소비자인 동물에게 있어 생산자인 식물은 생명의 은인인 셈입니다.

오늘날까지 식물이 눈부시게 번성하는 데에 바람, 새, 곤충, 동물 들이 많은 도움을 줬습니다. 그 가운데 곤충의 역할은 식물의 생존을 좌지우지할 만큼 큽니다. 단 한 발짝도 움직이지 못하는 식물들이 대를 이으려면 자신의 생식 기관인 꽃가루를 누군가가 날라 줘야 합니다. 그래서 식물들은 자신의 번식 사업에 중매쟁이 곤충들을 끌어들이기 위해 고군분투합니다.

이 책에서는 그런 식물 가운데 들꽃(초본류)과 곤충의 떼려야 뗄 수 없는 절묘한 관계를 담았습니다. 앞서 출간한 '정부희 곤충기' 시리즈에서는 주로 곤충들이 살아가는 이야기에 초점을 맞추었다면 이번에 출간하는 《곤충과 들꽃》에서는 곤충뿐만 아니라 들꽃 이야기도 깊이 있게 담았습니다. 그건 식물을 알아야 곤충이 보이고, 곤충을 알아야 식물이 보이기 때문입니다.

식물의 꽃 구조에 따라, 식물의 잎이 품고 있는 독성에 따라 저마다 다른 곤충들이 몰려옵니다. 꽃은 식물의 치열한 생존 전쟁의 결과물입니다. 그 꽃이 살아남아 제구실을 해야 곤충도 살아남을 수 있습니다. 그래서 꽃의 구조를 낱낱이 살펴봄으로써 식물들이 곤충들을 어떻게 불러들이는지에 대한 궁금증을 자세하게 풀어냈습니다. 예를 들면 피나물은 잎과 꽃의 전략이 다릅니다. 잎은 독성을 많이 품고 있어 어느 곤충도 얼씬 못 하게 하지만, 꽃에는 50개도 넘는 수술대에 수억 개의 꽃가루가 달려 있어 유능한 중매쟁이인 곤충을 불러들입니다. 피나물이 살아남으려면 잎은 곤충에게 뜯어 먹히지 않으면서도 꽃은 제대로 꽃가루받이를 해야 대를 이을 수 있습니다. 이때 꽃은 '암술 먼저 수술 나중' 전략을 써서 남매끼리 꽃가루받이를 하지 않으려 애를 씁니다. 이렇게 식물의 꽃과 잎사귀와 곤충의 다이내믹한 호응 관계를 세밀하게 들여다보면 관찰하는 재미도 쏠쏠할뿐더러 톱니 물리듯 정교하게 돌아가는 자연 이치에 무릎을 탁 칠 것입니다.

이렇게 하루하루 '때로는 같이, 때로는 따로' 쫄깃한 밀당을 벌이며 살아가는 들꽃과 곤충의 고군분투기를 《곤충과 들꽃》에 담았습니다. 《곤충과 들꽃》은 《곤충의 밥상》, 《곤충의 보금자리》, 《곤충의 살아남기》에 이어 내는 '정부희 곤충기' 네 번째 권으로, 이미 10년 전 첫 출간되었던 《곤충 마음 야생화 마음》을 새 단장해 재출간하는 책입니다. 재출간 작업을 하면서 기존 원고에 그동안 관찰하고 연구한 내용을 추가해 원고의 완성도를 높이고, 꽃의 생김새나 수분에 대한 설명을 많은 부분 할애해 톱니바퀴처럼 맞물려 돌아가는 곤충과 식물의 공생 관계를 부각시켰습니다. 또한 기존 사진을 대부분 질 높은 사진으로 교체하고, 역동적인 생태 현장을 방문하는 느낌이 들도록 다양한 표정을 짓는 곤충과 식물의 생태 사진을 추가하였습니다. 무엇보다 군데군데 세밀화를 넣어 책에 따뜻함을 더했습니다.

'바늘과 실' 같은 식물과 곤충의 관계에서 식물만 알거나 곤충만 아는 건 어쩌면 절름발이 지식에 불과할 수 있습니다. 이 책을 읽는 동안 생태 안내자, 곤충 연구 지망생, 대학생과 대학원생, 곤충에 관심이 있는 분들이 식물과 곤충의 공진화(밀접한 관계에 있는 두 종이 서로 영향을 미치면서 진화하여 가는 일)를 이해하는 데 번뜩이는 영감을 얻었으면 하는 마음이 큽니다. 신발만 신고 대문 밖으로 나가면 어김없이 돋아나는 풀과 피어나는 풀꽃들! 지나치지 말고 그 풀들에 의지해 사는 곤충들을 찾다 보면 지금과는 다른 세상이 열릴지도 모릅니다.

2022년 8월 끝자락에
정부희

차례

1장

노란 꽃
피는 풀과
곤충

복수초 꽃과

이른 봄 곤충

복수초

가랑잎 더미 사이로
노란 복수초 꽃이 피어났습니다.

4월 끝자락입니다. 올봄은 맑은 날이 참 많습니다.

이른 봄꽃을 구경하기에는 많이 늦었지만 산에 오릅니다.

올해 들어 처음 찾는 천마산입니다. 외진 오솔길을 한 발 한 발 딛습니다.

죽은 갈참나무에 탁구공만 한 구멍을 파 놓고 들락거리는 쇠딱다구리,

고깔제비꽃 꿀을 빠느라 앉았다 날았다 바쁜 애호랑나비,

바스락바스락 가랑잎 위를 닭처럼 걸어 다니는 들꿩.

기운찬 봄기운이 숲속 여기저기서 솟아납니다.

오솔길 옆 널따란 숲 바닥에 복수초, 노루귀, 만주바람꽃, 꿩의바람꽃,

털괭이눈, 양지꽃, 태백제비꽃 같은 봄꽃들이 죄다 피어났습니다.

오늘은 복수초의 날인가 봅니다.

한두 송이만 피어 있어도 눈부실 텐데,

숲속으로 들어가니 말 그대로 복수초 꽃밭입니다.

흐드러지게 피어난 곱디고운 복수초 꽃에 한순간 넋이 빠집니다.

도대체 어느 꽃과 눈을 맞춰야 할지 모르겠습니다.

금방이라도 터질 듯한 꽃망울,

하늘을 다 안을 듯이 꽃잎을 활짝 편 꽃, 꽃잎이 떨어진 꽃……

셀 수도 없이 많은 복수초 꽃들이 숲 바닥을 덮었습니다.

복수초

이 꼭지는 복수초 꽃을 먹이식물로 하는 곤충 이야기입니다.

복 많이 받고 오래 사세요!
복수초

    복수초 꽃은 보름달처럼 둥글둥글 복스러워 보고만 있어도 절로 입가에 미소가 지어집니다. 복수초(福壽草)는 이름처럼 '복 많이 받고 오래 살라!'며 봄마다 피어납니다. 영하를 넘나드는 날씨에도 추위에 지친 우리에게 복을 듬뿍 선물하려고 차가운 얼음을 뚫고 피어나니 참 대견합니다. 그래서인지 복수초는 별명이 참 많습니다. 새하얀 눈을 헤치고 찬바람을 이기며 피어난 모습이 연꽃과 꼭 닮아 '설련화', 눈과 얼음을 헤치고 강인하게 피어난다 해서 '눈색이꽃' 또는 '얼음새꽃', 음력 새해 첫날인 설날을 맞이해 피어난다 해서 '원일화'라고도 부릅니다. 별명에서도 칭송이 넘쳐 나니 대접 하나는 제대로 받는 꽃이지요. 소복이 쌓인 흰 눈 틈에서, 차디차게 언 땅에서 솟아올라 탐스러운 꽃을 피우니 그럴 만도 합니다.

얼어붙은 땅에서 복수초 꽃봉오리가 피어올랐다.

복수초 꽃은
따뜻한 난로

기랑잎 더미 사이로
복수초 꽃이 피었다.
—

복수초 꽃은 온통 노란색입니다. 햇빛이라도 받으면 노랗다 못
해 황금빛입니다. 꽃잎도 노란색, 암술도 노란색, 수술도 노란색인
데, 꽃잎을 받치고 있는 꽃받침만 흙빛일 뿐입니다. 30개도 넘는
꽃잎들은 서로 포개져 있고 꽃잎 안쪽에는 샛노란 수술이 한가득
소복이 모여 있습니다. 푸짐한 수술을 젖히면 수술 한가운데에 연
둣빛 암술이 턱 버티고 있는데, 암술은 우둘투둘한 돌기들이 다닥
다닥 붙어 있어 마치 아기 도깨비방망이 같습니다.

식물이 꽃을 만들려면 많은 영양분이 필요합니다. 복수초도 사
정은 마찬가지입니다. 더구나 꽃이 크다 보니 영양분이 이만저만

드는 것이 아닙니다. 복수초는 지난해 광합성을 해 뿌리에 모아 둔 영양분 가운데 많은 양을 빼내 꽃을 만듭니다. 그것도 추운 이른 봄날 꽃을 피우니 영양분이 더 많이 듭니다. 그런데 말이지요. 아무리 공들여 꽃을 피워도 중매쟁이 곤충이 찾아오지 않으면 말짱 헛일입니다. 추위를 싫어하는 곤충들을 불러 모으는 것은 어쩌면 모험일 수 있습니다.

그럼 복수초는 어떤 작전으로 겨울잠에서 깨어난 곤충을 불러들일까요? 복수초 꽃은 '따뜻한 난로'나 마찬가집니다. 꽃 안이 난로를 피워 놓은 것처럼 따뜻하기 때문이죠. 숲 바닥에서 피어난 복수초 꽃들을 자세히 살펴보세요. 놀랍게도 모두 한쪽을 바라보고 있습니다. 어디를 바라볼까요? 해를 쳐다보고 있지요. 복수초 꽃은 해만 쫓아다니는 지독한 '태양 스토커'입니다. 그래서 해가 동쪽에서 떠올라 서쪽으로 질 때까지 해를 쫓아다닙니다. 또 복수초는 햇빛이 비쳐야 꽃을 활짝 피웁니다. 날이 흐려도 꽃잎을 열지 않고, 저녁이 되어 해가 지면 꽃잎을 닫습니다. 왜 그럴까요? 햇볕을 쬐어 꽃 안의 온도를 높이기 위해서입니다. 햇빛이 비치지 않는 날은 꽃을 피워도 꽃 안의 온도를 높일 수 없으니 꽃잎을 접는 것으로 여겨집니다.

복수초 꽃은 꽃 자체가 오목 거울이라고 생각하면 됩니다. 복수초 꽃을 잘 들여다보면 많은 꽃잎들이 포개져 암술과 수술을 에워싸고, 가운데가 둥그스름하게 들어가 있습니다. 꽃잎들이 병풍처럼 겹겹이 늘어서서 오목 거울처럼 따뜻한 햇볕을 꽃 안에 모읍니다. 그리고 모은 햇볕을 고스란히 수술과 암술이 있는 오목하게 들어간 꽃 한가운데에 가둡니다. 그 덕에 꽃 안은 난로를 피운 것처럼 따뜻합니다. 더구나 암술과 수술이 피어날 때 물질대사로 인해 생기는 열까지 보태지면 꽃 안은 더욱 훈훈해집니다. 꽃 안의 온도는 꽃 밖의 온도보다 적어도 5~7도가 높다고 합니다. 추위에 약한 곤충들에게 복수초 꽃은 꽤 따뜻한 휴게실이 되어 줍니다.

마침 이른 봄 곤충이 복수초 꽃의 노란색과 자외선 색에 이끌려 꽃 안으로 들어갑니다. 그런데 꽃 안이 참 따뜻합니다. 쌀쌀한 봄날 따뜻한 꽃을 만났으니 오래 머물며 꽃가루와 꽃꿀을 먹습니다. 또 오래 머문 만큼 몸에 꽃가루도 많이 묻습니다. 꽃 안이 따뜻하면 복수초는 곤충을 오래도록 붙들어 꽃가루를 많이 묻힐 수 있어서 이득입니다. 또한 곤충들은 이른 봄 드물게 피어나는 꽃에서 배불리 밥을 먹어야 하는데, 따뜻하기까지 하니 더 오래 머물 수 있고 또 배를 채울 수 있어서 이득입니다.

한 일본 연구자가 복수초 꽃의 '오목 거울' 효과에 대한 실험을 했습니다. 인공적으로 암술에 꽃가루를 묻힌 뒤 한 꽃에서는 꽃잎을 전부 떼어 내고, 또 다른 꽃에서는 꽃잎을 떼지 않고 그대로 두었습니다. 그랬더니 꽃잎을 뗀 꽃은 50퍼센트가 열매를 맺고 꽃잎을 떼지 않은 꽃은 70퍼센트가 열매를 맺어 꽃잎을 떼어 내지 않은 꽃이 열매를 더 많이 맺었습니다. 이와 같은 연구 결과로 볼 때 복수초의 꽃잎은 꽃 안을 난로처럼 따뜻하게 해 줄 뿐 아니라 꽃 안이 따뜻하니 암술의 생리를 활성화시켜 결국은 열매가 잘 맺히도록 도와주는 것을 알 수 있습니다.

이렇게 복수초는 꽃 안의 온도를 높이는 전략에 성공해 멸종하지 않고 대대손손 차가운 눈 속에서도 꽃을 피울 수 있습니다. 다른 식물보다 빨리 꽃을 피우는 복수초의 전략은 이겨 내야 할 시련

복수초 꽃은 꽃잎이 겹겹이 포개져 있다.

복수초 꽃을 찾아온 반월넓적꽃등에

도 있지만 장점도 있습니다. 주변 식물들의 잎사귀가 우거지게 자라 햇빛을 가리기 전에 서둘러 꽃을 피우면 다른 식물보다 먼저 열매를 맺고 땅속뿌리에도 영양분을 많이 모을 수 있습니다. 즉 둘레에 있는 식물들과 경쟁을 피해 다른 식물이 꽃을 피울 때 이미 한살이를 마무리하고 땅속에서 내년을 기다리는 것이지요. 성장 시기를 달리하는 복수초의 생존 전략이 새삼 지혜롭게 느껴집니다.

소중한
꿀 안내판

복수초 꽃이 중매쟁이 곤충의 관심을 끄는 전략은 또 있습니다. 바로 자외선 색을 지니는 것입니다. 복수초는 곤충이 좋아하는 노란색 꽃을 공들여 피우고 꽃잎 안쪽에서 자외선을 흡수합니다. 그래서 복수초 꽃의 노란 색깔은 단순한 노란색이 아닙니다. 꽃잎 안쪽에는 식물에 주로 들어 있는 색소인 플라보노이드(flavonoid) 계열의 하나로 자외선을 잘 흡수하는 캘콘(chalcone)이 많이 들어 있습니다. 꽃잎 바깥쪽에는 동식물에 흔히 들어 있는, 자외선을 반사하는 카로티노이드(carotinoid) 계열 색소가 많습니다. 사람은 자외선을 볼 수 없지만 곤충은 자외선을 매우 잘 봅니다. 그래서 자외선을 감지하지 못하는 사람 눈에는 복수초 꽃이 완전히 노랗게 보이고, 자외선을 감지하는 벌이나 다른 곤충들 눈에는 꽃잎 바깥쪽은 노랗고 꽃잎 안쪽은 '짙고 강렬한 색'으로 보입니다. 곤충 눈에

는 '자외선 색'으로 보이는 것이지요. 복수초 꽃에서 이 '자외선 색' 부분이 바로 꿀 안내판(honey guide, 유인 색소)입니다. 복수초 꽃은 꿀 안내판을 꽃 한가운데에 그려 놓고 날아오는 곤충에게 꽃이 질 때까지 광고합니다. '꽃 한가운데에 암술과 수술로 정성껏 밥상을 차렸으니 들어오세요.'

곤충은 꿀 안내판을 따라 꽃 한가운데로 갑니다. 한가운데는 햇볕이 모아져 따뜻하고 아늑합니다. 곤충은 추위에 떨었던 몸을 데우며 복수초 꽃밥을 실컷 먹습니다. 온몸에 꽃가루를 묻히면서 말이죠.

암술과 수술의
전략

복수초 꽃은 '암수한그루'라 암꽃과 수꽃이 한 꽃 안에서 함께 삽니다. 따지고 보면 암꽃과 수꽃의 관계는 '남매'지요. 가까운 친척 간에는 결혼하지 말라는 말은 식물 세계에서도 통합니다. 그래서 한 꽃에서 함께 사는 복수초의 암꽃과 수꽃은 서로 마주치지 않으려고 꾀를 내어 암꽃이 먼저 피고, 수꽃이 나중에 핍니다. 복수초 꽃밭에 앉아서 꽃을 몇 송이 들여다보면 암술만 성숙한 꽃과 수술만 성숙한 꽃을 심심찮게 만날 수 있습니다.

복수초는 암술이 먼저 성숙합니다. 복수초 암술은 도깨비방망이처럼 생겼고, 암술 끄트머리에 있는 암술머리는 늘 끈적끈적한 물질로 촉촉하게 젖어 있습니다. 중매쟁이 곤충이 몸에 묻혀 온 다른 포기의 꽃가루가 잘 묻도록 말이지요. 수술은 암술을 빙 둘러 나 있는데, 이때 수술은 암술이 꽃가루받이가 이루어질 때까지 꽃가루를 터뜨리지 않을 뿐 아니라 꽃잎 바깥쪽을 향해 비스듬히 누워 있습니다. 꽃가루주머니를 암술과 가능한 한 떨어뜨려 놓으려는 것입니다.

　암술머리에 다른 포기의 꽃가루가 묻어 꽃가루받이가 되면 수술이 성숙하기 시작합니다. 드디어 비스듬히 누워 있던 수술이 활개를 치며 벌떡 일어나 암술을 에워쌉니다. 그리고 바깥쪽에 있는 수술부터 꽃가루를 터뜨리기 시작합니다. 이 시기에 곤충들이 많이 몰려듭니다. 곤충들은 남매끼리 꽃가루받이를 하지 않으려는 복수초의 전략에는 나 몰라라 한 채 그저 영양 만점인 꽃가루를 먹기만 합니다.

복수초 암꽃

복수초 암꽃이 먼저 피고 있다.

복수초 암꽃이 활짝 피었다.

복수초 암꽃이 진 뒤 수꽃이 피고 있다.

비스듬히 누워 있던 복수초 수꽃이
일어나 암술을 둘러쌌다.

검정파리류
등장

좀 쌀쌀하지만 복수초 꽃 앞에서 몇 시간을 죽치고 앉아 곤충을 기다려 봅니다. 정오부터 오후 두세 시까지는 온도가 제법 올라가 곤충들을 심심찮게 만날 수 있습니다.

얼마나 지났을까? 아니나 다를까 어디선지 파리류 한 마리가 부-웅 날아와 복수초 꽃 위를 빙빙 돌다가 꽃잎에 살포시 내려앉습니다. 검정파리류(검정파리과)군요. 녀석은 배가 많이 고팠는지 꽃에 앉자마자 곧바로 넓적한 주둥이를 꺼내 복수초 꽃가루를 쓱쓱 핥아 먹습니다. 경계심이 얼마나 많은지 꽃가루를 핥으면서 머리를 좌우로 두리번거립니다. 주변을 살필 때는 주둥이를 집어넣고, 마음이 놓이면 다시 쑥 빼내 꽃가루를 핥아 먹습니다. 꽃가루

파리류가 복수초 꽃 위에 앉아 꽃가루를 먹고 있다.

만 먹는 것이 아니라 이미 꽃가루받이 된 암술머리까지도 핥아 먹는군요. 1분 남짓 동안 녀석은 수술과 암술을 넘나들며 쉬지 않고 먹습니다. 그러고는 아무 걱정 없다는 듯이 쓱쓱 싹싹 몸을 닦네요. 주둥이를 앞다리에 대고 비비기도 하고, 앞다리 두 개를 맞대고 손바닥 비비듯이 비비기도 하고, 그런 다음 또다시 꽃가루를 게걸스럽게 핥아 먹기 시작합니다.

녀석의 몸에는 털이 참 많이 붙어 있군요. 그 많은 털에 노란 꽃가루가 듬성듬성 붙어 있습니다. 개구리 왕눈이 같은 커다란 겹눈이 귀여워 카메라를 조심스럽게 갖다 댑니다. 역시 눈치 빠른 녀석, 얼른 주둥이를 쏘옥 집어넣습니다. 겁을 먹어 잠시 움직이지 않고 얼어붙은 듯 가만있더니 아예 꽃 밥상을 버리고 쌩하고 날아가 버립니다. 몸에 꽃가루가 묻었으니 또 다른 복수초 꽃을 찾아가면 중매가 될 것 같군요.

복수초 씨앗

복수초 꽃에 찾아온
이른 봄 곤충들

재니등에류가 긴 주둥이를 꽂고 복수초 꽃꿀을 먹고 있다.

잠시 정적이 흐릅니다. 얼마나 지났을까? 따사로운 햇볕에 졸음이 밀려드는데 마침 애꽃벌류(벌목 애꽃벌과)가 날아옵니다. 정신이 번쩍 듭니다. 온몸에 털이 북슬북슬 나 있는 애꽃벌류가 찾아오니 복수초 꽃이 신이 납니다. 조금만 머물다 가도 녀석의 몸에 난 수많은 털에 꽃가루가 흠씬 묻을 테니까요.

녀석은 2분 가까이 복수초 꽃을 헤집고 다닙니다. 주둥이를 길게 빼내 암술에서 흘러나온 끈끈한 액즙을 먹기도 하고, 막 꽃가루 주머니에서 터져 나온 꽃가루를 먹기도 합니다. 유연한 몸을 자랑이라도 하듯 수많은 수술 사이를 파고듭니다. 수술대를 비집고 나와 다시 꽃가루를 먹다가 또다시 수술대 사이를 파고들고, 완전히 제집인 양 복수초 꽃을 이리저리 쑤시고 다닙니다. 그럴 때마다 복수초는 신이 납니다. 꽃가루가 녀석의 북슬북슬한 털에 찰싹 달라붙어 어느새 녀석의 털에는 노란 꽃가루가 듬뿍 묻습니다. 복수초 꽃은 애꽃벌류의 은인입니다. 복수초가 만들어 놓은 꽃가루를 먹어야 살 수 있으니까요. 엄마 애꽃벌류는 꽃가루로 겨우내 굶주린 배를 채우고, 애벌레도 평생 꽃가루를 먹고 자라기 때문입니다. 부지런히 이 꽃 저 꽃을 날아다니며 꽃가루를 모아야 가문을 이어 갈 수 있으니, 이런 애꽃벌류의 습성이 복수초의 꽃가루받이 성공률을 높이는 데 큰 역할을 합니다.

얼마 안 있어 주둥이가 긴 파리인 재니등에류(파리목 재니등에과)도 복수초 꽃을 찾아왔습니다. 철사처럼 긴 주둥이로 암술과 수

점날개잎벌레가 복수초 꽃잎 위에 앉아 있다.

흰점빨간긴노린재
가 복수초 열매 즙
을 먹고 있다.

술 주변을 핥듯이 빨아 마십니다. 정지 비행을 하면서 꽃가루 밥을
먹는 동안 녀석의 주둥이와 머리털에도 꽃가루가 자연스럽게 묻
습니다. 녀석들은 경계심이 많은 데다 비행력이 좋아 잠시도 한 꽃
에 오래 머물지 않습니다. 이 꽃에서 찔끔 먹고, 저 꽃으로 번개처
럼 날아가 또 찔끔 먹습니다. 재니등에류가 바지런히 이 꽃 저 꽃
을 들락거릴수록 복수초 꽃이 꽃가루받이 될 확률은 매우 높아집
니다.

　관찰 장비를 정리하고 일어서려는데 점날개잎벌레와 흰점빨간
긴노린재가 연거푸 복수초 꽃에 날아왔습니다. 점날개잎벌레는 딱
정벌레목 가문의 잎벌레과 집안 식구로 산속보다는 들판이나 산언
저리에서 주로 보이는데, 깊은 산속에서 만나니 무척이나 반가웠
습니다. 몸길이가 4밀리미터 정도로 작지만 짙은 군청색 옷을 입

고 있어 한눈에 들어옵니다. 뒷다리 종아리마디가 알통처럼 굵어 위험하면 툭툭 튀는데, 배가 고픈지 카메라를 들이대도 도망치지 않네요.

이어 흰점빨간긴노린재 두 마리가 날아와 침처럼 생긴 기다란 주둥이로 복수초 꽃의 즙액을 빨아 먹습니다. 몸 색깔이 선명한 빨간색과 흰색이 섞여 있어 엄청 화려합니다. 더구나 노란색 복수초 꽃에 앉아 있으니 더욱 화사합니다. 복수초가 흰점빨간긴노린재의 먹이식물이라는 기록은 없지만, 흰점빨간긴노린재가 복수초 꽃뿐만 아니라 잎사귀와 열매를 먹는 걸 몇 년 동안 관찰했습니다. 더 많은 관찰 자료가 쌓이면 흰점빨간긴노린재에 관한 생태 정보가 더해지겠지요.

정오부터 한 시간 동안 복수초 꽃을 찾아온 곤충 손님은 모두 12종이나 됩니다. 파리류 5종, 꼬마꽃벌류와 애꽃벌류 3종, 재니등에류 1종, 점날개잎벌레, 흰점빨간긴노린재, 아주 작은 나방류 1종이 찾아왔습니다. 이렇게 이른 봄에 나다니는 것을 보니 다른 곤충들보다 추위를 견디는 힘이 강한 것으로 생각됩니다. 한 시간 정도 관찰한 것치고는 굉장히 많은 곤충을 만났습니다. 복수초 꽃을 찾는 곤충을 마음먹고 톺아보면 더 많은 녀석들을 만날 수 있을 텐데. 또 하나의 숙제를 안고 복수초 꽃밭을 떠납니다.

식물의 자기꽃불임성(self-incompatibility) 원리

거의 모든 식물들은 암수한몸입니다. 꽃 한 송이에 수술과 암술이 나란히 피어 있어 사람으로 치면 한 지붕 두 가족인 셈입니다. 암술과 수술이 한 꽃 안에 가까이 살다 보면 가족끼리 꽃가루받이가 되지 않을까요? 걱정할 필요가 없습니다. 많은 식물들은 자기 꽃가루(화분)가 자기 암술머리(주두)에 닿아 꽃가루받이(수분)가 되어도 수정이 이루어지지 않습니다. 이런 현상을 '자가불화합성' 또는 '자기꽃불임성'이라고 합니다. 지금까지 조사된 속씨식물 가운데 약 절반만이 자기꽃불임성이 나타난다고 합니다. 다시 말해 속씨식물 절반은 딴꽃가루받이가 일어나야만 씨앗을 맺을 수 있는 것이지요.

그럼 자기꽃불임 현상은 어떻게 일어날까요? 먼저 꽃가루가 같은 꽃의 암술머리에 붙으면 꽃가루관이 자라지 않습니다. 설령 꽃가루관이 싹 튼다 해도 암술대를 따라 내려가다가 성장을 멈춥니다. 게다가 수정이 이루어졌다 해도 어린 식물인 배가 제대로 자라지 못해 씨앗을 만들지 못합니다.

예를 들어 보면, 겉씨식물과 일부 하등 속씨식물(장미과, 가지과, 양귀비과, 미나리아재비과)은 꽃가루관이 싹 터 암술대를 따라 내려가더라도 자기 꽃가루란 사실이 면역계를 통해 확인되면 자라지 못합니다. 또한 고등 속씨식물(십자화과, 국화과)은 자기 꽃가루가 암술머리에 떨어지면 꽃가루관이 아예 싹 트지 못합니다. 자기 꽃가루를 빨리 알아채고 꽃가루관이 자라는 것을 막아 버리는 전략이지요. 자기꽃불임성 전략 가운데에서도 십자화과나 국화과 식물의 자기꽃불임성 전략은 쓸데없는 자원 낭비를 막을 수 있으니 다른 식물보다 훨씬 더 경제적입니다.

1. '수술 먼저 암술 나중' 또는 '암술 먼저 수술 나중' 전략

식물이 자기꽃가루받이를 피하기 위해 암술과 수술이 적당한 시차를 두고 성숙해지는 전략입니다.

수술이 암술보다 먼저 성숙해지는 경우를 봅시다. 암술보다 먼저 성숙한 수술이 수술 끝에 붙어 있는 꽃가루주머니를 터뜨려 꽃가루를 쏟아 냅니다. 하루 이틀쯤 지나 꽃가루 대부분이 떨어져 버리면 수술이 시들어 맥을 못 춥니다. 이때를 기다리던 어린 암술은 그제야 성숙해져서 다른 포기의 꽃가루를 받아들일 준비를 마칩니다. 암술이 자라는 모습을 보면 어릴 때는 수술 아래쪽에 있지만 성숙해지면서 암술대의 키가 자라고 동시에 꽃가루를 부여잡도록 암술머리가 발달합니다. 수술이 먼저 성숙해지는 식물은 쥐손이풀, 분홍바늘꽃, 배암차즈기, 도라지, 해바라기, 이질풀, 인동덩굴, 회양목 따위가 있습니다.

다음으로 암술이 먼저 성숙해지는 경우를 봅시다. 수술보다 먼저 성숙한 암술이 다른 포기의 꽃가루와 딴꽃가루받이가 이루어진 뒤 시들어 버리면, 이때를 기다리던 어린 수술이 성숙해지기 시작합니다. 암술이 먼저 성숙해지는 식물은 양귀비과의 피나물이 있습니다.

2. '암술과 수술의 서로 다른 길이' 전략

암술대와 수술대의 길이가 달라 자기꽃가루받이가 이루어지지 않도록 하는 전략입니다. 앵초나 개나리는 암술대의 키가 수술대보다 깁니다.

피나물 꽃과

검정날개알밑빠진벌레

피나물 꽃

피나물 꽃이 계곡 바위틈에
무리 지어 피어 있습니다.

4월, 날마다 따뜻하니 얼마나 좋은지 모릅니다.

눈부신 봄 햇살이 사방을 내리쬐니 온 세상이 화사합니다.

이렇게 좋은 봄날, 숲에 오롯이 난 오솔길을 사뿐사뿐 걷습니다.

포슬포슬한 흙길을 한 걸음 한 걸음 디딜 때마다

흙냄새가 폴폴 올라와 오묘한 땅기운이 온몸을 감싸 안습니다.

숲 바닥에는 봄꽃들이 쫙 깔렸습니다.

이리 보아도 꽃밭, 저리 보아도 꽃밭,

너무 예뻐 가던 길 멈추고 꽃들과 눈 맞춤을 합니다.

현호색, 산괴불주머니, 둥근털제비꽃, 괭이눈, 양지꽃…….

다들 햇빛 목욕을 하며 어여쁘게 피어 있습니다.

계곡 옆에도 샛노란 피나물 꽃이 무더기로 피었습니다.

초록빛 잎사귀 사이사이에서 노란 꽃들이 수십 송이 피어 있으니

숲 바닥이 황금빛으로 물듭니다.

숲속을 환하게 금빛으로 밝혀 주는 피나물 꽃.

가까이서 봐도 예쁘지만 멀리서 보면 더 아름답습니다.

수십 송이가 곱게 피어 숲 바닥을 덮었다고 상상해 보세요.

얼마나 눈부실지 생각만 해도 마음이 설렙니다.

검정날개알벼룩진벌레

이 꼭지는 딱정벌레목 벼룩진벌레과 종인 검정날개알벼룩진벌레(*Meligethes flavicollis*)와
먹이식물인 피나물 꽃 이야기입니다.

피나물 꽃은
어떻게 생겼을까

피나물은 풀치고는 키가 제법 큽니다. 다 자라면 사람 무릎 높이까지 오니까요. 게다가 꽃과 잎사귀가 큼직한 게 시원시원하게 생겼습니다. 잎사귀 겨드랑이에서 꽃대가 나오고, 꽃대 끝에서 눈부시게 강렬한 노란색 꽃이 핍니다. 피나물 꽃은 꽃잎이 모두 네 장. 꽃잎은 아기 손톱처럼 얼마나 반질거리는지 투명 매니큐어를 칠한 것 같습니다. 햇빛까지 내리쬐면 꽃잎은 금세 반짝이는 보석이 됩니다. 꽃잎 한가운데에는 암술 한 개가 곧게 서 있고, 암술 둘레에는 수술이 소복하게 모여 있습니다. 정말이지 피나물 수술은 아주 많습니다. 마치 가느다란 철사를 한 뭉텅이 모아 꽃병에 꽂아 놓은 것 같습니다. 언뜻 세어 보니 족히 50개가 넘는군요. 모든 수술대의 끄트머리에는 쌀알처럼 생긴 길쭉한 꽃가루주머니가 붙어 있습니다. 그 꽃가루주머니 속에는 셀 수도 없이 많은 꽃가루가 들어 있지요.

—
피나물 꽃이 잔뜩
피었다.

피나물 꽃은 꽃잎이
4장이고 수술 500여
개가 암술 하나를
감싸고 있다.

피나물 꽃은 암술대만 빼고 노란색으로 치장하고 있습니다. 노란색은 곤충들이 좋아하는 색깔입니다. 일찍이 연구자들이 꿀벌의 행동을 연구하면서 꿀벌이 볼 수 있는 색깔이 여럿이란 것을 알아냈는데, 그 가운데 노란색도 꿀벌이 관심을 보이는 색으로 밝혀졌지요. 그래서 다른 곤충도 꿀벌처럼 노란색에 이끌릴 것이라고 추측하고 있습니다. 뿐만 아니라 피나물은 자기만의 독특한 향기까지 풍기면서 곤충들을 유혹합니다.

암술 먼저 피고
수술은 나중에 피고

그런데 피나물 꽃을 자세히 들여다보니 걱정이 앞섭니다. 글쎄, 암술이 수술 숲에 푹 싸여 있군요. 게다가 암술머리에 수술 꽃가루가 찰싹 달라붙어 있습니다. 곤충들이 부리나케 들락거리더니 제 꽃가루가 암술머리에 묻었나 봅니다. 이 일을 어쩌나! 같은 포기의 남매 사이에서 꽃가루받이가 이뤄지면 후손의 생존력이 약해질 가능성이 높은데. 알고 보니 괜한 걱정을 했네요. 피나물은 영리해서 가족끼리 결혼하지 않습니다. 즉 같은 포기의 남매끼리는 결혼을 하지 않습니다. 가족끼리 결혼했다간 생존력이 약한 후손이 나올 확률이 높다는 것을 아는 거지요. 실은 꽃잎 4장으로 둘러싸인 좁은 공간에서 암술과 수술이 같이 살다 보니 남매끼리 결혼할 가능성이 높습니다. 그래서 피나물 꽃은 꾀를 냈습니다. 암술이 먼저

호리꽃등에가 피나
물 꽃을 찾아왔다.

피고 수술은 나중에 핍니다. 막 꽃봉오리를 펼친 피나물 꽃을 자세
히 들여다보세요. 암술은 충분히 성숙해 암술머리가 끈적거리지만
수술대에 매달린 꽃가루주머니는 입을 꽉 다문 채 터지지 않았습
니다. 그럼 언제 꽃가루주머니가 터질까요? 곤충이 찾아와 암술머
리에 다른 포기의 꽃가루를 묻혀 꽃가루받이가 이루어지면, 수술
은 때를 기다렸다는 듯이 꽃가루주머니를 터트립니다. 그리고 꽃
가루받이를 한 암술은 계속 키가 자라 수술보다 훌쩍 커집니다.

　그런데 아무리 치밀한 전략을 짠다 해도 한 송이 꽃에서, 혹은
같은 포기의 꽃들 사이에서 꽃가루가 암술머리에 묻을 수 있습니
다. 이런 경우에는 어떻게 될까요? 이런 때는 도리가 없습니다. 암
술이 특단의 조치를 취합니다. 보통 꽃가루받이가 이루어지면 암
술머리에 묻은 꽃가루에서 '꽃가루관'이 싹 터 암술대를 타고 내려

아직 꽃가루받이가
이루어지지 않은 피
나물꽃 암술
—

갑니다. 이때 암술이 자신의 면역 체계를 가동해 암술머리에 묻은
꽃가루가 가족 것인지 아닌지를 판단합니다. 꽃가루가 가족 것으
로 판단되면 암술은 실력 행사를 합니다. 즉시 꽃가루관이 못 자라
도록 합니다. 미리 불행의 씨를 말려 버리는 거지요. 이처럼 한 송
이의 꽃에서, 또는 한 포기의 꽃들 사이에서 이루어지는 꽃가루받
이를 '자기꽃가루받이'라고 하고, 자기꽃가루받이가 이루어지면
꽃가루관의 성장을 억제하는 것을 '자기꽃불임성'이라고 합니다.
자기 꽃가루로 꽃가루받이가 되면 꽃가루관이 아예 자라지 못하게
막든지, 꽃가루관이 이미 생겼다면 더 이상 자라지 못하게 막는 것
이지요. 피나물 꽃도 이런 방식으로 가족끼리의 결혼을 막습니다.
혹독하게 거친 환경 속에서 건강한 가문을 이어 가려는 피나물의
노력이 참 대단합니다.

몸에
독을 품은 까닭

피나물 줄기를 꺾으
면 붉은색 즙액이
나온다.
—

꽃은 이리도 예쁘게 생겼는데 왜 하필이면 이름이 섬뜩한 '피나
물'일까요? 짐작하겠지만 사람의 상처에서 나는 '피'를 보고 이름
을 지었다고 합니다. 피나물의 줄기나 잎자루를 뚝 자르면 붉은색
즙액이 방울방울 맺힙니다. 그 색깔이 사람 피 색과 비슷해 피나물
이라고 부른다니 이름치곤 좀 섬뜩합니다.

이 붉은색 즙액은 피나물의 방어 물질입니다. 상처가 나면 피 같
은 액을 흘려 '내겐 독이 있어. 건드리지도 먹지도 마.' 하고 외치는
것이지요. 피나물은 애기똥풀과 함께 양귀비과 집안 식구입니다.
양귀비과 집안 식물은 독이 많기로 유명한데 대부분 줄기나 잎자

루 같은 데에 상처가 나면 즙액이 방울방울 맺힙니다. 특히 뿌리에 독이 가장 많이 들어 있지요. 물론 피나물도 뿌리에 독이 더 많이 들어 있습니다. 피나물은 독을 무엇으로 만들까요? 독의 주성분은 크립토핀(cryptopine), 프로토핀(protopine), 켈리도닌(chelidonine) 같은 알칼로이드 물질입니다. 얼마나 독한지 사람이 많이 먹으면 토하고, 손발이 마비되어 움직이지 못하고, 숨까지 가빠져 세상과 영영 이별할 수도 있습니다.

강렬한 독을 품고도 아무 일 없는 양 저토록 생글거리며 웃는 피나물 꽃. 왠지 요물처럼 보입니다. 하지만 그만한 데는 다 까닭이 있으니 이해를 해야지요. 피나물도 초식 동물에게 뜯어 먹히지 않고 살아남아야 대를 이어 나갈 수 있으니까요. 식물의 몸에 방어 물질이 없으면 초식 동물들이 이놈 저놈 할 것 없이 다 잎을 먹으러 달려들 것이고 그러면 광합성을 할 잎이 남아나지 않을 것입니다. 설령 운이 좋아 잎이 몇 장 남는다 해도 그것으로 꽃을 피우는 데 필요한 영양분을 충분히 생산하는 데는 무리가 있습니다. 꽃은 커녕 한 해 버티기도 힘들지 모릅니다.

방어 물질은 초식 동물이 뜯어 먹어도 한 발짝도 도망칠 수 없는 식물이, 그렇다고 누군가의 도움을 받을 수도 없는 식물이 스스로를 지키기 위한 목숨 건 몸부림입니다. 그런데도 식물의 잎사귀를 뜯어 먹는 곤충들이 있기 마련입니다. 곤충들이 식물의 방어 물질에 내성을 키웠기 때문이지요. 하지만 피나물의 경우는 곤충이 피나물을 먹이식물(숙주 식물)로 지정해 놓고 잎사귀를 뜯어 먹었다거나, 즙을 먹었다는 기록이나 이야기를 아직까지 들어 본 적이 없습니다. 피나물의 독에 내성을 키운 곤충이 아직은 없다는 얘기지

요. 독이 얼마나 독하면 그럴까 싶습니다. 피나물의 입장에선 '독
품기' 전략이 제대로 성공한 것입니다.

보기만 해도
먹음직스런 꽃 밥상

잎은 그렇다 치고 피나물 꽃도 곤충들이 먹지 못할까요? 아닙니
다. 곤충들은 피나물 꽃뿐 아니라 모든 꽃의 꽃꿀과 꽃가루를 먹을
수 있습니다. 식물은 곤충의 도움을 받아 대를 이으니 늘 곤충을
기다리는 처지입니다. 어느 곤충이 찾아온들 마다하겠습니까? 피
나물 입장에서 곤충이면 모두 반가운 손님이지요. 그러니 영양가
많은 피나물 꽃이 피었다고 소문이 나면 곤충들이 떼거리로 몰립
니다. 꽃을 피워 자손을 남기려는 피나물과 피나물의 대 잇기 사업
을 거들어 주는 곤충의 이해관계가 맞아떨어진 결과입니다.

피나물은 자손을 낳기 위해 꽃을 피웁니다. 꽃을 자세히 보면 꽃
가루가 참 많습니다. 저렇게 많은 꽃가루를 만들려면 비용이 많이
들 텐데요. 맞습니다. 꽃 피우는 일에는 많은 에너지가 들어갑니다.
날마다 광합성을 해 만든 영양분을 꽃 피우는 데 거의 다 쏟아붓습
니다. 꽃가루받이에 필요한 만큼만 꽃가루를 만들면 될 텐데 왜 그
보다 훨씬 더 많이 만들까요? 그렇게 얍삽하게 꽃가루를 만들었다
가는 꽃가루받이에 성공하지 못할 수도 있습니다. 먹을 것이 풍부
하면 그만큼 곤충들이 많이 찾아올 것이고, 몇 번 먹고 금방 동이

나면 헛걸음치고 돌아가는 곤충이 많을 것입니다. 당연히 꽃가루받이에 성공할 가능성이 그만큼 줄어듭니다. 그래서 꽃은 자신을 중매시켜 줄 곤충에게 야박하게 대접하지 않습니다. 밥상을 푸짐하게 차려 중매쟁이 곤충을 초대합니다. 꽃가루도 남아돌게 듬뿍 만들고, 꿀을 찾는 손님을 위해 꽃꿀도 덤으로 충분히 만듭니다.

피나물을 보세요. 얼마나 통이 큰지 수술이 무려 50개가 넘습니다. 그 많은 수술들 끝에다 수십억 개가 넘는 꽃가루를 붙여야 하니 피나물은 영양분을 만드느라 등골이 휘게 생겼습니다. 그래도 중매를 서 줄 곤충을 초대하려면 그만한 노력쯤은 너끈히 감수합니다.

피나물은 광합성을 해 모아 놓은 영양분을 투자해서 500원짜리 동전만 한 꽃 밥상을 차렸습니다. 메뉴는 소복하게 쌓인 꽃가루, 끈적거리는 암술, 노란 꽃잎 네 장. 보기만 해도 먹음직스럽습니다. 상을 차려 놓았으니 곤충 손님만 오면 됩니다. 누가 먼저 올까? 꽃등에류가 먼저 올까? 꿀벌이 먼저 올까? 재니등에류가 먼저 올까?

검정날개알밑빠진벌레
등장

가끔은 예상이 빗나가는 법. 생각지도 않은 녀석이 소리 없이 날아오더니 피나물 꽃 밥상에 턱 앉습니다. 크기가 쌀 한 톨만 할까? 하도 작아서 누군지도 잘 모르겠습니다. 꽃잎에 앉더니 이내 소복이 자란 수술대로 엉금엉금 걸어갑니다. 아! '검정날개알밑빠진벌레'군요. 커 봤자 3밀리미터밖에 안 되는 녀석이 일등으로 꽃 밥상에 날아왔습니다. 딱지날개(겉날개)가 딱딱한 것을 보니 녀석은 딱정벌레목 가문 식구입니다.

녀석이 배가 엄청 고픈가 봅니다. 주위를 살피지도 않고 수술대를 타고 올라갑니다. 그러고는 수술대에 탐스럽게 붙어 있는 보리쌀 같은 꽃가루주머니 하나를 차지하더니 큰턱을 양옆으로 벌렸다 오므렸다 하면서 꽃가루를 먹습니다. 몸집이 작으니 주둥이도 작아 맨눈으로는 큰턱이 잘 보이지 않고 주둥이를 오물거리는 것만 보입니다. 꽃가루주머니 하나를 맛있게 먹고는 옆으로 몇 걸음 옮겨 다른 수술대 끄트머리에 달린 꽃가루주머니 하나를 또 부여잡습니다. 또 야금야금 씹어 꽃가루며 꽃가루주머니며 몽땅 먹어 버립니다. 꽃가루주머니로는 양이 차지 않는지 수술대까지 먹어 치우는군요.

문제는 그 다음입니다. 도대체 녀석이 꽃을 떠날 생각을 하지 않습니다. 그저 수술대를 오르락내리락하면서 꽃가루주머니를 통째로 먹습니다. 그러는 동안 노란색 수술 꽃가루가 먼지가 내려앉듯이 녀석 몸에 묻습니다. 잠시 뒤 또 다른 검정날개알밑빠진벌레가 한 마리 날아와 꽃 밥상에 앉습니다.

피나물 꽃잎 위를
걸어가는 검정날개
알밑빠진벌레

검정날개알밑빠진벌레
짝짓기

이쯤 되면 피나물 꽃은 점점 애가 탑니다. '어쩌자고 퍼질러 앉아서 다 먹기만 하는 거야. 제발 다른 포기 꽃으로 날아가 암술머리에 내 꽃가루를 떨어뜨려 줘. 부탁이야.' 피나물 꽃의 속이 새까맣게 타들어 가는 줄도 모르고 검정날개알밑빠진벌레는 꽃 위에 앉아 먹기만 합니다. 그도 그럴 것이 딱정벌레목 가문의 식구들은 '엉덩이'가 무겁습니다. 왜냐하면 겉날개인 딱지날개가 무겁다 보니 나는 것보다 앉아 있는 것을 더 좋아합니다. 그래서 천적이 없을 때 먹을 것이 많은 꽃을 발견하면 아예 눌러앉아 배불리 먹습니다.

거기다가 한술 더 뜹니다. 밥 먹다가 짝짓기도 하니까요. 맛있는 꽃밥을 먹으면서 두 녀석이 벌써 눈이 맞았나 봅니다. 암컷은 수술대 사이를 뒤뚱뒤뚱 걸어 다니고 수컷은 암컷을 따라다닙니다. 수컷이 짧은 더듬이를 흔들며 암컷에게 가까이 다가갑니다. 암컷의 머리를 툭툭 치더니 머리쪽으로 올라가 암컷 등에 올라타려고 합니다. 암컷이 뿌리치지 않는 것을 보니 수컷이 마음에 들었나 봅니다. 수컷은 암컷 등에 올라타려다 떨어집니다. 또 올라타려다 떨어지고, 그렇게 여러 번 시도한 끝에 드디어 성공! 암컷 등에 올라탄 수컷이 몸을 180도 돌립니다. 그런데 다리가 짧다 보니 암컷을 끌어안지 못하는군요. 다행히 수컷의 앞다리 발목마디(부절)와 가운뎃다리 발목마디가 넓게 부풀어 있고, 이들 발목마디의 아래쪽(ventral, 땅을 짚었을 때 땅에 닿는 부분으로 전문 용어로 '아랫면' 또는 '배면'이라고 함.)에는 부드러운 털과 센털이 빽빽이 붙어 있습니다.

암컷 등은 딱지날개여서 매끄럽습니다. 그런데 신기하게도 무슨 빨판이나 되는 양 이 털들 덕분에 수컷은 암컷의 등을 잘 잡을 수 있습니다. 이제 수컷은 배 꽁무니를 길게 늘여 암컷의 배 꽁무니에 요령껏 갖다 댑니다. 암컷은 이미 수컷을 받아들인 상태라 짝짓기에 순순히 응합니다. 그 와중에도 암컷은 피나물 꽃가루를 먹고 또 먹습니다. 아름다운 꽃 속에서 짝짓기도 하고 맛난 식사도 하고, 녀석들이 얼마나 행복할까 상상이 되어 웃음이 나옵니다.

그도 잠시, 다른 수컷이 짝짓기하는 검정날개알밑빠진벌레 부부 둘레를 얼쩡거립니다. 다른 수컷은 암컷이 내뿜은 성페로몬에 이끌려 온 것 같은데 한발 늦었습니다. 염치 불구하고 이미 신방을 차린 부부를 덮칩니다. 암컷 등 위에 달라붙은 수컷의 등에 올라타려고 안간힘을 씁니다. 왜일까요? 아직도 남아 있는 암컷의 페로몬 향기를 맡은 터라 짝짓기 중인 암컷은 눈에 안 보이고 오직 페로몬 냄새에만 집착하기 때문입니다. 실랑이를 벌이다 결국 다른 수컷은 짝짓기하는 수컷의 저항에 밀려 포기하고 수술대 사이로 들어갑니다. 그런 와중에 검정날개알밑빠진벌레 세 마리의 몸에는 피나물 꽃가루가 알알이 노랗게 묻습니다.

피나물 꽃은 검정날개알밑빠진벌레에게는 최고의 안식처입니다. 밥도 배부르게 먹고, 맘에 드는 짝을 만나 결혼도 하고, 잠시 쉬기도 하고, 수술 속에 숨어 천적을 피하기도 하니까요. 이제 다른 포기의 피나물 꽃으로 날아가 중매만 해 주면 피나물이 평생 은인으로 삼을 텐데. 천적이 나타나거나 배가 덜 채워지면 곧 다른 포기의 피나물 꽃으로 날아가 몸에 묻은 꽃가루를 암술머리에 떨어뜨려 주겠지요.

배 꽁무니를 내놓은
검정날개알밑빠진벌레

이름도 희한한 '밑빠진벌레', 그중에서도 이름이 낯설기로 둘째
가라면 서러울 '검정날개알밑빠진벌레'라니! 또 이름은 왜 그리도
긴지 금방 외워지지 않는 참 어려운 이름입니다. 검정날개알밑빠
진벌레는 족보를 보면 딱딱한 피부를 가진 딱정벌레목 가문의 밑
빠진벌레과 집안 식구입니다. 밑빠진벌레과 집안 식구들은 딱지
날개가 배를 완전히 덮지 않아 배 꽁무니가 그대로 드러나 있지요.
그 모습이 마치 '밑'이 빠진 것처럼 보여 이름에 '밑빠진'이 붙었습
니다. 이 녀석은 날개가 검은색이고, 생김새가 알처럼 둥그스름해
서 '검정날개알밑빠진벌레'란 이름을 갖게 되었지요.

검정날개알밑빠진벌레는 희한하고 긴 이름을 가졌어도 참 예
쁘게 생겼습니다. 빨간 저고리(머리와 앞가슴등판)에 까만 치마(딱
지날개)를 입은 듯한 모습이 깜찍하고 귀엽습니다. 몸매는 넓은 달
걀 모양으로 둥글넓적하고 두루뭉술합니다. 피부(표피 세포)는 온
통 솜털처럼 짧고 부드러운 털로 덮여 있습니다. 특히 더듬이가 너
무도 귀엽게 생겼습니다. 더듬이는 모두 11마디인데, 끝 쪽에 있는
마디 3개가 공처럼 부풀어 마치 소꿉놀이용 주걱 같습니다. 이런
더듬이 모양을 '구간 모양'이라고 합니다. 더듬이는 종합 정보 수
집 기관이어서 수많은 감각 기관이 붙어 있지요. 특히 공처럼 부푼
마디엔 수많은 감각 기관이 빼곡히 들어차서 주변 환경이 어떻게
돌아가는지 척척 알아차립니다. 온도는 어떤지, 습도는 어떤지, 바
람이 어느 쪽으로 부는지, 천적이 다가오는지 같은 거의 모든 것을

다 알아차립니다.

검정날개알밑빠진벌레는 먹성이 좋아 피나물 꽃 말고도 다른 꽃도 잘 먹습니다. 봄은 검정날개알밑빠진벌레 어른벌레가 겨울잠에서 깨어난 시기라 주로 봄꽃을 찾아와 굶주린 배를 채웁니다. 또 수액처럼 약간 젖어 있는 음식을 좋아하지요. 꽃가루도 만져 보면 약간 젖어 있습니다. 암술에 잘 붙으라고 끈적이는 즙이 꽃가루에 들어 있기 때문이지요. 검정날개알밑빠진벌레를 포함해 거의 모든 밑빠진벌레과 집안 식구들은 썩거나 발효된 즙이라면 뭐든지 가리지 않고 좋아합니다. 어른벌레와 애벌레가 모두 꽃가루, 썩고 있는 과일즙, 나무에서 흘러나온 나뭇진, 시체 즙, 썩은 나무나 땅 위 아래에 사는 균류 같은 것들도 잘 먹습니다. 어쩌다 숲속 나무에서 흘러나온 수액(나뭇진) 둘레를 보면 밑빠진벌레류가 많이 모여 있습니다.

검정넓적밑빠진벌레

왕검정넓적밑빠진벌레

동글납작밑빠진벌레

구름무늬납작밑빠진벌레

털보꽃밑빠진벌레

큰납작밑빠진벌레

네무늬밑빠진벌레

네눈박이밑빠진벌레

밑빠진벌레류는 대부분 몸길이가 5밀리미터도 안 되고, 나무속에서 주로 살기 때문에 생태나 한살이에 대해 세상에 알려진 것이 거의 없습니다. 그래서인지 꽃 피는 봄날 화사한 꽃에서 녀석들을 보게 되면 그저 반갑기만 합니다.

피나물 꽃을 찾아온
또 다른 곤충 손님들

검정날개알밑빠진벌레가 짝짓기를 하고 날아가고, 얼마 안 있어 물결넓적꽃등에가 소리 없이 가까이 있는 피나물 꽃에 날아옵니다. 물결넓적꽃등에는 경계심이 많아 앉았다 날았다 하더니 이내 피나물 수술 더미에 잽싸게 내려앉았습니다. 그러더니 주걱 같은 주둥이를 얼른 빼 꽃가루를 쓱쓱 핥아 먹습니다. 그 모습이 주걱으로 가마솥의 누룽지를 긁는 것 같습니다.

물결넓적꽃등에는 파리목 가문의 꽃등에과 집안 식구입니다. 생김새와 몸빛은 꿀벌이나 뒤영벌과 비슷합니다. 독침을 품은 꿀벌과 뒤영벌을 흉내 내 천적을 속이려는 속셈이지요. 자세히 들여다보면 겹눈이 선글라스를 낀 것처럼 매우 크고, 더듬이는 촉각 자모가 붙어 있는 짧은 자모상이고 더듬이 셋째 마디에 센털이 나 있습

1
2
3

1. 피나물 꽃 한 송이에 물결넓적꽃등에 두 마리가 찾아왔다.
2. 물결넓적꽃등에가 피나물 꽃가루를 주둥이로 핥아 먹고 있다.
3. 물결넓적꽃등에는 주걱처럼 생긴 아랫입술로 꽃가루를 핥아 먹는다.

피나물 꽃과 검정날개알밑빠진벌레 63

니다. 날개는 앞날개 두 장만 있습니다. 여느 곤충은 날개가 네 장
인데, 파리목 집안은 날개가 두 장입니다. 뒷날개는 퇴화되었는데
뒷날개 자리에는 평균곤이 붙어 있습니다. 앉아 있는 자세는 삼각
형입니다. 꽃등에과 집안 식구들은 파리목 곤충 가운데에서도 특
히 꽃가루를 엄청 좋아해 늘 꽃을 찾아다닙니다.

물결넓적꽃등에가 꽃가루 식사를 하는 동안 재니등에류(파리목
재니등에과)도 피나물 꽃에 날아옵니다. 신기하게 재니등에류는 물
결넓적꽃등에처럼 꽃 위에 앉는 게 아니라 정지 비행한 상태에서
공중에 머무른 채 기다란 침 같은 주둥이로 피나물 꽃가루를 먹습
니다. 또 온몸에 털이 북슬북슬 나 있고 몸매가 뚱뚱한 편이지만
잠시도 가만있지 않고 재빠르게 날아갔다 다시 꽃으로 되돌아오는
일을 반복하면서 꽃가루 식사를 합니다. 밥을 먹는 동안 노란 꽃가
루가 기다란 주둥이에 묻으니 피나물 꽃은 대만족입니다.

재니등에류도 파리목 가문이다 보니 날개가 두 장입니다. 두 장
의 날개만으로 쉴 새 없이 빠르게 날고 정지 비행까지 할 수 있다
니 놀랍기만 합니다. (재니등에류 이야기는 '앵초 꽃과 빌로오도재니등
에' 편에서 자세히 설명해 두었습니다.)

피나물을 씹어 먹는
모메뚜기와 갈색여치

물결넓적꽃등에와 재니등에류가 식사하는 동안 또 다른 곤충을

기다리며 옆에 피어 있는 피나물 꽃들을 둘러봅니다. 피나물 꽃들의 꽃잎에 군데군데 구멍이 나 있네요. 누가 얌체처럼 꽃잎을 먹었을까? 앗! 모메뚜기 한 마리가 피나물 꽃으로 튀어 오르더니 꽃잎을 먹기 시작합니다. 녀석은 꽃잎을 한 입씩 베어 씹어 먹는군요. 한군데서 진득이 앉아 먹지 않고 여기서 깨작, 옆으로 약간 걸어가서는 거기서 깨작. 먹는 모양새가 영 마음에 안 드네요. 녀석 때문에 그 예쁘던 피나물 꽃잎에 구멍이 뻥뻥 뚫립니다. 모메뚜기는 꽃가루는 먹지 않고 꽃잎을 주로 먹기 때문에 피나물에겐 반가운 손님이 아닙니다. 수술도 먹지만 주로 꽃잎을 먹으니 꽃가루가 모메뚜기 몸에는 웬만해선 묻지 않습니다. 꽃가루에 얼씬거려야 꽃가루가 몸에 잘 묻을 텐데. 꽃가루가 몸에 묻으면 다른 포기의 꽃잎을 먹다 중매를 서 줄 수도 있을 텐데. 피나물은 애가 탑니다. 피나물이 그러든 말든 녀석은 꽃잎을 참 맛있게 먹습니다.

모메뚜기를 본 적이 있나요? 참 희한하게 생겼습니다. 메뚜기라고 하니 메뚜기인 줄 압니다. 모메뚜기의 족보는 메뚜기목 가문의 모메뚜기과 집안입니다. 우리나라에는 11종의 모메뚜기과 식구가 살고 있습니다. 모메뚜기는 몸 생김새가 여느 메뚜기류처럼 길쭉하지 않고 짧아 완전히 마름모꼴입니다. 몸 크기도 작아 쌀 한 톨만 하지만, 얼마나 잘 뛰는지 과연 메뚜기목 가문의 후예답습니다. 특이한 것은 거의 모든 메뚜기목 가문의 식구들은 알로 겨울을 넘기는데, 모메뚜기는 어른벌레로 추운 겨울을 납니다. 수북수북하게 쌓인 가랑잎 속, 돌 틈, 흙 속, 자그마한 동굴 속, 덤불 속까지 어디든지 따뜻한 곳이면 찾아들어 꼼짝 않고 겨울잠을 잡니다. 그리고 따뜻한 봄이 오면 기나긴 잠에서 깨어나 먹이를 찾아다니지요.

모메뚜기는 온몸이
흑갈색을 띤다.

메뚜기류가 피나물
꽃잎을 먹은 흔적

갈색여치가 피나물
꽃잎에 구멍을 내며
먹고 있다.

모메뚜기는 대개 물기가 많은 땅에서 삽니다. 이른 봄에는 풀들이 잎을 내지 않고 꽃을 먼저 피우는 경우가 허다합니다. 그러니 녀석은 겨울잠에서 깨어나면 잎사귀 대신에 이끼나 지의류, 꽃잎 따위로 배를 채웁니다. 큰턱이 튼튼해서 이끼든 잎사귀든 꽃잎이든 가리지 않고 다 씹어 먹을 수 있습니다.

놀랍게도 가까운 피나물 꽃에서 갈색여치 애벌레도 꽃잎을 먹고 있네요. 갈색여치는 알로 겨울을 지낸 뒤, 이른 봄에 알에서 깨어나면 숲 바닥에 돋아난 잎이나 피어난 꽃잎을 먹습니다. 큰턱이 발달해 꽃잎이든 잎이든 수술이든 가리지 않고 씹어 먹을 수 있지만, 이른 봄에는 잎보다 꽃이 많기 때문에 꽃잎 식사를 즐깁니다.

봄의 귀한 손님
봄산하늘소

바로 그때, 이름처럼 봄 한 철만 보이는 봄산하늘소가 부-웅 하고 날아오니 갈색여치 애벌레가 깜짝 놀라 툭 튀어 도망가 버립니다. 봄의 진객인 봄산하늘소(딱정벌레목 하늘소과)의 딱지날개는 노란색 바탕에 까만색 기하학적 무늬가 그려져 있어 매우 세련되고 화려합니다. 노란색 꽃들을 좋아해 주로 양지꽃에서 만난 적이 많은데 피나물 꽃에서 만나다니! 기쁜 마음에 녀석을 뚫어지게 바라봅니다. 몸집이 크니 소복이 피어난 수십 개의 수술을 다 차지하고 꽃가루 밥을 열심히 먹습니다. 꽃가루를 먹기 위해 수술대를 딛고

갈색여치가 피나물
꽃잎을 먹은 흔적

걸어 다니며 식사를 하니 온몸에 노란 꽃가루가 묻습니다. 그 꽃가루는 다른 꽃으로 날아가서 꽃가루 식사를 할 때 우연히 암술머리에 떨어져 꽃가루받이가 되겠지요.

20분도 안 되는 짧은 시간에 많은 중매 곤충이 피나물에 찾아와 꽃가루와 꽃잎을 먹었습니다. 피나물이 공들여 만들어 낸 꽃가루에는 탄수화물, 지방, 단백질, 비타민, 무기질이 다 들어 있어 곤충에겐 영양 만점 밥입니다. 곤충은 꽃가루를 먹다가 자기 몸에도 덕지덕지 묻힙니다. 그리고 다른 포기의 꽃으로 날아가 정말 우연하게 중매를 서게 됩니다.

곤충에겐 중매에 대한 생각 자체가 없습니다. 그런데 우연히 일어나는 이 중매가 피나물 가문의 번성과 멸망을 좌우합니다. 냉정하게 보면 꽃과 곤충의 관계는 서로 돕는 관계가 아닙니다. 각자 살길을 찾는 관계일 뿐이지요. 식물은 가문의 생존과 번식을 위해 반드시 꽃을 피워야 하고, 또 곤충은 가문의 생존과 번식을 위해 반드시 꽃밥을 먹어야 합니다. 그러다가 우연히 꽃가루받이가 이뤄져 식물은 계속 살아남으며 꽃을 피우고, 곤충은 계속 꽃밥을 먹습니다. 이렇게 꽃과 곤충의 관계는 '필연'과 '우연'이 공존하는 관계입니다. 이 봄이 다 가도록 어느 숲속에서는 피나물 꽃과 곤충이 계속해 '따로 또 같이' 살아갈 것입니다.

곤충이 보는 색깔과 사람이 보는 색깔은 같을까?

곤충들은 풀들이 널린 넓은 풀밭과 나무들로 들어찬 숲속에 피어난 꽃들을 어떻게 찾아 날아갈까요? 곤충들이 멀리서도 꽃을 잘 발견할 수 있는 건 순전히 꽃 색깔 덕분입니다. 멀찌감치 떨어졌을 때는 꽃이 내뿜는 향기는 거의 있으나 마나 합니다. 꽃 가까이에 날아왔을 때에야 비로소 꽃향기, 꽃 모양, 색깔의 패턴에 이끌려 행동합니다. 꽃 하면 가장 먼저 떠오르는 곤충은 꿀벌입니다. 그래서인지 곤충과 꽃에 관한 연구에 꿀벌이 주요 단골손님으로 등장합니다. 곤충들이 색깔을 구별할 수 있는지, 어떤 꽃 색깔을 잘 보고 또 못 보는지는 대개 꿀벌의 연구 결과를 바탕으로 얘기합니다.

사람도 곤충도 색채 수용기를 가지고 있어 주변 색깔을 잘 알아차립니다. 사람은 외부에서 눈으로 들어온 시각 자극이 색채 수용기에서 적당히 조합되어 뇌에 전달되는데, 이때 색깔을 알아차립니다. 사람은 빨간색, 초록색, 파란색을 볼 수 있습니다. 놀랍게도 곤충도 색채 수용기를 가지고 있어 반응이 뇌로 전달되어 주변에 있는 색깔을 잘 알아차립니다. 꿀벌한테는 자외선 수용기(340나노미터), 파란색 수용기(463나노미터), 초록색 수용기(530나노미터)가 있는 것으로 알려졌습니다. 그런데 꿀벌은 빨간색에 반응하는 적색 수용기가 없어 빨간색을 못 보는 적색색맹입니다. 따라서 꿀벌이 볼 수 있는 색깔은 초록색, 파란색, 자외선입니다. 벌들은 이 삼원색을 혼합하여 삼원색 외에 다른 색깔들도 알아차릴 수 있는데, 삼원색을 모두 섞으면 흰색이 나오고 초록색과 자외선을 섞으면 '벌의 자색'이 나온다고 합니다. 이런 색은 자외선과 마찬가지로 사람이 도저히 상상할 수 없는 색깔입니다.

따져 보니 사람과 꿀벌의 가시 범위는 조금 다릅니다. 꿀벌이 감지할 수 있는 시각 범위는 300~630나노미터(1nm=10억 분의 1m) 정도이고, 사람이 알아차리는 시각 범위는 380~760나노미터 정도로 조금 차이가 납니다. 즉, 꿀벌은 사람보다 짧은 파장 쪽을 더 잘 보고, 긴 파장 쪽은 잘 보지 못합니다. 그러니 꿀벌은 사람이 전혀 인식할 수 없는 자외선을 굉장히 잘 봅니다. 대신에 적외선 쪽은 감지할 수조차 없어 심지어 사람이 잘 보는 빨간색도 못 봅니다. 꿀벌의 눈에는 모든 빨간색이 모두 검은색으로 보입니다.

그래서 특히 온대 지방에서는 순수 빨간색 꽃이 굉장히 적게 핍니다. 중매를 최고로 잘하는 벌이 빨간색 꽃 앞에서는 눈 뜬 장님이니 적응 과정에서 빨간색 꽃들은 점차로 줄어들고 벌들이 잘 인식하는 다른 색 꽃들이 늘어났겠지요. 물론 나비들은 빨간색을 볼 수 있지만 그것만으로는 역부족입니다. 그러면 빨간 개양귀비 꽃에는 왜 벌이 꼬일까요? 벌은 개양귀비 꽃이 빨갛다고 느끼지 않고 자외선으로 인식하기 때문입니다. 열대 지방에선 빨간색을 잘 보는 벌새 같은 새들이 꽃을 중매해 주니 빨간색 꽃들이 핍니다.

그러면 꿀벌들의 눈에는 하얀색 꽃이 '하얀색'으로 보일까요? 아닙니다. 벌들은 하얀색 꽃을 하얀색이 아닌 자외선으로 인식합니다. 즉 자외선을 반사하지 않는 하얀색 꽃 속에는 벌들만이 볼 수 있는 색깔이 들어 있는 거지요. 우리 눈에는 그냥 하얀색이지만 벌의 눈에는 꽃꿀이 보관되어 있는 장소를 가리키는 현란하고 강렬한 무늬로 보입니다. 실제로 자외선 감지 카메라로 찍어 보면 하얀색 꽃은 수술과 암술, 꽃꿀이 들어 있는 중심부로 갈수록 굉장히 색깔이 진하게 보입니다. 이는 꽃과 곤충의 관계에서 매우 중요한 역할을 합니다. 자외선은 꽃 한 송이에서도 장소에 따라 그 반사 정도가 다른데, 대개 꽃의 중심부는 굉장히 강하고, 주변부는 비교적 약합니다. 꽃 중심부에 꿀샘이 있으니, 특별히 중심부에서 자외선을 최고로 많이 반사시켜 곤충들이 꽃 중심부에 거침없이 날아들게 하려는 전략입니다. 중매 곤충을 끌어들이려는 꽃들의 전략은 알면 알수록 대단하단 생각이 듭니다.

서양민들레 꽃과

곤충들

서양민들레

노란 서양민들레 꽃 위에
밑검은하늘소붙이가 앉아 있습니다.

찬바람에 시달린 지 엊그제 같은데 어느새 4월입니다.

발걸음은 '도심 속의 시골' 생태 공원으로 향합니다.

오솔길 옆 빈 땅엔 서양민들레 꽃이 여기저기 피어났습니다.

늘 보는 서양민들레 꽃이지만 오늘따라 노란 꽃이 참 탐스럽습니다.

너무 흔해서, 우리 토종 민들레를 몰아낸다고 구박만 받는 서양민들레.

그러든 말든 봄이 왔다고 서양민들레 꽃은 활짝 피어나

방글방글 웃고 있습니다.

서양민들레는 추운 겨울만 빼곤 언제나 꽃을 피웁니다.

햇빛만 들면 버려진 땅, 길가, 잔디밭, 아스팔트 갈라진 틈,

보도블록 사이, 계단 틈에서도 핍니다.

서양민들레는 국화과 집안 식구로 여러 해 동안 삽니다.

무 잎처럼 갈라진 잎사귀를 방석 삼아 땅바닥에 깔고

한가운데서 꽃대 한 줄기를 죽 뽑아 올려 꽃을 피웁니다.

서양민들레

이 꼭지는 벌목 꿀벌과 좋인 양봉꿀벌(*Apis mellifera*)과 먹이식물인 서양민들레 꽃 이야기입니다.

서양민들레 꽃
잔치 벌였네

햇볕이 따스하게 내리쬐는 한낮, 화사하게 피어난 서양민들레 꽃에 곤충 손님이 모여듭니다. 서양민들레 꽃이 얼마나 푸짐한 밥상을 차렸기에 시도 때도 없이 찾아올까요?

먼저 서양민들레 꽃을 살펴볼까요? 꽃대 위에 있는 노란 꽃은 한 송이가 아닙니다. 수십 송이, 많게는 백 송이도 넘습니다. 수많은 꽃송이들이 모여 피어난 모습이 마치 머리 같다 해서 '두상화서(머리모양꽃차례)'라고 부르지요. 서양민들레 꽃을 보세요. 꽃잎처럼 보이는 꽃들이 가장자리를 차지하고 있지요? 그것은 꽃잎이 아니라 혀처럼 길쭉하게 생긴 꽃입니다. 혓바닥처럼 생겼다 하여 '혀꽃(설상화)'이라고 하지요. 혀꽃 하나가 꽃 한 송이입니다.

서양민들레 꽃은 머리모양꽃차례로 달린다.

국화과 집안 식구들은 대개 혀꽃과 통꽃을 같이 피웁니다. 가장 자리에는 혀꽃들이 빙 둘러 있고, 혀꽃 안쪽에 촘촘히 박혀 있는 것은 하나하나가 튜브 모양으로 생긴 '통꽃(관상화)'입니다. 바깥쪽에 있는 혀꽃이 안쪽에 있는 통꽃을 울타리처럼 둘러싸고 있는 모양새입니다.

그런데 서양민들레는 국화과에서도 설상아과에 속합니다. 국화과 식물 가운데 설상아과 식물은 혀꽃만 피웁니다. 그래서 서양민들레 꽃에는 통꽃은 없고 혀꽃만 피었습니다. 혀꽃 한 송이를 돋보기로 들여다봅니다. 혀꽃도 꽃이기 때문에 송이마다 암술과 수술이 있습니다. 삐죽 나온 암술은 암술머리 끝이 카이저수염처럼 또르르 말려 있고, 암술대 중간쯤에 꽃가루가 듬뿍 있는 수술들이 붙어 있습니다. 백 송이도 넘는 혀꽃이 모두 꽃가루를 갖고 있으니 곤충이 보면 두상꽃차례 하나가 엄청난 영양 덩어리입니다. 뿐만 아니라 꽃꿀까지 가지고 있으니 더 바랄 게 없습니다. 그래서 막 겨울잠을 자고 나온 곤충들이 서양민들레 꽃차례 하나만 차지해도 굶주린 배를 어느 정도 채울 수 있습니다.

서양민들레 꽃을 찾아온 곤충은 누구일까요? 꽃등에류, 나비류, 파리류, 잎벌레류, 하늘소붙이류, 벌류와 같이 굉장히 많습니다. 서양민들레 꽃에 많은 곤충들이 몰리는 까닭은 무엇일까요? 서양민들레 꽃은 꽃가루가 엄청 풍부하고 꽃차례가 방석처럼 생겨 앉아서 먹기가 좋기 때문입니다. 게다가 꽃차례가 하늘을 향하여 피어

있어 어느 방향에서든 날아오기 좋고 착륙하기도 좋습니다.

한 시간 넘게 서양민들레 꽃밭에 앉아 꽃 잔치에 초대된 곤충들을 구경합니다. 역시 봄답게 꽃등에류 5종, 꼬마꽃벌류 3종, 꿀벌, 나비류 3종, 딱정벌레류 3종, 모메뚜기 같은 곤충들이 찾아왔군요.

꽃 속을 누비는
꿀벌

꿀벌 한 마리가 요란스레 부-웅 소리를 내며 나타나자 서양민들레 꽃이 들썩입니다. 꽃 위에 앉아 있던 호리꽃등에와 자그마한 파리들이 놀라 후다닥 날아오릅니다. 꿀벌은 망설일 것도 없이 꽃에 내려앉아 혀꽃들 사이로 몸을 밀어 넣고선 혀꽃에다 주둥이를 문습니다. 보송보송한 몸털에 꽃가루가 다닥다닥 붙어 있는 것을 보니 벌써 여러 꽃을 돌아다녔나 봅니다. 뒷다리에는 동그스름한 꽃가루 경단이 붙어 있군요. 꽃가루 경단이 노란색인 것을 보니 꽃가루가 노란 꽃을 들락거렸나 봅니다. 그도 그럴 것이 꿀벌은 노란색에 잘 끌립니다. 꿀벌은 자외선도 볼 수 있고, 파란색도 볼 수 있고, 초록색도 볼 수 있습니다. 보라색도 볼 수 있고, 노란색에도 잘 끌립니다.

서양민들레 꽃 밥상에 머리를 박은 꿀벌은 영락없이 '물 만난 물고기' 같습니다. 머리를 혀꽃 사이에 집어넣었다 뺐다 되풀이하기도 하고, 아예 머리를 꽃차례 속에 박은 채 몸통만 이리 갔다 저리

갔다 합니다. 이어 꽃차례 위로 올라왔다, 몸을 오른쪽으로 돌렸다, 왼쪽으로 돌렸다 하면서 서양민들레 꽃차례를 구석구석 누비고 다닙니다. 그때마다 몸털에 노란 꽃가루가 묻습니다. 얼마나 부지런하게 돌아다니는지 제 눈동자도 바삐 움직입니다. 유연하게 꽃차례를 미끄러지듯 비집고 다니니 마치 꽃 위에서 헤엄이라도 치는 것 같습니다.

번잡스럽게 돌아다니던 녀석이 잠시 멈춥니다. 여전히 머리는 혀꽃 속에 박혀 있군요. 자세히 보니 사람 머리카락보다 훨씬 넓적한 빨간색 주둥이가 혀꽃들 사이에 꽂혀 있습니다. 기다란 주둥이로 꽃꿀을 들이마시고 있습니다. 이렇게 꿀벌은 꽃가루와 꽃꿀을 모두 모을 수 있습니다. 배가 고파 꿀을 먹기도 하지만, 거의가 집(벌통)에 있는 동생(애벌레)들을 먹여 살리기 위해 꽃가루와 꿀을 모읍니다.

서양민들레 꽃은 꿀벌을 위해 피어난 것 같습니다. 꽃차례가 하늘을 향해 피어 있는 데다 혀꽃마다 꽃가루를 풍성하게 가지고 있어 꿀벌이 꽃 위에 올라앉기만 해도 온몸의 털에 꽃가루가 묻습니다. 놀랍게도 꿀벌의 털은 끝부분이 두 갈래로 갈라져 있습니다. 그래서 갈라진 털끝에 꽃가루가 잘 묻을 뿐 아니라 한번 붙잡힌 꽃가루는 거의 떨어지지 않습니다. 꿀벌이 꽃 속에 파묻힐수록, 꽃 위를 부지런히 걸어 다닐수록, 털에는 꽃가루가 소복소복 묻습니다. 털이 왜 이렇게 생겼을까요? 꿀벌은 사회 계급을 이루며 사는데, 일벌의 역할은 밖에 나와 꽃가루나 꿀을 모아서 꿀벌 집에 사는 애벌레의 먹이를 확보하는 일입니다. 벌집에는 애벌레가 아주 많은데, 동생 애벌레들을 다 먹여 살리려면 꽃꿀과 꽃가루가 엄청 많이 필요합니다. 그래서 꽃가루를 흘리지 않고 집까지 가져올 수 있는 기회가 많을수록 왕국을 유지하는 데 이로웠을 것입니다. 오랜 세월 진화하는 과정에서 꿀벌들 가운데에서 털이 두 갈래로 갈라진 개체가 생겨났고, 그들이 꽃가루를 따는 데 훨씬 이득이 많아지면서 털끝이 두 갈래로 나눠진 개체가 '자연 선택' 되었을 것으로 여겨집니다.

꿀벌이 만든
서양민들레 꽃가루 경단

서양민들레 꽃을 제집처럼 들락거린 꿀벌은 꽃꿀과 꽃가루를 잔뜩 모았습니다. 꽃이나 줄기나 잎의 분비샘 또는 꿀샘(밀선, 蜜腺)에서 나오는 꽃꿀(화밀, 花蜜, nectar)은 긴 주둥이로 빨아들여 소화관의 일부인 꿀주머니(꿀배, crop)에 담고, 꽃가루는 큰턱으로 따기도 하고, 몸을 이리저리 굴리면서 몸에 빽빽이 붙은 수많은 털에 묻혀 나르기도 합니다.

일벌들은 힘이 세서 자기 몸무게의 50퍼센트에서 많게는 92.5퍼센트에 이르는 꽃꿀을 지고 옵니다. 녀석은 꿀주머니 속에 담아 온 꽃꿀을 저장용 꿀로 만들기 위해 작업을 합니다. 꽃꿀의 무게에서 50퍼센트나 차지하는 수분을 자기 체온을 이용하여 빼고, 소화가 잘 되게 효소까지 넣습니다.

몸털에 묻은 꽃가루로 경단을 빚는 데는 공이 많이 들어갑니다.

그럼 어떻게 꽃가루 경단을 빚을까요? 우선 몸털에 붙은 꽃가루를 뒷다리와 가운뎃다리에 붙은 솔 같은 털로 쓸어 모읍니다. 그러고 는 꿀주머니에서 축축한 꽃꿀을 내뱉어 모은 꽃가루와 잘 섞어 반죽합니다. 그런 다음 뒷다리 종아리마디에 있는 '꿀바구니(pollen basket)'로 옮깁니다. 다리 여섯 개를 이용해 쓸어 모으고, 반죽하 고, 옮기는 솜씨가 얼마나 능수능란한지 경이롭기까지 합니다.

꿀벌의 뒷다리 종아리마디를 보세요. 꽃가루 경단이 딱 붙어 있 지요? 종아리마디 바깥쪽에는 뻣뻣하고 억센 털들이 쫙 나 있고, 끝 쪽엔 오목하게 파인 곳이 있습니다. 그곳에다 꽃가루 경단을 보 관합니다. 이렇게 부지런히 모은 꽃꿀과 꽃가루 경단은 엄마 여왕 벌이 낳은 애벌레의 소중한 밥이 됩니다. 또한 일부는 벌집에 모아 뒀다가 추운 겨울 동안 먹기도 합니다. 그래서 꿀벌들은 겨울에도 죽지 않고 거대한 가족을 이루며 살아갈 수 있습니다.

자기 복제 하는
서양민들레

서양민들레 씨앗은 갓털이 있어 바람에 쉽게 날아간다.

　서양민들레 꽃가루를 몸에 잔뜩 묻히고 다른 포기의 서양민들레 꽃으로 날아간 꿀벌은 중매를 제대로 할까요? 사실 꿀벌은 밥값을 못 합니다. 서양민들레 꽃은 중매쟁이가 필요 없습니다. 중매쟁이 곤충이 중매를 안 해 줘도 스스로 번식할 수 있기 때문이지요. 설령 곤충이 꽃가루를 암술머리에 떨어뜨려도 씨앗을 맺지 않습니다. 졸지에 꿀벌은 서양민들레 꽃이 아낌없이 차려 놓은 꽃가루와 꿀을 먹기만 하는 얌체족이 되어 버렸습니다. 중매를 하고 싶어도 서양민들레 꽃이 거부하니 어쩔 수 없습니다.

　서양민들레는 어떻게 스스로 번식을 하는 걸까요? 정답부터 말씀드리면 꽃이 피면 곧바로 자기 복제를 합니다. 서양민들레는 곤충들이 찾아와 꽃가루를 먹든 말든, 자기 꽃가루를 다른 꽃의 암꽃에 묻혀 주든 말든, 아무 상관도 하지 않고 자손을 만듭니다. 그것도 자기 복제를 해 자신과 똑같은 DNA를 가진 자손(씨앗)을요. 서양민들레는 꽃을 피워 밑씨가 성숙하면 꽃가루받이와 상관없이 곧바로 씨앗을 만들기 시작합니다. 밑씨에 있는 2배체(2n)의 배낭 모세포(종자식물의 대포자, 곧 배낭 세포를 형성하는 모세포)가 체세포 분열만을 하고선 곧바로 자신과 똑같은 DNA를 가진 씨앗을 만듭니다. 이것을 단위 생식 또는 무성 생식이라고 합니다.

　그러니 서양민들레는 굳이 곤충들의 도움도, 바람의 도움도 안 받고 혼자서 '자손 만들기 사업'을 해결합니다. 암꽃과 수꽃이 꽃가루받이도 안 하고 씨앗을 맺으니, 사람으로 치면 처녀가 아기를

서양민들레는 꽃가루받이와 상관없이 밑씨가 성숙하면 바로 씨앗을 만든다.

낳은 거나 마찬가지지요. 놀랍게도 서양민들레 꽃차례 하나에 수십 송이 꽃이 달려 있으니, 그 꽃이 모두 자기 복제를 하면 수십 쌍둥이 서양민들레 꽃이 태어나는 셈입니다. 서양민들레 수십 쌍둥이가 땅바닥에 쫙 깔려 있다 생각하니 갑자기 몸이 오싹해집니다. 어쩌면 오늘 들판에서 만난 서양민들레 꽃들은 모두 쌍둥이일지도 모릅니다.

서양민들레 꽃은 공들여 만든 비싼 꽃가루와 꽃꿀을 주기만 하고 아무런 대가를 바라지 않는 걸까요? 처음엔 곤충이 서양민들레 꽃을 중매해 줬을 거라 짐작을 합니다. 서양민들레 꽃이 꽃가루를 듬뿍 가지고 있는 것만 봐도 알 수 있습니다. 그러다 어느 순간부터 서양민들레 꽃은 차츰 스스로의 힘으로 번식할 수 있는 능력을 갖추게 되었고, 차츰 곤충도 서양민들레 꽃을 중매할 수 없게 되었습니다.

하지만 늘 예외는 있는 법. 모든 생물은 적응 과정에서 유전자

서양민들레 꽃이 무리 지어 피어 있다.

다양성이 떨어지면 혹독한 환경 변화를 이겨 내지 못하고 도태될수 있습니다. 만일 부모 세대에서 자손 세대에 이르기까지 어미와똑같은 유전자를 가진 자식을 낳는다면 거칠고 변화무쌍한 환경에서 살아남을 확률이란 낙타가 바늘구멍을 들어가기보다 더 어려울수도 있습니다. 서양민들레가 그걸 모를 리 없습니다. 그래서 서양민들레는 가끔씩 딴꽃가루받이를 하여 씨앗을 만듭니다. DNA가다른 꽃가루와 암술이 꽃가루받이를 하면 유전자 다양성이 훨씬높아져 환경 변화에 잘 적응할 확률이 큽니다. 이때야 비로소 꽃등에류나 꿀벌 같은 곤충들이 중매쟁이 노릇을 톡톡히 해 밥값을 제대로 합니다.

그 밖의
다른 곤충 손님

　서양민들레 꽃이 차려 놓은 잔칫상에는 끊임없이 곤충 손님들이들락거립니다. 봄이 오자마자 일찌감치 어른벌레로 날개돋이한 푸른부전나비가 서양민들레 꽃에 나풀나풀 날아옵니다. 여섯 개 다리로 혀꽃들을 가볍게 딛고서 머리 아래쪽에 돌돌 말아 감춰 둔 주둥이를 빼냅니다. 머리카락처럼 가늘고 긴 주둥이를 쭉 뽑아 꽃 속에 쑥 집어넣고 꿀을 빨아 먹습니다. 녀석은 주둥이가 빨대 모양이어서 꽃꿀 말고는 아무것도 먹지 못합니다. 녀석도 꿀을 먹으면서몸털에 꽃가루를 묻힙니다.

푸른부전나비

알통다리하늘소붙이

빌로오도재니등에

점날개잎벌레

어디선가 알통다리하늘소붙이가 날아와 가볍게 꽃 위에 앉습니다. 딱정벌레목 가문 식구지만 딱지날개가 부드러워 몸이 가벼운 편이라 잘 날아다닙니다. 꽃 위에 앉자마자 꽃가루를 먹기 시작합니다. 큰턱을 가위처럼 양옆으로 벌렸다 오므렸다하면서 꽃가루를 씹어 먹습니다. 얼마나 빨리 씹는지 오물거리는 것만 보입니다. 꽃가루를 다 먹는가 싶더니 녀석이 대담해집니다. 수술대까지도 베어 씹어 먹습니다. 그것으로도 배가 덜 채워지면 혀꽃까지 몽땅 씹어 먹을 태세입니다. 녀석은 큰턱이 튼튼해서 꽃가루든, 꽃잎이든, 수술대든 가리지 않고 먹으니 꽃들에겐 달가운 손님이 아닐 것 같습니다. 이어서 점날개잎벌레, 물결넓적꽃등에, 호리꽃등에, 재니등에류 같은 곤충들이 서양민들레 꽃에서 밥을 먹느라 북적입니다.

서양민들레 꽃은 곤충들에게 통 큰 '자선 사업가'나 마찬가지입니다. 애써 비용을 들여 꽃가루를 엄청 많이 만들고, 찾아오는 곤충 손님마다 배부르게 먹여 보내니 말이지요. 혀꽃이 며칠에 걸쳐 바깥쪽에서 안쪽으로 차례차례 피어나니 찾아오는 곤충 손님에게 오래오래 꽃가루와 꿀을 나눠 줄 수 있습니다. 겨우내 굶주린 곤충들에게 늘 맛있는 밥을 공짜로 주니 정말로 고마운 꽃입니다. 곤충이 할 수 있는 보답이란 중매를 서는 것인데, 서양민들레에게 중매는 거의 쓸모가 없습니다. 서양민들레는 곤충에게 주기만 할 뿐 바라는 것이 거의 없어 보입니다.

토종 민들레와
서양민들레

서양민들레의 고향은 저 먼 유럽입니다. 어쩌다 우리 땅에 건너와서는 오래도록 살고 있는 귀화 식물이지요. 우리 땅에도 토종 민들레가 있습니다. 서양민들레와 토종 민들레는 쉽게 구별할 수 있습니다. 아시다시피 서양민들레든 토종 민들레든 꽃송이들을 감싸며 보호하는 총포가 두 겹 있습니다. 두 겹의 총포 가운데 아래쪽 총포가 완전히 뒤로 뒤집혀 있으면 서양민들레고, 총포가 뒤집히지 않고 꽃송이를 받치고 있으면 토종 민들레입니다.

서양민들레와 토종 민들레는 사는 방법이 참 다릅니다. 토종 민들레는 꽃가루받이로 맺은 씨앗으로만 번식하기 때문에 중매 곤충이 반드시 필요합니다. 또 봄부터 가을까지 꽃을 피우는 서양민들

밑검은하늘소붙이가 흰민들레 위에 앉아 있다.

레와 달리 봄 한 철만 꽃을 피우고, 서양민들레에 비해 꽃도 작고
씨앗도 적게 맺습니다.

언제부터인지 서양민들레가 토종 민들레를 밀어낸다고 모두들
아우성입니다. 도시에선 토종 민들레를 보기가 쉽지 않거든요. 알
고 보면 사람들이 개발을 많이 해 환경이 나빠져서 토종 민들레가
잘 자라지 못하는 것인데, 그 누명을 서양민들레가 다 뒤집어썼습
니다. 무엇보다 토종 민들레는 척박한 환경에서 잘 자라지 못합니
다. 그러다 보니 점점 도시에서 사라지고, 그 자리에 서양민들레가
야금야금 들어왔지요. 서양민들레는 토종 민들레와 달리 척박하고
오염된 환경에서도 억척스럽게 자랄 수 있습니다. 무엇보다도 서
양민들레는 토종 민들레에 비해 유전자 다양성이 높고 종자의 발
아율이 높습니다.

사람들이 도시 개발을 많이 하면서 꽃이 자랄 땅이 줄어들었고,
그런 만큼 곤충 수도 줄었습니다. 토종 민들레의 번식에 비상등이

토종 민들레는 총포
두 겹이 모두 꽃을
받치고 있다.

켜진 것입니다. 하지만 서양민들레는 중매쟁이 곤충의 도움 없이 스스로 씨앗을 맺을 수 있고, 봄부터 가을까지 꽃을 피우고 오염된 환경에서도 잘 견딥니다. 그래서 환경 오염에 취약한 식물들이 살지 못하는 도시 땅은 점점 서양민들레의 땅으로 변해 갑니다. 그러자 꽃가루와 꽃꿀을 듬뿍 가진 서양민들레 덕에 꽃이 줄어들어 도시 주변을 방황하던 곤충들이 신이 났습니다. 하얀 배추흰나비, 벚꽃 꽃잎 같은 부전나비류, 색동옷 입은 꽃등에류, 부지런한 꿀벌 같은 곤충들이 서양민들레 꽃을 찾아와 푸짐한 식사를 합니다. 어디 그뿐인가요? 거미나 새 같은 포식자들도 서양민들레 꽃에 날아온 곤충들을 잡아먹으러 서양민들레 꽃을 찾아오기도 합니다.

서양민들레 꽃은 소우주입니다. 수많은 꽃을 피워 곤충들을 먹여 살리고, 곤충들은 거미나 새 같은 포식자를 먹여 살리니까요. 더구나 예쁘고 화사한 꽃을 피우니 사람들의 마음까지 곱게 정화시켜 줍니다. 아무리 따져 봐도 눈물 나게 고마운 서양민들레입니다.

서양민들레는 아래쪽 총포가 완전히 뒤로 젖혀져 있다.

꽃차례 종류와 찾아오는 곤충

꽃차례(화서, 花序)는 꽃이 줄기나 가지에 붙어 있는 모양을 말합니다. 잎차례가 햇빛을 효과적으로 받기 위한 잎의 배열이라면, 꽃차례는 식물이 번식을 효과적으로 하기 위한 꽃의 배열입니다. 식물은 저마다 중매 곤충을 끌어들이는 데 효과적인 방법으로 꽃을 피웁니다. 꽃차례에는 여러 종류가 있는데, 중매 곤충은 자기 주둥이로 밥 먹기에 알맞은 꽃을 찾아가 꽃가루와 꽃꿀을 먹습니다.

• 단정꽃차례(단정화서, solitary inflorescence)

하나의 꽃대 끝에 꽃 한 송이가 달립니다. 목련꽃, 튤립 꽃, 붓꽃 따위가 좋은 예입니다. 단정꽃차례에는 대개 중매 곤충들이 찾아옵니다. 중매 곤충으로는 딱정벌레목 일부, 꽃등에류, 파리류, 나비목 어른벌레 같은 곤충이 있습니다.

• 총상꽃차례(총상화서, raceme)

긴 꽃대를 중심축으로 하여 옆으로 뻗어 나온 여러 개의 꽃자루 끝에 꽃이 달리며, 꽃자루가 다 자라면 꽃자루의 길이가 모두 같습니다. 아래쪽에서 위쪽 방향으로 차례대로 꽃이 핍니다. 대표적인 예로는 냉이 꽃, 아까시나무 꽃이 있습니다. 꽃을 많이 피우니 곤충들을 많이 불러들입니다. 찾아오는 대표적인 곤충은 나비목 어른벌레, 벌목(꿀벌류, 애꽃벌류, 꼬마꽃벌류, 뒤영벌류 따위), 딱정벌레목(하늘소류, 하늘소

붙이류, 밑빠진벌레류, 잎벌레류, 바구미류, 꽃벼룩류 따위), 파리목(꽃등에류, 검정파리류 따위) 같은 곤충이 있습니다.

• 수상꽃차례(수상화서, 이삭꽃차례, spike)

길고 가느다란 꽃대를 중심축으로 하여 옆에 꽃자루 없이 작은 꽃들이 촘촘히 달립니다. 대표적인 예로는 벼, 질경이, 오이풀, 들깨, 여뀌 따위가 있습니다. 꽃이 작다 보니 개미, 애꽃벌류, 꼬마꽃등에, 몸집이 작은 부전나비류, 나방류 들이 자주 찾아오고, 특이하게 초식성 노린재들도 종종 찾아옵니다.

• 산방꽃차례(산방화서, corymb)

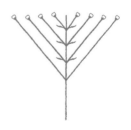

긴 꽃대를 중심축으로 하여 옆으로 뻗어 나온 여러 개의 꽃자루 끝에 꽃이 달리고, 아래쪽에서 뻗어 나온 꽃자루가 위쪽에서 뻗어 나온 꽃자루보다 더 깁니다. 꽃차례를 옆에서 보면 전체적으로 꽃들이 거의 수평을 이루며 피어 있습니다. 대표적인 예로는 벚나무 꽃 따위가 있습니다. 거의 모든 곤충들이 찾아오며, 특히 딱정벌레목 곤충들이 즐겨 찾습니다.

• 산형꽃차례(산형화서, umbel)

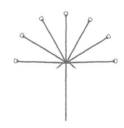

꽃대에서 뻗어 나온 여러 개의 꽃자루 끝에 꽃이 달리고, 꽃자루의 길이가 모두 같습니다. 꽃차례를 옆에서 보면 전체적으로 꽃들이 우산 모양으로 둥글게 피어 있습니다. 대표적인 예로는 미나리과(미나리,

당귀, 당근, 구릿대), 두릅나무과(두릅나무, 가시오갈피나무, 독활), 앵초속 식물들이 있습니다. 산형꽃차례에는 거의 모든 곤충들이 찾아오며, 특히 꽃무지류, 점날개잎벌레, 하늘소붙이류, 꽃하늘소류 같은 딱정벌레목 곤충들이 즐겨 찾아옵니다. 딱정벌레목 곤충들은 꽃차례가 넓고 편평해 한자리에 오래도록 앉아서 꽃가루와 꽃잎을 먹고 좀처럼 다른 꽃으로 이동하지 않습니다. 하지만 때때로 다른 포기의 꽃으로 날아가 꽃을 먹으며 중매를 하기도 합니다.

• 겹산형꽃차례(복산형화서, compound umbel)

꽃대에 산형꽃차례가 여러 개 달려 있고, 꽃차례를 옆에서 보면 전체적으로 꽃들이 우산 모양으로 둥글게 피어 있습니다. 찾아오는 곤충은 산형꽃차례를 찾아오는 곤충들과 비슷합니다.

• 원추꽃차례(원추화서, panicle)

총상꽃차례, 이삭꽃차례 등의 중심축이 여러 차례 갈라지고, 마지막으로 갈라진 중심축은 총상꽃차례를 이룹니다. 꽃차례를 옆에서 보았을 때 전체적으로 원뿔 모양을 이룹니다. 대표적인 예로는 좁쌀풀, 큰까치수염 들이 있습니다. 거의 모든 곤충들이 찾아와 꽃꿀과 꽃가루 따위를 먹습니다.

• 두상꽃차례(두상화서, 머리모양꽃차례, capitulum, head)

꽃대 끝에 원판처럼 생긴 꽃턱(대좌)이 있고, 그 위에 통꽃(관상화, 중심꽃)과 혀꽃(설상화, 주변꽃)이 다

닥다닥 붙어 피어 있습니다. 통꽃과 혀꽃이 함께 핀 모습이 사람 머리 모양과 비슷하며, 전체적으로는 한 송이 꽃처럼 보입니다. 대표적인 예로는 개미취, 코스모스, 민들레 같은 국화과 식물이 있습니다. 모든 종류의 중매 곤충이 두상꽃차례를 찾아옵니다. 통꽃과 혀꽃의 꽃가루는 주로 꽃무지 같은 딱정벌레목 곤충이 씹어 먹고, 꿀벌류는 꽃가루와 꽃꿀을 모으고, 꽃등에류는 꽃가루를 핥아 먹습니다. 나방류와 나비류 어른벌레는 꽃꿀을 빨아 들이마십니다.

• 육수꽃차례(육수화서, 살이삭꽃차례, spadix)

살진 육질의 꽃대에 꽃자루 없이 작은 꽃들이 많이 피어납니다. 대표적인 예로는 천남성과, 부들과 식물이 있습니다. 천남성과 식물에는 파리류, 꽃하늘소류, 꿀벌과 같은 곤충이 찾아오고, 부들과 식물은 바람의 도움으로 꽃가루받이를 하는 풍매화입니다. 천남성과 식물의 몇몇 종은 잘 발달된 꽃덮개(불염포)가 육수꽃차례를 감쌉니다.

남방부전나비

남방부전나비
남방부전나비가 풀잎 위에 앉아 있습니다.
남방부전나비 암컷과 수컷은
날개 윗면 빛깔이 다릅니다.

어릴 적 자랐던 옛집 마당에는 밤마다 별이 쏟아졌습니다.

여름밤이면 마당에 멍석을 깔고 앉아 손톱에 봉숭아 물을 들였지요.

봉선화 꽃 한 움큼과 잎사귀 몇 잎을 따다

넓적한 돌멩이 위에 올려놓고 찧었는데

이때 약방의 감초처럼 넣는 것이 있었지요.

바로 괭이밥 잎사귀.

마당 한구석, 뒤꼍 장독대 옆, 흙벽 돌담 아래서 늘 자라던

손톱만 한 괭이밥 잎사귀를 한 주먹 따다가 함께 찧었지요.

지금 생각하니 따 온 괭이밥 잎사귀에

나비 애벌레가 살았을 것 같습니다.

'남방부전나비'라고

괭이밥 잎사귀만 먹고 사는 나비가 있습니다.

수컷

수컷 옆모습

암컷

남방부전나비

이 꼭지는 나비목 부전나비과 종인 남방부전나비(*Zizeeria maha*)와
먹이식물인 괭이밥 이야기입니다.

황금 술잔 같은
괭이밥 꽃

　5월, 눈부신 햇살 아래 야생화 꽃길을 걷습니다. 길가에서 노란 괭이밥 꽃들이 활짝 피어 방실방실 웃고 있습니다. 한 송이가 아닙니다. 소복소복 돋아난 포기마다 수십 송이가 피어나 바닥을 수놓습니다.

　손톱만큼 작은 꽃이 참 앙증맞습니다. 색깔은 노란 병아리 같고, 꽃잎도 잎사귀도 모두 하트 모양입니다. 어디 하나 귀엽지 않은 데가 없는데, 어째 이름은 싼 티 나게 '괭이밥'일까요? 괭이밥은 말 그대로 괭이, 곧 고양이가 먹는 밥입니다. 고기만 먹는 고양이가 배탈이 나면 괭이밥을 뜯어 먹는 걸 보고 그리 불렀다니 옛 어른들이 자연을 관찰하는 눈썰미가 대단합니다.

—
괭이밥 꽃이 길가에
한가득 피어 있다.

괭이밥 꽃밭에 앉아 꽃잎을 세어 봅니다. 모두 5장. 하트 모양 꽃잎이 가지런히 붙어 있는 게 꼭 황금 술잔 같습니다. 꽃잎마다 짙은 줄무늬가 그려져 있습니다. 짙은 줄무늬는 옹기종기 모여 있는 수술과 암술을 향해 있군요. 줄무늬는 꿀 안내판 역할을 합니다. 그런데 수술과 암술이 예사롭지 않습니다. 수술과 암술이 섞여 있어 언뜻 보면 누가 수술이고 누가 암술인지 헛갈립니다. 자세히 보면 암술은 한가운데 있는데, 다섯 갈래(5심피)로 갈라졌고 각각의 암술머리엔 끈적거리는 물질이 붙어 있습니다. 수술은 10개입니다. 두 줄로 동그랗게 암술을 둘러싸고 있는데, 5개는 키가 크고, 5개는 키가 작습니다. 재밌게도 10개의 수술은 따로따로 떨어져 있지 않고 수술통 하나에 모두 같이 붙어 있습니다. 이렇게 같은 꽃 안에 있는 수술끼리 서로 붙어 하나로 된 수술을 '통수술' 또는 '단체수술(monodelphous stamen)'이라고 합니다. 그래서 꽃잎을 다 뜯어보면 수술이 꼭 황금 왕관처럼 생겼습니다.

밤이면
꽃잎을 닫는 괭이밥

괭이밥은 잠꾸러기입니다. 혹시 흐리거나 비 오는 날 괭이밥을 본 적이 있나요? 그런 날이면 괭이밥은 죄다 꽃잎을 오므리고 있습니다. 꽃잎만 그런 것이 아니라 잎사귀도 잔뜩 웅크리고 있습니다. 말 그대로 '개점휴업' 상태지요. 비가 오면 중매를 서 줄 곤충들

활짝 핀 괭이밥 잎사귀

이 풀잎 뒤에 숨어 날아다니지 않으니까 애써 꽃을 피우지 않는 것입니다. 곤충은 변온 동물이라 비에 젖거나 체온이 내려가면 활발하게 움직이지 못하거든요. 괭이밥이 그것을 어찌 알았는지 비 오는 날이면 아예 꽃잎을 닫고는 꽃가루 밥상을 차리지 않습니다. 꽃가루를 만드는 데 영양분이 많이 들긴 하지만, 해 뜨는 날만 골라 꽃잎을 열어 중매쟁이 곤충에게 밥을 주고, 해가 뜨지 않으면 꽃잎을 오므리고 밥을 안 주니 현명한 것도 같고 영악한 것도 같습니다.

오므라든
괭이밥 잎사귀

그런데 괭이밥은 어떻게 꽃잎을 오므리고 잎사귀를 접을까요? 괭이밥의 내부 압력인 '팽압(膨壓)'이 일시적으로 낮아지기 때문입니다. 식물 세포가 물을 빨아들이면 세포의 부피가 커져서 세포막이 세포벽을 밀어냅니다. 그러면 세포벽은 필요한 물 분자만 받아들이고 나머지 물 분자는 세포벽 안으로 못 들어오게 막습니다. 이때 세포벽에 대항하는 세포 내부 압력이 생기는데, 그게 바로 팽압입니다. 팽압이 낮아지면 식물이 축 처지고, 팽압이 알맞게 유지되면 식물이 처지지 않고 제대로 서 있습니다.

　낮에는 식물이 광합성을 하려고 뿌리에서 물을 끌어올립니다. 그러면 식물 세포 속에 물이 많아지면서 팽압이 높아져 꽃잎이나 잎이 팽팽해집니다. 그러다 밤이 되면 호흡에 열중하면서 물을 끌어올리는 힘이 줄어듭니다. 세포 속에 물이 줄어들면 자연스럽게 팽압도 줄어들어 꽃잎과 잎이 오므라듭니다. 괭이밥의 경우, 낮이라 해도 흐리거나 비가 오는 날에는 물을 잘 끌어올리지 않습니다. 그러니 흐리기만 해도 팽압이 줄어들어 잎이 처지고 꽃잎도 오므라듭니다. 괭이밥은 왜 이러는 걸까요? 괭이밥은 햇볕이 내리쬐는 낮에만 꽃을 피워 번식을 하겠다는 전략을 세운 것입니다. 곤충이 나다니지 않는 날에는 꽃을 피우느라 에너지를 낭비하지 않겠다는 것이지요. 에너지를 적게 쓰면서도 챙길 건 챙기며 가문을 잇는 괭이밥이 대단해 보입니다.

괭이밥 술잔에 푹 빠진
중매 곤충들

꽃등에류가 괭이밥
꽃가루를 먹으러 찾
아왔다.

마침 자그마한 꼬마꽃등에 한 마리가 날아옵니다. 잠시 괭이밥
꽃 위를 정지 비행하더니 곧바로 괭이밥 꽃 속으로 쏘옥 들어갑니
다. 몸집이 작아 암술 위에 사뿐히 앉는군요. 주위를 살피는지 멈
칫거리더니 넓적한 주둥이를 빼내 솜방망이처럼 뭉쳐 있는 꽃가루
를 핥아 먹습니다. 경계심이 많아 주둥이를 연신 넣었다 뺐다 하면
서 여차하면 도망갈 태세로 식사를 합니다. 꽃가루를 핥는 동안 녀
석의 몸에 난 털에는 꽃가루가 착착 달라붙습니다.

녀석은 어떻게 넓은 풀밭에 피어 있는 작은 괭이밥 꽃을 발견할
까요? 노란색은 곤충들이 볼 수 있는 빛깔입니다. 노란색, 분홍색,
보라색, 주황색 꽃이나 사람 눈으로는 볼 수 없는 자외선 색을 띤
꽃까지 꽃이란 꽃은 어떤 종류든 마다하지 않고 찾아옵니다. 더구
나 괭이밥 꽃은 노란 꽃 한 송이만 피어 있는 것이 아니라 수십 송
이가 무리 지어 있으니 금방 알아차립니다. 노란색에 끌려 가까이
날아와 보니 친절하게도 꽃잎에 꽃꿀과 꽃가루가 있는 곳을 알리
는 꿀 안내판(honey guide, 유인 색소)까지 그려 놓았군요. 꽃잎에
그려진 짙은 줄무늬가 꿀 안내판입니다.

이 줄무늬에는 플라보노이드라는 자외선을 흡수하는 색소가 많
이 들어 있고, 줄무늬 이외의 꽃잎에는 카로티노이드라는 자외선
을 반사하는 색소가 많이 들어 있습니다. 사람은 자외선을 보지 못
하기 때문에 줄무늬가 강렬하게 느껴지지 않고 전체적으로 노란색
으로 보입니다. 하지만 꼬마꽃등에는 자외선을 잘 인식하기 때문

괭이밥 꽃잎에 그려
진 줄무늬는 꽃가루
가 있는 곳을 알리
는 꿀 안내판이다.

에 노란 바탕에 강렬한 줄무늬가 쭉쭉 그려진 것처럼 보입니다. 사람이 보는 색과 아주 다르지요. 그 강렬한 무늬를 따라가면 노랗게 빛나는 암술과 수술이 있습니다. 꼬마꽃등에는 앞에 놓인 꽃가루를 맛있게 핥아 먹습니다.

이렇게 식물은 곤충이 찾아오도록 꽃잎으로 유혹하고, 또 꿀 안내판을 그려서 수술과 암술을 곤충이 쉽게 찾도록 끌어들입니다. 식물은 대를 잇기 위해 곤충이 자기 몸의 일부를 먹도록 꾀어내는 여러 장치를 마련해 곤충을 기다리고, 곤충은 식물이 마련한 장치에 이끌려 찾아오지만 식물의 번식에는 전혀 관심이 없고 오직 배를 채우는 데만 골몰합니다. 그래도 식물은 곤충이 다녀가는 것만으로도 만족합니다. 곤충 몸에 꽃가루가 묻도록, 또 곤충 몸에 묻은 꽃가루가 다른 포기의 암술머리에 묻도록 장치를 해 두었으니까요. 곤충은 자기도 모르는 사이에 우연히 중매를 서게 되지요. 그리고 이 '우연한 중매'도 식물의 번식 전략 속에 이미 포함되어 있을 것으로 여겨집니다.

암먹부전나비
등장

조심스런 꼬마꽃등에가 오래 머물지 않고 괭이밥을 떠납니다. 얼마 안 있어 암먹부전나비 한 마리가 나풀나풀 날아옵니다. 날개 윗면에 파란빛이 많이 도는 걸 보니 수컷이군요. 암컷의 날개 윗면

먹부전나비가
마가렛트 꽃꿀을 먹고 있다.

푸른부전나비가
유럽나도냉이 꽃꿀을 먹고 있다.

부전나비가
꽃잎 위에 앉아 있다.

암먹부전나비가
풀잎 위에 앉아 있다.

은 검은빛이 많이 돕니다. 그래서 암먹부전나비란 이름이 붙었습니다. 녀석은 날갯짓을 하다가 곧바로 꽃잎에 내려앉습니다. 그러고는 돌돌 말린 주둥이를 빼내 꿀 안내판이 가리키는 꿀샘에다 정확히 꽂습니다. 녀석은 기다란 철사 같은 주둥이를 방아 찧듯이 넣었다 약간 뺐다 하면서 꽃꿀을 빨아 마십니다. 꽃꿀을 먹는 사이 녀석의 털과 비늘에 괭이밥 꽃가루가 척척 달라붙습니다. 녀석도 얼마 안 있어 주둥이를 빼더니 나풀나풀 날아갑니다. 다른 포기의 괭이밥 꽃에 날아가면 암술머리에 꽃가루가 떨어질 것입니다.

이들 외에도 괭이밥 꽃에는 남방부전나비, 작은주홍부전나비, 호리꽃등에, 애꽃벌류, 꽃등에류, 좁쌀바구미류 같은 곤충들이 찾아옵니다.

괭이밥 주인
남방부전나비 등장

풀밭에서 괭이밥 꽃이 피고 지는 동안 반가운 나비 손님이 날아다닙니다. 남녘이 고향인 남방부전나비로군요. 한번은 야외 강연에서 녀석이 서울 남쪽에 살아 석주명 선생님이 남방부전나비라고 이름을 지었다고 하니, 한 교육생이 '러닝부전나비'는 없냐고 맞장구를 쳐 한참을 웃었습니다. 남방부전나비는 제주도처럼 따뜻한 지방에선 봄부터 많은 수가 활개를 치지만 서울 같은 중부 지방에선 여름이 되어야 제법 날아다닙니다. 남방종인 녀석이 추위를 많

이 타다 보니 서울처럼 추운 곳에서 어른벌레로 겨울을 난다는 건 보통 일이 아닙니다. 그런데 어떻게 해서 서울에서 녀석을 많이 볼 수 있는 걸까요? 남쪽에서 겨울을 난 녀석들은 봄을 지내면서 번식을 많이 해 식구가 늘어나기 시작합니다. 초여름쯤 되면 늘어난 식구들이 따뜻해진 중부 지방까지 밀려 올라오기 때문에 서울 같은 중부 지방에서도 녀석들을 볼 수 있습니다.

남방부전나비는 풀밭을 날아다니며 개망초, 구절초같이 꽃이란 꽃은 다 찾아가 꽃꿀 식사를 합니다. 녀석이 은빛 가루를 뿌린 듯한 파란색 날개를 활짝 펴고 분홍색 이질풀 꽃에 앉아 있으면 너무도 매혹적입니다. 꽃꿀을 빨다가 배부르면 풀잎 위에 앉아 쉽니다. 가만히 보니 남방부전나비는 암컷과 수컷의 날개 윗면 색이 좀 다릅니다. 수컷은 푸른빛이 많이 돌고 화려해 눈에 금방 띄고, 암컷은 알을 낳아야 하니 어두운 갈색으로 눈에 잘 안 띄게 수수합니다. 남방부전나비 어른벌레는 배가 고프면 꿀을 먹고, 추우면 볕을 쬐고, 물가에 와서 무기물을 먹으면서 20일쯤 삽니다. 어른벌레로는 오래 사는 편입니다.

명석딸기 꽃이 피던 날, 수컷 남방부전나비가 명석딸기 꽃을 단박에 알아보고 날아옵니다. 벌써 다른 남방부전나비들이 명석딸기 꽃 밥상에 날아와 꽃꿀을 마시고 있군요. 다들 배가 고팠는지 가느다란 주둥이를 꽃 속에 꽂고 꿀을 먹느라 정신이 없습니다. 녀석이 내려앉다가 옆에 있는 친구를 건드렸군요. 친구가 화들짝 놀라 날아오르더니 이내 다시 내려와 마저 식사를 합니다. 재밌게도 녀석들은 밥상머리에서는 싸우지 않습니다.

그런데 위기 상황 발생! 잎사귀 뒤에 꽃게거미가 숨어 있습니다.

사냥꾼이 노리는 것을 아는지 모르는지 녀석은 꿀만 빨고 있습니
다. 드디어 행동 개시! 꽃게거미가 날래게 꽃 위로 올라와 식사하
고 있는 남방부전나비 한 마리를 낚아챕니다. 저런, 어쩌나! 참 운
도 없지요. 꽃게거미에게 삽시간에 잡힌 녀석은 살겠다고 날개를
퍼덕퍼덕 발버둥 칩니다. 꽃게거미는 버둥대는 녀석의 몸에 주둥
이를 깊숙이 꽂고 독 주사를 놓습니다. 독은 점점 녀석의 몸에 퍼
져 나가고, 녀석은 점점 죽어 갑니다. 퍼덕일 힘도 없는지 축 늘어
진 녀석의 몸이 흐물흐물해졌습니다. 이제 꽃게거미의 식사가 시
작됩니다.

꽃 위에선 남방부전나비들이 꽃꿀을 들이마시고, 잎사귀 아래에
선 꽃게거미가 남방부전나비 체액을 들이마시고 있고. 멍석딸기
풀 한 포기에서 먹고 먹히는 드라마가 펼쳐지고 있습니다.

남방부전나비
짝짓기

풀밭에서는 남방부전나비 짝짓기를 흔히 볼 수 있습니다. 암컷
이 포르르 날아오르니 조금 뒤에 수컷도 날아오릅니다. 암컷이 수
컷을 유혹하는 성페로몬을 내뿜으니까요. 수컷은 냄새뿐만 아니라
시각을 이용해 암컷 뒤를 졸졸 따라 납니다. 공중에서 서로 부딪히
는 동시에 얼싸안듯 하나가 되어 빙그르르 돌다 서로 떨어지고, 또
얼싸안듯 하나가 되어 빙그르르 돌다 서로 떨어지고, 마치 왈츠라

남방부전나비가 배
끝을 맞대고 서로
반대편을 본 채 짝
짓기를 하고 있다.

도 추는 것 같습니다. 실은 서로 부딪히며 얼싸안듯 하나가 될 때
암컷은 수컷의 유전자를 받아도 되는지 수컷을 탐색합니다. 암컷
이 수컷이 마음에 들었나 봅니다. 짝짓기를 허락합니다. 암컷에게
선택된 수컷은 교미자극페로몬을 내뿜어 암컷을 흥분시킵니다. 녀
석들의 신방은 풀잎 하나면 됩니다. 배 끝을 맞댄 신랑 신부가 서
로 반대편을 보고 풀잎에 앉습니다. 자세히 훔쳐보려고 살금살금
다가가니 놀라 다른 풀잎으로 날아가 앉습니다. 배 꽁무니는 떨어
지지 않고 그대로 붙인 채로.

그렇게 10분쯤 떨어지지 않고 사랑을 나눕니다. 똑같은 자세로,
움직이지도 않습니다. 몸이 저리지도 않나 봅니다. 마침 꽃등에 한
마리가 녀석들 위로 쌩하고 날아갑니다. 그제야 녀석들이 깜짝 놀
랐는지 붙어 있던 배 꽁무니를 떼고는 저마다 풀밭 속으로 날아갑
니다.

괭이밥에
알 낳기

짝짓기를 했으니 이제 알을 낳아야지요. 엄마 남방부전나비는
알 낳을 풀을 찾습니다. 어른벌레야 꽃을 가리지 않고 꿀만 먹으면
되지만, 애벌레는 편식을 해 꼭 괭이밥 잎사귀만 먹습니다. 그러니
어떻게 해서든 괭이밥을 찾아야 합니다. 엄마 남방부전나비는 그
많은 풀들 사이에서 괭이밥을 어떻게 찾을까요? 괭이밥에서 나는

짝짓기하는 남방부
전나비 암컷(오른쪽)
의 날개가 기형이다.

독특한 냄새를 맡고 찾습니다. 괭이밥은 자기 잎을 뜯어 먹는 초식 곤충에게서 자신을 지키기 위해 잎사귀에 털도 만들고 방어 물질인 독 물질도 만들었습니다. 괭이밥을 뜯어 씹어 보세요. 신맛이 납니다. 신맛의 주성분은 옥살산(oxalic acid)인데, 이 옥살산은 괭이밥이 스스로 만든 방어 물질입니다. 그러나 곤충 가운데에서 남방부전나비 애벌레는 옥살산에 내성이 생겨 괭이밥 잎사귀를 먹이식물로 정했습니다. 남방부전나비 애벌레는 잎사귀에서 옥살산 같은 방어 물질이 풍기는 냄새가 나면 무조건 먹습니다. 본능적으로 먹이식물임을 알아차리는 것이지요.

　엄마 남방부전나비도 방어 물질이 풍기는 괭이밥 특유의 냄새를 맡고 괭이밥을 찾아냅니다. 어른벌레가 되면 괭이밥 잎을 입에도 대지 않는데, 알 낳을 때가 되면 어떻게 괭이밥을 정확히 찾아가

괭이밥 어린잎에는 흰 털이 나 있다.

알을 낳는지 기특합니다.

남쪽 끝에 있는 섬 마라도에 갔을 때 일입니다. 섬답게 그날도 바람이 많이 불었지요. 엄청 넓은 풀밭에서 남방부전나비들이 센 바람을 맞아 쓰러질 듯 쓰러질 듯 낮게 날고 있었습니다. 왜 그럴까 궁금해 풀밭을 보니 괭이밥이 쫙 깔렸습니다. 녀석들이 낮게 날면서 괭이밥 잎이나 줄기에 알을 낳고 있었던 것입니다. 괭이밥에 내려앉아 배 끝을 구부려 괭이밥 잎사귀 뒷면에 붙이고 알을 하나 쏘옥 낳고 후다닥 날아오릅니다. 그리고 다른 괭이밥 잎사귀 뒷면에 또 알을 하나 낳고 날아오릅니다.

그렇게 녀석들은 하얀 알을 하나씩 하나씩 낳았습니다. 알은 흰색으로 납작한 공 모양인데, 알 겉에는 미세한 돌기들이 많이 돋아나 오톨도톨합니다.

괭이밥 잎 뒷면에
남방부전나비 알이
두 개 붙어 있다.

작디작은
남방부전나비 애벌레

남방부전나비 애벌레는 알에서 깨어나자마자 괭이밥 잎을 먹습니다. 엄마가 괭이밥에 낳았으니 먹이를 찾아 돌아다닐 이유가 없지요. 갓 깨어난 애벌레는 어려서 큰턱이 약합니다. 그래서 잎맥은 먹지 못하고 잎살만 큰턱으로 갈아서 씹어 먹습니다. 그러다가 몸집이 커지면 잎맥과 잎살을 모두 씹어 먹습니다. 특히 다 자란 애벌레는 대식가여서 잎사귀며 잎줄기며 심지어 열매까지도 모두 먹어 치웁니다. 신나게 먹는 녀석을 살살 건드려 봅니다. 녀석이 갑자기 아래로 뚝 떨어져 꼼짝을 안 합니다. 가짜 죽음, 곧 가사 상태에 빠진 것이지요. 몇 분 지나면 언제 그랬냐는 듯이 괭이밥 줄기를 타고 올라옵니다.

드디어 번데기가 될 시간. 다 자란 애벌레는 괭이밥 근처에 있는 돌멩이나 낙엽 아래로 기어갑니다. 번데기를 만들 명당을 잡고는 입에서 명주실을 토해 머리를 휘휘 저으며 자기 몸을 돌멩이나 낙엽에 묶습니다. 비가 오고 바람이 불어도 떨어지지 않습니다. 이제 애벌레 때 옷인 허물을 벗으면 번데기가 됩니다. 허물을 벗으면 처음에는 허물이 번데기의 배 끝에 붙어 있는데, 시간이 지나면 배 끝에서 떨어져 나갑니다.

남방부전나비 번데기는 꼭 오뚝이처럼 생겼습니다. 빛깔은 풀빛이고 등 쪽에 있는 중앙선과 숨구멍 주변은 검은빛입니다. 남방부전나비는 일 년에 서너 번쯤 한살이가 돌아갑니다. 지역에 따라 다르지만 4월부터 11월까지 활동합니다.

남방부전나비가 그리 많은데도 애벌레를 찾는 것은 굉장히 힘듭니다. 몸집이 하도 작은 데다가 괭이밥에 숨어 있으니 녀석을 찾으려면 시간 품을 들여야 합니다. 더구나 몸이 초록색이라 괭이밥 잎에 붙어 있으면 눈을 씻고 찾아도 잘 안 보입니다. 보호색을 띤 덕이지요. 그래서 녀석을 만나려면 마음을 비우고 느릿느릿 시간을 보내야 합니다.

놀랍게도 애벌레 둘레에는 개미가 얼씬거립니다. 개미가 남방부전나비 애벌레를 잡아먹을까요? 아닙니다. 녀석이 내는 단물을 얻어 마시려고 얼쩡댑니다. 등 쪽 7번째 배마디에는 특수하게 분화된 꿀샘 조직(Newcomer's organ)이 있는데, 그곳에서 당분과 아미노산 같은 영양분이 풍부하게 들어 있는 즙이 나옵니다. 그걸 개미가 귀신같이 알고 있는 것이지요. 애벌레도 개미가 찾아오니 반갑습니다. 개미는 애벌레를 잡아먹으려는 웬만한 천적을 쫓아내기 때문에 애벌레에겐 '수호천사'이자 '보디가드'입니다. 애벌레는 그 대가로 개미에게 단물을 주고 있지요. 세상살이가 만만치 않은 건 곤충 세계나 인간 세계나 마찬가지인가 봅니다.

암고운부전나비 같은 몇몇 부전나비류 애벌레들은 개미와 공생하며 산다고 알려졌습니다. 이제 남방부전나비 애벌레도 개미와 공생하는 장면이 목격되었으니 더 톺아보면 머지않아 남방부전나비 애벌레와 개미의 공생에 대한 재밌는 얘기가 쏟아져 나올 것입니다. 남방부전나비뿐만 아니라 부전나비 집안 곤충들을 더 연구하면 개미와 더불어 사는 신기한 공생 관계가 더 많이 밝혀지리라 봅니다. 정말이지 곤충의 세계는 넓고 할 일은 너무도 많습니다.

돼지풀과

돼지풀잎벌레

돼지풀 수꽃

돼지풀 수꽃은 종 모양으로
아래를 향해 피어납니다.

여름이면 꽃 같지 않은 꽃들이 제법 핍니다.

돼지풀 꽃, 단풍잎돼지풀 꽃, 환삼덩굴 꽃,

쑥 꽃, 풀거북꼬리 꽃, 쇄기풀 꽃…….

다들 꽃 색깔이 풀잎과 비슷한 초록빛이고,

딱히 제대로 된 꽃잎도 없고,

꿀도 만들지 않고, 암꽃은 잘 보이지도 않습니다.

더구나 수꽃의 꽃가루는 바람을 타고 날아다니며

알레르기를 일으켜 사람들을 괴롭힙니다.

특히 돼지풀 꽃가루는 지독하고, 번식력이 대단해 토종 식물을 밀어내니

사람들은 돼지풀을 보기만 하면 무조건 없애려고 합니다.

그도 그럴 게 어떤 사람들은 돼지풀 꽃가루가 닿기만 해도

재채기와 콧물이 나고, 심지어 천식 환자는 증상이 심해지기 때문입니다.

오죽하면 유럽에선 돼지풀 꽃이 필 때쯤이면

꽃가루를 피해 휴가를 갈까요?

그런데 자연 세계에선 돼지풀이 없으면 안 되는 곤충이 있습니다.

바로 돼지풀잎벌레입니다.

돼지풀잎벌레

이 꼭지는 딱정벌레목 잎벌레과 종인 돼지풀잎벌레(*Ophraella communa*)와
먹이식물인 돼지풀 이야기입니다.

눈엣가시
외래종

돼지풀의 고향은 저 멀리 떨어진 북아메리카입니다. 한마디로 외래종입니다. 정확하지는 않지만 돼지풀은 6·25 한국 전쟁 때 우리 땅에 흘러 들어온 것으로 짐작됩니다. 사람들은 외래종이란 말만 들어도 거부 반응을 보입니다. 따지고 보면 외래종은 아무런 죄가 없습니다. 그저 무역품이나 사람들의 이동과 함께 살 곳을 옮긴 것뿐입니다. 어쩌다 자기가 살던 땅을 버리고 다른 나라로 옮겨 간 외래종의 타향살이는 녹록지 않습니다. 낯선 이국땅에 뿌리내리고 살려면 엄청난 난관에 부닥칩니다. 적응을 잘하느냐 못하느냐에 따라 삶과 죽음이 정해집니다. 즉 외래종은 낯선 땅에 가면 죽을 확률 50퍼센트, 살아남을 확률 50퍼센트의 운명에 맞닥뜨립니다. 죽지 않으려면 낯선 환경에 잘 적응해야 합니다. 돼지풀도 마

돼지풀이 무성히 자라나 군락을 이루고 있다.

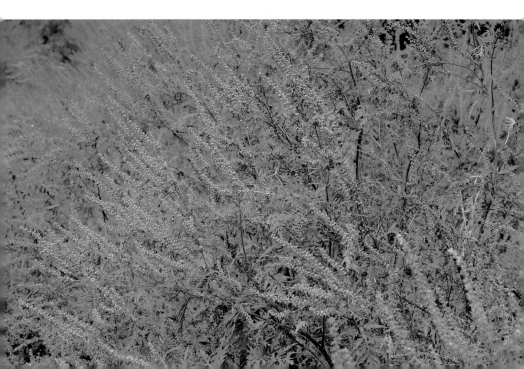

찬가지입니다. 다행히 돼지풀은 햇빛과 땅만 있으면 살 수 있습니다. 개발에 뒤집혀져 메마른 땅, 도시 건물에 둘러싸인 빈 땅, 쓰레기투성이인 땅이라도 상관없습니다. 그저 뿌리를 내릴 땅만 있으면 어디다 갖다 놓아도 적응을 잘 합니다. 번식력까지 왕성해 토종풀까지도 밀어냅니다. 게다가 무분별한 개발로 바뀐 환경에 취약한 토종들이 사라진 빈 땅까지 많으니 돼지풀은 왕성하게 가문을 이어 나갑니다.

돼지풀이 우리 땅에 들어온 지도 벌써 50년이 훌쩍 넘었습니다. 지금은 전국 방방곡곡에 돼지풀이 쫙 퍼졌지요. 지금은 보기만 해도 뽑아 없애야 한다는 돼지풀인데, 그 돼지풀을 먹어 치워 없애는 돼지풀잎벌레도 무역품을 통해 뒤늦게 우리 땅에 들어왔습니다.

돼지풀잎벌레의 고향도 북아메리카입니다. 돼지풀잎벌레가 우리 땅에 산다고 처음 보고된 때가 2000년이니 돼지풀보다 50년쯤

돼지풀잎벌레
어른벌레

늦게 들어왔습니다. 돼지풀잎벌레 또한 외래종이지만 그 존재 가치는 빛났습니다. 돼지풀잎벌레가 나타나자 돼지풀 꽃가루 노이로제에 걸린 사람들은 환영합니다. 녀석들이 토종 식물을 밀어내고, 사람들 건강을 해치는 알레르기와 천식의 주범인 돼지풀을 맛있게 먹어 치우니 말이지요. 곤충이 사람들한테 영웅처럼 대접받을 때도 다 있습니다. 돼지풀잎벌레는 우리 땅에 들어온 뒤로 지금까지도 돼지풀 잎을 먹으며 살아가고 있습니다.

이렇듯 외래종이면 어떻고, 토종이면 어떤가요. 생물의 처지에서 외래종이다 토종이다 나누는 것이 아이러니일 수 있습니다. 생태계에선 다 제 역할이 있으니 '이 풀은 이래서 있어야 하고 저 풀은 저래서 없애야 하는' 논리가 안 통합니다. 저마다 존재 가치가 있는 거지요. 소중한 생명인 돼지풀의 가치가 가장 빛날 때는 돼지풀잎벌레를 만났을 때입니다. 정착한 곳이 바로 삶의 터전이니 사람들이 만든 국경은 큰 의미가 없습니다.

한 지붕 두 가족

한참 전 방송에 서울 사는 돼지풀과 시골 사는 돼지풀 이야기가 나왔습니다. 가을철에 어린아이나 노인, 체질이 예민한 사람들에게 알레르기성 병을 일으키는 돼지풀 꽃을 실험했더니 흥미로운 결과가 나왔습니다. 서울, 그것도 강남 사는 돼지풀 꽃가루가 시골 사는 돼지풀 꽃가루보다 독성이 무려 57배나 강했습니다. 꽃가루는 먼지보다 훨씬 작아서 천 배까지 보이는 배율이 높은 현미경으로 봐야 보입니다. 그 꽃가루를 강남에서 1개 마신 것과 시골에서 57개 마신 것이 효과가 똑같다니! 강남 돼지풀 꽃가루는 독 덩어리인가 봅니다. 또 꽃가루는 시간도 가려 날아다닙니다. 꽃가루는 오전 6시에서 10시 사이에 날아다니지요. 사람들이 가장 많이 돌아다닐 때입니다.

돼지풀 꽃을 본 적이 있나요? 돼지풀 꽃은 한 포기에 수꽃과 암꽃이 따로따로 핍니다. 말하자면 '한 지붕 두 가족'이지요. 재밌게도 수꽃은 두상꽃차례로 종처럼 아래를 향해 핍니다. 수꽃을 둘러싼 총포 조각은 서로 붙어 있고 털이 나 있습니다. 총포 조각 안에는 수꽃이 5~20송이쯤 피어 있고 수술대에는 노란 꽃가루가 소복이 붙어 있습니다. 꽃차례 하나에 수꽃들이 모여 있는 모습이 마치 쭈글쭈글한 배꼽 같습니다. 살짝 손을 댔더니 손에 노란 꽃가루가 묻어납니다.

암꽃은 어디 붙었을까요? 암꽃은 달랑달랑 매달린 수꽃의 두상꽃차례 아래 옆 겨드랑이에 붙어 있습니다. 암꽃은 꽃이라기보다 마치 개암나무 열매 같습니다. 암꽃도 두상꽃차례로 수꽃처럼 총포 조각에 싸여 있습니다. 암꽃의 두상꽃차례는 타원형이며 기다란 털들이 많이 붙어 있고 모두 통꽃입니다.

그런데 이미 수꽃에는 노란 꽃가루가 이미 수북이 쌓였네요. 일부러 돼지풀을 통째로 흔들어 봅니다. 와! 꽃가루가 송홧가루 날리듯, 먼지 날리듯, 아니 노란 물감이 물에 퍼져 나가듯이 노랗게 날립니다. 꽃가루는 날리다가 암꽃에 앉습니다. 돼지풀은 중매 곤충

돼지풀 수꽃 꽃차례 하나에 꽃 수십 송이가 모여 피어 있다.

돼지풀 암꽃은 수꽃 맨 아래에 핀다.

과 담을 쌓았습니다. 곤충들의 도움을 포기하고 바람 불기만 바라
는 풍매화의 길을 걸었지요. 그래서 수꽃은 늘 바람을 잘 받을 수
있도록 암꽃보다 높은 곳에 핍니다.

돼지풀 처지에서 보면, 곤충을 유혹하기 위해 제대로 갖춘꽃을
피우려면 비용이 많이 듭니다. 꽃잎을 만들어야 하고 꿀도 만들어
야 하니까요. 그래서 될 수 있는 대로 거품을 빼고 가장 적은 비용
을 써서 꽃가루받이에 필요한 수꽃과 암꽃을 만들었습니다. 특히
수술을 아주 많이 만들어 꽃가루를 대량 방출합니다. 수꽃이 암꽃
보다 3배나 많이 핍니다. 그래서 바람만 불면 꽃가루는 제멋대로
날아다니다 우연히 암술 위에 달라붙어 꽃가루받이가 됩니다. 바
람을 이용해 꽃가루받이하니 풍매화이지요. 풍매화가 꽃가루받이
성공 기회를 높이려면 꽃가루가 많아야 좋습니다. 그러고 보니 돼
지풀은 곤충이 없어도 살아남고 번식하는 데 문제가 없어 보입니
다. 돼지풀 꽃가루는 단지 대를 잇기 위해 바람 타고 여행을 할 뿐
인데, 사람들은 알레르기성 병을 일으키는 악당이라고 누명을 씌
우니 돼지풀 입장에선 기막힐 노릇입니다.

무슨 까닭에선지 풍매화로 진화한 식물이 제법 많습니다. 흥미
롭게도 나무보다는 대부분 풀이 바람에 꽃가루를 날려 번식하는
경우가 많습니다. 벼과, 사초과, 부들과, 골풀과 같은 거의 모든 외
떡잎식물과 쐐기풀과, 질경이과, 소리쟁이속, 쑥속, 돼지풀속, 도꼬
마리속 같은 몇몇 쌍떡잎식물이 대표적입니다. 물론 풍매화라 해
도 중매 곤충이 찾아옵니다. 다만 풍매화의 경우 중매 곤충보다 바
람의 도움으로 꽃가루받이 되는 것에 최적화되었을 뿐입니다.

돼지풀과
돼지풀잎벌레

무더운 여름이 시작되는 7월입니다. 잠시 짬을 내 성내천 산책
길을 걷습니다. 풀들이 무성히 자라 풀숲을 만들었습니다. 유난히
키가 큰 돼지풀이 군데군데 눈에 띕니다. 돼지풀 잎사귀는 쑥 잎사
귀와 굉장히 닮았습니다. 돼지풀 어린 잎사귀는 잎 가장자리가 파
여 있지 않지만 자라면서 잎 가장자리가 파이기 시작합니다. 다 자
란 잎사귀를 보면 잎 가장자리가 2~3번 깊이 파여 새 깃털 모양으
로 갈라져 있습니다. 잎사귀 앞면은 짙은 녹색이고, 뒷면은 잿빛이
조금 돌고 연한 털이 많습니다.

그런데 무성했던 잎사귀가 거덜 나 너덜너덜 누더기가 되었네
요. 무슨 일인지 궁금해 가까이 가 보니 돼지풀잎벌레에게 뜯어 먹

돼지풀 잎사귀

했습니다. 세상에! 돼지풀 잎사귀 위에는 여러 세대의 돼지풀잎벌레가 가족회의라도 하는 것처럼 모여 있습니다. 어른벌레, 애벌레, 번데기까지 모두 출동했습니다. 얼른 세어 보니 돼지풀 한 포기에 스무 마리가 넘게 붙어 있군요. 번데기만 빼고 죄다 돼지풀을 뜯어 먹고 있습니다.

잎사귀 한 귀퉁이에선 짝짓기 작업을 하고 있습니다. 수컷이 더듬이를 저으며 암컷에게 다가가 다짜고짜 신부 등 위에 타고 오릅니다. 역시 몸집이 작은 녀석이 수컷입니다. 곤충 세계에선 대체로 암컷이 몸에 알을 가지고 있어서 수컷보다 더 큽니다. 수컷이 등 위에 있는데도 암컷은 아무런 반응을 보이지 않고 잎사귀 식사에 몰두합니다. 수컷은 여섯 다리로 암컷을 붙잡으려 하지만 다리가 짧아 헛수고. 하는 수 없이 다리를 엉거주춤 신부 등 위에 올려놓은 채 업힙니다. 마치 아기처럼요. 배 꽁무니를 늘이나 싶더니 금

돼지풀잎벌레 애벌레가 단풍잎돼지풀 잎사귀를 먹은 흔적

세 노란색 생식기가 쭉 빠져나왔습니다. 암컷 배 끝을 더듬거리나 싶더니 눈 깜짝할 사이에 암컷 배 꽁무니로 쏙 들어가는군요. 짝짓기에 성공한 돼지풀잎벌레 부부는 별 움직임 없이 짝짓기에 열중합니다. 한참을 구경하다가 기념사진이라도 찍어 줄까 싶어 카메라 셔터를 누릅니다. 그제야 암컷이 깜짝 놀라 앞쪽으로 성큼성큼 걸어갑니다. 수컷도 암컷 등에서 떨어지지 않으려 안간힘을 쓰며 암컷에게 업혀 가네요. 암컷이 잎사귀 뒤쪽으로 얼른 숨습니다. 이때도 수컷은 암컷 등에서 떨어지지 않습니다. 갑자기 암컷이 몸을 뒤틀며 뒷다리로 수컷을 밀어냅니다. 수컷은 그만 영문도 모른 채 암컷 등에서 뚝 떨어집니다. 신부는 잎사귀 뒤로 달아나고, 수컷은 잎사귀 위에 앉아 있습니다. 어쨌든 수컷은 자기 유전자를 넘겼으니 임무 완성입니다.

돼지풀잎벌레 수컷이 암컷 등에 업혀 짝짓기하고 있다.

이때다 싶어 잎에 앉아 있는 수컷을 이리저리 훑어봅니다. 어른 돼지풀잎벌레는 생김새가 평범해 신경 써서 찾지 않으면 눈에 잘 띄지 않습니다. 몸매는 긴달걀꼴로 두루뭉술하고 몸길이는 5밀리미터 안팎으로 작습니다. 몸빛은 전체적으로 노랗고 아주 보드라운 털이 등 쪽에 쫙 깔려 있습니다. 앞가슴등판에는 까만 무늬 3개를 그려 놓았고, 딱지날개엔 까만 세로줄 무늬를 시원스레 쭉쭉 그려서 맘껏 멋을 부렸습니다. 돼지풀 잎사귀 위에서 얼룩말이 놀고 있는 것 같습니다.

어떻게 돼지풀잎벌레는 돼지풀을 찾아왔을까요? 어른 돼지풀잎벌레는 돼지풀이 풍기는 냄새를 맡고 찾아옵니다. 돼지풀은 초식동물로부터 제 몸을 보호하기 위해 몸속에 독 물질(2차 대사 물질)을 만들었습니다. 이 독 물질에는 모노테르피노이드(monoterpe-

돼지풀잎벌레 수컷이 노란 생식기를 늘어뜨려 암컷 배 끝에 집어넣었다.

noids) 계열의 유기 화합물이 29개나 뒤섞여 있습니다. 이들 유기 화합물에선 특유한 냄새가 나는데, 그 냄새가 바람에 실려 다니다 돼지풀잎벌레 더듬이나 몸에 난 털 감각 기관에 감지됩니다. 그러면 돼지풀잎벌레는 돼지풀 냄새란 것을 귀신같이 알아차립니다. 다른 초식 곤충들은 이 냄새를 맡으면 도망을 가는데 돼지풀잎벌레는 되레 입맛이 돕니다.

돼지풀에게 돼지풀잎벌레는 어떤 존재일까요? 한마디로 별로 도움도 안 되는 곤충입니다. 자기 잎사귀를 뜯어 먹기만 하기 때문입니다. 돼지풀은 자기 몸을 지키기 위해 방어 물질을 만들었습니다. 잎은 광합성을 해 양분을 생산하는 중요한 기관입니다. 이 기관을 곤충이 먹어 대니 어느 식물인들 좋아할까요? 오죽했으면 독 물질을 만들어 방어하려고 했을까요? 그런데 돼지풀잎벌레가 그 독에 내성이 생겨 지금까지 돼지풀 잎사귀에서 살고 있습니다. 지

돼지풀잎벌레 알

금 돼지풀은 녀석들을 쫓아낼 방법을 달리 갖고 있지 않습니다. 하지만 언젠가는 녀석들을 쫓아낼 방어책을 새로 마련할지도 모릅니다. 진화의 방향은 예단할 수 없으니까요.

그럼 돼지풀잎벌레에게 돼지풀은 어떤 존재일까요? 엄청나게 고마운 존재입니다. 녀석들은 평생 동안 돼지풀에서 지냅니다. 돼지풀은 알을 낳는 장소이고, 식사 장소이고, 짝짓기 장소이고, 번데기를 만드는 장소이니 뭐 하나 빠지지 않는 훌륭한 종합 복지 시설입니다.

돼지풀잎벌레
한살이

돼지풀잎벌레는 알부터 어른벌레까지 평생 동안 돼지풀에서 삽니다. 어른벌레끼리 짝짓기를 마치면 엄마 돼지풀잎벌레는 멀리 갈 필요도 없이 자기가 살던 돼지풀 잎사귀 위에다 배 끝을 대고 알을 낳습니다. 산란관이 하도 짧아 잘 보이지 않지만 배 꽁무니가 움찍거립니다. 산란관에서 알 하나가 천천히 미끄러지듯 쏘옥 빠져나와 돼지풀 잎사귀 위에 살포시 내려앉습니다. 공처럼 동그란 노란색 알입니다. 곧이어 배 끝을 약간 옆으로 틀더니 또 움찍거립니다. 또 알 하나가 천천히 미끄러지듯 쏘옥 빠져나옵니다. 또 바로 옆에 알 하나를 낳고……. 그렇게 20~40개 알을 나란히 줄 맞춰 낳습니다. 마치 황금알을 낳는 거위 같습니다. 암컷은 알 낳느라

기진맥진하고, 불룩한 배도 어느새 홀쭉해졌습니다. 엄마 돼지풀 잎벌레는 서서히 기운을 잃어 죽어 갑니다. 사람 수명이 어느 정도 정해져 있듯이 곤충도 수명이 정해져 있습니다. 곤충의 암컷은 알을 낳고 나면 대개 며칠 버티지 못하고 죽습니다.

7일쯤 지나면 알에서 애벌레가 깨어납니다. 곤충 세계에서 거의 모든 애벌레는 부모가 이미 죽은 뒤에 알에서 깨어납니다. 혼자서 살아가야 할 운명이지요. 다행히도 애벌레는 평생 먹고도 남을 먹이 창고에서 삶을 시작합니다. 먹이 창고에 알은 낳아 준 엄마에게 고마울 따름이지요. 애벌레는 태어나자마자 돼지풀 잎사귀를 갉아 먹습니다. 그런데 한곳에서 진득이 앉아 먹지 않고 돌아다니며 먹네요. 여기서 조금, 저기서 조금 깨작댑니다. 녀석이 먹은 잎은 구멍이 여기저기 뻥뻥 뚫립니다. 녀석은 두 번 허물을 벗고 3령 애벌레 단계까지 잎사귀를 먹고 삽니다. 애벌레들은 띄엄띄엄 떨어져 삽니다. 돼지풀 잎사귀마다 여러 마리가 붙어 있는데, 녀석들은 가까이 있기보다 제멋대로 떨어져 식사를 합니다. 그래서 돼지풀 한 포기에 잎마다 깨를 뿌려 놓은 것처럼 애벌레들이 붙어 있습니다.

애벌레는 썩 예쁘지 않습니다. 다 자란 애벌레 몸길이는 7밀리 미터 정도로 작고, 몸은 오동통합니다. 몸빛은 칙칙한 누런빛이고, 몸에는 할아버지 수염처럼 희끗희끗한 털이 듬성듬성 나 있습니다. 행동은 둔해서 건드려도 별로 반항을 하지 않습니다. 거기다 천적한테 들키면 어쩌려고 잎 위에 턱하니 앉아서 식사를 합니다. 그렇다고 몸에 지독한 독을 품고 있지도 않은데 도대체 뭘 믿고 그럴까 좀 무모해 보입니다.

녀석들은 믿는 게 있긴 합니다. 다산 정책이죠. 일 년에 한살이

가 적어도 네 번은 돌아갑니다. 알에서 어른벌레가 되기까지 한 35일쯤 걸립니다. 날씨만 좋으면 네 번이 아니라 다섯 번도 돌아갑니다. 이 정도면 곤충 세계에서 한살이 횟수가 많은 편에 속합니다.

애벌레가 알에서 깨어나 보름이 지나면 다 자랍니다. 이제 다 자란 애벌레는 먹는 것을 딱 끊고 잎의 접힌 부분에 조용히 앉아 번데기 만들 준비를 합니다. 그렇게 이틀을 보내더니 몸을 슬슬 움직이기 시작합니다. 조금 파인 잎맥에 자리를 잡은 뒤 입에서 실을 토해 고치를 만들기 시작합니다. 머리와 가슴 부분을 살짝 들어 올린 뒤 실을 뽑아 자기 몸을 연신 감쌉니다. 세 시간쯤 지났을까? 드디어 녀석이 고치를 다 만들었습니다. 고치가 꼭 메추리알 같네요. 얼기설기 엮었지만 그럴듯합니다. 애벌레는 자기가 공들여 만든 고치 속에 앉아 쉽니다. 이틀 정도 지나면 고치 속에서 애벌레 시절에 입었던 허물을 벗고 번데기가 됩니다.

그리고 번데기로 딱 일주일을 살고는 날개돋이해 어른벌레가 됩니다. 그렇게 일 년에 4~5차례 한살이가 돌아가다가 추워지는 11월이 되면 돼지풀잎벌레 어른벌레는 겨울잠을 자러 가랑잎 속으로 들어갑니다. 무사히 겨울을 난 녀석들은 이듬해 5월이면 다시 돼지풀을 찾아와 한살이를 시작합니다.

왕고들빼기와

맵시곱추밤나방

왕고들빼기 꽃

왕고들빼기 꽃은 하늘을 향해 피어나
곤충이 내려앉기 좋습니다.

왕고들빼기와 고들빼기는 생김새가 많이 닮았습니다.

둘 다 국화과 집안 식구지만 분가하여 속(genus)이 서로 다릅니다.

왕고들빼기는 산씀바귀나 상추(상추속)와 형제고,

고들빼기는 지리고들빼기(갯고들빼기속)와 형제입니다.

그래서인지 꽃 피는 시기도 서로 다릅니다.

고들빼기는 봄에 진한 노란색 꽃을 피우고,

왕고들빼기는 가을에 연노란색 꽃을 피웁니다.

고들빼기는 쓴맛이 나서 한자말로 '고채(苦菜)'라고 합니다.

왕고들빼기는 말 그대로 고들빼기보다 키가 훨씬 커서 붙은 이름입니다.

고들빼기

이 꼭지는 나비목 밤나방과 종인 맵시곱추밤나방(*Cucullia pustulata*)과
먹이식물인 왕고들빼기 이야기입니다.

가을에 피는
왕고들빼기 꽃

　뜨거운 여름 땡볕 아래서 무럭무럭 자라는 키다리 왕고들빼기가 꽃을 피울 채비를 합니다. 꽃 필 무렵이면 뿌리 쪽에서 나는 잎(근생엽)은 없어지고 줄기에서만 잎이 납니다. 줄기를 쭉쭉 뻗어 내고선 맨 끝에 꽃봉오리를 주렁주렁 매답니다. 여름이 깊어 갈 즈음 드디어 왕고들빼기 꽃봉오리가 활짝 열립니다. 꽃 색깔은 노란색도 하얀색도 아닌 달걀 흰자와 노른자를 섞은 듯한 연노란색입니다. 뭐랄까, 빛바랜 창호지처럼 그윽한 색입니다.

　꽃도 한 송이가 아닙니다. 수십 송이가 한데 뭉쳐 피어 두상꽃차례를 이루어서 언뜻 보면 커다란 한 송이 꽃처럼 보입니다. 돋보기로 들여다보면 혀꽃에 암술과 수술이 붙어 있습니다. 길게 뻗어 나온 암술머리는 카이저수염처럼 생겼고, 수술은 암술대의 중간쯤에 있는 듯 없는 듯 딱 달라붙어 꽃가루를 터뜨립니다.

왕고들빼기꽃

재밌게도 왕고들빼기 꽃에는 모두 혀꽃만 모여 있습니다. 수십 송이나 되는 혀꽃들이 제각각 수술과 암술을 달고 있습니다. 따져 보니 두상꽃차례에는 암술이 수십 개, 수술이 수백 개도 넘게 붙어 있습니다. 그러니 곤충들은 왕고들빼기 꽃을 엄청나게 좋아합니다. 혀꽃마다 모두 암술과 수술을 달고 있어 먹을 게 많고, 두상꽃차례가 하늘을 향해 피어나 어느 방향에서 날아와도 착륙하기 좋을 뿐더러 주둥이 모양에 상관없이 편하게 앉아 식사할 수 있기 때문이지요. 또 줄기에 두상꽃차례가 여러 개 달려 있어 먹을 꽃가루도 많으니 굳이 다른 포기의 꽃으로 옮겨 가지 않아도 됩니다. 꽃하나만 차지해도 배부르게 먹을 수 있으니까요.

한편 곤충이 많이 찾아올수록 왕고들빼기 꽃은 신이 납니다. 왕고들빼기가 혀꽃 한 송이 한 송이마다 정성 들여 차려 놓은 꽃가루를 곤충들이 먹으면서 자기 몸털에 묻혀 다른 포기의 꽃으로 날아가 떨어뜨려 줄 테니 말입니다. 한 20분쯤 왕고들빼기 꽃 앞에 서서 곤충을 기다려 봅니다. 마침 꼬마꽃벌류 한 마리가 날아들어 꽃위에 앉습니다. 이미 뒷다리에는 노란 꽃가루가 탐스럽게 뭉쳐 있군요. 그것으로 양이 안 차는지 녀석은 여섯 다리로 암술과 수술 다발을 꼭 끌어안고 꽃가루를 더 모읍니다. 그러는 사이에 다른 포기에서 묻은 꽃가루가 왕고들빼기의 암술머리에 묻습니다.

뒤이어 날아온 녀석은 호리꽃등에. 녀석도 꽃가루 애호가라서 넓적한 주둥이를 쭉 꺼내 왕고들빼기 꽃가루를 원 없이 핥아 먹습니다. 그 밖에도 꼬마꽃등에, 꽃등에, 물결넓적꽃등에처럼 주식이 꽃가루인 곤충들이 날아오고, 꿀벌, 꼬마꽃벌류, 애꽃벌 같은 벌들도 부지런히 들락거리며 꽃꿀도 먹고 꽃가루도 따 갑니다.

호리꽃등에가 왕고들빼기 꽃으로 날아왔다. 왕고들빼기는 암술머리가 카이저수염처럼 생겼다.

왕고들빼기의
하얀 액즙

왕고들빼기는 줄기나 잎을 꺾으면 하얀 액즙이 나온다.

왕고들빼기 잎이나 줄기의 한 귀퉁이를 조금만 뜯어서 살펴보세요. 하얀 젖물 같은 액즙이 나옵니다. 손가락으로 비벼 보면 끈적끈적하며 찰기가 있습니다. 그래서 왕고들빼기의 학명 'Lactuca indica'에도 액즙을 뜻하는 'Lac'가 들어 있습니다. 재미있게도 국화과 집안에서 혀꽃(설상화)만 피는 설상화아과 식구들은 죄다 상처가 나면 하얀 액즙을 흘립니다.

왜 왕고들빼기는 상처가 나면 하얀 눈물을 흘릴까요? 알고 보면 '액즙'은 왕고들빼기의 방어 물질입니다. '날 먹지 마. 내겐 독이 많아. 먹다가 죽어도 책임 안 져.' 하고 초식 동물에게 보내는 강력한 경고 메시지입니다. 한 발짝도 움직일 수 없는 연약한 식물이다 보니 초식 동물이 뜯어 먹으면 반항도 할 수 없고 도망칠 수도 없습니다. 그래서 독이 든 화학 물질을 만들어 몸속에 지니고 있는 것이지요.

물론 독 물질을 만들려면 광합성 해서 축적한 영양분을 써야 하니 식물 입장에서는 버겁습니다. 그래도 그 덕에 왕고들빼기는 오늘날까지 가문을 이어 가고 있습니다. 그런 사연을 아는지 모르는지 사람들은 왕고들빼기의 쓴맛에 반합니다. 어찌 보면 독 물질이 사람에겐 식욕 자극제 역할을 하니 적과의 동침이 따로 없습니다. 그런데 사람만 왕고들빼기의 쌉싸름한 맛에 반한 것은 아닙니다. 맵시곱추밤나방 애벌레도 왕고들빼기 맛에 반했지요.

대만수염진딧물 수십 마리가 왕고들빼기즙을 먹고 있다.

화려한
맵시곱추밤나방 애벌레

7월의 햇살은 따갑습니다. 한낮 햇볕은 하도 뜨거워 조금만 쬐
어도 피부가 타 들어갈 것 같습니다. 짬을 내 가까운 산에 들렀습
니다. 그늘이 드리워진 오솔길을 만나면 느릿느릿 걷고, 햇볕 쨍쨍
한 길을 만나면 빨리 걷습니다. 마침 길옆에 제 허리만큼 키가 큰
왕고들빼기가 뜨거운 햇살을 받고 있습니다. 하도 흔한 풀이라 곁
도 안 주고 지나려는데 아기 손가락만 한 애벌레가 잎자루에 떡하
니 매달려 있습니다. 노랗고 까맣게 치장한 몸빛이 어찌나 화려한
지 한눈에 확 띄어 걸음을 멈춥니다. 몸집까지 커 대번에 누군지
알 수 있네요. 녀석은 우리 둘레에서 자주 만나는 맵시곱추밤나방
애벌레입니다. 바늘 가는 데 실 가듯이 왕고들빼기(국화과 상추속)
를 따라다니는 스토커지요.

맵시곱추밤나방 애벌레는 몸집이며 몸빛이며 한 번만 봐도 정신
이 번쩍 들 정도로 포스가 넘칩니다. 몸 색깔은 샛노란 천에 커다
랗고 까만 물방울무늬가 일정한 간격으로 줄지어 그려져 있어 매
우 강렬합니다. 왜 녀석은 눈에 확 띄는 옷을 입었을까요? 이유는
간단합니다. 경고색으로 자기를 지키려는 것이지요. 경고색을 띠
면 대개 새 같은 포식자가 공격하는 걸 꺼려할 수 있습니다. 특히
새들은 색깔이 화려한 먹이는 몸속에 독을 품고 있다고 여깁니다.
물론 맵시곱추밤나방 애벌레도 강력하지는 않지만 자기만의 독 물
질을 가지고 있습니다. 원료는 왕고들빼기 잎사귀에서 얻은 방어
물질인데, 건드리면 입에서 초록색 분비물과 함께 토합니다. 아마

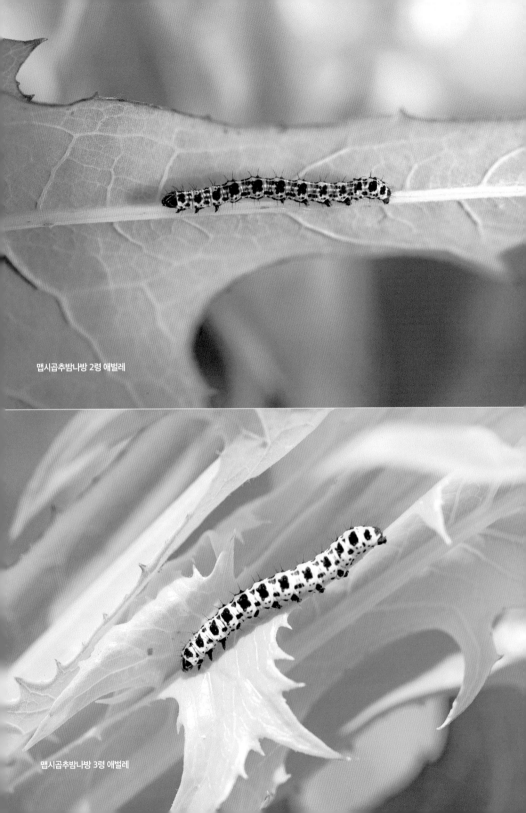

맵시곱추밤나방 2령 애벌레

맵시곱추밤나방 3령 애벌레

맵시곱추밤나방 4령 애벌레 허물벗기

맵시곱추밤나방 5령 애벌레

도 새들은 맵시곱추밤나방 애벌레가 색깔도 화려하고 독까지 품고
있어 맘 놓고 잡아먹지 못할 것으로 여겨집니다.

왕고들빼기
잎사귀 만찬

맵시곱추밤나방 애벌레가 왕고들
빼기 잎사귀에 몸을 길게 뻗치고 매달
려 있군요. 곤충치고는 완전히 헤비급
이라 왕고들빼기 잎사귀가 무게에 못
이겨 휘청 휘어집니다. 그래도 얇은
잎사귀를 꼬리다리 2개, 가슴다리 6
개, 배다리 8개로 꼭 잡고 만찬을 즐기
고 있습니다. 가슴다리 가까이에 붙어

맵시곱추밤나방 애벌레 얼굴과 가슴

있는 머리가 위아래로 움직이며 큰턱을 양옆으로 오므렸다 폈다
하면서 잎을 숭덩숭덩 베어 먹으니 잎사귀 한 장이 금방 사라집니
다. 큰턱이 어찌나 강한지 그 질긴 잎맥도 모조리 씹어 먹습니다.

잎자루만 남으면 녀석은 머리를 이리저리 흔듭니다. 이사 갈 잎
사귀를 찾는 중입니다. 이사라 해 봤자 바로 옆 잎사귀로 가는 것
이지만 그래도 녀석의 걸음으로는 수십 걸음을 기어가야 합니다.
언제나 녀석은 더듬이를 가동시킵니다. 애벌레지만 녀석도 곤충이
니 당연히 머리에 더듬이가 있습니다. 압정처럼 생긴 짧은 더듬이

를 움직이며 왕고들빼기 잎이 내는 냄새를 본능적으로 맡습니다. 물론 몸에 붙은 털이나 주둥이에 붙은 감각 기관도 먹이식물을 확인하는 데 동원됩니다. 이사는 가슴다리가 한몫합니다. 머리를 곧추세워 이리저리 흔들다 잎사귀 한 귀퉁이가 딱 걸리면 주둥이(큰턱)로 잎을 잡고 재빨리 가슴 부분을 세우고 짧은 가슴다리를 쭉 뻗어 잎을 끌어당깁니다. 그러곤 잎을 꼭 잡고 한 걸음 한 걸음 내딛으면 배다리도 따라가고 꼬리다리도 따라갑니다. 걸어가는 몸뚱이에서 일렁일렁 잔물결이 일어납니다.

　애벌레는 옆 잎사귀로 이사 오자마자 또 먹기 시작합니다. 과연 대식가답게 숭덩숭덩, 와작와작, 거침없이 잎을 먹어 치우는군요. 녀석을 슬쩍 건드려 봅니다. 놀랐는지 식사를 멈추고 머리를 세우

맵시곱추밤나방 애벌레들이 왕고들빼기 잎을 찾아 헤매고 있다.

고선 막대기처럼 가만히 있습니다. 또 건드려 봅니다. 녀석이 반항을 합니다. 오른쪽 옆구리를 건들면 머리를 오른쪽으로 홱 돌리고, 왼쪽 옆구리를 건들면 머리를 왼쪽으로 홱 돌립니다. 내친김에 배꽁무니 쪽도 건드려 봅니다. 역시 몸을 U턴하듯이 옆으로 크게 휘돌려 배 끝 쪽으로 구부립니다. 녀석이 휘두르는 머리에 새끼손가락 끝을 한 대 얻어맞았는데 곤충치고 강도가 꽤 셉니다.

녀석의 피부에는 감각 기관이 붙어 있어 외부 환경 변화를 놓치지 않고 알아차립니다. 이때 몸에 붙은 털이 큰 역할을 합니다. 그런데 녀석의 피부에는 긴 털이 없습니다. 짧고 억센 털은 성글게 나 있고, 아주 가늘고 부드러운 솜털은 피부에 딱 붙어서 났습니다. 그래도 털은 감각 기관 역할을 톡톡히 합니다. 바깥에서 일어나는 정보를 모아 신경에 전해 주니까요. 곤충에겐 털 하나도 소중합니다.

흙 속에 들어간 다 자란 애벌레

3령쯤 되었을까? 맵시곱추밤나방 애벌레가 왕고들빼기 줄기를 타고 오르락내리락 헤매고 있습니다. 줄기 끝 낭떠러지까지 가서는 머리를 휘둘러 봅니다. 아무리 휘둘러도 잡히는 왕고들빼기 잎이 없습니다. 하는 수 없이 몸을 U자로 구부려서 머리 방향을 돌린 다음 다시 뿌리 쪽으로 내려옵니다. 내려와도 잎이 없으니 또 올라가고, 또 내려오길 되풀이합니다. 그것도 한 마리가 아닙니다. 네 마리가 줄기를 타고 서로의 몸을 딛기도 하면서 '왕복 기어가기'를 합니다. 그러다가 지쳤는지 네 마리 모두 오도 가도 못하고 줄기 끝에 찰싹 달라붙어 있습니다. 가만히 보니 잎사귀가 동이 나 줄기에 꽃봉오리만 남았군요. 잎줄기 부분을 보니 잎사귀를 꺾듯이 따 간 흔적이 있습니다. 사람들이 쌈 싸 먹으려고 왕고들빼기 잎을 다 뜯어 가 버렸군요. 애벌레는 잎사귀 밥이 떨어져 다른 왕고들빼기로 이사를 가야 하는데 둘레에는 왕고들빼기가 없습니다. 어떻게 할까? 고민하다가 녀석들을 집으로 데려왔습니다.

집에서 책상 위에 두고 녀석들을 끔찍이 돌봤습니다. 혹시나 싶어 왕고들빼기 말고도 왕고들빼기와 같은 집안 식구(상추속)인 상추, 산씀바귀 같은 식물들을 구해 밥으로 줘 봤습니다. 역시 대식가답게 주는 대로 잘도 먹습니다. 외래종인 가시상추도 잘 먹는다고 소문이 났는데, 구하지 못해 못 줬습니다.

집에 데려온 지 일주일이 지났습니다. 녀석이 먹는 것을 딱 끊고 네모난 플라스틱 통 안을 돌아다닙니다. '아, 벌써 번데기가 되려나 보다!' 흙을 깔아 놓은 투명 그릇에다 녀석을 얼른 옮겼습니다. 투명한 그릇이어서 속이 훤히 들여다보입니다. 녀석은 흙냄새를 직감으로 느끼고 곧바로 머리쪽을 흙에 박고 흙 속으로 들어갑니다. 흙 속에서도 기어가는지 흙 표면이 들썩들썩 움직입니다. 그렇게 하루가 지났습니다. 궁금증에 흙을 살살 들추어보니 녀석이 흙 속에서 웅크리고 있습니다. 몸 색깔은 여전히 알록달록 화려합니

1~5. 맵시곱추밤나방 종령 애벌레가 번데기가 되려고 땅속에 들어가고 있다.
6. 맵시곱추밤나방 종령 애벌레가 땅속에 고치를 지어 땅이 볼록 솟았다.

1	2
3	4
5	6

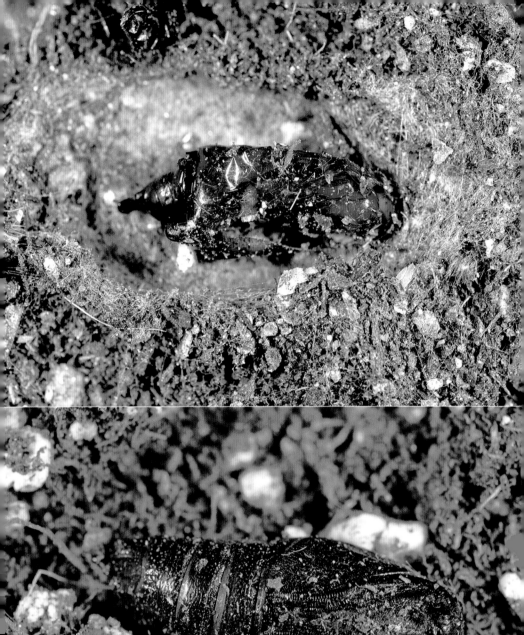

다. 미안한 마음에 얼른 흙을 덮어 주었습니다.

흙 속에 들어간 지 5일째 되는 날, 흙 표면에 메추리알만 한 언덕이 생겼습니다. 녀석이 고치를 만들었군요. 타원형 고치가 예쁘게 흙 속에 있습니다. 어쩌면 이렇게 잘 만들었을까? 고치의 겉모습은 흙 알갱이를 하나하나 붙여 만든 메추리알 같습니다. 번데기가 지낼 고치(번데기 방) 안쪽은 명주실을 토해 부드럽게 만들고, 고치 바깥쪽에는 자그마한 흙 알갱이를 일일이 큰턱으로 끌어다 명주실과 섞어 붙여 만듭니다. 흙과 명주실이 섞인 고치가 완성되면 애벌레는 허물을 벗고 번데기로 탈바꿈합니다. 아늑하게 만든 고치에서 번데기는 몇 주를 지냅니다. 그러고 보니 몇 주 지내려고 지은 집치고는 공이 참 많이도 들어갔군요.

흙 속을
탈출하던 날

녀석이 흙 속에 들어간 지 꼭 19일이 되었습니다. 오매불망 기다리던 어른벌레가 모습을 드러냈습니다. 흙을 뚫고 올라와 얌전히 앉아 있군요. '와! 어른으로 탈바꿈하는 데 성공했구나. 혹시라도 세상 밖으로 나오지 못하면 어쩌나 걱정했는데.' 얼마나 기쁘던지 이루 다 말할 수 없습니다.

맵시곱추밤나방 어른벌레는 이름처럼 앞가슴등판이 꼽추같이 뽈록 나왔습니다. 그런데 생각보다 그리 예쁘진 않습니다. 어른벌

레도 애벌레 못지않게 화려한 옷을 입었을 거라 생각했는데 그렇지가 않습니다. 이름에 들어간 '맵시'란 말은 좀 안 어울리는 것 같습니다. 어른벌레는 날개를 지붕 모양으로 펴고 앉아 있습니다. 몸빛은 전체적으로 짙은 잿빛이고 날개맥 주변은 중년의 머리카락처럼 희끗희끗합니다. 점잖게 생긴 것이 마치 정장을 차려입은 중년 남자처럼 말끔합니다. 온몸은 비늘이 소복이 덮여 있고, 군데군데 포근해 보이는 털이 나 있습니다. 사진을 찍는데 녀석이 겁을 먹고 날개를 퍼덕입니다. 그럴 때마다 비늘이 먼지처럼 휘날립니다. 이제 녀석을 위해 할 일은 애벌레 시절 살았던 풀밭에 놓아주는 일입니다. 그런 날은 발걸음도 가볍습니다.

맵시곱추밤나방 어른벌레는 8월이 가기 전 왕고들빼기 꽃이 필 무렵에 짝짓기를 하고 알을 낳습니다. 알에서 깨어난 애벌레는 왕고들빼기 잎사귀를 먹고 자랍니다. 늦게는 10월까지도 왕고들빼기 잎에 매달려 밥 먹는 모습을 볼 수 있습니다. 추워지면 아마도 땅속으로 들어가 고치를 만든 뒤 그 안에서 번데기로 겨울을 나는 것으로 생각됩니다.

원추리와

파
잎
벌
레

원추리

원추리 꽃밭이 드넓게 펼쳐져 있습니다.
원추리는 아침에 피고 저녁에 지는
하루살이 꽃입니다.

7월입니다.

더운 여름날, 원추리 꽃이 피었습니다.

길가에도, 야트막한 언덕에도, 산길에도, 공원 꽃밭에도

원추리, 각시원추리, 왕원추리, 노랑원추리 같은

여러 종류의 원추리 꽃이 죄다 피어나니

온 세상이 밝아집니다.

무더운 장마철에 주황빛 원추리 꽃을 보기만 해도

눈맛이 시원합니다.

빗방울 머금은 원추리 꽃은 청초하기까지 하니

원추리 꽃은 여름 꽃의 여왕입니다.

파잎벌레

이 꼭지는 딱정벌레목 잎벌레과 종인 파잎벌레(*Galeruca extensa*)와
먹이식물인 원추리 이야기입니다.

여름 꽃의 대표
원추리 꽃

　옛 어른들은 원추리를 곳곳에 심어 두고 환하게 핀 꽃을 바라보며 더운 여름을 즐겼습니다. 특히나 여자들이 잘 드나드는 뒤꼍 꽃밭에 심어 가꾸었습니다. 그 덕에 남의 어머니를 높여 부르는 훤당(萱堂)이라는 말이 생겨났지요. '萱'의 뜻이 원추리거든요. 그러고 보니 원추리는 재미있는 별명을 많이 가지고 있습니다. 원추리 나물을 먹으면 정신이 몽롱해져 걱정거리를 잊게 해 준다고 망우초(忘憂草)라는 이름이 붙었습니다. 《이화연수서(李華延壽書)》에는 "원추리 꽃을 먹으면 정신이 아득해져 마치 취한 것처럼 돼 근심을 잊어버린다."고 나오는데, 실제로 원추리 뿌리에는 사포닌과 알칼로이드 성분이 들어 있어 마취 효과가 있습니다. 또 원추리 꽃에 들어 있는 정유 물질(향기를 내는 휘발성 기름)은 성적 흥분을 일으켜 중국 황실에서는 꽃을 말려 베개 속에 넣었다고 합니다. 부부

—
고산 평원을 한가득
메운 원추리 꽃

금슬을 좋게 한다고 해 금침화(衾枕花), 꽃을 머리에 꽂고 있으면 아들을 낳는다고 해 의남화(宜男花)라고 불렸다고 합니다.

하루살이 꽃
원추리

원추리 꽃대에는 꽃봉오리가 여러 송이 달립니다. 재미있게도 원추리는 매일 아침마다 꽃을 피웁니다. 그리고 저녁에 집니다. 가장 먼저 성숙해진 꽃봉오리 순으로 매일 아침마다 꽃을 한 송이만 피웁니다. 아침에 핀 꽃은 저녁에는 져서 원추리 꽃의 수명은 단 하루입니다. 말 그대로 '하루살이 꽃'이지요. 지는 꽃은 꽃잎을 빨래를 비틀어 짜듯이 오므립니다. 다음 날 아침이면 바로 아래 동생 꽃봉오리가 바통을 이어받아 핍니다. 그래서 여름 내내 원추리 꽃대에선 '이어달리기' 경기가 벌어집니다.

시든 왕원추리 꽃

활짝 핀
왕원추리 꽃
—

원추리 꽃에 모이는
인도볼록진딧물

　원추리는 꽃 피우기가 수월치 않습니다. 이제 꽃 좀 피워 보려니까 꽃봉오리가 맺히기 무섭게 진딧물이 꼬입니다. 잎사귀는 봄에 파잎벌레가 먹고, 꽃봉오리는 여름에 진딧물이 먹지요. 어린 꽃봉오리부터 막 피려는 꽃봉오리까지 진딧물들이 달라붙어 있습니다. 한두 마리도 아니고 수십 마리가 꽃봉오리마다 머리를 처박고 있습니다. 희끄무레하게 생긴 진딧물, 누구일까요? 우리 토종 인도볼록진딧물입니다. 몸 색깔은 주황색인데 마치 새색시가 곱게 분가루를 바른 것처럼 온몸에 하얀 가루를 뿌렸습니다. 동글동글한 몸매가 나름 귀엽긴 하지만 원추리 꽃에겐 귀찮은 녀석입니다.

　가만히 보니 배가 터질 듯이 통통한 녀석이 몇 마리 눈에 띕니다. 새끼들보다 몸이 굉장히 큰 걸 보니 어미군요. 그런데 어미가 새끼를 낳고 있습니다. 곤충이 새끼를 낳다니요? 놀랄 일이 아닙니다. 진딧물 어미는 알을 낳지 않고 바로 애벌레를 낳습니다. 어미의 산란관에서 애벌레가 알을 깨고 나오기 때문입니다. 어미는 원추리 꽃봉오리에 애벌레들이 가득 찰 때까지 쉬지 않고 낳습니다. 신기하게도 어미는 딸들만 낳습니다. 꽃봉오리에는 큰언니, 둘째 언니, 셋째 언니…… 막냇동생까지 모두 한자리에 모였습니다. 언뜻 세어 봐도 수십 마리가 넘는군요. 죄다 '엎드려뻗쳐' 자세로 꽃봉오리에 머리를 박고 원추리 꽃 생즙을 빨아 먹습니다.

진딧물은 노린재목 가문의 진딧물아목 진딧물과 식구답게 즙을 빨아 마시는 주둥이를 가졌습니다. 배 꽁무니를 들고 머리를 박는 엎드려뻗쳐 자세를 하는 것은 뾰족한 주둥이가 길지 않고 짧기 때문입니다. 식물이 잎사귀에서 광합성을 해 만든 영양분은 체관부를 타고 뿌리 쪽으로 옮겨 갑니다. 중력 방향으로 흐르지요. 진딧물은 이 체관부의 즙을 마십니다. 주둥이를 체관부에 살짝만 찔러 넣어도 생즙은 주둥이 속으로 흘러듭니다. 중력 덕에 힘 안 들이고 생즙을 먹으니 중력의 힘을 제대로 이용하는 대단한 녀석들입니다.

인도볼록진딧물은 여름 내내 원추리 꽃에서 꽃 즙을 빨아 마시면서 암컷이 수컷과 짝짓기하지 않은 채 새끼를 낳습니다. 가을이 되면 2차 기주(숙주) 식물인 원추리에서 1차 기주 식물인 고추나무나 말오줌때로 먹이식물을 바꿉니다.

왕국이 번성하는 가을에 날개 달린 수컷이 나와 암컷과 짝짓기를 합니다. 짝짓기를 마친 암컷은 고추나무에 알을 낳습니다. 이때 인도볼록진딧물이 먹이식물을 원추리에서 고추나무로 바꾸는 것이지요. 겨울을 보낸 뒤 이듬해 봄이면 알에서 애벌레가 깨어나 고

인도볼록진딧물 수십 마리가 원추리 꽃봉오리에 붙어 즙을 빨아 먹고 있다.

인도볼록진딧물이 1차 기주 식물인 고추나무에 매달려 밥을 먹고 있다.

추나무 즙을 먹으며 한살이를 시작합니다. 그리고 원추리 꽃이 필 무렵인 여름이 되면 다시 원추리로 이사 갑니다.

기는 놈 위에
뛰는 놈

원추리가 속타는 줄도 모르고 꽃봉오리 즙을 마시는 인도볼록진 딧물. 인도볼록진딧물도 늘 편하게 즙을 빨아 먹는 것은 아닙니다. 어떻게 소문이 났는지 인도볼록진딧물을 잡아먹으려고 힘센 곤충 들이 속속 모여듭니다.

가장 먼저 진딧물 킬러 무당벌레가 나타났습니다. 녀석이 인도 볼록진딧물 쪽으로 성큼성큼 걸어가자 깜짝 놀란 인도볼록진딧물 들이 순식간에 땅바닥으로 뚝 떨어지는군요. 마치 소낙비 내리는 것처럼 후두둑후두둑 떨어집니다. 인도볼록진딧물은 위험이 닥치 면 바닥으로 떨어집니다. 그래도 물러설 무당벌레가 아니지요. 무 당벌레는 자기의 등장을 미처 알아차리지 못한 진딧물을 사냥합니 다. 부드러운 진딧물 몸을 큰턱으로 오물오물 잘도 씹어 먹습니다.

이때입니다. 개미 한 마리가 무당벌레에게 달려듭니다. 인도볼 록진딧물이 싼 꿀똥을 받아먹고 사는 개미. 개미는 자기에게 달콤 한 밥을 주는 진딧물을 충실히 지키는 진딧물의 수호천사입니다. 무당벌레와 개미의 전투가 벌어졌습니다. 개미는 우악스런 큰턱 을 양옆으로 벌리고 무당벌레를 깨뭅니다. 딱지날개도 깨물어 보고, 머리도 깨물어 봅니다. 무당벌레는 머리를 앞가슴등판 아래쪽에 쑥 집어넣어 숨깁니다. 다리 여섯 개도 배 쪽으로 오그려 안 보입니다. 이제 개미는 깨물 곳이 딱딱한 앞가슴등판과 딱지날개밖에 없으니 깨물기가 여의치 않습니다. 그래도 끈질기게 깨물어 괴롭힙니다. 개미의 입장에선 꿀똥을 얻어먹느냐 못 얻어먹느냐가 걸린 문제니 악착스럽게 무당벌레를 깨물어 성가시게 합니다. 드디어 무당벌레가 슬슬 피합니다. 일단은 개미의 승리. 개미가 진딧물의 수호천사 노릇을 제대로 했군요.

얼마 안 있어 무당벌레들이 계속 원추리 꽃봉오리를 찾아와 진딧물을 잡아먹고, 그러면 개미가 나서서 쫓아내고⋯⋯. 먹이 전쟁이 뜨겁게 벌어집니다. 한쪽에서 이러는 사이에 다른 한쪽에서는 구더기 몇 마리가 인도볼록진딧물을 여유롭게 잡아먹고 있습니다.

꽃등에류 애벌레가
인도볼록진딧물을
잡아먹고 있다.

누굴까요? 꽃등에류 애벌레(구더기)군요. 꽃등에류 애벌레는 꽃가루를 먹는 어른벌레와 달리 진딧물을 잡아먹는 포식자입니다. 구더기는 뾰족한 주둥이를 인도볼록진딧물 몸에 꽂고 체액을 빨아 마십니다. 인도볼록진딧물 한 마리를 차지하고선 거의 움직이지 않고 앉아서 유유히 체액을 빨아 먹다 보면 어느새 인도볼록진딧물은 허연 몸 껍질만 남습니다. 그러면 껍질에서 주둥이를 빼고 다른 진딧물을 잡으러 굼실굼실 기어갑니다.

꽃잎을 펼치려면 며칠 더 남았는데, 꽃봉오리에선 곤충들의 전쟁이 벌어졌으니 원추리의 한숨이 깊어집니다.

원추리 꽃은 꽃잎이 없고 대신 화피가 있다.

아름답게 핀
원추리 꽃

우여곡절 끝에 드디어 원추리 꽃이 피었습니다. 원추리는 꽃잎이 6장입니다. 엄밀히 따지면 원추리는 꽃잎이 없고 '화피'가 있습니다. 꽃받침(꽃을 감싸 보호하는 기관)인지, 꽃잎인지 딱 부러지게 구분이 안 가서 화피라고 부릅니다. 화피 속에는 수술이 6개, 암술이 1개 들어 있군요. 꽃이 크다 보니 수술과 암술도 길이가 깁니다. 더구나 수술대 끝에 붙어 있는 꽃가루주머니에는 꽃가루가 수억 개도 넘게 붙어 있습니다. 꽃가루뿐이 아닙니다. 꽃의 가장 깊은 곳에는 꽃꿀이 있습니다. 꽃으로서 갖출 것은 다 갖추었으니 이제 꽃가루받이만 하면 됩니다.

원추리 꽃 수술은 6개, 암술은 1개이다.

원추리 꽃 앞을 서성이며 이제나저제나 곤충 손님들을 기다립니다. 먹을 것이 푸짐하니 중매쟁이 곤충들이 금세 날아옵니다. 뭐니 뭐니 해도 꽃가루를 좋아하는 꽃등에류가 많이 들락거립니다. 주걱 같은 주둥이를 꺼내 쓱쓱 핥아 먹고 날아가고, 또 날아와 핥아 먹고 날아갑니다. 그러는 사이에 꽃등에류의 몸털에는 원추리 꽃의 꽃가루가 먼지처럼 달라붙습니다. 원추리 꽃은 신이 납니다. 꽃등에류가 다른 포기의 꽃으로 날아가 암술머리에 꽃가루를 묻혀줄 테니까요.

이어서 금파리류도, 개미도, 네발나비도 날아옵니다. 개미는 잰걸음으로 꽃꿀이 들어 있는 꿀샘을 들락거립니다. 네발나비도 원추리 꽃의 넓은 화피에 살포시 앉아 용수철처럼 돌돌 말린 빨대 주둥이를 곧게 편 다음 꿀을 빨아 먹습니다. 알게 모르게 네발나비 비늘과 털에도 원추리 꽃가루가 묻습니다. 금방 다른 꽃으로 날아가 중매를 해 줄 테지요.

그 와중에 딱정벌레목 가족인 점날개잎벌레는 아예 꽃잎을 뜯어 먹습니다. 수십 마리가 꽃잎에 앉아 가장자리부터 쥐 파먹듯 베어 씹어 먹습니다. 꽃이 필 때쯤 원추리 잎사귀는 억세질 대로 억세진 데다 독성도 많아 먹기가 안 좋습니다. 그러니 새로 피어난 꽃잎을 뜯어 먹으며 한살이를 이어 갑니다.

아무리 길어 봤자 하루밖에 못 사는 원추리 꽃. 낮 동안 꽃가루받이를 못 했어도 어쩔 수 없습니다. 저녁때가 되니 꽃잎을 닫습니다. 내일은 아래 동생이 꽃을 피울 테니 대를 잇는 데에는 큰 지장이 없습니다. 더구나 꽃가루받이가 안 되어도 원추리는 여러해살이풀이라 뿌리로 대를 이어 갑니다. 어미와 유전자가 똑같은 자식

이지만 대가 끊기는 것보다 낫습니다. 자연 세계에서 뭇 생명의 지상 과제는 번식과 생존이니 싹을 틔운 목적을 이뤄야지요. 비록 뿌리로 번식한 자식이지만 다른 포기의 원추리 꽃과 꽃가루받이할 기회가 생겨 유전자 다양성을 확보할 수 있습니다.

원추리 잎을 먹는
파잎벌레 애벌레 등장

4월 이른 봄, 원추리 잎사귀가 흙을 뚫고 뾰족뾰족 튀어나옵니다. 원추리 잎은 참 인기가 많습니다. 세상에 나오자마자 사람들이 따 가고, 파잎벌레 애벌레에게 뜯어 먹힙니다. 차라리 인기가 많다기보다 시달린다는 표현이 맞습니다. 사람들은 원추리 새싹이 나오기 무섭게 뜯어다 나물을 무쳐 먹고, 파잎벌레 애벌레도 새잎이 나오기만 기다렸다가 잎이 돋아나면 아예 눌러앉아 한살이를 시작합니다.

파잎벌레는 알로 땅속에서 기나긴 겨울을 납니다. 어미가 9월에 알을 낳았으니, 이듬해 4월이 될 때까지 알은 적어도 여섯 달 넘게 땅속에서 버텨야 합니다. 4월에 알에서 갓 깨어난 애벌레는 곧바로 원추리를 찾기 시작합니다. 용케도 녀석들은 원추리가 풍기는 냄새를 귀신같이 맡고는 원추리 잎에 도착합니다. 다행히 어미가 원추리 주변의 땅에다 알을 낳아서 금방 찾을 수 있습니다.

원추리는 초식 동물이 자신을 뜯어 먹지 못하게 독 물질을 만들어 품습니다. 원추리의 독성분은 거의가 콜히친(colchicine)입니다. 아이러니하게도 파잎벌레는 독 물질 냄새를 맡고 찾아옵니다. 원추리가 자라면서 잎도 성장합니다. 성장한 잎에는 새로 돋아난 잎보다 독 물질이 더 많이 쌓여 있습니다. 그래서 파잎벌레 애벌레들은 새로 나온 여린 잎을 주로 먹습니다.

재미있게도 녀석들은 약속이나 한 것처럼 수십 마리가 함께 잎사귀를 타고 올라옵니다. 엄마 파잎벌레는 알을 한 번에 수십 개 낳기 때문에 어쩌면 녀석들은 어미가 같은 형제지간일지도 모릅니다. 그렇다고 잎사귀 하나에 모두 모여 식사하는 것은 아니고 저마다 맘에 드는 잎사귀를 골라 자리를 잡습니다. 어린 애벌레는 아직 큰턱이 연약한 데다 새잎에 독 물질이 적게 들어 있기 때문에 새로 돋아난 연한 잎사귀를 좋아합니다.

애벌레들은 원추리 잎을 가슴다리 여섯 개로 꼭 잡고서 머리만 위아래로 왔다 갔다 하면서 잎 가장자리부터 사각사각 베어 먹습니다. 큰턱을 양옆으로 벌렸다 오므렸다 하면서 잎을 베어 내니 잎 가장자리는 마치 이가 빠진 것처럼 들쑥날쑥합니다.

어린 애벌레들이 낮이 되면 하는 일이라곤 먹는 일입니다. 아침나절부터 야금야금 잎사귀를 베어 먹다 보니 어느새 해가 뉘엿뉘엿 서쪽으로 넘어갑니다. 오후 서너 시가 되니 바람이 차갑습니다. 녀석들이 하나둘 원추리 잎을 타고 내려가기 시작합니다. 어디로 가는 걸까요? 땅속으로 들어갑니다. 아직은 봄이다 보니 아침저녁은 추워서 녀석들은 밤 동안에는 따뜻한 땅속에서 쉽니다. 곤충들은 변온 동물이라 스스로 몸의 온도를 조절할 수 없어서 잎에 남아 있다간 얼어 죽을 수도 있거든요. 저녁때면 땅속으로 퇴근했다가

파잎벌레 3령 애벌레들이 한 잎사귀를 베어 먹고 있다.

파잎벌레 애벌레는 원추리와 같은 집안 식구인 비비추 잎사귀도 먹는다.

다시 해가 뜨면 잎사귀로 출근하는 녀석들이 어쩐지 사람 같아서 짠합니다.

파잎벌레 애벌레가 사는 법

알에서 깨어난 파잎벌레 1령 애벌레는 원추리 잎을 먹으며 몸이 커지면 허물을 벗고 2령 애벌레가 됩니다. 허물을 벗으니 제법 몸도 커지고, 털들도 길어지고, 돌기들도 두드러집니다. 2령 애벌레가 되어서도 낮이 되면 원추리 밥을 먹고, 밤이 되면 땅속에서 쉽니다.

그러기를 5~7일쯤 한 뒤, 드디어 마지막 허물을 벗고 3령 애벌레가 됩니다. 3령 애벌레는 파잎벌레가 애벌레로 지내는 마지막 단계라서 종령 애벌레라고도 부릅니다. 종령 애벌레는 몸집이 1센티미터 이상으로 훨씬 커졌습니다. 짙은 갈색 몸에 까만색 돌기들이 줄 맞춰 나 있습니다. 돌기에서 기다랗고 억센 털들이 쭉쭉 뻗어 나와 마치 털을 깎지 않은 강아지를 보는 것 같습니다. 긴 털이 많아서인지 독을 잔뜩 품고 있을 것 같지만 천만의 말씀! 녀석의 털에는 독이 없습니다. 다만 자기 둘레에서 무슨 일이 일어나는지 일일이 살피는 감각 기관입니다. 털이 없으면 녀석들은 날씨 변화도, 천적이 가까이 다가오는 것도 잘 모를 수 있습니다.

곤충 애벌레의 식탐은 아무도 막지 못합니다. 더구나 종령 애벌

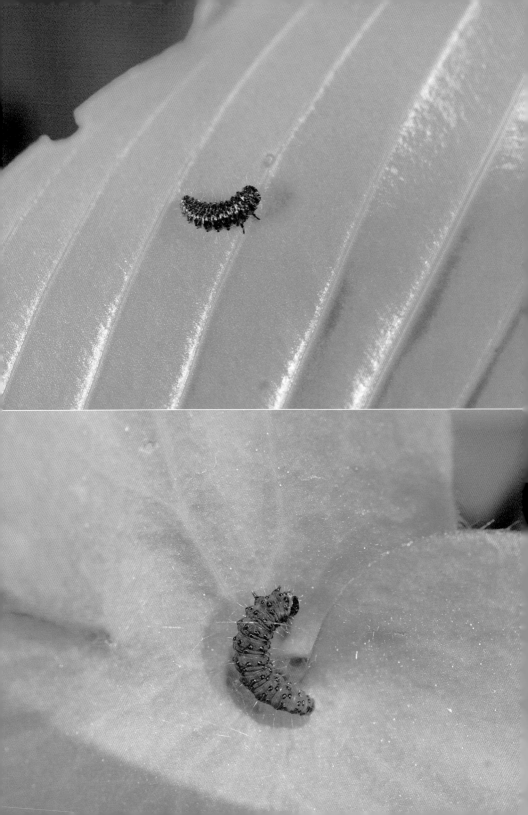

레가 되면 식욕이 엄청납니다. 애벌레 시절 먹는 총량에서 종령 애벌레가 먹는 양이 70퍼센트 정도 차지한다니 할 말 다했지요. 새순이든 약간 억센 잎이든 가리지 않고 닥치는 대로 먹어 치웁니다. 녀석들이 먹고 지나간 원추리 잎은 볼품없이 앙상합니다. 먹다가 다른 잎으로 이사 갈 때도 있는데, 파잎벌레 애벌레는 머리를 들어 이리저리 휘저으며 이사 갈 잎사귀를 고릅니다. 바로 옆에 있는 잎사귀가 맘에 들었는지 곧바로 이사를 갑니다. 원추리 잎들이 서로 겹쳐 있기 때문에 이사 가기는 '식은 죽 먹기'지요. 여섯 개 다리를 앞으로 쭉 빼서 다른 잎을 붙들고 천천히 걸어가면 이사 끝입니다.

이사 오자마자 녀석은 잎을 아삭아삭 베어 씹어 먹기 시작합니다. 머리를 위아래로 움직이며 오물오물 정말 맛있게 먹습니다. 소문대로 엄청난 대식가군요. 밥 먹을 때는 건드리지 말아야 하는데 갑자기 호기심이 발동해 식사 삼매경에 빠진 녀석을 살짝 건드려 봅니다. 손가락이 녀석 몸에 닿기도 전에 녀석은 '뚝' 바닥으로 떨어집니다. 내친김에 바로 옆에 있는 다른 애벌레도 건드려 봅니다. 역시 뚝 떨어집니다. 녀석들은 하나같이 죄다 몸을 동그랗게 말고 떨어집니다.

덤불을 뒤적이며 땅에 떨어진 녀석들을 찾습니다. 눈에 불을 켜고 한참을 뒤지니 공처럼 또르르 만 파잎벌레 애벌레가 보입니다. 손으로 조심스레 집어 보니 근육이 굳었는지 단단합니다. 손바닥에 올려놓았더니 갑자기 녀석 입에서 물이 줄줄 흘러나옵니다. 노르스름한 즙입니다. 녀석은 '천적인 사람에게 잡혔으니 이젠 죽었구나!' 하며 입에서 방어 물질을 토해 냅니다. 즙을 만져 보니 약간 끈적입니다. 코도 바싹 갖다 대 봅니다. 역시 원추리 잎에서 나는

풋풋한 향기가 납니다. 그도 그럴 것이 즙의 원료는 원추리 잎사귀
니까요. 원추리에 들어 있는 방어 물질을 먹고 그것을 다시 자신의
방어 물질로 재활용한 것이지요. 즙도 제법 많이 나와 애벌레의 상
반신이 흥건히 젖습니다. 고작 즙 몇 방울이라도 자기 몸을 지킬
무기라고 몸부림치며 흘리는 녀석에게 하도 미안해 얼른 원추리
잎사귀 위에 놓아줍니다.

번데기는
땅속에서 만들고

파잎벌레 애벌레가 종령 애벌레가 된 지 어느덧 일주일이 넘어
갑니다. 녀석은 밤만 빼곤 원추리 잎을 먹고 또 먹습니다. 질리지
도 않나 봅니다. 걸신이라도 걸린 듯 날마다 먹어 댑니다. 그런데
문제 발생. 원추리 잎을 게걸스럽게 먹던 녀석이 보이지 않습니다.
매일 낮이 되면 땅속에서 잎사귀로 출근하던 녀석이 안 보입니다.
무슨 일이라도 생긴 걸까? 밤새 천적이라도 만났나? 아무리 찾아
봐도 안 보입니다. 땅속을 파 봅니다. 예상했던 대로 땅 표면 바로
아래에 있군요. 몸을 약간 구부린 채 꼼짝도 하지 않습니다. 이미
몸속에 번데기를 만들라는 신호가 왔나 봅니다. 몸속은 탈피 호르
몬과 유약 호르몬 들이 분비되어 번데기를 만들 준비를 하느라 바
쁠 것입니다. 녀석이 번데기로 무사히 탈바꿈하길 기도하면서 흙
을 살살 덮어 줍니다.

번데기를 어떻게 만드는지 궁금해 녀석을 데려와 페트리 접시에 넣고 키워 봅니다. 눈만 뜨면 먹어 대던 파잎벌레 종령 애벌레가 어느 날 원추리 잎을 입에도 대지 않습니다. 연한 잎을 주어도 먹지 않습니다. 걱정스러운 마음에 자꾸 들여다보는데 이리저리 돌아다니기만 합니다. 원추리 잎의 위아래로, 페트리 접시 뚜껑을 딛고 혼이 나간 것처럼 돌아다닙니다. 그러더니 페트리 접시에 깔아 놓은 휴지 속으로 파고듭니다. 흙이 없으니 휴지가 흙인 줄 알고 휴지 속으로 꿈틀꿈틀 들어갑니다. 아, 번데기를 만들려면 흙이 필요한데, 애벌레에겐 미안하지만 흙 속에서 번데기가 되면 관찰할 수 없어서 관찰하기 좋게 휴지를 깔아 줬기 때문입니다.

시간이 급했는지 녀석은 제가 훔쳐보는데도 바로 고치를 틀기 시작합니다. 몸을 C자로 구부리고 머리와 가슴 부분을 좌우로, 위아래로 움찍거리며 주둥이(큰턱)로 휴지를 자잘하게 뜯습니다. 휴지가 보드라우니 잘 뜯어집니다. 입으로 침을 내어 뜯은 휴지를 침과 섞어 다지더니 그 위에다 하얀 실 같은 것을 입으로 토해 붙입니다. 녀석의 실 같은 것은 나방류의 명주실과 다릅니다. 누에 같은 나방류의 명주실은 보드랍고 매끈하지만 녀석의 것은 곱슬곱슬하고 억세 보이는 것이 돼지털 같습니다. 실 같은 물질을 입에서 내어 다져 놓은 휴지와 얼기설기 엮습니다.

그러고선 계속 실 같은 분비물을 또 뽑아내 망태기 엮듯이 고치를 만듭니다. 쉬지 않고 똑같은 몸짓을 되풀이합니다. 10시간쯤 지났나 봅니다. 드디어 타원형 고치가 만들어졌습니다. 하얀 휴지와 하얀 실 같은 것으로 엮인 고치! 아무리 봐도 신통합니다. 제 몸에 딱 맞는 고치인 '망사 방'을 만들다니! 이제 녀석은 꼼짝도 않고 타

파잎벌레 종령 애벌레가 흙 대신 휴지 속에서 고치를 짓고 번데기가 되었다.

갓 번데기가 된 파잎벌레. 배 끝에 허물이 붙어 있다.

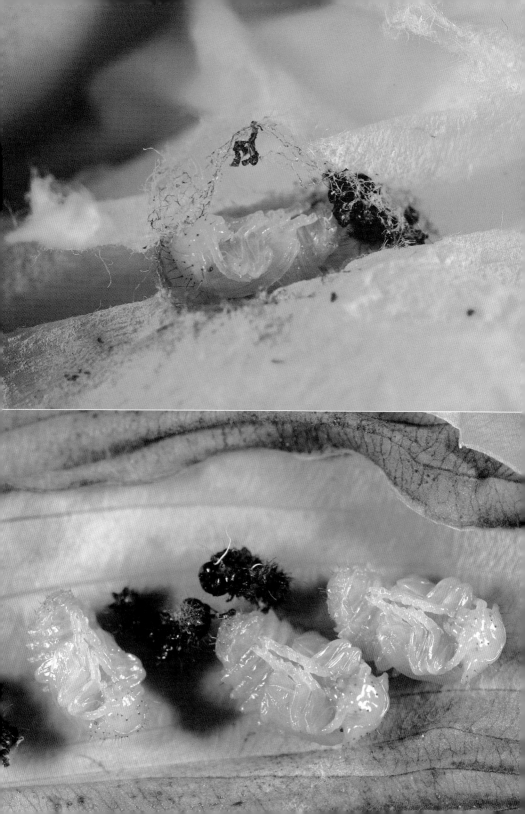

원형 고치 속에 구부정하게 누워 있습니다. 흙이 있었으면 흙과 실 같은 분비물을 잘 버무려 타원형 번데기 방을 만들었겠지요.

타원형 고치에서 누워 있은 지 3일째 되는 날 드디어 애벌레가 허물을 벗습니다. 다시 말하면 애벌레 시절 내내 입었던 까만 옷을 벗습니다. 머리 뒤쪽에서 가슴등판까지 난 탈피선이 벌어지더니 샛노란 속살이 나옵니다. 몸을 움찍거릴 때마다 노란 몸이 점점 많이 빠져나옵니다. 까만 허물이 차츰 배 꽁무니까지 내려오니 배 끝을 꿈틀거립니다. 까만 허물이 몸에서 떨어집니다. 드디어 번데기로 탈바꿈하는 데 성공합니다. 샛노란 번데기가 마치 아기가 반듯이 누워 엄마를 마주 바라보는 것처럼 누워 있습니다.

파잎벌레 어른벌레 시대

이제 아름다운 번데기는 시간이 가기만 바랍니다. 번데기로 탈바꿈한 지 일주일쯤 되니 반듯이 누운 번데기 몸 색깔이 밤빛을 띱니다. 날개돋이할 때가 다가오고 있다는 신호입니다. 번데기가 되고 8일째 되는 날, 파잎벌레 번데기가 날개돋이를 했습니다. 드디어 어른벌레가 세상에 모습을 드러냈습니다. 몸집은 제법 커 1센티미터가 넘고 네 장의 날개와 더듬이를 달고 있습니다. 어른벌레 역시 애벌레처럼 그다지 예쁘지는 않습니다. 몸빛은 칙칙한 밤빛이고, 피부(표피)가 곰보처럼 우툴두툴합니다.

1|2
3|4

1. 파잎벌레 번데기 등 쪽. 날개돋이할 때가 되면 부속지 부분이 검게 바뀐다.
2. 파잎벌레 번데기 배 쪽
3. 파잎벌레 번데기 옆쪽
4. 파잎벌레가 날개돋이에 실패하여 번데기 허물이 몸에서 떨어지지 않았다.

어른벌레는 애벌레 시절처럼 또다시 먹기 시작합니다. 튼실한 알을 낳으려면 잘 먹어 영양분을 충분히 섭취해야 합니다. 밥도 애벌레가 먹었던 원추리 잎사귀를 먹는군요. 희한하게도 녀석들은 곧바로 알을 낳지 않습니다. 어른이 되고서도 2달 정도 원추리 잎을 먹으면서 여름을 난 뒤 가을에야 알을 낳습니다. 가을이 되면 암컷의 배는 풍선만큼 부풀어 금방이라도 터질 것 같습니다. 하도

배가 불러 걸을 때마다 질질 끌고 다니는 것 같아 안쓰럽습니다. 배 속에 난황이 가득 차 있기 때문입니다.

암컷은 짝짓기를 마치면 땅을 찾아갑니다. 알을 땅에다 낳아야 하거든요. 어미는 원추리 뿌리가 자라는 땅에다 산란관을 꽂고 알을 낳습니다. 그리고 서서히 죽어갑니다. 파잎벌레 어른벌레는 고작 보름도 못 버티고 죽는 여느 곤충들에 비하면 오래 사는 편입니다. 추운 겨울을 지내고 이듬해 봄이 되면 땅속에서 겨울잠을 자던 알에서 애벌레가 깨어나 또다시 한살이를 시작합니다.

이른 봄 새싹을 파릇파릇 낸 원추리는 죽을 때까지 곤충들에게 퍼 줍니다. 파잎벌레에게는 잎사귀를 내어 주고, 꽃봉오리는 인도볼록진딧물에게 내어 주고, 꽃은 중매쟁이 곤충들에게 내어 줍니다. 아무 조건 없이 다 퍼 주는 셈입니다. 그렇다고 해서 원추리가 손해만 보는 건 아닙니다. 원추리는 꽃가루받이를 책임지고 도와주는 중매쟁이 곤충들이 있어 살맛이 납니다. 원추리와 곤충들은 한배에 타고서 때로는 '같이', 때로는 '따로', 저마다 제 계산에 맞게 '따로 또 같이' 서로 도우며 살아갑니다. 그게 생태계가 돌아가는 원동력이 됩니다.

눈괴불주머니와

북방갈고리큰나방

눈괴불주머니

까만 북방갈고리큰나방 5령 애벌레가
눈괴불주머니 잎사귀를 먹고 있습니다.

괴불주머니를 아시나요?

괴불주머니는 옛날에 멋 내는 데 사용하는 장신구였습니다.

요즘 말로 하면 액세서리지요.

본디 괴불주머니는 어린아이들 저고리 안쪽에 차는 노리개였어요.

점차 손 주머니 끈에 빨간색, 노란색, 파란색 노리개를

한 묶음으로 포개어 매달고 다녔습니다.

세모 모양의 헝겊 속에다 솜을 넣고 꿰맨 뒤

예쁘게 수까지 놓았다니 얼마나 앙증스러웠을까요?

이 괴불주머니와 생긴 것이 비슷한 꽃을 모두

'괴불주머니'라고 불렀다고 하니 절로 고개가 끄덕여집니다.

눈괴불주머니

이 꼭지는 나비목 태극나방과 종인 북방갈고리큰나방(*Calyptra hokkaida*)과
먹이식물인 눈괴불주머니 이야기입니다. 북방갈고리큰나방은 '북방갈고리밤나방'이라고도 부릅니다.

노란
눈괴불주머니 꽃

    괴불주머니의 종류는 참 많습니다. 자주색 꽃이 피는 자주괴불주머니, 산에서 자라는 산괴불주머니, 씨앗이 염주처럼 생긴 염주괴불주머니, 줄기가 눕듯이 뻗쳐 있는 눈괴불주머니……. 괴불주머니 꽃은 이름만큼이나 생김새도 희한합니다. 앞쪽은 금붕어가 입을 벌린 듯 벌어져 있고, 뒤쪽은 기다란 나팔처럼 길게 늘어나다 끝이 막혀 있습니다. 그래서 꽃대에 수십 송이 꽃이 위쪽으로 차례차례 피어 있으면 금붕어들이 모여 뻐금거리며 합창하는 것 같습니다.

눈괴불주머니는 축축한 땅에서 잘 자랍니다. 꽃대에서 꽃 한 송이가 피어나면 바로 위쪽에서 새로운 꽃이 계속 피어나 초여름부터 가을까지 오래도록 꽃을 볼 수 있습니다.

그런데 아무리 봐도 눈괴불주머니 꽃은 요상합니다. 꽃잎을 세어 보니 모두 4장이군요. 꽃잎 2장은 바깥쪽에 있고, 나머지 2장은 바깥쪽 꽃잎에 폭 싸여 안쪽에 있습니다. 바깥쪽 꽃잎은 사람이 입을 약간 벌리고 있는 것 같아서 영화배우 마릴린 먼로의 표정처럼 무척 관능적입니다. 안쪽 꽃잎은 매혹적인 바깥쪽 꽃잎 안에 있어 보일락 말락 한데 사실 잘 안 보입니다. 수술은 6개인데 바깥쪽 꽃잎 가까이에 붙어 있고 암술은 수술들 한가운데에서 쭉 뻗어 있습니다. 특이하게 바깥쪽 꽃잎 2장 가운데 위쪽 꽃잎은 뒤쪽으로 길게 늘어나 자루를 만드는데, 이 자루는 전문 용어로 '거'라고 부릅니다. '자루(거)'에 꽃꿀이 있습니다.

이렇게 꽃 구조가 복잡한데 어떤 녀석들이 찾아올까요? 아무래도 자루처럼 생긴 꽃 속을 들락거릴 수 있는 곤충들이 유리합니다. 역시 꼬마꽃등에가 일 등으로 찾아왔습니다. 몸길이가 7밀리미터쯤 되니 꽃등에류 가운데에서는 작은 축에 속합니다. 녀석은 정지비행을 하다 눈괴불주머니 꽃 속으로 쏙 들어갑니다. 바깥쪽 꽃잎 두 장 가운데 아래쪽 꽃잎은 아랫입술을 쭉 뻗은 것처럼 늘어나 곤충들의 착륙장으로 요긴하게 쓰입니다. 아래쪽 꽃잎에 앉으니 가까이에 수술이 있네요. 꼬마꽃등에는 넓찍한 주둥이를 꺼내 꽃가루를 부지런히 핥아 먹습니다. 녀석이 꽃가루를 먹느라 이리저리 몸을 움직일 때마다 수술에 달린 꽃가루가 녀석의 몸털에 묻습니다. 그러는 동안 이미 다른 포기의 꽃에서 묻은 꽃가루가 암술머

노린재류는 눈괴불
주머니 꽃 즙을 먹
는다.
—

리에 떨어지기도 합니다. 조그만 몸이지만 중매를 잘 서고 있군요.
꼬마꽃등에가 날아가고 뒤이어 꼬마꽃벌류가 날아와 꽃 속으로 쏙
들어갑니다. 몸이 작아서 꽃 속으로 잘도 들어가네요. 유연한 몸으
로 수술대에 매달려 꽃가루를 따고, 더 깊이 들어가 꽃꿀도 먹습니
다. 빌로오도재니등에도 눈괴불주머니 꽃에 날아옵니다. 녀석은
정지 비행을 하면서 길게 내뻗은 철사 같은 주둥이를 꽃 속에 넣고
꽃가루를 먹습니다.

　눈괴불주머니 꽃을 찾아온 곤충들을 손꼽아 보니 꽃등에류, 꼬
마꽃벌류, 꿀벌, 밑빠진벌레류같이 비교적 몸집이 작은 곤충입니
다. 다들 꽃가루나 꽃꿀을 먹다가 절로 묻게 된 꽃가루를 다른 포
기의 암술머리에 떨어뜨려 중매를 섭니다.

그런데 중매는 안 하고 꿀만 도둑질하는 얌체족도 있습니다. 눈괴불주머니의 꽃꿀은 자루에 있어 꿀을 먹으려면 좁고 복잡한 통로를 거쳐야 합니다. 그러려면 에너지의 소모가 많은데 좀 더 손쉽게 꿀을 얻는 방법은 없을까요? 쉽게 꽃꿀을 먹으려면 도둑질이 최고입니다. 용케도 큰턱이 발달한 곤충들은 꽃꿀이 있는 자루 부분을 큰턱으로 씹어 뚫고는 그 구멍 속에 주둥이를 대고 꽃꿀을 훔쳐 먹습니다. 대개 벌들이 도둑질을 잘하고, 개미도 벌들이 뚫어 놓은 구멍으로 꿀을 훔칩니다. 벌들은 자루에다 어떻게 구멍을 내 꿀을 훔칠 생각을 했을까요? 생각할수록 영악합니다. 손쉽게 살고 싶은 욕망은 사람 세상이나 곤충 세상이나 비슷한가 봅니다.

눈괴불주머니 잎에서 사는 북방갈고리큰나방 애벌레

꽃에 정신을 팔고 있는데 나도 봐 달라는 듯이 새까만 애벌레 한 마리가 눈괴불주머니 꽃대를 기어 올라옵니다. 노란 꽃을 보다가 갑자기 새까만 녀석을 보니 정신이 번쩍 납니다. 아마 잎 하나를 다 먹고 다른 잎사귀로 이사 가는 중인가 봅니다. 누굴까요? 북방갈고리큰나방 애벌레입니다. 먹을 잎사귀를 찾는지 녀석이 눈괴불주머니 줄기를 타고 굼실굼실 기어 오르내립니다. 애벌레가 드디어 먹기 좋은 잎사귀를 발견했나 봅니다. 잎자루에 딱 달라붙어 잎사귀를 알뜰하게 뜯어 먹기 시작합니다. 큰턱을 오므렸다 폈다 오므렸다 폈다 되풀이하면서 잎사귀를 먹어 치웁니다. 먹성이 얼마나 좋은지 잎맥이고 잎자루고 소엽 자루고 할 것 없이 모두 먹어 치우는군요.

실은 눈괴불주머니에도 방어 물질이 있습니다. 잎과 줄기에 여러 가지 알칼로이드 유기 화합물이 들어 있어 웬만한 곤충들은 잘못 먹습니다. 멋모르고 먹었다간 소화도 안 되고, 토하고, 심지어 죽을 수도 있습니다. 오죽 독이 강하면 사람들이 생즙을 내어 물이나 술에 타 천연 농약으로 썼을까요? 하지만 북방갈고리큰나방 애벌레에겐 알칼로이드 물질이 식욕을 돋우는 식욕 촉진제입니다. 조상 대대로 눈괴불주머니 잎을 먹으며 내성을 키운 덕분이지요. 북방갈고리큰나방은 애벌레와 어른벌레 모두 알칼로이드 냄새에 이끌립니다. 애벌레는 먹으러 오고, 어른벌레는 알을 낳으러 찾아옵니다.

식사 삼매경에 빠진 녀석을 한참 구경합니다. 어찌 저리도 우아할까요? 늘씬한 몸에 살이 적당히 붙어 매력적입니다. 노란색으로 물들인 것 같은 머리에 까만 물방울무늬를 그려 놓았습니다. 뭐니 뭐니 해도 눈길을 끄는 것은 녀석의 기다란 몸입니다. 발목까지 덮는 까만 벨벳 드레스를 입은 것 같군요. 몸에 딱 붙는 드레스다 보니 애벌레지만 정말 섹시합니다. 게다가 노란 구두까지 신었군요. 다리가 16개니 구두도 16개. 파티복을 입고 눈괴불주머니 잎사귀를 정말이지 게걸스럽게 먹어 치우다니!

잎자루 뒤로 몸뚱이를 감추고 매달려 있으니 다리만 보입니다. 마치 손가락끼리 깍지 낀 것처럼 잎자루를 꼭 끌어안고 있습니다. 다리 맨 끝부분을 한번 보세요. 놀랍게도 맨 끝 가장자리는 미세한

북방갈고리큰나방 5령 애벌레가 눈괴불주머니 잎사귀를 먹고 있다.

톱니처럼 갈라져 있고 가시털까지 붙어 있습니다. 그러니 웬만한 비바람이 몰아쳐도 잎자루에서 떨어지지 않습니다. 녀석을 잎자루에서 떼어 보려고 몸을 슬그머니 당겨 봅니다. 예상했던 대로 잎자루에 달라붙은 다리가 떨어지지 않네요.

다리의 개수를 세어 봅니다. 태극나방과 무리답게 8쌍이네요. 기본적으로 나비류(나비목) 애벌레의 다리는 8쌍입니다. 종에 따라 다리 수가 퇴화되기도 했지만, 8쌍 가운데 '진짜 다리'는 가슴다리 3쌍뿐입니다. 나머지 5쌍(배다리 4쌍, 꼬리다리 1쌍)은 '가짜 다리', 즉 헛다리입니다. 다 똑같아 보이는데 왜 진짜 다리와 가짜 다리로 나눌까요? 난자와 정자가 합쳐지면 수정란이 되고 배발생을 시작합니다. 배발생 과정 때 '다리 싹'이란 것이 생겨나는데, 다리 싹은 장차 가슴다리 3쌍으로 자라납니다. 다리 싹이 자라나 정상적인 다리 구조를 갖춘 다리를 '진짜 다리'라고 합니다. 이에 반해 배와 배 끝에 붙은 다리는 배발생이 일어나는 과정 중에 다리 싹이 없습

북방갈고리큰나방 애벌레는 다리가 모두 8쌍이다.

니다. 하지만 2차적으로 생긴 다리라 하더라도 진짜 다리와 비슷한 다리 노릇을 합니다. 걸어갈 때, 잎사귀나 물체를 꼭 잡을 때 기능적으로 다리 구실을 하기 때문입니다. 한마디로 말하면 나비목 애벌레의 몸에 붙은 8쌍의 다리는 진짜 다리, 가짜 다리를 떠나 모두 다리 노릇을 합니다.

북방갈고리큰나방 애벌레의 다리가 달린 위치를 보면 가슴다리, 배다리, 꼬리다리가 서로 뚝 떨어져 있습니다. 곤충의 애벌레들은 다리가 달린 위치에 따라 걸음걸이 모습이 달라집니다. 북방갈고리큰나방은 가슴다리와 배다리가 서로 뚝 떨어져 있어 걸을 때 꼽추처럼 등을 휘며 걷습니다. 그 모습이 자벌레와 비슷하지만 자벌레는 결코 아닙니다. 우리가 잘 아는 자벌레는 자나방과의 애벌레입니다. 이 자벌레의 경우는 배다리 일부가 퇴화되어 꼽추처럼 등을 둥글게 구부리며 걷기 때문입니다.

북방갈고리큰나방 5령 애벌레는 가슴다리와 배다리가 뚝 떨어져 있어 등을 휘면서 걷는다.

허물 벗으며
자라는 애벌레

북방갈고리큰나방 애벌레가 하는 일은 오로지 먹는 일입니다. 다른 나비목 애벌레들처럼 4번 허물을 벗으며 자랍니다. 억척스럽게 먹다가 몸이 커지면 허물을 벗고, 또 먹다가 몸이 커지면 허물을 벗습니다. 한 번 벗을 때마다 '령' 수가 추가됩니다. 예를 들어 알에서 깨어나면 1령 애벌레, 1령 애벌레가 허물을 벗으면 2령 애벌레, 2령 애벌레가 허물을 벗으면 3령 애벌레가 되는 식입니다. 보통 허물을 벗은 뒤 '령'이 바뀔 때마다 애벌레 몸빛도 조금 바뀝니다. 그런데 놀랍게도 북방갈고리큰나방 애벌레는 1령~4령 애벌레와 5령 애벌레의 몸 색깔이 알아보지 못할 만큼 엄청 많이 바뀝니다. 1~4령 애벌레 몸은 연둣빛 바탕에 검은 물방울무늬가 그려져 있습니다. 5령 애벌레는 노란색 머리와 다리 일부만 빼고 온몸이 까만색입니다.

잠시 4령 애벌레가 허물을 벗고 애벌레 시기의 마지막 단계인 5령 애벌레(종령 애벌레)가 되는 과정을 살펴봅시다. 4령 애벌레의 몸빛은 말간 연둣빛입니다. 며칠 동안 게걸스럽게 잎사귀를 먹으면서 몸이 부쩍 불어납니다. 4령 애벌레가 된 지 4일이 지나자 말간 연둣빛이던 몸빛이 점점 거뭇거뭇하게 바뀝니다. 피부에 탄력도 없고 윤기도 없이 칙칙합니다. 심지어 입맛을 잃었는지 먹는 것도 시원치 않습니다. 가끔씩 아주 조금만 먹더니 아예 먹지 않고 움직임도 둔합니다. 왜 그럴까요? 허물 벗을 준비를 하는 것이지요. 사람 눈에는 보이지 않지만 지금 녀석의 몸속은 허물벗기를 준

비하느라 아주 바쁩니다. 몸속에서 탈피 호르몬이 활성화되고, 호르몬 변화에 맞춰 허물벗기 준비가 끝날 때까지 녀석은 아무것도 먹지 않고 조용히 앉아 기다려야 합니다.

잎사귀 먹는 것을 딱 끊은 지 하루가 지났습니다. 드디어 4령 애벌레가 허물을 벗는군요. 앞가슴등판과 머리에 난 탈피선이 갈라지더니 5령 애벌레의 노란 머리와 거무스름한 가슴이 살며시 나옵니다. 힘이 드는지 몸이 느릿느릿 꿈틀거립니다. 조금씩 꿈틀거릴 때마다 새로운 몸이 헌 피부인 허물 밖으로 빠져나옵니다. 기다란 자루 속에서 몸이 빠져나오는 것 같습니다. 재미있게도 허물도 참 예쁩니다. 하얀 자루에 까만 물방울무늬를 그려 놓았으니 말이지요. 허물에서 빠져나왔으니 '령'이 추가되어 이제 5령 애벌레가 되었습니다. 허물에서 빠져나온 5령 애벌레는 꼼짝도 안 하고 쉽니다. 몸은 아주 말랑말랑해 연약하고, 배 꽁무니에는 아직 허물 자루가 달려 있습니다. 허물은 시간이 지나 마르면서 떨어져 나갑니다. 그런데 그 어여쁜 연둣빛 피부는 온데간데없고 까만색입니다. 다시 말하면 북방갈고리큰나방 애벌레는 4령에서 5령이 될 때 까만색 옷으로 갈아입습니다. 몸빛이 이리도 다르니 같은 종을 다른 종으로 착각하기 쉽습니다.

실제로 북방갈고리큰나방 애벌레의 색깔 변화를 알기 전에는 4령 애벌레와 5령 애벌레가 다른 종인 줄 알았습니다. 산길을 걷다 보면 가끔씩 녀석을 만나는데, 4령 애벌레의 정체를 알아차리기까지 몇 년이 걸렸습니다. 우연히 금꿩의다리 잎 위에 연둣빛 4령 애벌레와 허물 벗는 4령 애벌레가 나란히 앉아 있는 장면을 보았습니다. 짜릿하게도 허물을 벗고 있는 녀석의 몸 색깔이 바뀌고 있었

북방갈고리큰나방 4령 애벌레가 갓 허물을 벗고 5령이 되었다. 허물은 하얀빛이다.

북방갈고리큰나방 4령 애벌레(왼쪽)와 5령 애벌레(오른쪽). 5령이 되면 몸빛이 확 바뀐다.

북방갈고리큰나방 5령 애벌레. 막 허물을 벗고 검은색으로 바뀌고 있다.

북방갈고리큰나방 5령 애벌레 머리는 노란색으로 경고색을 띤다.

지요. 세상에! 허물에서 빠져나오는 몸은 까만빛입니다. 완전히 흥분의 도가니였지요. 혼자 보기 아까운 장면이라 연신 속으로 탄성을 지르며 카메라 셔터를 눌렀습니다. 몸 색깔의 비밀이 한 방에 풀렸습니다.

잎을 얼기설기 여어 만든 고치

까만색을 띠는 5령 애벌레는 이전보다 식욕이 더욱 왕성합니다. 몸길이가 4센티미터도 넘으니 몸무게를 지키려면 많이 먹어야 합니다. 5령 애벌레 기간은 7일쯤입니다. 녀석은 일주일쯤 먹기만 하더니 번데기가 될 준비를 합니다. 가장 먼저 눈괴불주머니 줄기와 잎사귀를 돌아다니며 안전한 장소를 찾더니 곧바로 번데기가 쉴 수 있는 고치(번데기 방)를 만들기 시작합니다. 녀석은 고치를 땅 위에서 만듭니다. 많은 나방들은 땅속에서 번데기가 되는데 말이지요. 그런데 고치 만드는 솜씨가 어째 엉성합니다. 녀석은 아랫입술샘에서 나오는 명주실을 입으로 토해 둘레에 있는 잎사귀를 끌어와 얼기설기 겹쳐 붙입니다. 흔히 곤충은 아랫입술샘에서 침이 나오는데, 나비목 애벌레는 아랫입술샘에서 침 대신 명주실이 나오고 큰턱샘에서 침이 나옵니다. 연약한 눈괴불주머니 잎사귀를 가슴다리로 잡고, 또 큰턱으로 물어 끌어다 명주실에 엮어 붙입니다. 쉴 새 없이 잎사귀를 여러 개 끌어다 붙여 놓아 언뜻 보면 그냥

잎사귀들이 뒤엉켜 있는 것 같습니다. 녀석은 잎을 얼기설기 엮어 만든 고치 속에서 까만색 허물을 벗고 번데기가 됩니다.

번데기가 된 지 2주일이 지났습니다. 드디어 번데기에서 어른벌 레로 날개돋이를 합니다. 어른 나방으로 탈바꿈한 녀석은 잠깐 앉 아 쉬더니 몸속에 들어 있는 물똥을 쌉니다. 거의 모든 곤충은 탈 바꿈을 한 뒤 물똥을 쌉니다. 우유처럼 하얀 물똥을 여러 방울 싸 면서 날개가 마를 때까지 다소곳이 앉아서 쉽니다. '아, 너였구나.' 도감에서 사진으로만 보던 녀석을 실제로 눈앞에서 봅니다.

그런데 녀석의 이름에 왜 '갈고리'가 들어갔을까요? 어른벌레의 겉날개 끝부분이 약간 갈고리처럼 생겨서 이름에 '갈고리'가 들어 간 것으로 여겨집니다. 제 눈에는 북방갈고리큰나방 어른벌레도 애벌레 못지않게 세련되게 생겼습니다. 겉날개가 한복 저고리 소 매처럼 선이 부드럽습니다. 겉날개 윗면은 밤빛과 잿빛이 알맞게 섞여 고상한 맛까지 풍기고, 앉아 있는 모습도 날개를 지붕 모양처 럼 다소곳이 펴고 있어 맵시가 납니다. 북방갈고리큰나방은 흔히 8 월 초에 날개돋이를 한 뒤 짝짓기하고 알을 낳습니다.

곤충들의 허물벗기

곤충들이 허물을 벗기까지는 많은 일들이 벌어집니다. 따지고 보면 녀석의 허물은 사람으로 치면 '뼈'나 마찬가지입니다. 몸을 보호하는 허물은 단백질의 일종인 큐티클로 만들어져 질기고 가벼우며 수분 증발도 막아 줍니다. 곤충이 질긴 허물에 갇혀 죽지 않으려면 때맞춰 허물을 벗어야 합니다.

• 곤충이 허물 벗는 과정

1) 가장 먼저 몸에서 허물을 분리해야 합니다(표피층 분리, apolysis). 생살에서 뼈를 떼어 내는 것과 마찬가지입니다.

2) 그러고 나면 탈피액(molting fluid)이 나오고, 뒤이어 지질, 단백질, 폴리페놀 따위도 나와 새살(표피 세포)을 만듭니다.

3) 새살이 돋으면 드디어 한 살 더 먹은 애벌레는 헌 허물을 벗고 나옵니다(허물벗기, ecdysis).

새살도 만들고, 허물도 벗고……. 정말 허물 벗는 일은 보통 힘든 일이 아닙니다. 그래서 허물 벗는 과정에 여러 호르몬이 끼어듭니다. 탈피 호르몬, 유약 호르몬, 허물벗기 호르몬, 경화 호르몬 들이 있는데, 그 가운데에서 탈피 호르몬이 허물 벗는 데 가장 큰 역할을 합니다. 몸에서 허물 떼어 내기, 새살 돋기, 허물벗기에 모두 관여합니다. 그 영향력이 얼마나 큰지 유약 호르몬이 있을 때 탈피 호르몬이 분비되면 애벌레가 허물을 벗을 수 있고, 유약 호르몬이 없을 때 탈피 호르몬이 많이 분비되면 허물을 벗지 않고 곧장 번데기로 탈바꿈하거나 어른벌레로 날개돋이를 합니다.

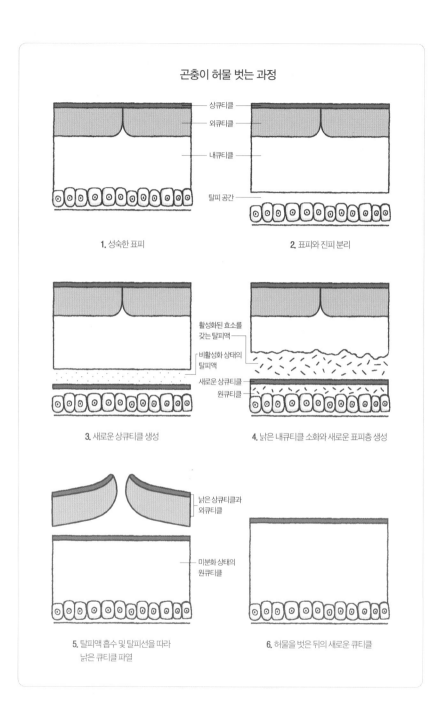

곤충이 허물 벗는 과정

1. 성숙한 표피

- 상큐티클
- 외큐티클
- 내큐티클

2. 표피와 진피 분리

- 탈피 공간

3. 새로운 상큐티클 생성

4. 낡은 내큐티클 소화와 새로운 표피층 생성

- 활성화된 효소를 갖는 탈피액
- 비활성화 상태의 탈피액
- 새로운 상큐티클
- 원큐티클

5. 탈피액 흡수 및 탈피선을 따라 낡은 큐티클 파열

- 낡은 상큐티클과 외큐티클
- 미분화 상태의 원큐티클

6. 허물을 벗은 뒤의 새로운 큐티클

환삼덩굴과

네
발
나
비

네발나비 5령 애벌레

네발나비 5령 애벌레는
몸마디마다 나뭇가지처럼 생긴
노란 가시돌기가 줄지어 나 있습니다.

9월입니다. 어느새 낮은 짧아지고, 해그림자도 짙어 갑니다.

이즈음 풀밭은 온통 환삼덩굴 세상입니다.

환삼덩굴은 개울가든 길옆이든 울타리든

빈 땅만 있으면 억척스럽게 자라는 풀입니다.

혼자만 잘 자라면 될 걸 곁에 있는 나무와 풀을

닥치는 대로 감아 올라가며 덮어 버립니다.

풀밭을 독차지해 좀 얄밉긴 하지만 그래도 잎사귀는 참 예쁩니다.

아기가 손을 쫙 펴고 있는 것 같기도 하고,

단풍잎 같기도 하고, 불가사리 같기도 합니다.

마침 환삼덩굴 위로 네발나비가 쌩 날아와

잎사귀 위에 내려앉아 햇볕을 즐깁니다.

환삼덩굴은 다른 식물들에겐 귀찮은 폭군 같은 존재지만

네발나비에겐 지존입니다.

환삼덩굴 잎사귀가 네발나비 애벌레의 밥이기 때문입니다.

수컷 여름형

수컷 옆모습

암컷 가을형

네발나비

이 꼭지는 나비목 네발나비과 종인 네발나비(*Polygonia c-aureum*)와
먹이식물인 환삼덩굴 이야기입니다.

햇빛을 독차지하는
환삼덩굴

　우리나라 골골샅샅 어디에서나 자라는 환삼덩굴은 굉장히 무섭게 자랍니다. 이른 봄 떡잎이 날 땐 귀엽고 여리지만 점차 자라면서 식물 세계의 '폭군'으로 변하지요. 줄기가 연약해 혼자서는 곧추설 수 없어 꼭 다른 식물이나 물체를 감고 살아갑니다. 그런데 환삼덩굴은 은혜를 원수로 갚습니다. 덩굴손을 내어 곁에 있는 풀이나 나무를 꼭 잡은 뒤에는 그 풀과 나무를 칭칭 감고 올라갑니다. 그러고는 단풍잎 같은 잎사귀를 활짝 펼치고 햇빛을 독차지합니다. '일등 병'이 걸린 것 같습니다. 일껏 몸을 빌려준 식물은 햇빛을 환삼덩굴에게 모조리 빼앗겨 쇠약해지고 죽을 수도 있습니다. 또 한자리에 떨어진 환삼덩굴 씨앗이 죄다 싹이 터 들불 번지듯이 퍼지니 다른 식물들이 어지간해서는 발도 못 붙입니다.

환삼덩굴 새싹

그뿐이 아닙니다. 환삼덩굴은 온몸에 가시를 다닥다닥 붙이고
아무도 가까이 오지 못하게 합니다. 가시도 얼마나 고약한지 갈고
리처럼 휘어져 한 번 스치기만 해도 긁히고 찔려서 가렵고 피가 납
니다. 그래서 웬만한 동물은 환삼덩굴이 무리 지어 자라는 곳에는
얼씬거리기 힘듭니다. 특히 새들은 가시 때문에 환삼덩굴 속에 숨
어 사는 곤충을 잡아먹기에 애로가 많습니다. 환삼덩굴은 자신을
지키기 위해 최선을 다하고 있지만 식물이나 사람이나 다른 동물
들에게 환삼덩굴은 한마디로 퍽 골치 아픈 풀입니다.

알고 보니 환삼덩굴이란 이름도 가시 때문에 생겨났군요. 옛날
에 우리 조상들은 돌이나 쇠붙이가 아닌 물건을 깎아 낼 때 줄칼
같은 '환'이란 연장을 썼습니다. 환삼덩굴의 줄기나 잎자루에 다닥
다닥 붙은 잔가시가 '환'하고 똑 닮았습니다. 또 잎사귀는 대마초
로 잘 알려진 삼(대마, 大麻, Hemp) 잎사귀와 비슷합니다. 그래서
붙은 이름이 환삼덩굴이니 이름치고는 좀 어렵군요. 환삼덩굴도
별명이 있습니다. 온몸이 꺼칠꺼칠한 가시투성이라서 '껄껄이풀'
이라고 부릅니다. 환삼덩굴보다 별명이 부르기도 좋고 기억하기도
좋습니다.

환삼덩굴 꽃가루는
바람에 날리고

환삼덩굴 꽃은 풍매화로 모든 걸 바람에 맡깁니다. 다행히도 자

연 세계에선 바람은 꼭 붑니다. 바람 하나만 믿고 환삼덩굴 수꽃은
아무 걱정도 안 하고 날마다 쉼 없이 꽃을 피웁니다. 많이 피워야
바람에 실려 갈 기회가 커지니까요.

환삼덩굴 꽃을 본 적이 있나요? 솔직히 말해 꽃이 꽃 같지 않으
니 아무도 관심을 보이지 않습니다. 환삼덩굴은 암수딴그루로 암
꽃만 피는 포기가 있고, 수꽃만 피는 포기가 있습니다. 수꽃은 마
치 종처럼 아래를 보고 피어납니다. 한 송이만 홀로 피는 게 아니
라 꽃대에 여러 송이가 원뿔 모양으로 차례차례 피어나는 원추꽃
차례입니다.

수꽃에는 꽃잎이 없고 수술만 있습니다. 꽃가루가 바람을 타고
날아가는 데 방해가 되지 않도록 꽃잎이 없는 것 같습니다. 큼지막
한 꽃가루주머니를 보세요. 수술대 끄트머리에 아슬아슬하게 매달

환삼덩굴 수꽃

려 있습니다. 그래서 꽃가루주머니에서 터져 나온 꽃가루는 살랑 살랑 산들바람이 불어도 날아갑니다. 꽃가루는 이리저리 떠돌다가 운이 좋으면 암꽃을 만납니다.

암꽃은 또 어떤가요? 암꽃도 꽃이라고 하니 꽃인 줄 알지 무슨 콩깍지를 뒤집어쓴 것 같아 도무지 꽃 같지가 않습니다. 꽃받침에 고이고이 싸인 암술머리는 마치 쇠치기풀 암술머리처럼 큽니다. 암술머리는 나뭇가지나 깃털 모양으로 갈라져 바람 타고 정처 없 이 떠도는 꽃가루를 척척 붙들어 둡니다.

환삼덩굴의 꽃가루받이 방법은 참 원시적입니다. 대 잇는 작업 을 바람에 맡기니 말이지요. 사실 바람의 도움보다 곤충 같은 중매 동물의 도움을 받으면 꽃가루받이 확률이 더 높을 텐데 굳이 풍매 화를 고집하는 까닭이 뭘까요? 참 궁금할 뿐입니다.

환삼덩굴 암꽃

네 발 달린
네발나비

가시 돋친 환삼덩굴! 천덕꾸러기 중의 천덕꾸러기여서 그 누구도 환삼덩굴을 쳐다보지 않습니다. 번식력이 좋은 데다 작물을 가꾸는 밭에서도 잘 자라 잡초 취급을 받습니다. 그런 환삼덩굴이 없으면 살 수 없는 나비가 있습니다. 가시 많은 폭군 환삼덩굴을 사랑하는 나비라니! 호피 무늬가 너무도 아름다운 네발나비입니다.

네발나비가 환삼덩굴 둘레를 날아다닙니다. 열 마리도 넘게 이쪽에서 훨훨, 저쪽에서 훨훨 날아다닙니다. 녀석들은 주춤거리더니 환삼덩굴 새 잎사귀에 앉습니다. 그런데 진득하니 앉아 있지 않고 여기저기 날았다 앉았다 날았다 앉았다 초조한 기색이 역력합니다. 드디어 맘에 드는 잎을 골랐는지 배 끝을 잎사귀 뒷면에 댑니다. 산란관을 잎에 딱 붙이고 움찔거리네요. 알을 낳는군요. 녀석은 눈 깜짝할 사이에 알을 한 개 낳고는 잽싸게 날아올라 다른 잎사귀로 알을 낳으러 날아갑니다.

네발나비의 날개 옷은 호피 무늬입니다. 노란 바탕에 까만 점무늬를 새겨 넣어 아무리 봐도 멋집니다. 네발나비를 만나거든 한번 돋보기로 보세요. 나비는 워낙 연약하기 때문에 네발나비를 다룰 때 갓난아기 만지듯 아주 조심해야 합니다. 돋보기 너머 보이는 녀석의 비늘은 환상적입니다. 살짝 닿기만 해도 손에 붙는, 먼지 같은 비늘이 한옥 지붕에 기왓장을 얹은 듯 켜켜이 겹쳐져 있습니다. 물 샐 틈도 없게 말이지요. 실제로 비늘은 빗물이 몸에 스며들지 않도록 방수 역할도 하고, 나비의 날개 색을 결정하기도 합니다.

나비의 날개 색은 자기 짝을 찾는 데에도 한몫합니다.

우리나라에 가장 많은 나비가 어떤 나비인지 물으면 네발나비가 다섯 손가락 안에 들 것입니다. 네발나비는 이름 그대로 다리가 4개입니다. 말하자면 네발나비는 네 발 달린 동물이지요. 그런데 곤충 다리는 6개가 아닌가요? 그렇죠. 곤충 다리는 6개입니다. 하지만 무슨 까닭인지 네발나비의 앞다리는 거의 퇴화되어 아주 짧게 흔적만 남아 있습니다. 무슨 일이 있었기에 다리 6개 중에서 4개만 쓰게 되었는지 알 수 없지만, 분명한 것은 네발나비에겐 앞다리가 퇴화된 것이 거친 환경에 적응하는 데 훨씬 유리했을 것입니다. 네발나비는 다리 4개로도 균형을 아주 잘 잡습니다.

네발나비와
환삼덩굴의 공진화

왜 네발나비는 알 낳으러 환삼덩굴을 찾아올까요? 그것은 네발나비와 환삼덩굴의 공진화 결과입니다. 1억5천만 년 전 중생대 백악기 때 지구에 '꽃 피는 식물'이 생겨나면서 덩달아 초식 곤충도 놀랍게 늘어납니다. 먹을거리가 많아지면서 초식 곤충의 시대가 열리게 된 것입니다. 숫자로 따져 보면 약 100만 종의 곤충 가운데 약 35만 종이 초식성입니다. 재밌게도 초식 곤충의 종 수는 현재 지구상에 살고 있는 식물의 종 수(약 40만 종)와 맞먹습니다. 그러니 초식 곤충과 식물 사이에 보이지 않는 줄다리기가 벌어집니다.

초식 곤충들은 먹이가 곳곳에 널렸으니 입이 떡 벌어지고, 식물들
은 곤충에게 다 뜯어 먹히면 대가 끊기니 긴 한숨만 나옵니다.

꽃은 꽃가루받이를 해야 하니 꽃꿀만 먹고 사는 나비류 어른벌
레를 중매쟁이로 이용하기 위해 암술과 수술 뒤쪽에 꿀을 두고 나
비류의 몸에 꽃가루가 묻게 했습니다. 나비류는 꽃꿀만 먹고 사니
꿀을 먹으러 부지런히 꽃을 찾아 날아갑니다. 꽃 피는 식물과 나비
류의 이해관계가 맞아떨어지려면 나비류의 주둥이 길이가 관건입
니다. 꽃 피는 식물들은 나비들의 빨대 주둥이에 적응을 하면서 점
점 빨대 주둥이가 있어야 먹을 수 있는 꽃을 피웁니다. 나비류 또
한 꽃 속 깊은 곳에 숨겨 둔 꿀을 찾아 먹으려면 긴 주둥이가 유리
했을 것입니다. 오랜 세월 그런 과정을 거치면서 꽃 피는 식물은
식물대로, 나비류는 나비류대로 가문을 이어 갑니다.

그런데 나비 애벌레가 문제입니다. 어른벌레야 꽃꿀을 먹지만
애벌레는 씹어 먹는 주둥이를 지니고 있어 꽃꿀을 입에 대지도 못
하고, 오로지 잎사귀만 먹어야 합니다. 그러니 식물 입장에선 비상
이 걸렸습니다. 식물은 나비 어른벌레가 자기를 꽃가루받이할 수
있도록 중매해 줘서 너무 고맙긴 한데, 나비 애벌레는 잎사귀를 축
내 광합성을 못 하게 되니 잘못하다간 꽃도 피우기 전에 죽을 수
있기 때문입니다.

그래서 식물은 대책을 세웁니다. 초식 곤충이 자기를 뜯어 먹지
못하도록 몸에 가시나 털이 다닥다닥 자라게 합니다. 환삼덩굴도
마찬가지입니다. 가시도 보통 가시가 아닌 갈고리 같은 가시를 붙
여 놓았습니다. 가시는 표피 세포를 약간 변형시켜 만들기 때문에
에너지가 거의 들지 않습니다. 그렇다고 물러설 곤충이 아니지요.

네발나비 1령 애벌레.
잎 아래쪽에 풀빛을 띤 알이 하나 붙어 있다.

네발나비 2령 애벌레.
갓 허물을 벗어 배 꽁무니에 허물이 달려 있다.

네발나비 3령 애벌레(오른쪽)와 4령 애벌레(왼쪽).
4령 애벌레는 노란 가시들기가 몸에 잔뜩 나 있다.

네발나비 5령 애벌레

일부 초식 곤충과 네발나비 애벌레는 환삼덩굴을 끊임없이 집중적으로 뜯어 먹습니다. 그러자 환삼덩굴이 이번에는 독 물질을 만들어 몸에 저장했습니다. 광합성을 해서 만든 영양분으로 초식 동물에게 독이 되는 화학 물질을 만든 것입니다. 독까지 지녔으니 환삼덩굴 잎사귀를 뜯어 먹던 몇몇 곤충들은 먹기를 포기했는데, 유독 네발나비 애벌레는 흔들림 없이 꾸준히 환삼덩굴을 뜯어 먹었습니다. 오랜 적응 과정을 거치며 네발나비 애벌레는 독성분 때문에 먹다가 죽기도 하고, 먹다가 토하기도 했을 것입니다. 수많은 세대를 거듭하며 그런 과정을 겪으면서 네발나비 몸속에서 방어 체계가 가동됩니다. 사람 몸에 있는 백혈구처럼 네발나비 혈구들도 환삼덩굴의 독 물질과 용감하게 맞섭니다. 그렇게 오랜 세월 환삼덩굴의 독성에 적응하면서 네발나비 애벌레는 환삼덩굴 잎을 아무리 먹어도 끄떡없게 되었습니다.

어디 그뿐인가요? 환삼덩굴의 방어 물질에서 풍기는 냄새는 네발나비에게 유인제이자 식욕 촉진제가 되었습니다. 그래서 엄마 네발나비는 환삼덩굴 특유의 냄새를 맡고 찾아와 알을 낳습니다. 한마디로 현재까진 네발나비의 승리이지요.

그럼 환삼덩굴은 뜯어 먹히기만 할까요? 아닙니다. 환삼덩굴은 잎사귀를 뜯어 먹히면 광합성을 잘 못하게 됩니다. 어떤 대책을 세웠을까요? 환삼덩굴은 하는 수 없이 잎을 더 많이 만들어 냅니다. 네발나비 애벌레가 아무리 먹어도 남을 만큼 잎을 넉넉히 만듭니다. 사람 눈에는 식물이 곤충에게 아낌없이 내주는 것 같지만 실상을 알고 보면 환삼덩굴이 살아남으려고 치는 몸부림입니다. 어쨌든 환삼덩굴은 참 통이 큽니다.

환삼덩굴 잎으로 집 짓는
네발나비 애벌레

　　바람이 부는 것도 아닌데 환삼덩굴 잎이 움직입니다. 아, 네발나비 애벌레가 집을 짓고 있군요. 한 4령 정도 되었을까? 3센티미터 정도로 제법 큽니다. 거무스름한 몸뚱이엔 나뭇가지 같은 가시돌기가 쫙 덮었습니다. 노랗고 도톰한 가시돌기 위엔 노란 센털이 듬성듬성 뻗쳐 나와 있군요. 찔리면 피가 날 것처럼 무시무시합니다. 정말 그럴까요? 맘 단단히 먹고 털 돌기를 살짝 쓰다듬어 봅니다. 아, 생각보다 참 부드럽군요. 더구나 쓰다듬으며 자극을 준 꼴인데 털 돌기에선 아무런 독 물질이 나오지 않습니다. 그러고 보니 털 돌기는 폼이었네요. 네발나비 애벌레는 자기를 지킬 만한 무기가 하나도 없으니 털이라도 쐐기나방류 애벌레의 몸털처럼 무섭고

네발나비
4령 애벌레

화려하게 만들어 힘센 천적들을 따돌리려는 것이지요. 그리고 집까지 만들어 그 속에 숨어서 지내니 천적을 피할 수 있습니다.

애벌레는 아랫입술샘에서 명주실을 토해 배 꽁무니를 환삼덩굴 잎에 꽁꽁 묶습니다. 머리와 가슴을 조금 들어 단풍잎처럼 갈라진 환삼덩굴 잎 한 귀퉁이에다 명주실을 토해 붙입니다. 이어서 잎의 또 다른 귀퉁이에 명주실을 토한 뒤 앞서 명주실을 토한 잎 귀퉁이 쪽으로 잡아당겨 붙입니다. 그러기를 수십 차례나 되풀이합니다. 몸을 좌우로 왔다 갔다 하면서 말이지요. 한 10분쯤 지났을까? 단풍잎처럼 갈라진 잎 가장자리끼리 서로 맞붙습니다. 곧이어 잎의 또 다른 가장자리도 실을 토해 붙입니다. 얼기설기 엮었지만 잎사귀 집이 제대로 만들어졌습니다.

이제 애벌레는 집 속에서 먹고 자기만 하면 됩니다. 잎 가장자리부터 먹기 때문에 녀석은 구슬처럼 동그란 머리를 집 밖으로 내놓고 자기 집을 먹습니다. 큰턱을 양옆으로 벌렸다 오므렸다 하면서 잎을 쏭덩쏭덩 베어 씹어 먹습니다. 먹으면 싸는 법. 똥은 집 안에서 싸는데, 일부 똥은 얼기설기 엮어 만든 집 밖으로 빠져나가기도 하고, 일부는 집에 남아 있기도 합니다. 애벌레가 게걸스럽게 먹어 댈수록 잎사귀 집은 점점 망가집니다. 그렇다고 걱정할 일은 아닙니다. 집을 많이 먹어 치워 망가지면 집을 버리고 다른 잎으로 이사를 갑니다. 이사라야 달랑 몸만 가면 되니 단출합니다. 집 짓는 연장인 명주실은 아랫입술샘에서 뽑기만 하면 되니 녀석은 이사 간 잎사귀에서 곧바로 집을 다시 짓기 시작합니다.

이렇게 이사를 다니며 네발나비 애벌레는 무럭무럭 자랍니다. 보름 정도 환삼덩굴 잎사귀를 먹으며 몸을 불립니다. 네발나비 애

네발나비 4령 애벌레. 환삼덩굴 잎으로 지은 집에서 산다.

네발나비 애벌레가 환삼덩굴 잎 가장자리를 붙여 만든 집

벌레 단계는 1령에서 5령인데, 녀석은 모두 4번 허물을 벗고 5령
애벌레가 될 때까지 열심히 먹습니다.

환삼덩굴은 네발나비 애벌레에게 아무 조건 없이 잎사귀를 내주
기만 합니다. 네발나비 애벌레는 환삼덩굴에게 신세만 집니다. 그
러나 애벌레도 환삼덩굴에게 아주 작으나마 도움이 될 일을 합니
다. 애벌레는 환삼덩굴 잎사귀를 맘껏 먹고 소화시켜 똥을 쌉니다.
네발나비 애벌레는 몸집이 큰 편이라 똥도 제법 많이 쌉니다. 녀석
이 싸는 똥이 양은 적겠지만 환삼덩굴에게 귀한 거름이 되어 줄 것
입니다.

초식 동물의 똥에는 탄소, 칼륨, 질소, 나트륨, 칼슘, 인 같은 영양
물질이 듬뿍 들어 있습니다. 생태계가 건강하게 유지되도록 영양
물질이 풍부한 똥을 흙으로 되돌려 보냅니다. 큰 틀에서 보면 식물
과 곤충은 생태계가 균형 있게 잘 굴러가게 만드는 동지입니다.

거꾸로 매달린
번데기

다 자란 애벌레가 이틀 동안 아무것도 먹지 않고 쉬기만 합니다.
꼼짝 않던 녀석이 갑자기 이리저리 헤맵니다. 가만히 보니 번데기
만들 장소를 고르는 것 같습니다. 한참을 돌아다니더니 환삼덩굴
줄기에서 멈춥니다. 입에서 명주실을 토해 자기 배 꽁무니를 줄기
에 단단히 달고는 거꾸로 매달려 이틀을 보냅니다. 드디어 녀석의

머리와 등 쪽에 있는 탈피선이 서서히 벌어지면서 애벌레 허물이 천천히 벗겨집니다. 마치 자루에서 몸을 빼듯이. 그리고 그 허물 속에서 번데기가 나옵니다. 거의 모든 애벌레는 탈피선을 알에서 깨어날 때부터 갖고 있습니다.

이제 번데기로 일주일만 지내면 어른벌레로 탈바꿈하게 됩니다. 비가 와도 바람이 불어도 잘 참고 견뎌야 어른벌레가 될 수 있지요. 번데기 시절은 움직이지 못하기 때문에 한살이 과정 가운데 가장 위험한 시기입니다. 이때는 번데기를 살짝 건드리기만 해도 화를 냅니다. 배 부분을 왼쪽 오른쪽으로 돌리면서 심하게 요동치며 위협하지요.

그런데 번데기는 왜 거꾸로 매달릴까요? 특이하게 네발나비과 집안 식구는 꼭 번데기가 될 때 거꾸로 매달립니다. 이것을 전문 용어로 '수용'이라고 합니다. 거기엔 다 이유가 있지요. 거꾸로 매달리면 어른벌레로 날개돋이할 때 힘이 훨씬 덜 듭니다. 어른벌레 몸이 번데기 껍질에서 빠져나올 때 밑으로 끌어당기는 중력의 도움을 받으니까요. 먼지만 한 뇌를 가진 녀석이 중력의 원리를 이용하다니, 그저 기특하기만 합니다.

어려운 역경을 이겨 내고 날개돋이한 네발나비는 다시 힘차게 한살이를 시작합니다. 네발나비는 번식력 하나는 끝내줍니다. 네발나비는 일 년에 많게는 네 차례나 한살이가 돌아가니 말입니다. 더구나 네발나비 어른벌레는 겨울에도 죽지 않고 따뜻한 덤불 속이나 가랑잎 속에서 겨울잠을 잡니다. 연약한 날개를 가진 나비치고는 굉장히 생명력이 질깁니다.

2장

분홍 꽃
피는 풀과
곤충

앵초 꽃과

빌로오도재니등에

빌로오도재니등에와 앵초 꽃

빌로오도재니등에가 앵초 꽃에 주둥이를 박고
꽃가루와 꽃꿀을 먹고 있습니다.

4월입니다. 춥지도 덥지도 않아 좋은 봄날,
꽃들과 데이트하는 건 암만 생각해도 황홀합니다.
강원도 점봉산입니다.
수십 가지가 넘는 꽃들이 무더기로 피어나
숲 바닥을 쫙 덮고 있군요.
그 틈에 앵초 꽃 수십 송이가
옹기종기 사이좋게 피어 방긋방긋 웃고 있습니다.
자그마한 키에 새색시처럼 수줍게 피어난 앵초 꽃,
분홍빛 꽃잎이 참 곱습니다. 어쩜 저렇게 사랑스러울까요?
가까이 다가가 앵초 꽃 앞에 앉습니다.
앵초 꽃이 솔솔 부는 봄바람 장단에 맞춰
살랑살랑 흔들며 인사를 건넵니다.

빌로오도재니등에

이 꼭지는 파리목 재니등에과 종인 빌로오도재니등에(*Bombylius major*)와
먹이식물인 앵초 꽃 이야기입니다.

예쁘고 사랑스러운
앵초 꽃

배춧잎처럼 길쭉한 앵초 잎사귀에는 자잘한 잔주름이 많이 잡혀 있어 프릴 달린 아기 옷처럼 귀엽습니다. 잎사귀 사이로 가느다란 꽃대가 쑥 올라와 있습니다. 길어 봤자 한 뼘쯤이나 될까? 바람 불면 꺾어질 듯 가녀린 꽃대에 꽃송이가 여럿 달렸습니다. 저 여린 꽃대에 한 송이도 아니고 많게는 스무 송이까지 달린다니 기특하기만 합니다. 하트 모양 꽃잎이 하늘을 향해 활짝 피었군요. 얼마나 귀여운지 숲속에 놀러 온 요정들이 불다 두고 간 나팔 같습니다.

앵초. 누가 지었는지 깜찍하게 생긴 꽃과는 전혀 어울리지 않는 이름입니다. 앵초 꽃 이름을 처음 들었을 때 자꾸 '앵벌이'가 떠올랐지요. 저리 예쁜 꽃을 보고 안 좋은 말을 떠올리다니! 앵초 꽃에

—
앵초는 꽃잎이 하트
모양이다.

게 미안한 마음이 듭니다. 앵초는 순수한 우리말이 아닙니다. 한자
말이죠. 앵초(櫻草)의 '櫻' 자에는 앵도나무란 뜻도 있고 벗나무란
뜻도 있습니다. 언뜻 보면 앵초 꽃이 벚꽃과 닮은 구석이 있어 그
렇게 부른 것 같습니다. 실제로 일본에서는 앵초를 '사쿠라소우(サ
クラソウ)'라고 부르지요. 또 어떤 사람은 앵초 꽃이 우물가에 핀
앵도 꽃과 비슷하다고도 합니다. 앵초 꽃을 두고 누구는 앵도 꽃처
럼 느끼고, 또 누구는 벚꽃처럼 느끼니 사람마다 감성이 다 다르네
요. 비록 한자 이름을 가졌지만 앵초는 화사한 봄날 우리 땅의 습
기 많은 계곡 둘레에서 예쁘게 피어나는 토종 꽃입니다.

서양에서는 앵초류(앵초속, *Primula*속)로 수많은 원예종을 만들
었는데, 원예종을 포함하여 세계적으로 400여 종이 있고, 책으로
묶어 나올 정도로 그 수가 많고 다양합니다. 그만큼 서양 사람들이
앵초 원예종을 아주 좋아한다는 것이죠. 동양에도 앵초류가 9종이

앵초는 꽃대에 꽃송
이가 여럿 달렸다.

나 있습니다. 꽃 시장에 가면 '프리뮬러(Primula)'라는 이름으로 팔리고, 더러는 화단에 심어 키우기도 하는 여러 빛깔의 꽃들이 다 서양이 고향인 앵초류 원예종입니다. 원예종도 저마다 학명과 이름이 있습니다. 우리나라에서는 대개 종과는 상관없이 속명인 '프리뮬러'라고 부릅니다.

수술과 암술은
꽃잎 속에 감추고

햇빛이 눈부시게 쏟아지는 봄날, 오늘은 세상일을 다 잊고 앵초 꽃을 찬찬히 들여다봅니다. 그런데 피었다 하면 늘 방긋방긋 웃는 앵초 꽃에 뭔가 빠진 것 같습니다. 아! 꽃잎만 있고 암술과 수술이 보이지 않습니다. '암술과 수술이 없으면 꽃이 아닌데……' 수술과 암술을 어디에다 숨겨 둔 것일까요?

앵초 꽃을 위쪽에서 얼핏 보면 꽃잎이 갈라져 있어서 다섯 장으로 보입니다. 하지만 아랫부분이 하나로 이어진 통 모양 구조(화관통)여서 꽃잎은 한 장입니다. 한마디로 통꽃이지요. 깜찍하게도 앵초 꽃은 화관통 속에다 수술과 암술을 숨겨 놓았군요. 통꽃을 살짝 열어 보니 기다란 화관통 안쪽에 암술 한 개, 수술 다섯 개가 오밀조밀 들어 있습니다. 재밌게도 수술은 화관통의 벽면에 바짝 닿아 있고, 암술은 수술에 둘러싸여 한가운데에 꼿꼿이 서 있습니다.

그런데 걱정이 앞섭니다. 좁디좁은 화관통에 암술과 수술이 함께 있으면 자기들끼리 자연스럽게 꽃가루받이가 될 텐데. 그렇게 되면 남매가 결혼하는 것이나 마찬가진데. 이 일을 어쩌지요? 자가 수분을 하면 유전자 군이 다양하지 않아 면역력도 떨어지고 정상적이지 않은 후손을 가질 가능성이 커집니다. 하지만 걱정하지 마세요. 앵초 꽃도 나름 묘안을 가지고 있습니다. 먼저 거의 모든 식물들은 자기꽃불임성(자가 수분이 이뤄지면 꽃가루관의 성장을 억제함)이 있어 같은 포기의 꽃들 사이에서는 꽃가루받이가 거의 이뤄지지 않습니다. 한 송이 꽃 안에서 꽃가루가 자기의 암술머리에 떨어져도 아무 소용이 없습니다. 근친결혼을 아예 원천 봉쇄하고 있는 것이지요. 뿐만 아니라 앵초 꽃은 '암술 먼저, 수술 나중' 즉 암술과 수술이 동시에 자라지 않고 시간을 두고 따로따로 자랍니다.

　먼저 암술이 자라기 시작합니다. 암술이 완전히 자라서 암술대의 맨 끝에 공처럼 동그란 암술머리를 매단 채 꽃 한가운데를 차지할 무렵이면, 연약한 수술이 화관통 벽에 가까이 닿은 채 어느 정도 자라나 있습니다. 이때는 꽃가루가 성숙하지 않아 꽃가루주머니가 터지지 않습니다. 앵초 꽃은 암술이 성숙한 시기에 서둘러 다른 꽃의 꽃가루와 꽃가루받이 작업을 해야 합니다. 다행히 성숙한 암술머리에서는 끈적끈적한 물질이 배어납니다. 이 물질은 다른 포기의 앵초 꽃에서 꽃꿀과 꽃가루를 먹느라 주둥이와 몸털에 꽃가루를 묻힌 재니등에류와 나비류가 찾아와 몸에 묻은 꽃가루를 하나라도 암술머리에 떨어뜨리면 사정없이 꽉 붙잡습니다. 더욱이 주둥이가 긴 재니등에류는 암술머리에 주둥이를 대고 끈적끈적한 물질을 핥아 들이마시면서 주둥이에 묻혀 온 다른 꽃가루를 암술머리에 떨어뜨립니다.

앵초 꽃은 얼핏 보면 암술과 수술이 보이지 않는다.

앵초 꽃은 통 모양 구조로 꽃잎이 한 장이다. 화관통이 길다.

암술이 꽃가루받이에 성공하든 실패하든 암술의 성숙기가 지나면 비로소 수술이 성숙합니다. 수술이 완전히 성숙해지면 꽃가루 주머니가 터지면서 꽃가루가 쏟아져 나옵니다. 그러면 꽃꿀과 꽃가루를 먹는 재니등에류의 주둥이와 몸털에 꽃가루가 묻게 되고, 녀석이 다른 포기의 앵초 꽃으로 날아가면 다른 꽃 암술머리에 꽃가루가 자연스레 떨어집니다. 그러면 중매 끝. 중매쟁이 곤충인 재니등에류가 밥값을 제대로 한 셈입니다.

신기하게도 앵초류(앵초속)인 식물들은 암술대의 길이가 다른 꽃(이형 암술대)을 흔히 피웁니다. 앵초 꽃에서도 암술 길이가 다른 현상이 흔히 관찰됩니다. '이형 암술대 현상'의 비밀은 진화론의 창시자인 찰스 다윈(Charles Darwin)이 1877년에 영국에 사는 앵초류를 관찰하면서 밝혔습니다. 놀랍게도 긴 수술에서 나온 꽃가루는 긴 암술에만 꽃가루받이가 되고, 짧은 수술의 꽃가루는 짧은 암술에만 꽃가루받이가 된다는 것입니다.

앵초류는 가뜩이나 수술의 수가 적은데, 왜 긴 암술과 짧은 암술을 골라 가며 꽃가루받이를 할까요? 자기 꽃끼리의 자가 수분을 막고, 다른 꽃끼리 타가 수분을 해 유전적인 다양성을 높이기 위해서입니다. 그러다 보니 앵초 숫자가 줄어들 수 있다는 연구도 있습니다. 일본에서는 지나친 개발과 인간의 간섭으로 앵초가 사라지고 있는 실정입니다. 특히 일본 연구자들은 앵초가 이형 암술대로 꽃을 피우는 바람에 찾아오는 중매 곤충의 개체군이 변화하고 있어 멸종 위기에 처한 것으로 보고 있습니다.

앵초 말고도 개나리나 괭이밥도 이형 암술대로 꽃을 피웁니다. 흔히 이형 암술대를 갖는 꽃들은 두 가지의 꽃가루 모양을 가지는

앵초 꽃 화관통에 들어 있는 암술과 수술. 길이가 짧은 암술.

앵초는 이형 암술대 꽃을 피운다. 길이 가 긴 암술.

경우가 많은데, 앵초 꽃이 다른 모양의 꽃가루를 지니는지는 아직 알려지지 않았습니다. 암술의 길이가 왜 다른지, 진화적으로 어떤 장점이 있는지 같은 이형 암술대에 관한 연구가 진행되고 있으니 머지않아 흥미로운 결과가 나오리라 생각됩니다.

곤충을 유혹하는 앵초 꽃의 꿀 안내판

까탈스러운 앵초 꽃은 암술과 수술을 겉으로 드러나지 않도록 화관통 속에다 꼭꼭 숨겨 놓았는데, 곤충은 앵초 꽃에 꽃가루가 있다는 것을 어떻게 알 수 있을까요? 하트 모양 꽃잎에 그려 놓은 꿀 안내판이 큰 역할을 합니다. 꽃잎을 꼼꼼히 보세요. 화관통을 중심으로 꽃잎 안쪽이 하얀색입니다. '여기는 식당 입구. 이쪽으로 들어와 식사하고 가세요.' 하고 식당 간판을 걸어 둔 것입니다. 식당 간판치고는 꽤 예술적이지요. 안내판을 따라가면 암술과 수술 그리고 꿀까지 모셔져 있습니다.

왜 하필이면 안내판을 하얀색으로 칠할까요? 애초에 앵초는 사람이 보라고 꽃을 피우는 게 아니라 곤충을 유혹하려 꽃을 피우는 것입니다. 그래서 사람이 보는 색과 곤충이 보는 색은 차이가 있습니다. 앵초 꽃잎의 하얀색 부분은 자외선을 잔뜩 흡수하고 있습니다. 사람은 자외선을 못 보지만, 곤충은 자외선을 볼 수 있습니다. 따라서 곤충의 눈에 앵초 꽃의 하얀 식당 간판은 '짙고 강렬한 색'

으로 보입니다. 사람 눈엔 하얀색, 그러나 곤충 눈엔 하얀색이 아닌 '자외선 색'으로 보이는 것이지요.

앵초 꽃은 꿀 안내판만으로 모자랐는지 꽃대에 '꿀 안내판'을 그려 놓은 꽃송이 여러 개를 주렁주렁 매답니다. 두 송이든 다섯 송이든 열 송이든 꽃송이가 함께 모여 있으니 멀리서 보면 마치 커다란 꽃처럼 보입니다. 백지장도 맞들면 낫다고 꽃도 한 송이가 핀 것보다 여러 송이가 모여 핀 것이 곤충의 관심을 훨씬 잘 끌겠지요. 곤충들에게 '나 영양가 많은 꽃이다.' 광고하면서 말입니다. 앵초는 꽃이 작으니까 함께 모여 피는 전략을 구사한 것으로 여겨집니다. 물론 큰개불알풀 꽃이나 제비꽃류처럼 꽃이 작더라도 꽃대에 한 송이만 피우는 경우도 있습니다. 곤충이 살아가는 방식이 다양한 것처럼 야생화 또한 살아가는 방식이 다양합니다.

앵초 꽃잎 한가운데
에 줄 안내판이 있
고, 그 안쪽에 암술
과 수술이 있다.

누가 앵초 꽃을
찾아올까

　어느 곤충이 이 예쁜 앵초 꽃을 찾아올까요? 이른 봄인 데다 앵
초 꽃이 암술과 수술을 꼭꼭 숨겨 놓았으니 들락거리는 곤충이 눈
에 띄지 않네요. 다른 방법이 없습니다. 그냥 죽치고 앉아 누가 오
는지 지켜볼 수밖에요. 마침 물결넓적꽃등에 한 마리가 날아와 하
트 모양 꽃잎 위에 앉습니다. 꽃가루를 찾는지 잠시 두리번거립니
다. 이내 주걱 같은 주둥이를 꺼내 꽃잎을 훑듯이 핥습니다. 다른
곤충이 앵초 꽃에서 밥 먹고 가다 꽃잎에 떨어뜨린 꽃가루를 주워
먹나 봅니다. 녀석이 쌩하고 날아가고 한참 뒤에 꿀벌 한 마리가
꽃 한가운데 그려 놓은 꿀 안내판을 향해 씩씩하게 날아옵니다. 하
지만 '꽝'입니다. 꿀 안내판은 있지만 정작 영양가 많은 꿀과 꽃가

　
풀색꽃무지가 흙 속
에서 지내다 날아와
서 온몸에 흙이 묻
어 있다.

루를 얻을 수가 없군요. 모두 기다란 화관통에 들어가 있으니 꿀벌에겐 그림의 떡입니다. 주둥이가 짧아 도대체 먹을 수가 있어야 말이지요. 밥 먹기에 실패한 꿀벌은 뒤도 돌아보지 않고 날아가 버립니다.

얼마 안 있어 육중한 풀색꽃무지 한 마리가 부-웅 소리와 함께 날아옵니다. 앵초 꽃과 비슷한 크기의 풀색꽃무지가 가녀린 앵초 꽃에 앉으니 순간 꽃대가 휘청거립니다. 설마 했던 풀색꽃무지가 앵초 꽃을 찾다니! 풀색꽃무지는 딱정벌레목 가문에 속해 있어 몸이 무겁지만 식사는 우아하게 꽃가루를 먹습니다. 더구나 쌀쌀한 봄밤에는 따뜻한 땅속에서 지내 온몸에 흙이 덕지덕지 묻은 채 앵초 꽃에 날아왔는데 헛수고네요. 막상 앵초 꽃에 앉았으나 먹을 꽃가루나 암술머리가 안 보이니 잠시 머물다가 무거운 날갯짓을 하며 다른 꽃을 찾아 날아갑니다. 그럼 앵초 꽃이 비용을 많이 들여 만들어 놓은 꿀이며 꽃가루는 도대체 누가 와서 먹는 걸까요?

앵초 꽃 전문
중매 곤충

앵초 꽃의 꽃가루나 꽃꿀은 아무나 먹을 수 없습니다. 다시 말해 앵초 꽃 중매쟁이는 아무나 될 수가 없다는 말이지요. 암술과 수술, 꽃꿀 모두 꽃 속에 숨겨져 있는 데다 식당 입구가 작다 보니 앵초 꽃에 오는 곤충은 얼른 손꼽아 봐도 얼마 되지 않습니다. 빌로

뾰족가지나방 애벌레가 앵초 잎사귀를 먹고 있다.

오도재니등에처럼 주둥이가 긴 녀석은 별문제가 없지만, 몸집이 아주 작은 곤충은 꽃꿀과 꽃가루에 눈이 멀어 기다란 화관통으로 깊숙이 들어가면 언제 저승에 갈지 모릅니다. 화관통 입구가 좁아 한번 들어가기는 쉬워도 나오기가 힘듭니다. 또 앵초는 고개를 꼿꼿이 들고 꽃을 피우니 수직으로 서 있는 화관통 밖으로 빠져나오기가 쉽지 않습니다. 중매는 둘째 치고 살길이 막막해질 수도 있습니다.

그러다 보니 앵초 꽃 전문 중매 곤충이 자연스레 정해졌습니다. 주둥이가 긴 곤충만 기다란 화관통에 숨겨 둔 꽃가루와 꽃꿀을 먹을 수 있으니까요. 주둥이가 긴 곤충 하면 단연 나비류와 재니등에류가 일이 등을 다툽니다.

재니등에류와 나비류 어른벌레는 주둥이가 길어 식사 메뉴가 비슷합니다. 두 녀석 다 꽃꿀을 좋아하니 어찌 보면 늘 경쟁 관계입니다. 그런데 앵초 꽃이 피기 시작하는 이른 봄에는 산과 들에 재니등에류가 활개를 칩니다. 왜 그럴까요? 재니등에류와 나비류는 저마다 오랜 시간 동안 척박한 지구 환경에 적응하면서 서로 생애 주기가 다르게 진화해 왔기 때문입니다. 활동 시기를 달리해 극심한 경쟁을 피한 것으로 여겨집니다.

먼저 이른 봄에는 나비류(나비목)가 그리 많지 않아서 쇳빛부전나비, 네발나비, 청띠신선나비 같은 몇 종류만 보입니다. 반면에 재니등에류는 많은 종류의 나비류가 활동하기 전에 먼저 나와 이 꽃 저 꽃을 날아다니며 꽃가루와 꽃꿀을 먹습니다. 앵초는 이른 봄부터 5월까지 꽃을 피웁니다. 재니등에류는 이른 봄부터 활동하다가 5월이 지나면 거의 보이지 않습니다(일부 종은 가을에 보임). 나비류

빌로오도재니등에는 긴 주둥이를 가지고 있다.

어른벌레는 대개 봄이 무르익어 가는 시기에 활동하기 때문에 늦 앵초 꽃봉오리
봄에서 여름 사이에 가장 많은 종을 볼 수 있습니다. 그래서 이른
봄부터 4월 말이나 5월 초까지는 재니등에류가 나비류보다 많고,
이후로는 나비류가 재니등에류보다 많습니다. 이렇게 중매 곤충의
자격 조건이 까다롭다 보니, 정말 기우이겠지만 앵초가 대 잇는 작
업에 비상이 걸릴까 걱정이 됩니다. 알 수 없는 급격한 환경 변화
가 일어나 재니등에류가 살아가는 데 걸림돌이 생기기라도 하면
앵초의 미래는 녹록지 않을 게 불 보듯 빤합니다.

비용을 줄인
앵초 꽃 전략

그럼 까칠한 앵초 꽃이 암술과 수술을 숨기면서까지 특별한 중
매쟁이 곤충을 선택한 까닭은 무엇일까요? '영양분 절약'을 하자
는 것이지요. 안 그래도 꽃을 만들려면 영양분이 굉장히 많이 드는
데, 모든 종류의 곤충이 찾아와 먹을 수 있도록 꽃 모양이며 암술
이며 수술을 만들려면 당연히 영양분이 아주 많이 필요합니다. 주
둥이가 긴 녀석과 짧은 녀석, 빨아 먹는 녀석과 씹어 먹는 녀석, 핥
아 먹는 녀석, 몸집이 아주 작은 녀석과 꽃이 휘청거릴 정도로 육
중한 몸매를 가진 녀석 들이 모두 만족할 만한 꽃이라면 과연 어떤
모양을 한 꽃일까요?

하지만 앵초 꽃은 모든 종류의 곤충을 충족시키기보다 지금 우 앵초 씨앗

리가 볼 수 있는 모양으로 꽃을 피워 주둥이가 긴 녀석만 불러들입니다. 전문 중매 곤충을 정해 놓았으니 굳이 막대한 비용을 투자하며 꽃가루나 꽃꿀을 많이 만들지 않아도 됩니다. 재니등에류나 나비류 어른벌레가 먹을 만큼 꿀을 만들어도 대를 잇는 데 큰 지장이 없기 때문입니다. 그렇다고 순순히 꽃가루와 꽃꿀을 내주지는 않습니다. 중매쟁이 곤충이 꿀만 먹고 가 버리면 안 되잖아요. 그래서 꿀을 꽃의 가장 깊은 곳에 보관해 중매 곤충의 머리나 주둥이에 꽃가루가 자연스레 묻도록 합니다. 앞으로 앵초 꽃이 화관통을 더 기다랗게 하면 어떻게 될까요? 중매 곤충의 주둥이가 지금보다 더 길어질지는 두고 봐야 할 일입니다. 진화의 방향이 어느 쪽으로 흐를지 모르니까요.

빌로오도재니등에는 온몸이 복슬복슬한 털로 덮여 있다.

털북숭이
빌로오도재니등에

한참을 더 기다렸지만 앵초 꽃에는 개미 한 마리 얼씬거리지 않고 정적만 흐릅니다. 발도 저리고 허리도 아파 그만 일어나야겠다 싶은데, 부-웅 하고 예사롭지 않은 손님이 날아옵니다. 앵초 꽃이 목 빠지게 기다리던 빌로오도재니등에로군요.

탐스런 털이 강아지처럼 북슬북슬 달린 빌로오도재니등에. 녀석은 바람처럼 날아와 앵초 꽃 위에서 천천히 날갯짓을 합니다. 아! 새들이 잘하는 그 유명한 정지 비행이군요. 바람이 살살 부는데도

빌로오도재니등에가 주둥이를 넣었다 뺐다 하며 앵초 꽃가루와 꽃꿀을 먹고 있다.

전혀 개의치 않고 제자리에서 1분 넘게 날개를 파르르 떨면서 정지 비행을 합니다. 얼마나 날갯짓을 빨리하는지 날개를 활짝 편 채 그대로 공중에 떠 있는 것 같습니다. 앞다리와 가운뎃다리는 한데 모아 앞으로 쭉 뻗고, 뒷다리는 뒤로 쭉 뻗친 채 날렵하게 떠 있군요. 주둥이까지 철사처럼 길게 뻗어 나는 자세가 입이 딱 벌어질 만큼 멋집니다. 앙증스런 몸짓이 정말 벌새와 똑 닮았습니다.

꽃 위에서 정지 비행을 하던 녀석은 '식당 안내판'까지 만들어 놓은 앵초 꽃의 배려에 답이라도 하듯이 앵초 꽃이 그려 놓은 하얀 꿀 안내판을 향해 차츰차츰 낮게 낮게 정지 비행을 합니다. 그러더니 꽃잎에 여섯 다리를 살포시 올려놓고 착륙! 눈치 볼 것도 없이 철사처럼 기다란 주둥이를 앵초 꽃 속에 쑤욱 집어넣습니다. 주둥이를 푹 집어넣었다 빼고 또 푹 집어넣습니다. 주둥이를 뺄 때는 전부 다 빼지 않고 중간쯤 뺐다가 다시 얼굴이 앵초 꽃에 닿을 정도로 푹 집어넣습니다. 이렇게 되풀이하고 또 되풀이하는데 마치 신나게 방아라도 찧는 것 같습니다. 그러는 사이에 녀석의 주둥이에 노란 꽃가루가 묻었습니다. 주둥이 끝에만 묻은 것이 아니라 주둥이 군데군데에 다 묻어 있군요. 녀석은 수술과 암술을 지나 꽃의 가장 깊은 곳에 있는 꽃꿀도 빨아 마셨습니다.

빌로오도재니등에는 파리목 가문의 재니등에과 집안 식구입니다. 재니등에류의 가장 큰 특징은 주둥이가 길고 온몸이 복슬복슬한 털로 덮여 있습니다. 본래 파리목 곤충들의 주둥이는 핥는 모양입니다. 거의 모든 파리류는 물기가 약간 있는 액체성 밥을 주둥이 끝부분에 있는 스펀지 같은 입술로 핥아 들이마실 수 있습니다. 재밌게도 재니등에류도 길고 날씬한 주둥이 끄트머리에 스펀지 같은 입술이 있어 꿀이나 꽃가루를 맛있게 핥아 들이마실 수 있습니다. 빌로오도재니등에는 주로 꿀을 먹지만 꽃가루를 먹을 때도 있습니다. 꽃가루가 눅눅한 데다 이슬이나 비에 젖으면 축축해지니 핥아 먹을 수 있습니다. 설령 꽃가루가 바싹 말라 있어도 침샘에서 분비한 침을 꽃가루에 묻혀 약간 눅눅해지면 핥아 먹습니다.

1분 정도 식사를 했을까? 앵초 꽃가루를 주둥이에 잔뜩 묻히며 식사 삼매경에 빠져 있는데, 하필이면 덩치 큰 호박벌이 녀석의 위쪽을 쉬-익 하고 날면서 지나갑니다. 깜짝 놀란 녀석은 앵초 꽃을 버리고 잽싸게 날아갑니다. 다른 포기의 앵초 꽃을 찾아가 또 꽃가루와 꿀을 먹으면서 기다란 주둥이에 묻혀 온 꽃가루를 암술머리에 묻혀 주면서 중매를 확실히 서겠지요.

재니등에류는 앵초 꽃에만 찾아갈까요? 그렇지 않습니다. 앵초 꽃은 주둥이가 긴 재니등에류를 기다리고, 재니등에류는 앵초 꽃

빌로오도재니등에는 주둥이가 길어 라일락 꽃 속의 꿀도 먹을 수 있다.

말고도 다른 꽃도 들락거립니다. 정지 비행을 할 수 있으니 아무 꽃이나 찾아가 꽃꿀을 덥석덥석 핥아 들이마십니다. 그러고 보니 이른 봄에 피는 앵초 꽃은 이른 봄에 찾아오는 재니등에류를 짝사랑하고, 이른 봄에 나오는 재니등에류는 이른 봄에 피는 모든 꽃을 다 좋아하는군요. 재니등에류가 그러든 말든 이른 봄에 핀 앵초 꽃은 봄 내내 재니등에류를 목 빠지게 기다립니다.

빌로오도재니등에는
우리나라 토박이 곤충

빌로오도재니등에는 이름만 들어서는 꼭 외국에서 살다 우리나라로 이사 온 외래종 같습니다. 하지만 순수 토종입니다. 이른 봄이면 어김없이 나타나 꽃 위에서 정지 비행을 하는 녀석인 데다 생긴 것도 하도 요상해서 한번 보면 절대 잊어버리지 않습니다. 몸에 붙은 털을 보세요. 장난이 아닙니다. 짧고 긴 황갈색 털들이 촘촘하게 보송보송 붙어 있습니다. 영락없는 털북숭이 강아지입니다. 털들은 비단결처럼 부드럽고 윤기가 자르르 흘러 마치 비로드(벨벳) 옷을 입은 것 같습니다. 패션 감각치고는 대단합니다. 그래서 '빌로오도재니등에'라고 부른다니 고개가 끄덕여집니다.

뭐니 뭐니 해도 빌로오도재니등에 하면 철사처럼 가느다란 주둥이가 눈에 띕니다. 주둥이가 길고 가늘다 보니 꽃들에게 인기가 참 많습니다. 통꽃이든 갈래꽃이든 꽃꿀은 꽃들의 가장 깊은 곳에 있

빌로오도재니등에를 위에서 본 모습
—

기 때문에 긴 주둥이가 요긴하게 쓰이지요. 특히나 앵초 꽃처럼 화관통이 긴 통꽃 속에 있는 꿀은 주둥이가 길지 않으면 먹을 수가 없습니다.

　빌로오도재니등에는 털북숭이에다 몸매는 못 말리는 뚱보다 보니 처음 보는 사람은 벌인지 파리인지 헛갈립니다. 뒤영벌류와도 굉장히 닮았거든요. 하지만 녀석의 날개는 달랑 두 장입니다. 날개가 두 장이면 파리목 곤충입니다. 파리류는 뒷날개가 퇴화되었거든요. 파리류는 뒷날개가 퇴화된 대신 그 자리에 투명한 막으로 생긴 뭔가가 있습니다. 곤봉처럼 생겼는데, 뭘까요? 평균곤(halter)입니다. 평균곤은 녀석이 날 때 균형을 잘 잡게 해 주는 신기한 기관입니다. 뿐만 아니라 평균곤의 기부(基部), 즉 평균곤이 생겨나는 부분에는 감각 기관이 있어 날고 있는 속도, 날면서 방향을 트는 회전 각도, 목적지를 제대로 향하고 있는지에 대한 정보를 수집해 알려 줍니다.

녀석은 앞날개 두 장만으로도 참 잘도 납니다. 날 때 다리를 보면 감탄이 절로 나옵니다. 앞다리와 가운뎃다리는 다소곳이 모아 앞쪽으로 뻗고, 뒷다리는 몸의 폭만큼 벌리고 뒤쪽으로 쭉 내뻗고 있지요. 저 작은 날개에 뚱뚱한 몸을 싣고 10시간 동안 쉬지도 않고 날 수 있다니 입이 다물어지질 않습니다. 더구나 정지 비행도 잘하지요, 원하는 방향으로 획획 잘도 틀며 날지요, 정말이지 비행 실력 하나는 타고났습니다. '곤충계의 비행 조종사'라고 불러도 손색이 없습니다.

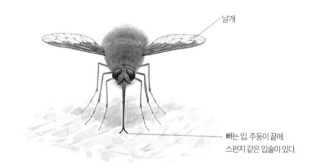

날개

빠는 입. 주둥이 끝에
스펀지 같은 입술이 있다.

빌로오도재니등에

날개

핥는 입

평균곤

쉬파리

재니등에류 애벌레는
기생성

재니등에류 애벌레는 기생을 합니다. 녀석은 어른벌레와 달리 포식성이어서 다른 곤충을 먹고 삽니다. 잠자리처럼 직접 추격해 사냥하는 게 아니라 다른 곤충의 몸속에 살면서 기생당한 곤충의 몸을 야금야금 파먹고 삽니다. 엄마 재니등에류는 나비류 어른벌레, 벌류 어른벌레, 딱정벌레류 어른벌레의 몸에다 알을 하나씩 붙여 낳습니다.

그뿐이 아닙니다. 번데기에도 알을 낳지요. 엄마 빌로오도재니등에는 애꽃벌류에 알을 낳고, 노랑털재니등에류(*Villa*속)는 메뚜기류의 알이나 나비류 애벌레에 알을 낳습니다. 우단재니등에속 곤충(*Anthrax anale*)은 길앞잡이 애벌레에 알을 낳고, 노랑털재니등에(*Villa limbata*)는 체체파리류(체체파리과) 번데기에 알을 낳습니다.

—
재니등에류가 짝짓기를 하고 있다.

일주일쯤 지나면 알에서 재니등에류 애벌레가 태어납니다. 애벌레는 어미가 잘 골라 준 다른 곤충의 몸에 딱 달라붙어 삽니다. 재니등에류 애벌레는 파리목 가족답게 구더기입니다. 그래서 구더기의 트레이드마크인 갈고리 같은 입을 쭉 빼내 곤충의 즙을 빨아 먹지요. 마치 거머리가 피를 빨아 먹듯이 말입니다. 애벌레는 번데기가 되었다가 어른벌레로 탈바꿈합니다. 빌로오도재니등에는 일 년에 두 번, 4월과 9월에 어른벌레가 세상에 나옵니다. 9월에 어른이 된 녀석은 그대로 겨울잠을 자고 이듬해 4월에 깨어나 꿀을 찾아 봄꽃들을 순례합니다.

앵초 꽃에 날아오는 곤충과 놀면서 혹시나 앵초 잎사귀를 먹는 곤충이 있는지 관찰해 보았습니다. 수검은줄점불나방, 뾰족가지나방, 거세미밤나방류 같은 애벌레가 앵초 잎사귀를 먹는 것을 보긴 했지만 딱히 앵초 잎사귀를 숙주 식물로 정해 놓고 먹는 것은 아니었습니다. 그 녀석들이 다른 식물의 잎사귀를 먹는 것을 종종 보았으니까요. 앵초 잎사귀만 먹고 사는 곤충이 있는지 아직까지 밝혀지지 않은 것 같습니다. 앞으로 더 톺아보면 앵초 잎사귀에 보금자리를 틀고 사는 곤충이 밝혀질지도 모릅니다.

얼레지 꽃과

봄 곤충들

얼레지 꽃과 애꽃벌류

애꽃벌류가 보랏빛 얼레지 꽃잎 위에
앉아 있습니다.

산 밑 주차장엔 차들이 빼곡합니다.

얼레지 꽃을 보러 온 사람들이 타고 온 차들입니다.

거짓말을 좀 보태서 오늘 핀 얼레지 꽃송이보다

자동차가 더 많은 것 같습니다.

산허리에도, 산언저리에도, 산언덕 너머에도,

산 계곡 옆에도 얼레지 꽃이 피어났습니다.

어디가 시작이고 어디가 끝인지도 알 수 없이 쫙 피었습니다.

봄바람이 부니 얼레지 꽃들이

떼거리로 한들한들 군무를 춥니다.

춤추는 분홍색 얼레지 꽃밭에 앉아 있으니

신선이 따로 없습니다.

얼레지 꽃

이 꼭지는 얼레지 꽃을 먹이식물로 하는 곤충 이야기입니다.
이 꼭지에 나오는 애꽃벌류는 벌목 애꽃벌과(Andrenidae)에 속하는 종을 가리킵니다.

고혹적인
얼레지 꽃

　이른 봄, 산 옆구리에서 잠깐 피었다가 마음만 흔들어 놓고 쓰윽 사라지는 얼레지 꽃. 도톰한 잎사귀 사이에서 쭉 뽑아 올린 꽃대 위엔 얼레지 꽃 한 송이가 피어납니다. 무거워서일까? 수줍어서일까? 보랏빛 꽃은 고개를 들지 못하고 자꾸 수그립니다. 엄밀히 따지면 얼레지는 꽃잎이 없고 화피가 있습니다. 꽃받침(꽃을 감싸 보호하는 기관)인지, 꽃잎인지 딱 부러지게 구분이 안 가서 '화피'라고 부릅니다. 하지만 생김새나 역할이 꽃잎과 비슷하니 편의상 이 꼭지에서는 꽃잎이라고 부릅니다. 꽃잎 6장 속에 숨어 있는 암술과 수술은 탐스럽다 못해 요염합니다. 수술대 끝에 매달린 꽃가루주머니는 진한 자줏빛으로 핫도그를 닮았습니다. 얼마나 고혹적인지 단 한 번만 봐도 마음이 술렁거려 애간장이 녹습니다.

—
얼레지 꽃은 아래를
보고 피어난다.

함박눈을 맞은 듯 새하얀 꽃을 피우는 흰얼레지는 어떻고요. 하늘의 별 따기만큼 보기 드문 흰얼레지! 꽃은 청초하다 못해 고고합니다. 녹색 잎사귀를 바닥에 깔고 쭉 뻗어 나온 날씬한 꽃대 끝에 백옥같이 하얀 꽃이 달렸습니다. 보고 또 봐도 청순미에 눈이 시립니다. 그런데 말이지요. 흰얼레지 꽃 둘레는 운동장이 되어 버렸습니다. 여기저기 소문이 나 수많은 사람들이 몰려온 덕이지요. 누워서, 앉아서, 엎드려서, 그것도 모자라 깔개를 깔고 흰얼레지 꽃을 찍느라 푹신푹신한 숲 바닥은 포장도로처럼 단단한 신작로가 되어 버렸지요. 그 덕에 흰얼레지 꽃 둘레에 있는 보랏빛 얼레지 꽃들은 죄다 밟히고, 납작궁이 되고, 뭉그러졌습니다. 꽃을 사랑하는 사람들이 되레 꽃밭을 망가뜨린 꼴입니다. 그게 요즘의 세태입니다. 아 이러니지요.

생긴 것과 달리 얼레지란 이름은 참 멋이 없습니다. 얼레지 잎사귀를 잘 보세요. 초록색 잎사귀에 불그스름한 무늬들이 곰팡이처럼 군데군데 피어났습니다. 군인들이 입는 얼룩덜룩한 군복 같기도 하고, 사람 피부에 버짐 같은 반점이 퍼지는 '어루러기' 피부병에 걸린 것도 같습니다. '어루러기'를 지방에 따라 '얼레기'라고도 하고 '어루지'라고도 해 자연스레 얼레지란 이름을 얻게 되었지요. 어여쁜 꽃을 곰팡이 피는 피부병에 빗대 부르다니 꽃 보고 이름을 생각하면 고개가 절레절레 흔들립니다.

이름이 험한 건 서양도 마찬가집니다. 영어 이름은 'Dogtooth violet'. 말 그대로 풀어 보면 '개 이빨 꽃'이지요. 발라당 뒤로 젖혀진 꽃잎을 보고 개 이빨이 떠올랐을까요? 상상은 자유지만, 그래도 '개 이빨'은 너무했습니다. 얼레지 꽃은 참 이름 복도 없습니다.

얼레지 꽃의
봄 손님

이른 봄이라 낮인데도 좀 쌀쌀해 살갗에 닿는 꽃샘바람이 차갑습니다. 산언덕에 얼레지 꽃이 무리 지어 피어 있습니다. 그 가운데 꽃봉오리를 갓 터트린 얼레지 꽃은 햇살을 받아 속이 비칠 듯 투명합니다. 불가사리처럼 활짝 핀 꽃잎 6개가 수술과 암술을 살짝 가렸지만 진보랏빛 꽃가루주머니가 꽃잎 사이로 살짝살짝 보입니다. 꽃가루주머니가 탐스러운 것을 보니 곧 꽃가루를 터뜨려 곤충을 초대하려나 봅니다. 곤충들이 변온 동물이라 유난히 추위를 타는데 꽃을 찾아오기나 할까요? 바늘 가는 데 실 가는 법. 꽃이 핀다는 건 찾아올 곤충이 있다는 얘기니 기다려 봅니다.

마침 파리류 한 마리가 꽃잎을 어느 정도 펼친 얼레지로 날아듭

얼레지 꽃잎 6장이
불가사리처럼 활짝
피어 있다.

니다. 파리치고는 몸집이 큰 편이고 억센 털이 몸에 다닥다닥 붙어 있습니다. 녀석은 머뭇거리지도 않고 곧장 꽃잎 위에 내려앉습니다. 그런데 꽃가루를 먹을 생각은 않고 여유를 부립니다. 앞다리를 모아 비비기도 하고, 앞다리로 얼굴을 쓰다듬기도 하고, 뒷다리를 뒤쪽으로 길게 뻗어 마주 대고 비비기도 합니다. 식사 전에 몸단장을 하는 거지요. 녀석은 수시로 몸단장을 합니다. 몸에 붙은 털이나 더듬이 같은 감각 기관에 먼지나 오물 같은 것이 묻으면 제대로 기능을 못하기 때문입니다. 둘레의 환경 변화를 놓치지 않고 알아차리려면 감각 기관을 늘 깨끗하게 손질해야 합니다.

　몸단장을 다 끝냈는지 녀석이 꽃잎 안쪽으로 재빨리 걸어 들어갑니다. 탐스러운 꽃가루주머니 하나를 부여잡고는 혹시나 천적이 있을까 봐 경계하느라 머리를 이리저리 후딱후딱 돌립니다. 안심이 되었는지 두툼한 주둥이를 쑥 빼내 진보랏빛 꽃가루를 핥아 먹

얼레지 꽃에 날아온
파리류

습니다. 밤새 배가 고팠는지 너무도 열심히 꽃가루를 핥아 먹네요. 육중한 녀석이 밥을 먹으며 균형을 잡느라 날개를 움직일 때마다 꽃가루가 몸털에 떨어집니다. 파리류는 핥아 먹는 주둥이를 가져 원래 시체 즙이나 똥 즙을 좋아하지만, 이른 봄처럼 먹을 것이 많지 않을 때는 꽃도 즐겨 먹습니다. 꽃꿀이면 더 좋고 꽃가루도 감지덕지합니다. 꽃가루 먹는 모습이 신통해 살그머니 앉아 카메라를 갖다 대 봅니다. 그러면 그렇지, 눈치 9단인 녀석이 재빨리 뒤도 안 돌아보고 날아갑니다. 그래도 몸털에 꽃가루가 묻었으니 다른 포기의 얼레지 꽃으로 날아가면 몸에 묻은 꽃가루를 암술에 묻혀 주겠지요.

뒤이어 귀염둥이 나비 한 마리가 나풀나풀 날아옵니다. 일 년 중 이맘때 단 한 번 세상에 나오는 쇳빛부전나비군요. 날개 빛깔은 녹슨 쇳빛이지만 광택이 나 나름 고상합니다. 녀석이 꿀 안내판이 그려진 꽃잎 안쪽에 살포시 앉아 꽃꿀을 먹기 위해 주둥이를 빼려고 하는데, 참 먹을 복도 없지요. 몸집이 2센티미터 정도 되는 덩치 큰 호박벌 한 마리가 부-웅 굉음을 내며 요란하게 날아옵니다. 쇳빛부전나비는 놀라 날아가고, 호박벌은 정확하게 꿀 안내판이 그려진 꽃잎 안쪽으로 들어갑니다. 헤비급 몸이 수술대에 매달리니 얼레지 꽃이 휘청거리고 꽃 속이 꽉 찬 느낌입니다. 덕분에 물샐틈없이 빽빽이 난 긴 털에 얼레지 꽃가루가 골고루 달라붙습니다. 생긴 건 곰 같은데 몸짓은 얼마나 빠른지, 수술대와 꽃가루주머니에 매달리더니 휙 다른 꽃으로 날아갑니다. 가끔 운 좋으면 애호랑나비도 날아와 얼레지 꽃꿀을 빨아 먹는데, 그 광경이 얼마나 아름다운지 한 폭의 그림 같습니다.

꽃잎을 젖히는 까닭

얼레지 꽃은 한낮이 되면 꽃잎을 완전히 뒤로 젖혀 암술과 수술이 잘 보인다.

봄 곤충과 데이트하다 보니 해가 벌써 하늘 한가운데에 떠 있습니다. 그런데 이게 웬일인가요? 신기한 일이 벌어집니다. 고개 숙인 채 수줍게 피어난 얼레지 꽃이 한낮이 되면서 탈바꿈을 합니다. 아침만 해도 암술과 수술을 덮고 있던 꽃잎이 점심때가 되자 점차 펼쳐져 암술과 수술이 고스란히 드러납니다. 그런데 꽃잎이 멈추질 않네요. 급기야 뒤쪽으로 젖혀지기 시작합니다. 허걱! 거기서 끝나지 않고 꽃잎을 벌러덩 뒤로 완전히 젖혀 버리네요. 참으로 야하다고나 할까요? 요염하다고나 할까요? 수술과 암술은 물론이고 꽃 속 깊은 곳까지 다 보여 줍니다. 도대체 어쩌자고 얼레지는 꽃잎을 완전히 뒤집어 젖히고 속살을 보여 주는 걸까요? 뒤쪽에서 보니 젖혀진 꽃잎 6장이 시루떡처럼 차곡차곡 겹쳐져 꽃방석을 보는 것 같습니다. 앞태를 보면 참 노골적인데, 뒤태는 정갈합니다.

얼레지 꽃은 왜 이렇게 필까요? 이 추운 봄날 곤충의 관심을 끌어야 하니 특별한 몸짓을 선택한 모양입니다. 얼레지는 한 발짝도 움직일 수 없는 식물 신세라, 곤충을 유혹하기 위해 특별한 작전을 펼친 것이지요. 뒤집힌 얼레지 꽃잎을 들여다보세요. W자 모양의 무늬가 보이나요? 굉장히 선명한 보랏빛 무늬가 거침없이 그려져 있습니다. 그 무늬는 '식당 안내판', 즉 꿀 안내판입니다. 사람들은 글씨로 식당 안내판을 만들지만, 얼레지 꽃은 멋진 그림을 그리고, 강렬한 색깔을 칠하고, 자외선까지 이용해서 화려하고 예쁜 '식당 안내판'을 만듭니다. 얼레지가 꽃잎을 젖히는 까닭은 꿀 안내판을

얼레지 꽃잎에 진한 보랏빛 W자 꿀 안내판이 그려져 있다.

얼레지 꽃 피는 과정 1

얼레지 꽃 피는 과정 2

얼레지 꽃 피는 과정 3

얼레지 꽃이 꽃잎을 뒤로 젖힌 모습

드러내 곤충에게 '나 먹을 게 많다!'고 광고하기 위해서입니다. 신
기하게도 꽃잎은 온도가 올라가는 한낮이 되어야 뒤로 젖혀집니
다. 얼레지의 꽃잎이 젖혀지는 것과 온도 사이에 상관관계가 있습
니다. 얼레지는 따뜻한 낮이 되면 추위 타는 봄 곤충들이 꽃가루나
꽃꿀을 구하러 돌아다닌다는 것을 용케 알아차린 거지요. 실제로
온도가 올라갈수록 곤충들이 더 많이 보이는데 한낮(봄에는 오전
11시에서 오후 2시 사이)에 곤충이 가장 많이 보입니다. 물론 여름에
는 너무 더워서 그 시간에 곤충들이 시원한 그늘에 숨어 있지만요.

　얼레지가 꽃잎을 젖히는 데는 또 다른 까닭이 있습니다. 얼레지
꽃은 고개를 숙이고 피어나기 때문에 꽃꿀과 꽃가루가 있는 곳을
곤충이 제대로 보지 못할 수도 있습니다. 그러니 꽃잎을 할 수 있
는 한 뒤로 뒤집는 것이 곤충을 불러들이는 데 유리합니다. 그런데
하필이면 얼레지 꽃은 고개를 숙이고 피는 걸까요? 백합과 꽃들이

흰얼레지꽃
수술과 암술

대체로 고개를 아래로 향하고 있습니다. 그들의 조상이 어떤 이유로 그런 전략을 택했는지는 알 수 없지만 나름의 까닭이 있을 거라 생각합니다.

꽃잎 들춘 얼레지 꽃에 모여든 애꽃벌류

한낮이 되자 얼레지 꽃밭에 생기가 넘쳐납니다. 애꽃벌류가 꽃을 찾아 숲 풀밭을 날아다닙니다. 녀석은 무더기로 피어 있는 얼레지 꽃밭을 발견합니다. 보랏빛은 녀석의 눈에 잘 띄는 색깔입니다. '와, 꽃들이 참 많구나!' 보랏빛 꽃에 이끌려 가까이 오니 꽃잎 안쪽에 꿀 안내판까지 현란하게 그려져 있습니다. 배고팠던 애꽃벌류의 눈이 번쩍 뜨입니다. '아이구, 친절도 해라. 식당까지 안내하다니!' 녀석은 머뭇거리지 않고 안내판을 따라 곧장 꽃잎 안쪽으로 들어갑니다. 꽃잎 안쪽 '얼레지 식당'에는 진수성찬이 차려져 있습니다. 가냘픈 수술 끝에 달린 꽃가루주머니엔 수억 개도 넘는 꽃가루가 탐스럽게 달려 있고, 세 갈래로 갈라진 암술머리엔 달콤한 즙이 묻어 있고, 가장 아래 깊숙한 곳에는 꿀도 들어 있습니다. 그야말로 먹을 복이 터졌습니다.

뭐니 뭐니 해도 애꽃벌류는 꽃가루를 가장 좋아합니다. 녀석은 아예 방망이처럼 탐스러운 꽃가루주머니 하나를 부둥켜안고 꽃가루 식사를 합니다. 이어 여섯 다리를 꼬물꼬물 움직여 수술대를 타

고 올라와서 꽃가루주머니를 한 바퀴 돌고는 다시 수술대를 타고 내려가서는 옆에 있는 수술대를 타고 또 오릅니다. 다시 꽃가루주머니를 한 바퀴 순례하고는 내려가 이번에는 그 옆에 있는 암술대를 타고 올라옵니다. 이렇게 오르락내리락할 때마다 녀석의 몸에 난 보송보송한 털에 꽃가루가 묻습니다. 특히나 뻣뻣한 센털이 빽빽이 달려 있는 다리털에 꽃가루가 듬뿍 묻습니다.

녀석은 몸이 얼마나 유연한지 공처럼 둥글게 말기도 하고, 반원 모양으로 몸을 구부리기도 합니다. 그도 그럴 것이 벌목 가문의 후예답게 녀석의 배마디는 개미 허리처럼 끊어질 듯 잘록하기 때문입니다. 첫 번째 배마디와 가슴 끝부분은 이어져 있고, 두 번째 배마디가 철사처럼 가늘지요(전신복절). 따지고 보면 잘록한 허리가 아니고 잘록한 배입니다. 그러니 자유자재로, 마음먹은 대로 몸을 이리저리 굴리고 올라가고 내려오면서 꽃가루를 모을 수 있지요.

애꽃벌류는 꽃 한 송이에 만족하지 않습니다. 이 꽃도 찾아가고 저 꽃도 찾아다니면서 악착같이 꽃가루를 모읍니다. 애꽃벌류가 부지런을 떨면 떨수록 얼레지 꽃은 행복해 입이 벌어집니다. 얼레지는 부지런한 애꽃벌류 덕분에 번식 성공률이 매우 높아졌습니다. 애꽃벌류가 몸털에 자기 꽃가루를 듬뿍 묻히고 다른 꽃으로 날아가 꽃가루 식사를 하면서 다른 꽃의 암술머리에 이미 묻혀 온 꽃가루를 떨어뜨려 줄 테니까요.

얼레지 씨앗은
개미가 책임져

봄 곤충들이 중매를 서 준 덕분에 얼레지는 씨앗을 맺었습니다. 아름답던 꽃잎은 뒤로 젖혀진 채 시들어 후줄근하고, 암술과 진보랏빛 수술도 윤기를 잃어 초췌합니다. 그래도 얼레지는 의기양양합니다. 곤충이 중매를 잘 서 준 덕에 씨앗이 무럭무럭 커 가니까요. 씨앗은 비행접시처럼 생겼는데, 방이 세 칸입니다. 잘 여물어 방 칸막이가 터지면 씨앗이 우르르 쏟아집니다.

신기한 일은 지금부터 일어납니다. 얼레지 씨에는 엘라이오좀 (elaiosome)이란 물질이 들어 있는데, 그 물질 냄새가 개미 새끼 냄새와 비슷합니다. 얼레지의 빛나는 속임수 전략입니다. 그 때문에

얼레지 씨앗

씨가 땅에 떨어지면 개미들이 기를 쓰고 집으로 물고 갑니다. 더 놀라운 것은 하루 정도 지나면 씨앗 속에 들어 있는 엘라이오좀 냄새가 다른 냄새로 바뀝니다. 바로 개미 새끼의 시체 냄새. 이번에는 개미들이 씨앗을 갖다 버려야 합니다. 가여운 개미는 기계적으로 씨앗을 집 밖으로 끌어냅니다. 그러자 얼레지는 회심의 미소를 짓습니다. 자기 씨앗이 멀리까지 퍼뜨려졌으니까요. 얼레지 씨앗의 묘기가 하도 드라마틱해 그냥 입이 벌어질 뿐입니다.

결혼할 때도 곤충이 중매를 서고 씨앗도 곤충이 퍼뜨려 주니 도무지 얼레지는 곤충 없이는 아무것도 할 수 없습니다. 그러니 그 많은 꽃가루로 밥상을 차려 곤충들에게 대접할 만도 하군요. 사람의 계산법과 상관없이 톱니 물리듯 정교하게 돌아가는 자연의 이치에 그저 숙연해질 뿐입니다.

얼레지 씨에는 개미 새끼와 비슷한 냄새를 풍기는 엘라이오좀이 들어 있다.

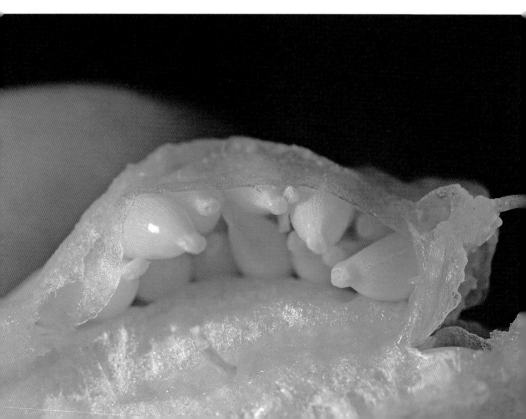

뒷다리에 모은
꽃가루

애꽃벌류 몸털은 신경과 이어진 감각 기관이다.

애꽃벌류는 하루 종일 모은 꽃가루를 어디다 쓸까요? 애벌레를 먹여 살리는 데 씁니다. 꽃가루가 애벌레의 먹이이기 때문입니다. 그러니 엄마 애꽃벌은 꽃가루를 따러 다니느라 등이 휘어질 듯 힘듭니다. 그래도 대를 잇기 위해선 그만한 고통은 감수해야 합니다.

애꽃벌류의 몸은 온통 털북숭이입니다. 몸에 털이 많을수록 꽃가루가 잘 묻습니다. 가느다란 털, 솜털처럼 부드러운 털, 긴 털, 억센 털, 바늘 같은 가시 털, 서 있는 털, 누워 있는 털처럼 저마다 다른 모양, 다른 빛깔의 털이 그 자그마한 몸에 빽빽이 나 있습니다. 거기에다 금색부터 은색까지 털 색깔이 다양합니다. 특히 배 부분은 검은색 바탕에 황금색 줄무늬나 흰색 줄무늬를 두르고 있어 꽃 속에 앉아 있으면 아름답습니다. 털의 성능 또한 매우 뛰어납니다. 털들은 추운 날 몸을 따뜻하게 해 주고, 둘레의 환경 변화도 잘 알아차리게 해 줍니다. 털들은 신경과 이어져 있는 감각 기관이어서 온도나 습도의 변화, 바람의 방향을 가르쳐 줍니다.

꽃가루를 모으는 데는 꿀벌처럼 다리털이 큰 역할을 합니다. 꽃 속을 바지런히 들락거리며 꿀과 꽃가루를 먹으며 한편으론 몸털, 특히 다리털에 꽃가루를 모읍니다. 특히 뒷다리의 종아리마디에는 뻣뻣한 털이 나 있고, 움푹 파인 곳이 있어 꽃가루를 모아 두기에 안성맞춤입니다. 꽃의 방문 횟수는 다리털에 붙은 꽃가루의 크기를 보면 금방 알 수 있습니다. 꽃을 많이 찾아간 벌일수록 뒷다리에 뭉쳐 있는 꽃가루 덩어리가 큽니다.

애꽃벌류 몸털과 다리털에 달맞이꽃 꽃가루가 진뜩 묻었다.

땅굴 속
애벌레 방

추운 겨울을 아무 탈 없이 난 애꽃벌류는 이른 봄에 나와 부지런
히 꽃가루를 모읍니다. 이 꽃 저 꽃 가리지 않고 꽃이란 꽃을 다 찾
아가기 때문에 초봄의 대표 중매 곤충이 되었지요. 엄마 애꽃벌류
가 부지런히 꿀과 꽃가루를 모은 뒤 날아가는 곳은 어디일까요?
땅굴입니다. 운이 좋으면 이른 봄 흙길이나 빈 땅에서 녀석들이 파
놓은 구멍을 볼 수 있습니다. 땅 구멍 주변에는 땅속에서 퍼다 나
른 둥글둥글한 흙덩이들이 쌓여 있습니다. 갯벌에서 게들이 구멍
을 파며 퍼 올린 진흙 덩어리 같지요.

애꽃벌류는 얼마나 부지런한지 봄꽃들이 우르르 피기 전인 이른

애꽃벌류의 몸털은
색깔이 다양하다.

봄부터 새끼가 자랄 집을 먼저 마련합니다. 이른 봄의 기온이 변덕스럽게 오르락내리락해도 땅속이 땅 위보다 따뜻하기 때문에 애꽃벌류가 땅을 파며 방을 꾸미는 데는 아무런 지장이 없습니다. 그 연약한 애꽃벌류들이 땅굴을 어찌 팔까요? 삽도 호미도 곡괭이도 없이 어찌 그 딱딱한 흙을 파내 굴을 뚫을까요? 녀석들은 몸이 무기이며 연장입니다.

가장 먼저 땅굴을 팔 알맞은 땅을 고릅니다. 잘 다져지지 않고 비교적 부드러운 땅이면 안성맞춤입니다. 맘에 드는 집터를 고른 다음에는 머리를 땅에 부딪쳐 땅 표면에 있는 흙을 허뭅니다. 허문 흙 부스러기는 큰턱과 다리로 파내듯이 바깥쪽으로 밀어내고는 본격적으로 큰턱과 앞발을 써서 땅굴을 팝니다. 땅을 파고 들어가면서 생긴 흙덩이들은 다리로 모은 뒤 큰턱으로 물고 뒷걸음질해 굴 밖으로 나가서 내다 버립니다.

놀랍게도 애꽃벌류는 땅 위로 연결된 땅굴 통로를 먼저 팝니다. 이것은 땅속을 드나들 수 있는 딱 하나밖에 없는 중앙 도로입니다. 그러고 나서 녀석들은 입구 쪽부터 차례차례 땅속에 들어가는 순서대로 각각 복도를 만들어 이동한 뒤, 그 복도가 끝나는 부분에 각각 자신의 새끼 방을 만듭니다.

오랜 작업 끝에 땅굴에 타원형 방을 만들면 그때부터 본격적으로 방 다듬기 공사에 들어갑니다. 방 벽에 거친 흙덩이가 있으면 큰턱으로 떼어 내기도 하고 흙 부스러기가 바닥에 떨어져 있으면 말끔히 치우기도 합니다. 뭐니 뭐니 해도 가장 중요한 일은 벽을 매끄럽게 하는 작업. 이때는 침을 이용해 주둥이로 벽을 쓸고 핥습니다. 보통 공이 들어가는 작업이 아닙니다. 새끼를 위해서라면 하

애꽃벌류가 꽃가루를 따서
땅굴로 들어가고 있다.

1

2

3

4

늘의 별이라도 따다 줄 것 같은 엄마의 사랑이 아니고는 꿈도 못
꿀 작업이지요. 방 벽이 기름칠한 것처럼 매끄럽게 다듬어져 예쁜
새끼 방이 완성되었습니다. 이제 꽃만 피면 꽃가루와 꽃꿀을 따다
새끼 방에 가득 채워 넣고 알만 낳으면 됩니다. 봄이 무르익어 갈
수록 땅굴에서는 애꽃벌류 애벌레가 어미가 준비해 둔 꽃가루를
먹으며 무럭무럭 자랍니다.

이른 봄이라 곤충들이 많이 나타나지 않습니다. 좀 더 따뜻해지
면 많은 곤충들이 겨울잠에서 깨어나 쏟아져 나오겠지요. 얼레지
꽃이 어여쁘다 보니 사람들은 꽃에 관심을 갖지 잎사귀에는 눈길
을 잘 주지 않습니다. 그도 그럴 것이 잎사귀를 먹는 곤충들이 별
로 없기 때문이지요. 가끔 남가뢰나 거세미밤나방류가 잎을 먹는
걸 보았지만, 얼레지 잎사귀를 숙주 식물로 정해 놓고 먹는 곤충을
보지 못했습니다. 아직 추워 활동하는 곤충들이 적어서인지, 잎사
귀에 독성이 많아서인지, 잎사귀가 너무 도톰해서 먹기 힘들기 때
문인지 그 까닭을 알지 못합니다. 얼레지 잎사귀를 숙주로 삼는 곤
충이 언젠가는 나타나지 않을까요?

제비꽃과

암끝검은표범나비

암끝검은표범나비 암컷
암끝검은표범나비는 암컷 앞날개 끝부분이
검은색이라 붙은 이름입니다.

4월 초순입니다. 오늘은 천마산 기슭에서 봄을 맞습니다.

봄 햇살이 숲 바닥에 따스하게 내리쬡니다.

숲 바닥 여기저기엔 자잘한 봄꽃들이 눈부시게 피어났습니다.

오늘은 제비꽃과 집안이 잔치를 벌이는 날인가 봅니다.

잎에 하얀 줄무늬가 그려진 알록제비꽃,

잎이 고깔모자 같은 고깔제비꽃,

몸에 하얀 털이 빼곡하고 열매가 둥그런 둥근털제비꽃,

잎이 코스모스 잎을 닮은 남산제비꽃,

잎이 단풍잎을 닮은 단풍제비꽃……

여러 종류의 제비꽃들이 죄다 햇빛에 목욕을 하네요.

그 모습이 하도 가냘파 보호 본능을 불러일으킵니다.

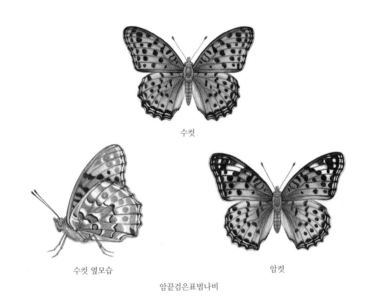

수컷

수컷 옆모습

암컷

암끝검은표범나비

이 꼭지는 나비목 네발나비과 종인 암끝검은표범나비(*Argyreus hyperbius*)와
먹이식물인 제비꽃 이야기입니다.

제비꽃 이름은
가지가지

보랏빛 제비꽃을 볼 때면 나도 모르게 손가락을 만집니다. 어렸을 적 제비꽃을 따 꽃반지를 만들어 새끼손가락에 끼고 놀았지요. 가녀린 보랏빛 꽃반지가 행여나 다칠까 봐 반지 낀 손가락을 움직이지도 않았습니다. 그래서 생겨난 이름이 '반지꽃'입니다. 제비꽃의 별명이지요. 제비꽃도 예쁜 이름이지만 저는 반지꽃에 더 정이 갑니다. 마음에 심어진 아련한 추억 때문이겠지요.

그러고 보니 제비꽃에 붙여진 이름이 가지가지입니다. 강남 갔던 제비가 올 때쯤 꽃이 핀다 해서 '제비꽃', 꼭 오랑캐가 쳐들어올 때면 핀다 해서 '오랑캐꽃', 키가 작은 풀이 땅에 붙어 자란다 해서 '앉은뱅이꽃', 꽃 두 송이의 꿀주머니(거)를 서로 엇갈려 놓고 양쪽에서 잡아당기는 게임을 한다 해서 '장수꽃', 이른 봄에 핀 모습이

—
보랏빛 제비꽃이 탐스럽게 피어 있다.

서울제비꽃

제비꽃류

미국제비꽃

태백제비꽃

남산제비꽃

잔털제비꽃

졸방제비꽃

하도 가녀려 '병아리꽃'. 참 사연도 많고 별명도 많습니다. 우리 땅에 사는 제비꽃 종류는 60종이 넘는다니 입이 떡 벌어집니다. 공원이나 도심의 화단과 화분에 심어 놓은, 그윽한 멋이라곤 찾아볼 수 없는 유럽 출신의 팬지 꽃도 그 원조 뿌리는 제비꽃이니 우리 둘레엔 여러 제비꽃들이 판을 제대로 치고 있습니다.

애호랑나비와
둥근털제비꽃

천마산 오솔길 옆에 피어 있는 보랏빛 제비꽃이 발목을 잡습니다. 그냥 지나치지 못하고 쪼그리고 앉아 앙증맞은 제비꽃과 눈을 맞춥니다. 꽃이 피었으니 곤충이 날아오겠지요? 앉은 김에 어떤 곤충 손님이 찾아오는지 기다립니다. 한참을 기다리니 나비 한 마리가 나풀나풀 날아오는군요. 아, 이른 봄에만 볼 수 있는 애호랑나비입니다. 애호랑나비가 숲 바닥에 피어 있는 제비꽃들을 발견했나 봅니다. 머뭇거리지도 않고 단박에 돌진합니다. 애호랑나비가 둥근털제비꽃을 점찍었군요. 둥근털제비꽃은 제비꽃류 가운데에서도 이른 봄에 피어나 이른 봄 곤충에겐 고마운 식물입니다. 그런데 둥근털제비꽃이 땅에 거의 붙다시피 피어나 날개를 펄럭이는 나비가 꽃잎에 앉기가 수월치 않습니다. 애호랑나비는 주저하다가 둥근털제비꽃의 잎사귀에 여섯 다리를 겨우 올려놓고 앉습니다. 중심을 잡느라 날개를 몇 번 펄럭이더니 머리 아래쪽에 돌돌 말아

서울제비꽃. 꽃잎에
그려진 짙은 파란색
줄무늬가 꿀 있는
곳을 알려 준다.

둔 주둥이를 쭉 빼냅니다. 철사처럼 길고 가느다란 빨대 모양 주둥이가 꽃잎에 그려 놓은 짙은 줄무늬, 즉 꿀 안내판을 따라 꽃 속으로 쏘옥 들어갑니다. 줄무늬 꿀 안내판이 끝나는 곳에 맛있는 꽃꿀이 있습니다. 애호랑나비가 둥근털제비꽃에 내려앉아 꽃꿀을 먹는 정말 보기 드문 광경을 보다니! 오늘은 운이 좋은 날입니다. 아주 귀한 장면을 보여 준 애호랑나비에게 고맙기만 합니다.

애호랑나비가 날아가자, 다시 눈앞에 피어난 보랏빛 제비꽃을 가까이 들여다봅니다. 어디 하나 흠잡을 데 없이 예쁩니다. 꽃잎은 5장, 꽃받침이 꽃잎을 포근히 감싸고 있습니다. 꽃잎 다섯 장 가운데 맨 아래 꽃잎이 앞으로 살짝 튀어나와 있군요. 그리고 맨 아래 보랏빛 꽃잎 위에다 짙은 파란색 줄무늬를 실핏줄처럼 그려 꿀 안내판을 새겨 놨습니다. 사람들은 이 파란색 줄무늬를 '유인 색소'라고 부르는데 '꿀 안내판' 노릇을 합니다. 신기하게도 유인 색소는 햇빛 속에 있는 자외선을 흡수합니다. 그래서 자외선을 볼 줄 아는 곤충들은 강렬한 유인 색소에 홀린 듯이 이끌립니다. 애호랑나비 역시 제비꽃이 그려 놓은 유인 색소, 즉 꿀 안내판에 홀딱 반해 날아온 것입니다.

제비꽃과
중매쟁이 나비

잔털제비꽃에 파란
꿀 안내판이 그려져
있다.

제비꽃의 옆모습을 한번 보세요. 꽃잎을 폭 감싸고 있는 꽃받침 밖으로 기다란 자루 같은 것이 튀어나왔지요? 그것이 꽃꿀을 담고 있는 꿀주머니, 전문 용어로는 거(距, spur)라고 합니다. 거는 꿀 안내판이 그려진 맨 가운데 꽃잎이 꽃 뒤쪽으로 길게 늘어난 것입니다. 기다란 꿀주머니 속에 들어 있는 꿀을 먹으려면 긴 주둥이를 가진 나비가 유리합니다. 그러면 기다란 꿀주머니 속에 꿀을 깊이 담아 둔 이유는 무엇일까요? 나비의 주둥이가 길기 때문에? 나비가 꿀을 잘 먹게 하려고? 비밀은 제비꽃의 암술과 수술의 위치에 있습니다.

나비 주둥이가 꿀 안내판을 통과해 꿀주머니로 들어가는 순간 제비꽃 속은 난리가 납니다. 꽃 속에 암술과 수술이 있는데, 수술 다섯 개가 암술 하나를 빈틈없이 에워싸고 있습니다. 수술 끄트머리 쪽엔 넓적한 황갈색 비늘 조각이 붙어 있는데, 재밌게도 다섯 개의 수술에 붙은 비늘 조각이 서로 겹쳐져 깔때기 모양을 이룹니다. 비늘 조각 안쪽에서는 다 익은 꽃가루가 계속 터져 나옵니다. 나비가 주둥이를 꽃 속에 넣느라 그 깔때기를 툭 건드리면 깔때기 한가운데에 있던 암술이 구부러집니다. 그러자 깔때기를 이루고 있는 수술의 비늘 조각들이 저마다 흐트러집니다. 그러면 비늘 조각들 사이에 틈이 벌어지고 그 틈새로 깔때기 속에 쌓여 있던 먼지처럼 고운 꽃가루들이 나비 머리와 주둥이에 폭죽 터지듯 쏟아져 내립니다.

나비는 꽃가루 세례에 전혀 관심을 두지 않습니다. 오로지 꽃꿀만 먹으면 됩니다. 졸지에 꽃가루를 뒤집어쓰고는 주둥이를 길게 뻗어 거에 있는 꽃꿀을 쭉 빨아 마십니다. 꽃꿀을 다 먹고 나면 주둥이를 꽃 속에서 빼내 돌돌 말아 머리 아래쪽에 두고는 다른 꽃으

제비꽃은 기다란 꿀주머니(거)를 가지고 있다.

제비꽃 수술은 깔때기 모양으로 암술을 에워싼다.

로 휘익 날아갑니다.

나비는 이제부터 중매 서는 역할을 합니다. 머리에 꽃가루가 묻었으니 다른 포기의 제비꽃으로 날아가 꿀을 먹으면서 그 꽃 암술에 꽃가루를 떨어뜨리는 건 일도 아닙니다. 나비가 자기도 모르게 중매를 서게 되는 것이지요. 꽃 속으로 주둥이를 넣다가 암술과 수술을 건드리게 되어 묻혀 온 꽃가루를 암술머리에 우연히 떨어뜨리겠지요. 그러면 제비꽃은 쾌재를 부를 것입니다. 평생소원인 꽃가루받이에 성공했으니까요.

꽃을 피우느라 비용이 많이 들었는데, 꽃가루받이에 성공했으니 애쓴 보람이 있습니다. 중매를 나비가 했으니 제비꽃에겐 나비가 은인입니다. 제비꽃은 나비의 관심을 끌도록, 또 나비의 몸에 꽃가루가 묻도록 자기 나름대로 특수 고안한 꽃을 피우고, 나비는 이 꽃 저 꽃 날아다니며 꿀을 먹다가 자기도 모르게 꽃들의 중매를 섭니다. 꽃과 곤충의 이런 관계는 우연히 이뤄진 진화의 산물이지만, 우연치고는 너무나 정교해 기가 막힐 뿐입니다.

꽃을 피우지 않고 제꽃가루받이하는 제비꽃

그런데 말입니다. 제비꽃은 광합성을 해 비축한 영양분으로 애써 꽃가루와 꽃꿀을 만들어 밥상을 푸짐하게 차려 놓았는데도 중매쟁이 곤충이 찾아오지 않을 때도 있습니다. 특히 봄이 지나 숲속

나무에 잎이 무성해지고 풀들의 키가 훌쩍 자라면 자그마한 제비꽃은 나무와 풀 그늘에 묻히게 됩니다. 잘 보이지 않으니 중매 곤충의 발걸음이 뜸합니다. 더구나 광합성을 왕성히 하지 못해 제비꽃은 영양분을 넉넉히 만들지 못합니다.

기다리는 중매쟁이 곤충은 안 오고 더는 못 참겠는지 제비꽃이 결단을 내립니다. 중매 곤충을 기다리길 포기하고 꽃을 피우지 않습니다. 꽃봉오리를 아예 열지 않는 것이지요. 이런 꽃을 폐쇄화(닫힌 꽃)라고 하는데, 폐쇄화에선 저절로 수술과 암술이 맞닿아 꽃가루받이가 일어납니다. '자기꽃가루받이'를 하는 것이지요. 유전자 다양성을 위해서는 당연히 자기꽃가루받이보다 딴꽃가루받이를 해야 합니다. 그러려면 꽃을 피울 수 있는 환경 조건이 필수적입니다. 건조하거나 비 오는 기간이 길거나 온도가 지나치게 내려가거나 하는 기후 조건이 맞지 않으면 꽃을 피우는 게 녹록지 않습니다. 설령 피운다 해도 무성한 식물들에 가려져 있어 중매 곤충이 뜸하게 찾아옵니다. 제비꽃은 한 발자국도 움직일 수가 없으니 중매 곤충을 찾아 나설 수 없습니다.

그래서 제비꽃은 최선이 아니면 차선을 선택합니다. 아예 씨앗을 못 맺는 것보다 남매끼리라도 꽃가루받이를 해 씨앗을 맺는 것이 낫습니다. 꽃이 피는 데 드는 비용을 될 수 있는 한 줄입니다. 거를 만들지 않아 꿀도 꽃잎도 만들지 않습니다. 그저 폐쇄화 속에서 자기꽃가루받이를 할 뿐입니다.

식물의 입장에서는 자기꽃가루받이가 때때로 좋을 때도 있습니다. 요즘처럼 사람들이 자연에 끼어들어 간섭을 하거나 기후 변화가 심할 때는 중매 곤충이 줄어들어 딴꽃가루받이를 바라기가 어

둥근털제비꽃 씨앗

둥근털제비꽃 씨앗.
바구미 애벌레가 먹
고산다.

렵습니다. 또 이상 기후로 꽃을 피우기 어려울 때도 있습니다. 번
식의 관점에서 보면 차라리 자기꽃가루받이를 해서라도 대를 이어
가는 것이 식물에게 유리할 수 있습니다. 더구나 곤충에게 줄 꽃꿀
과 꽃가루를 덜 만들어도 되니 비용도 그만큼 적게 들지요.

제비꽃 잎은
표범나비류 애벌레의 밥

6월 어느 날, 섬진강이 에워싸고 도는 마을 하동에 왔습니다. 여
름 들머리에는 섬진강 물빛이 온통 초록빛입니다. 초록빛 산이 거
울 같은 섬진강 물에 푹 잠겨 목욕합니다. 강바람까지 살랑살랑 부
니 초록 산이 물결이 되어 잔잔히 일렁입니다. 잔물결 위로 은빛

물고기가 번쩍번쩍 뛰어올랐다 물속으로 사라집니다. 그림 같은 풍경을 보니 머릿속이 저절로 하얘집니다.

고요한 마음으로 강을 따라 느릿느릿 강둑길을 걷습니다. 그런데 땅바닥을 보고선 고요했던 마음이 단박에 깨져 버렸습니다. 기어가는 벌레 한 마리를 하마터면 발로 밟을 뻔해 기절초풍하는 줄 알았습니다. 놀란 가슴 쓰다듬으며 얼른 앉아서 녀석을 들여다봅니다. 새까만 몸에, 시뻘건 줄무늬에, 또 시뻘건 가시돌기까지 색깔이 너무 강렬해 정신이 번쩍 듭니다. 유화 물감을 꾹꾹 짜 바른 것처럼 정말 화려하군요. 몸 색깔이 정말 화려하다 못해 뇌쇄적입니다. 온몸을 침 같은 가시돌기로 완전 무장한 것을 보니 표범나비류 애벌레인 것 같습니다. 그런데 이게 웬일인가요? 길옆 풀밭에 녀석들이 쫙 깔렸네요. 크고 작은 풀들 밑동 사이를 꼬물꼬물 기어 다닙니다. 무릎으로 어기적어기적 조심스레 기어서 애벌레가 있는 풀밭으로 들어갑니다. 가만히 보니 애벌레들이 죄다 제비꽃류 잎

암끝검은표범나비
5령 애벌레

사귀를 먹고 있네요. 키 큰 풀들 틈에 끼여 있어 잘 보이지도 않는
제비꽃류 잎사귀에 녀석들이 주렁주렁 매달려 있습니다.

누굴까? 가만히 기억을 더듬어 봅니다. 맞다! 도감에서 봤던 암
끝검은표범나비 애벌레! 남쪽 지방에서 흔히 볼 수 있는 암끝검은
표범나비입니다. 애벌레 크기가 가지가지네요. 1령 애벌레부터 다
자란 종령 애벌레까지 수십 마리가 풀밭을 기어 다닙니다. 그 많은
녀석들이 달려들어 제비꽃류 잎을 먹어 대니 제비꽃류는 잎줄기만
남아 처량합니다.

혹시나 내 발과 몸에 깔릴까 봐 조심조심 풀밭에 살짝 엎드려 다
자란 애벌레를 들여다봅니다. 녀석은 제비꽃류 잎을 쏭덩쏭덩 베
어 먹습니다. 찰칵 찰칵 찰칵. 카메라를 들이대고 계속 찍어 대는
데도 잎사귀 밥만 먹습니다. 아무리 봐도 몸이 예술입니다. 어떻게
빨간색 침 같은 돌기를 자로 잰 듯이 가지런히 붙였을까? 마치 선
반 위에 볼링 핀을 진열해 놓은 것 같습니다.

그런데 궁금증이 생깁니다. 몸에 시뻘건 무늬를 그려 놓은 이유는 뭘까요? 새까맣고 시뻘건 옷을 입으면 천적의 눈에도 잘 띌 텐데 잡아먹히면 어쩌려고 저런 옷을 입고 있을까요? 오히려 몸 색깔이 화려한 경고색이면 천적은 되레 겁을 먹고 지나쳐 갑니다. 곤충의 몸빛이 화려하다는 것은 '내 몸에 독이 많아. 그러니 먹지 마. 먹으면 죽어.' 하고 경고하는 것입니다. 독이 있는 녀석을 먹으면 토하거나 죽을 수도 있습니다. 그래서 포식자는 색이 화려한 곤충을 보면 '에구! 저 녀석 몸엔 독이 많아. 먹으면 큰코다쳐. 어서 도망가자.' 하며 피하기 일쑤입니다.

그걸 어찌 알았는지 암끝검은표범나비 애벌레는 아마도 독이 많은 어떤 곤충을 흉내 낸 것으로 생각됩니다. 독을 많이 품고 있는 종의 경고색을 그대로 흉내 내는 것을 '베이츠 흉내 내기(의태)'라고 합니다. 누구를 모델 삼았는지는 모르지만 분명 몸빛이 화려하고 강력한 독을 지녔을 것입니다.

암끝검은표범나비 애벌레들은 무리 지어 핀 제비꽃류 잎사귀를 먹으면서 무럭무럭 자랍니다. 녀석은 애벌레 시절 동안 허물을 모두 4번 벗습니다.

암끝검은표범나비
애벌레 배 쪽 모습.
배다리 4쌍이 짙은
노란색이다.

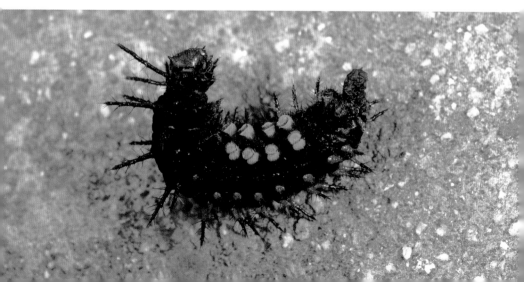

은줄표범나비 애벌레.
제비꽃류 잎을 먹는다.

은줄표범나비 어른벌레.
꽃꿀을 먹는다.

큰흰줄표범나비 애벌레.
제비꽃류 잎을 먹는다.

큰흰줄표범나비 어른벌레.
꽃꿀을 먹는다.

보석을 달고 있는
번데기

다 자란 암끝검은표범나비 애벌레가 갑자기 거식증에 걸린 것처럼 통 먹지도 않고 움직임도 굼뜹니다. 아, 번데기가 되려나 봅니다. 번데기가 될 때쯤이면 애벌레의 허물(겉피부)과 속살이 천천히 떨어지는 중이니 속살에서 새 표피 세포가 돋아나 단단해질 때까지 가만히 기다려야 합니다. 그래서 번데기 될 때가 다가오면 애벌레 피부는 윤기도 없고 탱탱하지도 않습니다. 그뿐 아니라 몸에 있는 물기를 빼내기 위해 물똥을 싸기 때문에 녀석의 몸은 쪼그라듭니다.

그렇게 이틀 정도 지났습니다. 드디어 녀석이 돌아다니는군요. 마치 몽유병이라도 걸린 듯이 이리저리 헤매고 다닙니다. 지금은 번데기 만들 명당을 찾는 중이죠. 녀석이 맘에 드는 곳을 찾았나 봅니다. 뛰어 봤자 벼룩이라고 고르고 고른 곳이 제비꽃류 잎줄기 군요. 잎줄기에 멈춰 서더니 다리 8쌍(가슴다리 3쌍, 배다리 4쌍, 꼬리다리 1쌍)으로 잎줄기를 꼭 잡습니다. 그러고선 천천히 주둥이에서 실을 토해 자기 배 쪽을 잎줄기에 엮습니다. 특히 배 꽁무니 부분을 명주실로 정성 들여 잎줄기에 촘촘히 묶습니다. 수십 번, 아니 수백 번도 넘게 머리를 왔다 갔다 하면서 말이죠.

이제 비바람이 몰아쳐도 떨어지지 않을 정도가 되었습니다. 다음으로 애벌레 시절 내내 입었던 옷(허물)을 벗을 차례입니다. 머리와 가슴 등 쪽에 있는 탈피선이 벌어지고, 그 틈을 비집고 번데기가 서서히 빠져나옵니다. 허물에서 빠져나온 번데기는 참 잘생

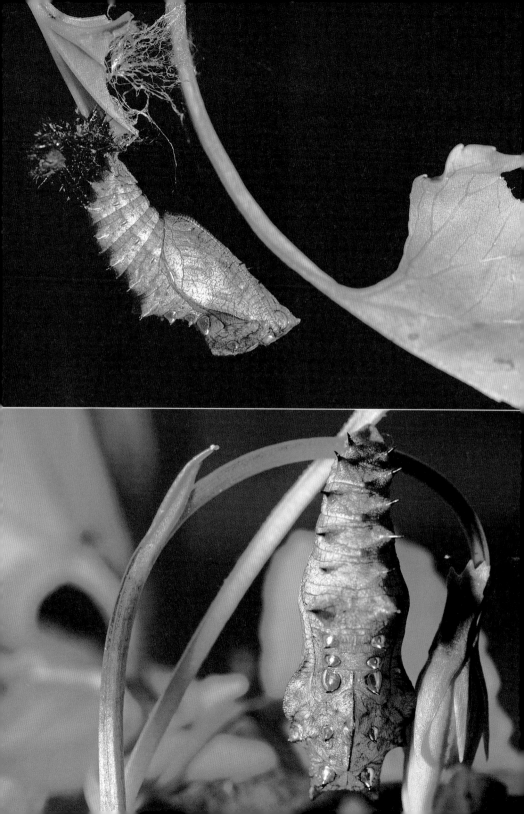

겼습니다. 번데기는 허물에서 나오자마자 곧바로 거꾸로 매달립니다. 이런 번데기의 모습을 '수용'이라고 합니다. 네발나비과 집안 곤충들은 대개 번데기를 수용 형태로 만듭니다. 그런데 참 신기합니다. 번데기의 몸에 보석 단추가 붙어 있습니다. 가슴, 두 번째 배마디, 세 번째 배마디에 금빛 또는 은빛 단추 같은 것을 10개씩이나 달고 있습니다.

암끝검은표범나비
날개돋이 과정. 수
컷으로 날개돋이하
였다.

어른 암끝검은표범나비 암컷과 수컷은 색깔이 달라

번데기가 된 지 열흘이 지났습니다. 이제 어른벌레로 탈바꿈하려는지 번데기 몸빛이 불그스름합니다. 암끝검은표범나비 번데기는 날개돋이할 때가 다가오면 몸빛이 짙어집니다. 새벽 여섯 시. 드디어 번데기 등 쪽에 있는 탈피선이 쫙 갈라지더니 머리와 가슴이 나옵니다. 뒤이어 더듬이, 다리 4개가 나옵니다. 생각보다 엄청 빠르게 몸이 척척 빠져나옵니다. 몸을 한 번 더 크게 움직이자 배까지 마저 빠져나옵니다. 날개돋이하는 데 걸린 시간은 단 20분. 숨 막히게 긴박한 시간이 지나자 녀석은 번데기 허물에 다리 4개를 올려놓고 쉬고 있습니다.

날개돋이한 지 10분쯤 지났을까? 사람의 피에 해당하는 혈림프가 날개맥 안으로 펌프질하듯 퍼지면서 휴지 뭉치처럼 꼬깃거리던 날개가 다리미로 다린 것처럼 쫙 펴집니다. 몸에 있던 물기가 마르

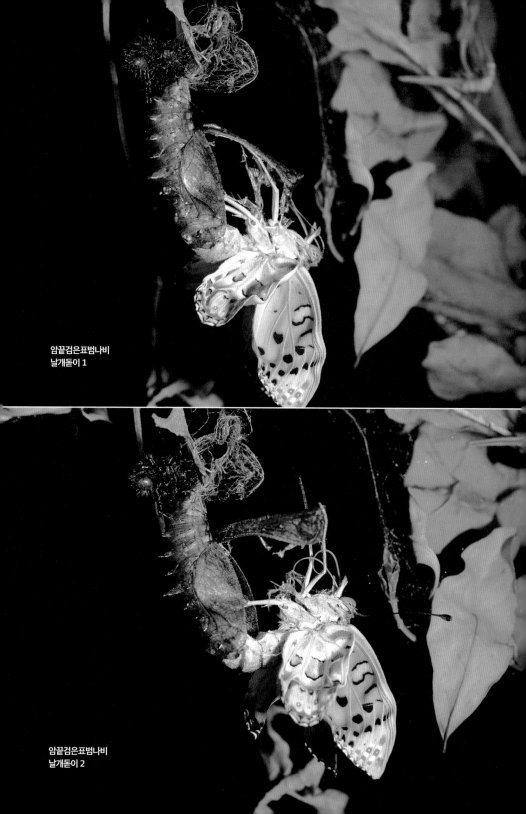

암끝검은표범나비
날개돋이 1

암끝검은표범나비
날개돋이 2

암끝검은표범나비
날개돋이 3

암끝검은표범나비
날개돋이 4

암끝검은표범나비
날개돋이 5

암끝검은표범나비
날개돋이 6

면서 딱딱하게 굳어지기 시작합니다. 재밌게도 녀석은 핏빛이 선명한 똥을 여러 번 쌉니다. 번데기로 있는 동안 몸에 갇혀 있던 물질대사의 산물인 배설물을 빼내는 것입니다. 그래야 몸이 가벼워 잘 날 수 있습니다.

암끝검은표범나비가 날개돋이한 뒤 싼 물똥

몸이 다 마른 녀석은 들판을 날아다니며 꽃꿀을 빨아 먹고 삽니다. 재밌게도 암컷과 수컷은 둘 다 호피 무늬 옷을 입긴 했지만 몸빛이 다릅니다. 수컷의 날개 색은 노란색 호랑이 가죽 무늬고, 암컷은 날개 색이 수컷과 비슷하지만 앞날개 끝부분이 보랏빛이 도는 검은색입니다. 그래서 녀석을 '암끝검은표범나비'라고 부릅니다. 이름이 참 사실적이고 절묘하지요.

녀석은 주로 남쪽에서만 삽니다. 간혹 가을이 되면 중부 지방까지 올라오긴 하지만 거의 모두가 겨울을 나지 못하고 얼어 죽는 것 같습니다. 또 모르지요. 지금처럼 온난화가 계속되어 중부 지방이 따뜻해지면 죽지 않고 무사히 겨울을 난 녀석들을 자주 볼 수 있을지도 모릅니다. 제발 그런 일은 안 일어나길 빌어 봅니다. 날씨가 갑자기 확 더워지거나 더운 기간이 길어지면 모든 생물이 혼란을 겪을 것이 뻔한데, 생각만 해도 아찔합니다. 더워지지 말고 지금처럼만이라도 유지되길 바랄 뿐입니다. 기후 변화가 불러온 혼란을 줄일 해답은 온난화의 주범인 우리 사람들이 가지고 있습니다.

지혜롭게
알 낳기

암끝검은표범나비
애벌레는 제비꽃 잎
을 먹는다.

암끝검은표범나비 어른벌레는 튼튼한 알을 낳기 위해 꽃이란 꽃
은 다 돌아다니며 꽃꿀을 배불리 먹습니다. 그런데 한 녀석의 행동
이 이상하군요. 앞날개 끝에 까만 무늬가 있는 것을 보니 암컷입니
다. 풀밭 바닥으로 곧장 내려오더니 똥 마려운 강아지처럼 바쁘게
걷습니다. 날개가 풀잎에 걸리면 퍼덕거리며 걷기도 하고, 낮게 날
기도 합니다. 너울거리며 우아하게 나는 모습과는 영 딴판입니다.

가만히 보니 녀석의 배 끝이 약간 휘어져 있고 풀잎에 닿는군요.
알을 낳는 중입니다. 알을 낳고는 포르르 낮게 날아 다른 풀로 갑
니다. 이번에는 알을 낳으려고 점찍어 둔 풀이 땅바닥에 바싹 붙어
있어 배 끝을 갖다 대기가 영 불편합니다. 용케도 날개를 퍼덕이며
배 끝을 구부려 알 하나를 쑥 낳습니다. 그렇게 어미는 풀밭을 낮
게 기듯이, 걷듯이 날아다니며 알 낳는 데 온 정성을 쏟습니다.

그런데 녀석이 제비꽃류 잎사귀에만 알을 낳지 않네요. 질경이
에도 낳고, 돌멩이에도 낳습니다. '어라? 이상하다. 애벌레 밥인 제
비꽃류 잎에 낳지 않고 엉뚱한 곳에 알을 낳네. 왜 그러지?' 암끝검
은표범나비는 더운 남쪽 지방에서 살기 때문에 일 년에 많게는 5
번까지 한살이가 돌아갑니다. 그러다 보니 시도 때도 없이 애벌레
들이 제비꽃류 잎을 먹어 대지요. 게다가 먹성까지 좋아 줄기만 빼
고 잎사귀를 와작와작 씹어 먹습니다. 그러니 알을 제비꽃류 잎에
낳으면 다른 애벌레에게 먹힐 수가 있습니다. 먹다 보면 잎에 붙은
알까지 먹어 치울 수도 있는 것이지요. 애벌레야 단백질까지 덤으

암검은표범나비 애
벌레도 제비꽃 잎을
먹는다.

로 얻어 좋지만 알 낳는 엄마 입장에선 걱정이 되지 않을 수 없습니다. 그래서 알을 제비꽃류와 가까이 있는 다른 식물이나 돌에 낳는 것으로 생각됩니다. 어차피 알에서 깨어난 애벌레가 가까운 곳에 있는 제비꽃류만 찾아가면 되니까요.

물론 제비꽃류가 먹이식물이니 거의 제비꽃류 잎사귀에 알을 낳습니다. 그렇지만 암만 생각해도 암끝검은표범나비 암컷의 지혜가 놀랍습니다. 진화 과정에 무슨 일이 있었기에 이런 지혜를 갖게 되었을까 궁금합니다.

암끝검은표범나비 어미가 알을 낳는 동안 제비꽃류의 씨앗도 영글어 갑니다. 따지고 보면 암끝검은표범나비가 겨울만 빼고 일 년 동안 여러 세대에 걸쳐 알을 낳을 수 있는 것은 순전히 제비꽃류 덕분입니다. 녀석의 한살이가 돌아가는 가을에도 제비꽃류가 잎사귀를 파릇파릇 내어 주니 말이지요. 만일 제비꽃류가 가을까지 잎사귀를 내지 않으면 암끝검은표범나비의 번식에 빨간불이 켜집니다.

하지만 제비꽃류에게 암끝검은표범나비 애벌레는 전혀 반가운 손님이 아닙니다. 제비꽃류의 번식에 도움은커녕 그저 잎사귀만 축내는 귀찮은 존재입니다. 제비꽃류는 광합성을 제대로 하기 위해 애벌레가 먹어 치울 양까지 고려해 더 많은 잎을 내야 합니다. 제비꽃류가 대를 잇는 데 도움을 주는 곤충은 암끝검은표범나비 애벌레가 아니라 벌, 나비 어른벌레, 파리 같은 중매 곤충입니다. 다행히 환경이 좋을 때는 중매 곤충이 제비꽃류를 자주 찾아와 이 꽃 저 꽃 돌아다니며 꽃가루를 묻혀 줍니다. 곤충들이 중매해 준 꽃에선 열매가 맺습니다. 이렇게 제비꽃과 곤충은 따로 또 같이 얽히고설킨 관계를 이어 가며 생태계의 한 축을 돌리고 있습니다.

며느리밑씻개와

상아잎벌레

상아잎벌레

상아잎벌레 딱지날개는 새까만 바탕에
맑고 노란 무늬가 있습니다.

4월 중순입니다.

비 갠 오후, 온 세상이 수채화처럼 참 산뜻합니다.

살랑살랑 부는 봄바람을 쐬며 한강 산책길을 걷다

파릇파릇한 풀 냄새가 좋아 풀밭에 앉습니다.

따스한 봄볕이 몸속으로 스멀스멀 스며듭니다.

앉으면 무심코 지나칠 법한 광경이 보입니다.

메주콩만 한 잎벌레 한 마리가 세모난 잎사귀 위에 앉아 밥을 먹고 있습니다.

까만색 바탕에 노란 물결무늬 옷을 입은 상아잎벌레군요.

하도 반가워 가까이 다가가니 밥 먹다 말고 땅으로 뚝 떨어집니다.

녀석을 찾으려 잎사귀를 뒤적이며 당기니 풀 줄기가 쭉 딸려 옵니다.

줄기와 잎에 가시가 얼마나 많은지 그만 손등을 쭈르륵 긁히고 말았습니다.

줄기와 잎에 날카로운 가시가 붙어 있는 며느리밑씻개입니다.

오늘은 상아잎벌레, 며느리밑씻개와 즐겁게 데이트합니다.

상아잎벌레

이 꼭지는 딱정벌레목 잎벌레과 종인 상아잎벌레(Gallerucida bifasciata)와
먹이식물인 며느리밑씻개 이야기입니다.

며느리밑씻개는
덩굴 식물

며느리밑씻개는 평생 땅을 기며 누워서 살아야 합니다. 풀 줄기가 가늘고 연약해 혼자 일어설 수 없어 꼭 다른 식물이나 지지대를 감아 올라가면서 삽니다. 즉, 덩굴성 식물이지요. 덩굴성 식물이다 보니 그냥 땅에 누워 있다간 키 큰 식물의 잎에 가려 햇빛을 받지 못합니다. 그러면 광합성을 못 하게 되고 나중엔 죽을 수도 있지요. 며느리밑씻개는 영리하게도 다른 식물을 타고 올라가 가장 높은 곳에서 햇빛을 받으려고 안간힘을 씁니다. 그뿐만이 아닙니다. 다른 식물을 감고 올라가면서 그 식물한테서 떨어지지 않으려고 자신의 풀 줄기와 잎에 가시를 달고 있습니다. 다른 식물이나 지지대를 타고 올라갈 때 이 가시가 받침대 역할을 해 미끄러지지 않고 잘 감고 올라갈 수 있습니다. 대신에 며느리밑씻개가 타고 올라간

며느리밑씻개는 다른 식물이나 지지대를 감아 올라가는 덩굴 식물이다.

식물은 스트레스가 이만저만이 아닙니다. 햇빛을 빼앗아 가니 말이지요.

작고 앙증맞은
며느리밑씻개 꽃

며느리밑씻개는 여름에 꽃을 피웁니다. 며느리밑씻개 꽃을 한 번 보세요. 얼마나 앙증맞은지 모릅니다. 가시가 다닥다닥 붙은 꽃 줄기 끄트머리에 별사탕 같은 연분홍 꽃이 핍니다. 비라도 내려 물방울이 맺히면 물방울 속에 박힌 보석 같습니다. 그럴 땐 정말이지 청초함 그 자체입니다.

며느리밑씻개 꽃은 크기가 얼마나 작은지 꼭 쌀알만 합니다. 하도 귀여워 깨물어 주고 싶을 정도지요. 가녀린 꽃잎이 살짝 벌어지면 꽃잎 속에는 수술도 있고 암술도 있습니다. 심지어 꽃의 가장 깊은 곳에 꽃꿀까지 만들어 놓았지요. 아무리 작아도 꽃이라고 푸짐하게 밥상을 차려 놓고 중매쟁이 곤충을 기다립니다. 그런데 꽃이 너무 작아서 곤충들이 못 보고 그냥 지나칠까 걱정이 앞섭니다.

그래서 며느리밑씻개는 꾀를 냅니다. 꽃대 하나에 여러 송이 꽃이 모여 피는 거지요. 이렇게 꽃을 피우는 방법을 총상꽃차례라고 하는데, 꽃차례의 중심축에서 뻗어 나온 꽃대의 끝에서 꽃이 차례로 피어납니다. 세어 보니 대개 예닐곱 송이가 넘습니다. 멀리서 보면 예닐곱 송이 꽃들이 저마다 꽃잎처럼 보여 마치 커다란 꽃 한

송이가 핀 것 같습니다. 작은 꽃을 크게 보이려고 애쓰는 며느리밑씻개 꽃에게 박수를 보냅니다. 그러고 보니 '작은 고추가 더 맵다'란 속담은 며느리밑씻개 꽃에도 딱 들어맞는 말입니다.

며느리밑씻개 꽃에 온 곤충 손님

너무 귀여워 보기도 아까운 며느리밑씻개 꽃. 누가 먹을까요? 내친김에 20분 동안 꼼짝 않고 꽃 앞에 앉아 진을 치고 지켜봅니다. 짧은 시간인데도 곤충들이 제법 들락거립니다. 어떤 녀석은 큰 꽃인 줄 알고 왔다가 정작 꽃이 작으니 오래 앉아 있지 못하고 앉았다 날았다 서성입니다. 또 다른 녀석은 왔다가 금방 가 버립니다. 그래도 가장 오래 앉아 있는 녀석은 우리가시허리노린재군요. 노린재목 가문 곤충이 먹는 밥은 식물의 생즙입니다. 초식성 노린재는 잎 즙이든, 꽃 즙이든, 줄기 즙이든, 열매즙이든 가리지 않고 생즙이면 다 좋아합니다. 녀석은 즙을 빨아 먹기 좋게 가늘고 뾰족한 주둥이를 가졌지요.

우리가시허리노린재가 며느리밑씻개 꽃봉오리에 눌러앉아 침처럼 뾰족한 주둥이를 꺼내 피지도 않은 꽃봉오리 속에 쿡 찔러 넣습니다. 꽃봉오리 속에 먼저 소화제를 넣습니다. 뾰족한 주둥이에 있는 관을 타고 펙티나아제라는 소화제가 꽃봉오리 속으로 들어갑니다. 그러면 꽃봉오리 속에 들어 있는 소화하기 힘든 섬유질이 먹

기 좋은 상태로 분해됩니다(체외 소화). 그런 다음에야 녀석은 주둥이로 꽃봉오리 즙을 맘껏 들이마십니다. 이 과정은 매우 빠르게 일어나 우리의 눈에는 꽃에 앉자마자 바로 꽃 즙을 빨아 마시는 것처럼 보입니다. 며느리밑씻개는 중매는커녕 꽃도 피기 전에 꽃봉오리를 망가뜨리니 여간 속상한 게 아닙니다.

그렇다고 실망할 일은 아닙니다. 이번엔 진짜 실속 있는 중매 곤충이 날아옵니다. 생긴 것도 희한한 포도털날개나방입니다. 생긴 것이 하도 신기해 보고 또 봅니다. 빛깔까지 주황빛이라 자꾸 보니 참 예쁩니다. 털날개나방류를 아시나요? 나비목 가문의 털날개나방과 집안인데, 우리나라에는 33종쯤 삽니다. 어른벌레는 주로 해질 무렵에 나오고, 불빛에도 잘 날아옵니다. 털날개나방과 집안 식구의 생김새는 한 번만 봐도 기억할 만큼 특이합니다. 날개를 양옆으로 활짝 펴고 있으면 영락없는 T자니까요. 어찌 보면 T자 팬티를 입은 것 같기도 하고, 어찌 보면 기저귀를 찬 아기 같습니다. 이때 날개는 배를 덮지 않습니다. 날개의 생김새는 또 어떻고요? 앞날개는 2~4갈래, 뒷날개는 3갈래로 갈라져 새 깃털 같습니다. 뒷날개는 앞날개보다 작은데, 쉴 때는 앞날개 아래쪽으로 접혀 있어 잘 안 보입니다. 날개 뒤쪽 가장자리에 털이 많아 털날개나방이란 이름이 붙었습니다. 더듬이는 실 모양이고, 다리를 보니 더 희한합니다. 실처럼 가느다란 건 둘째치고 황새처럼 무척 깁니다. 더 놀라운 것은 다리의 넓적다리마디와 종아리마디 끝에 가시털이 나 있는데, 얼마나 긴지 웬만한 곤충의 다리 길이만 합니다. 바늘처럼 생긴 이 가시털 덕분에 잎사귀에 매달려 쉬거나 꽃에 매달려 꽃꿀을 빨아 먹을 때 떨어지지 않는 것 같습니다. 나방이라고 하니 나방인 줄

털날개나방류가 며느리밑씻개 꽃꿀을 먹고 있다.

남방부전나비가 며느리밑씻개 꽃꿀을 빨아 먹고 있다.

알지 꼭 외계 별천지에서 온 곤충 같습니다. 녀석은 돌돌 말린 용
수철 같은 주둥이를 쭉 펴서 며느리밑씻개 꽃 속에 집어넣습니다.
그러곤 맛있는 꽃꿀을 빨아 마십니다.

　파리류도 날아와 작디작은 꽃잎에 앉아 주걱 같은 주둥이를 쑥
꺼내 꽃가루를 핥아 먹습니다. 뒤이어 어디서든 흔히 만나는 남방
부전나비도 날아옵니다. 몇 날 며칠 줄기차게 내린 비에 날개가 다
찢겼나 봅니다. 너덜너덜한 날개를 달고 날아와 기다란 주둥이를
꽃에 꽂고 꽃꿀을 들이마십니다. 이제 며느리밑씻개 꽃은 마음이
놓입니다. 들락날락하는 중매쟁이 곤충들이 꽃가루를 몸에 묻히고
다른 포기의 꽃으로 날아가 꽃가루를 떨어뜨려 줄 테니까요. 이제
씨앗 맺기만 기다리면 됩니다.

　여름 내내 곤충들이 부지런히 중매를 한 덕에 며느리밑씻개가
드디어 열매를 맺기 시작합니다. 동글동글한 열매 예닐곱 개가 포

안에 폭 싸여 있습니다. 마치 아기가 포대기에 싸인 것처럼요. 머지않아 새가 날아와 열매를 따 먹고 멀찌감치 날아가 똥을 쌀 것입니다. 새똥에 며느리밑씻개 씨앗도 같이 섞여 나오면 며느리밑씻개의 대는 순조롭게 이어집니다. 며느리밑씻개가 일 년 농사를 잘 지은 셈입니다.

민망한
며느리밑씻개의 유래

며느리밑씻개 꽃은 하늘에서 내려온 요정처럼 예쁜데, 이름은 어찌 그리 망측할까요? 이름이 험한 까닭은 며느리밑씻개의 몸에 붙은 갈고리 같은 가시 때문입니다. 예전엔 시어머니가 며느리에게 시집살이를 많이 시켰습니다. 옛날에 밭일을 하다가 뒤가 마려우면 근처 풀밭에서 해결을 했습니다. 보드라운 휴지가 없던 시절이니 뒷일을 본 다음 풀을 뜯어 둘둘 말아 닦았습니다. 시어머니가 일을 보고 풀을 뜯어 닦는데 갑자기 뭔가 따갑게 긁힙니다. 며느리밑씻개에 암팡지게 달린 가시 때문이지요. 별안간 시어머니는 "며느리 똥 눌 때나 걸려들지." 했다고 합니다. 그래서 며느리밑씻개라는 이름이 붙었다고 하니 왠지 가슴이 답답해집니다.

며느리밑씻개라고 부르게 된 또 다른 얘기도 있습니다. 며느리밑씻개는 일제 강점기에 일본 식물학자들이 지은 이름입니다. 일본에서는 며느리밑씻개를 '의붓자식밑씻개(継子の尻拭い)'라고 부

며느리밑씻개에는
갈고리 같은 가시가
있다.

르는데, 아마도 일본에서는 의붓자식이 눈엣가시였나 봅니다. 그
래서 일본인 학자들이 며느리를 미워하는 우리나라 정서에 맞게
의붓자식 대신에 며느리를 붙여 이름을 지었다고도 합니다. 이름
의 내력이 어떻든 며느리밑씻개는 시골이든 도시든 산골이든 우리
땅 어느 곳에서나 살고 있습니다. 올해는 아름다운 며느리밑씻개
꽃과 멋진 데이트를 해 보면 어떨까요?

겨울잠에서 깨어난
어른 상아잎벌레

그런데 봄이면 가시 돋친 며느리밑씻개 잎사귀를 뜯어 먹으려고 찾아오는 곤충이 있습니다. 상아잎벌레입니다. 굶어 죽지 않으려면 그 많은 식물 가운데 며느리밑씻개 잎사귀를 꼭 먹어야 한다니 참 재미있습니다. 상아잎벌레는 어른벌레와 애벌레 모두 평생을 며느리밑씻개에 의지해 살아야 합니다.

겨우내 가랑잎 속에서 겨울잠을 푹 잔 어른 상아잎벌레. 봄바람이 불어오니 땅속이 훈훈해집니다. '이제 세상 밖으로 나가야겠는걸. 겨우내 굶고 잠만 잤더니 아이고 배고파라.' 땅 위로 나오니 눈부신 햇살이 쏟아지는 봄입니다. 녀석은 재빨리 날아서 그새 훌쩍 자란 풀잎 위에 폴짝 내려앉습니다. 그러고는 풀잎을 타고 오르락내리락합니다. 녀석의 몸집은 1센티미터나 되어 맨눈으로도 잘 보입니다.

몸빛은 전체적으로 까맣군요. 하지만 딱지날개 빛깔은 굉장히 강렬합니다. 새까만 바탕에 노란 상앗빛 물결무늬 띠를 두 줄이나 그려 놓았습니다. 물결무늬가 코끼리 엄니(상아, 象牙)처럼 맑고 연

상아잎벌레는 딱지날개에 노란 상앗빛 물결무늬가 있다. 더듬이는 톱니처럼 생겼다.

한 노란빛을 띤다고 상아잎벌레라고 부르니 이름 하나는 그럴듯합니다. 더듬이는 톱니처럼 특이하게 생겼고 굉장히 길어 몸길이와 거의 맞먹을 정도입니다. 게다가 온몸은 참기름이라도 발라 놓은 것처럼 반지르르 윤기가 흐릅니다. 세상에 둘도 없는 깜찍한 브로치 같습니다.

특이하게 딱지날개의 무늬는 변이가 있습니다. 노란 무늬가 줄어들어 드문드문 있는 녀석도 있고, 아예 무늬가 없어 온몸이 까만색인 녀석도 있습니다. 제주도에서 호장근 잎 위에 앉아 있는 상아잎벌레를 열 마리도 넘게 만난 적이 있습니다. 상아잎벌레 딱지날개 색깔이 여러 가지여서 깜짝 놀랐습니다. 처음 마주쳤을 때는 상아잎벌레가 아닌 다른 종으로 착각했는데, 자료를 찾아보니 색깔 변이가 있는 상아잎벌레였습니다. 제주도에 사는 녀석은 육지에서 사는 녀석보다 색깔이 좀 더 짙고 강렬합니다.

며느리밑씻개 찾아
삼만 리

잠시 풀잎에 앉아 볕을 쬐는가 싶더니 상아잎벌레의 몸놀림이 바빠지기 시작합니다. 더듬이를 이리저리 휘휘 저으며 풀잎을 타고 내려갑니다. 풀밭에는 토끼풀, 괭이밥, 달맞이꽃 같은 여러 식물의 새싹이 파릇파릇 돋아나 먹을 것이 천지입니다. 그런데 녀석이 그 많은 풀을 그냥 지나칩니다. 입맛 당기는 풀이 없는지 날아가 버리네요.

  녀석은 입맛이 까다로워 아무 풀이나 먹지 않습니다. 며느리밑
씻개나 소리쟁이 같은 마디풀과 집안 식물의 잎사귀를 즐겨 먹고,
배가 많이 고플 때는 꽃잎도 간식으로 먹습니다. 야외에서 관찰해
보니 녀석은 마디풀과 식물 가운데에서도 며느리밑씻개를 가장 즐
겨 먹습니다. 그런데 이 넓은 풀밭에서 무슨 수로 며느리밑씻개를
찾을까요? 다 수가 있습니다. 며느리밑씻개가 내뿜는 향기를 찾으
면 됩니다. 코도 없는데 무슨 수로 냄새를 맡을까요? 상아잎벌레에
게도 코가 있습니다. 바로 더듬이죠. 더듬이에는 수많은 감각 기관
이 빼곡히 붙어 있어 웬만한 냄새는 다 맡습니다. 뿐만 아니라 바
람이 어느 쪽에서 어느 쪽으로 부는지, 날씨가 더운지 추운지도 척
척 알아차리지요. 더듬이를 현미경이나 돋보기로 자세히 들여다보
면 먼지 가루 같은 것이 잔뜩 붙어 있고 작은 구멍이 무수히 뚫려
있습니다. 이 작은 구멍들이 모두 감각 기관입니다. 녀석은 공기
중에 흘러 다니는 며느리밑씻개의 향기 물질이 이 정밀한 더듬이
감각기에 걸려들도록 더듬이를 저으며 돌아다닙니다.

  한참을 고생한 끝에 상아잎벌레가 드디어 길쭉한 세모 모양 풀
잎을 발견합니다. 아, 며느리밑씻개군요. 녀석은 며느리밑씻개 잎
에 앉더니 처음엔 좀 머뭇거립니다. 천적이 있을지도 모르니 살피
는 것이지요. 곧 마음이 놓였는지 잎사귀를 먹기 시작합니다. 녀석
은 잎사귀 가장자리부터 한 입씩 한 입씩 베어 씹어 먹기 시작합니
다. 찬찬히 보니 잎사귀 뒷면의 잎맥에 가시가 나 있군요. 잎사귀
앞면에는 털 같은 느낌의 부드러운 가시가 뜨문뜨문 나 있습니다.
녀석은 가시가 있든 없든 상관하지 않고 열심히 먹어 댑니다. 겨우

상아잎벌레가 며느
리밑씻개 잎사귀를
먹고 있다.

상아잎벌레 어른벌
레는 더듬이로 냄새
를 맡아 며느리밑씻
개를 찾는다.

내 굶었으니 배가 얼마나 고팠을까요. 그나마 잎사귀 표면에는 가시털이 적어 다행입니다.

정신없이 먹고 있는데 또 다른 상아잎벌레가 어디선가 날아와 잎 위에 앉습니다. 두 녀석은 텃세를 부리지도 않고 사이좋게 식사를 합니다. 큰턱을 벌렸다 오므렸다 하면서 오물오물 맛있게 잎을 씹어 먹습니다. 하도 귀여워 사진 한 방 찍어 주려고 카메라를 듭니다. 카메라를 가까이 대지도 않았는데 벌써 한 녀석이 잎사귀 아래로 뚝 떨어집니다. 이어서 다른 녀석도 뚝 떨어집니다. 생긴 건 두루뭉술한데 참 예민하군요. 땅바닥의 검불을 뒤적이며 녀석들을 찾아봅니다. 몸은 홀라당 뒤집혀 있고 다리 6개는 바짝 오그리고 있습니다. 슬쩍 건드려도 일어날 생각은커녕 그저 죽은 듯 꼼짝도 안 합니다. 가짜로 죽은 가사 상태이지요. 2분쯤 지났을까? 더듬이가 꾸무럭대고 이어서 다리 6개가 꿈틀꿈틀하더니 힘을 주어 몸을 뒤집습니다. 그러고는 언제 뒤집혀 있었냐는 듯이 풀잎 사이로 성큼성큼 걸어갑니다.

흙 속에 알 낳기

상아잎벌레 어른벌레가 며느리밑씻개를 열심히 먹는 사이 봄도 무르익어 갑니다. 이제 어른벌레의 임무인 번식에 공을 들여야 합니다. 녀석은 성페로몬을 풍기면서 짝짓기 준비를 합니다. 서로 맘

상아잎벌레 짝짓기. 암컷 등에 올라탄 수컷이 더듬이를 V 자로 곧추세웠다.

상아잎벌레가 엉거주춤한 자세로 짝짓기를 하고 있다.

358 분홍 꽃 피는 풀과 곤충

에 드는 짝을 찾은 상아잎벌레 부부가 신방을 차립니다. 잎사귀 위에서도, 나뭇가지 위에서도, 돌멩이 위에서도. 암컷은 알 낳을 귀한 몸이라 수컷보다 몸집이 크고 뚱뚱합니다. 그러니 수컷이 암컷을 살포시 안기는 글렀습니다. 먼저 신랑이 신부 등에 올라타고 더듬이를 V자로 곧추세웁니다. 앞다리는 신부의 등을 짚고 가운뎃다리와 뒷다리는 신부의 배 쪽을 어설프게 잡습니다. 어째 폼이 영 어설픕니다. 엉거주춤 그 자체네요. 그러곤 생식기를 꺼내 신부의 생식기에 집어넣습니다. 특이하게도 신부와 신랑은 너무도 얌전히 짝짓기를 합니다. 움직거리지도 않으니 정자가 들어가고 있는지 도대체 알 수가 없네요. 살짝 건드리기라도 하면 '우리가 언제 부부였어?' 하며 금세 남남이 되어 잎사귀 아래로 굴러떨어집니다.

짝짓기를 마친 암컷은 알 낳을 장소를 찾습니다. 알은 흙 속에 낳습니다. 몸 구조가 땅을 파기엔 알맞지 않아 땅에 앉아 알을 낳습니다. 배 끝에 있는 짧은 산란관을 흙에다 살짝 넣고 알을 낳습니다. 암컷은 알을 다 낳으면 서서히 힘이 빠져 얼마 못 가 죽어 버립니다. 상아잎벌레 암컷은 새끼를 돌보지 못하기 때문에 새끼들이 평생 먹고 살 먹이 창고인 며느리밑씻개 둘레에 있는 흙에다 알을 낳습니다. 그래야 애벌레가 깨어나 힘을 덜 들이고 며느리밑씻개 잎사귀를 찾아오지요. 애벌레들은 날개가 없어 먹이를 찾아 멀리 움직일 수 없으니 알을 먹이식물 가까이에 낳아야 합니다. 그래서 거의 모든 잎벌레과 집안 식구들은 애벌레의 먹이인 잎사귀에다 바로 알을 낳습니다.

그런데 상아잎벌레는 왜 흙 속에다 알을 낳을까요? 흙 속에 숨어 있으면 천적에게 덜 들킬 것으로 생각됩니다. 물론 흙 속에도 천적이 있지만 그래도 땅 위 세계보다 낫습니다. 또 습도와 온도가 알맞게 유지되어 알이 마르지 않고 발생을 잘 마칠 수 있습니다.

가시밭길 걷는
상아잎벌레 애벌레

드디어 알에서 상아잎벌레 애벌레가 깨어납니다. 깨어나 보니 사방이 온통 흙이군요. 오래 머물러 있다간 큰일 납니다. 개미한테 들킬 수도 있고, 배를 채울 먹이도 없고. 어린 애벌레는 본능적으로 며느리밑씻개 줄기를 부리나케 타고 올라가 잎사귀를 찾습니다. 그런데 잎사귀 밥상을 찾아가는 길이 가시밭길이네요. 줄기에도 잎줄기에도 심지어 잎사귀에도 왜 이리 가시가 많은지요. 줄기

며느리밑씻개는 줄기뿐 아니라 잎과 잎줄기에도 가시가 있다.

의 가시는 보기만 해도 무시무시합니다. 마치 갈고리처럼 뾰족하고 날카롭습니다. 어쩌다 한 번 손에 닿기만 해도 긁혀 따갑고 어떤 때는 피가 나기도 합니다. 며느리밑씻개의 가시(cortical spine, 전문 용어로 '피침'이라고 함.)는 표피가 변한 것인데, 조심해서 떼면 잘 떨어집니다. 그렇게 억센 가시로 온몸을 무장한 며느리밑씻개는 '먹을 테면 먹어 봐. 찔리면 아플 테니까.'라며 의기양양하게 외치는 것 같습니다. 그렇다고 물러설 애벌레가 아닙니다. 상아잎벌레 입장에선 죽느냐 사느냐가 달려 있는 문제입니다. 억센 가시가 붙어 있어도 어떻게든 잎사귀를 먹어야 살아남기 때문입니다.

애벌레는 용케도 가시들을 요리조리 잘도 피합니다. 피하지 못하면 다리로 가시를 꼭 잡고 넘어 기어갑니다. 가느다란 '다리 끝'으로 가시 달린 잎사귀를 잡기도 하고, 줄기의 날카로운 가시를 잡고 기어 다니기도 합니다. 애벌레의 '다리 끝'을 전문 용어로 '발톱'이라고 하는데 사람의 손발톱과는 생김새가 완전히 다릅니다. 다행히도 애벌레의 다리 끝부분은 며느리밑씻개의 가시보다 가늘어 가시를 딛고 기어 다녀도 찔리지 않습니다. 게다가 몸에는 털이 나 있어 가시에 찔리는 것을 어느 정도 막아 줍니다. 애벌레한테 홑눈이 있다지만 앞이 흐릿하게 보일 텐데, 그 연약한 몸에 상처 하나 없이 무사히 잎사귀에 도착하니 정말 신기하기만 합니다.

이쯤 되면 며느리밑씻개의 '가시 작전'은 헛수고입니다. 며느리밑씻개는 더 강력한 무기가 있습니다. 다름 아닌 화학 방어 무기입니다. 며느리밑씻개의 잎사귀 한 귀퉁이를 찢어 먹어 보세요. 약간 시큼한 맛이 나고 입에 침까지 돕니다. 그 신맛이 바로 며느리밑씻개의 방어 물질입니다. 방어 물질은 여러 종류의 유기 화합물로 이

상아잎벌레 애벌레
가 며느리밑씻개 가
시털 위를 기어 다
니고 있다.

루어졌는데, 신맛을 내는 물질이 가장 많이 들어 있습니다.

하지만 상아잎벌레는 물러나지 않습니다. 가시가 붙어 있어도 화학 무기가 있어도 며느리밑씻개 잎을 너무도 열심히 먹습니다. 오랜 세월 동안 며느리밑씻개를 먹으면서 내성이 생겼습니다. 어디 그뿐인가요. 독성을 없애 주는 효소도 몸속에 생겨 며느리밑씻개 잎사귀를 먹는 일은 식은 죽 먹기입니다. 이쯤 되면 곤충의 판정승이지요. 어쩔 수 없이 며느리밑씻개도 순순히 잎사귀를 상아잎벌레에게 다 내어 주며 무상 급식을 합니다. 대신에 자손을 이어 가기 위해 필요한 잎사귀보다 더 많은 잎을 만들어 냅니다. 잎사귀를 더 만드느라 힘은 더 들겠지만 방어 물질 덕분에 다른 곤충들은 며느리밑씻개에 거의 얼씬도 못 합니다. 가시도 무섭고 화학 무기도 겁이 나서 감히 달려들지 못하지요.

알에서 갓 깨어난 애벌레는 큰턱이 약해 잎사귀를 숭덩숭덩 베어 먹지 못하고 잎살을 살살 갉아 먹습니다. 이틀이 지나면 허물을 벗고 제법 몸집이 커집니다. 큰턱이 튼튼해져 이제부터는 본격적으로 잎살을 베어 먹기 시작합니다. 그런데 녀석들은 여기서 조금, 저기서 조금 깨작대듯 밥을 먹습니다. 조금 구멍을 내고 먹다가 옆으로 옮겨 가고, 또 조금 구멍을 내고 먹다가 옆으로 옮겨 갑니다. 진득하니 앉아 먹지를 않는군요.

애벌레는 굉장히 빠른 속도로 자랍니다. 운 좋게도 녀석들이 연구실 가까이 있는 며느리밑씻개 잎에서 지내고 있어 오며 가며 들여다봅니다. 정말이지 하루가 다르게 녀석들의 몸집이 커 갑니다. 어쩌다 하루라도 안 보는 날이면 훌쩍 커 있습니다. 오늘도 한참을 쪼그리고 앉아 녀석들과 인사를 나누는데, 이게 웬일일까요? 귀여

운 막둥이 애벌레가 허물을 벗고 있군요. 등에 난 탈피선이 양쪽으
로 쫙 갈라지면서 녀석의 머리와 등이 나오기 시작합니다. 힘이 드
는지 가만히 쉬고 있다가 몸을 이리저리 꿈틀거리면 천천히 몸이
조금 빠져나오고, 또 꿈틀거리면 좀 더 빠져나오고, 그러다가 좀
쉬고 다시 꿈틀거리니 몸이 모두 빠져나옵니다. 녀석의 몸은 무늬
도 없고 그저 허옇습니다. 시간이 지나면 피부도 단단하게 굳어지
고 점박이 무늬도 서서히 생겨납니다. 상아잎벌레 애벌레는 소시
지처럼 오동통합니다. 애벌레도 몸빛은 맑은 상앗빛입니다. 부드
러운 몸에 새까맣고 딱딱한 무늬가 콕콕 박혀 있습니다. 기다란 몸
에 가느다란 털들이 군데군데 무더기로 나 있고 피부엔 윤기가 흐
릅니다.

애벌레들은 잎사귀 하나에 대여섯 마리가 모여 밥을 먹습니다. 서로 꼭 붙어 있지는 않고 조금 떨어져서 식사를 합니다. 며느리밑 씻개의 잎을 뒤집어 보면 잎사귀 한가운데에 고속도로처럼 난 잎 맥(주맥)에 갈고리 같은 가시털이 쭈르르 나 있습니다. 애벌레들은 용케도 주맥은 먹지 않고 잎살만 군데군데 구멍을 내면서 먹습니다. 똥은 먹고 있는 잎사귀 위에서 쌉니다.

애벌레는 모두 2번 허물을 벗습니다. 계산해 보니 알에서 번데기가 되기까지 한 2주일쯤 걸립니다. 그러고 보니 상아잎벌레 애벌레를 볼 수 있는 시간이 참 짧군요. 그래서 녀석을 흔히 볼 수 있는데도 신경을 쓰지 않으면 좀처럼 만나기가 어렵습니다.

땅속의
번데기

애벌레가 알에서 깨어난 지 2주가 되어 갑니다. 며느리밑씻개
잎을 들여다보니 녀석들이 온데간데없이 사라졌습니다. 잎사귀 앞
뒤를 이리저리 뒤져 봅니다. 없군요. 먹다 만 잎사귀만 남긴 채 다
들 어디로 간 걸까요? 녀석들은 번데기를 만들려고 모두 땅속으로
들어갔지요. 잎사귀에 만드는 것보다 아무래도 땅속이 더 안전합
니다. 잎사귀에는 거미, 개미, 사냥벌, 파리매 같은 포식자들이 늘
들락거립니다. 땅속이라 해서 포식자가 없는 것은 아니지만 그래
도 땅 위보다 적습니다.

녀석들은 땅 표면과 가까운 흙 속에서 하루 이틀 쉰 다음(전용,
번데기 되기 전의 애벌레) 흙으로 방을 만듭니다. 입에서 실 같은 물

—
상아잎벌레
등쪽

질을 토해 흙과 함께 버무려 메추리알 같은 타원형 흙집을 만듭니다. 그리고 애벌레 시절 입었던 옷을 벗고 번데기가 됩니다. 번데기로 지내는 기간은 줄잡아 2달쯤 되는 것 같습니다.

여름 내내 꽃을 피우던 며느리밑씻개가 열매를 맺기 시작할 때 상아잎벌레 어른벌레가 번데기에서 빠져나옵니다. 여름과 가을 사이라 아직 며느리밑씻개가 잎사귀를 달고 있기 때문에 상아잎벌레는 잎사귀 위에 무턱대고 앉아 식사를 합니다. 며느리밑씻개는 일년 농사를 다 지었으니 자기 잎사귀를 상아잎벌레 어른벌레에게 다 내어 줍니다. 이제 곧 가을이 가고 겨울이 됩니다. 며느리밑씻개 잎사귀는 단풍이 들었다가 추워지면 말라 죽고, 어른 상아잎벌레는 가을 내내 먹으면서 영양 보충을 하고 추워지면 가랑잎 속이나 흙 속에 들어가 겨울잠을 잡니다. 상아잎벌레는 일 년에 한 번 한살이가 돌아갑니다.

—
상아잎벌레
옆모습

며느리밑씻개와 며느리배꼽은 무엇이 다를까?

들에 나가면 이름도 알 수 없는 풀들이 참 많습니다. 특히 비슷한 풀들이 많아 구별하느라 어떤 때는 멀미가 납니다. 특히 며느리밑씻개와 며느리배꼽은 너무도 닮아 같은 종으로 착각할 때도 있습니다. 둘 다 마디풀과 집안의 여뀌속에 속해 가까운 친척 사이니 그럴 만도 하지요.

며느리밑씻개와 며느리배꼽은 생김새나 생태 습성이 굉장히 비슷합니다. 이름조차도 시어머니한테 구박받은 며느리의 애환이 깃들어 있습니다. 그러니 들에 나가면 누가 며느리밑씻개고, 누가 며느리배꼽인지 헷갈릴 때가 있습니다. 우선 잎사귀를 보면 며느리배꼽의 잎사귀가 며느리밑씻개의 잎사귀보다 조금 작은 편이고, 잎의 길이도 좀 짧아 정삼각형에 가깝습니다. 또 다른 점은 꽃입니다. 며느리배꼽 꽃은 하얀색으로 오전에 일찍 피었다가 낮에 시들어 버려 눈에 잘 띄지 않습니다. 반면에 며느리밑씻개 꽃은 연분홍빛으로 별 모양 꽃을 하루 종일 피웁니다. 줄기도 며느리배꼽보다 더 붉은 편입니다. 뭐니 뭐니 해도 며느리밑씻개와 며느리배꼽의 다른 점은 잎자루가 잎에 붙는 위치입니다. 며느리배꼽의 잎자루는 잎 뒷면에 붙어 있고, 며느리밑씻개의 잎자루는 잎의 가장자리에 붙어 있습니다.

벌개미취와

잎벌류

벌개미취와 남방부전나비

남방부전나비가 주둥이를 꺼내
벌개미취 꽃꿀을 빨아 먹습니다.

봄이 푹 곰삭아 가는 5월 말입니다.

봄꽃들은 이미 피었다 썰물이 지듯 진 지 오래고,

키 큰 나무들도 잎사귀를 무성하게 내어 짙은 그늘을 만듭니다.

따뜻한 바람보단 선선한 바람이 더 좋아지니

초여름이 바로 문 밖까지 왔나 봅니다.

야생화 단지를 크게 숨을 들이쉬며 느릿느릿 걷습니다.

아기자기한 꽃밭에는 예쁜 꽃과 풋풋한 풀 들이 가득합니다.

벌개미취를 한가득 심어 놓은 꽃밭을 지납니다.

벌판에서 핀다 하여 붙은 이름 벌개미취!

우리 땅에만 자라나 학명 'Aster koraiensis'에 '코라이엔시스'가 있고,

영어 이름도 '코리안 데이지(Korean Daisy)'라고 부르는 벌개미취!

길쭉길쭉 시원스레 뻗은 벌개미취 잎사귀들이

초록 방석을 수십 개 깔아 놓은 듯 꽃밭 바닥을 쫙 덮었습니다.

나도 모르게 쪼그리고 앉습니다.

그런데 벌개미취 잎사귀에 구멍이 뻥뻥 났군요..

잎사귀를 살살 뒤적이니

허연 잎벌 애벌레가 잎사귀에

딱 달라붙어 식사 삼매경에 빠져 있습니다.

다른 잎사귀를 더 들춰 보니

역시 녀석이 길게 뻗치고 앉아

잎을 먹고 있습니다.

벌개미취

이 꼭지는 벌목 잎벌과 종인 잎벌류 애벌레와 먹이식물인 벌개미취 이야기입니다.
이 꼭지에 나오는 잎벌류는 어른벌레에 대한 기록이 아직 없습니다.

앉은뱅이 벌개미취
키다리 벌개미취

　이른 봄에 잎을 내기 시작하는 벌개미취는 늦봄이면 잎벌 애벌레에게 시달리기 시작합니다. 잎맥만 남기고 먹어 치우니 잎사귀가 누더기처럼 너덜너덜합니다. 다행히 뿌리는 멀쩡해서 잎사귀가 계속 돋아납니다. 5월 말쯤이면 잎벌 애벌레들이 자취를 싹 감춥니다. 모두 땅속에 들어간 것이지요. 이 틈을 타 벌개미취는 제 세상 만난 듯 잎사귀를 신나게 내고 광합성을 왕성하게 해 영양분을 만들고 또 만듭니다. 꽃이 피기 전까지 잎사귀들은 방석처럼 땅바닥을 덮으며 무럭무럭 자랍니다. 잎벌 애벌레가 뜯어 먹어 너덜거리던 잎은 새잎에 가려 보이지 않습니다. 정말이지 굉장히 질긴 생명력입니다.

벌개미취꽃

어느덧 매미도 노래하느라 지쳐 가는 여름입니다. 벌개미취가 잎사귀를 방석처럼 내뻗는 작업을 뚝 멈춥니다. 대신에 하늘을 향해 줄기를 길게 내뻗습니다. 앉은뱅이 벌개미취가 키다리 벌개미취로 탈바꿈하고 있습니다. 줄기가 쑥쑥 자라면서 방석처럼 깔린 잎들(근생엽)은 없어지고 풀 줄기에 잎이 달립니다(경생엽). 키가 훌쩍 커 50센티미터도 넘습니다.

벌개미취 잎사귀가 근생엽에서 경생엽으로 바뀌는 까닭이 궁금하지요? 근생엽일 때는 광합성을 열심히 해 영양분을 모으고, 낮 길이가 짧아지면서 가을이 가까워지면 영양분을 모으기보다 번식에 힘을 기울입니다. 꽃을 피우려니 줄기가 필요하고, 또 줄기가 길어야 꽃이 피었을 때 곤충 눈에 잘 띌 것입니다. 거의 모든 국화과 식물은 단일 식물(短日植物, 꽃눈을 만들기 위해 일조 시간이 일정 기간 이하가 되어야 하는 식물)이어서 낮 길이가 짧아지는 가을에 꽃

벌개미취 꽃밭. 근생엽이 없어지고 경생엽이 달렸다.

을 피웁니다. 봄과 여름에는 광합성을 충실히 하느라 근생엽이 자라고, 가을에는 곤충을 불러들일 꽃을 피우느라 경생엽이 자라는 것입니다. 그들만의 번식 전략이지요.

이제 꽃을 피울 차례. 늦여름 어느 날 드디어 벌개미취 줄기 끝에 꽃봉오리가 달립니다. 연보랏빛 꽃봉오리가 금방이라도 벌어질 듯 탐스럽습니다.

국화과 꽃은
두상꽃차례

가장 진화한 식물을 손꼽으라면 국화과와 난초과입니다. 그 가운데 세계적으로 약 2만 종이나 되는 국화과 집안의 꽃들은 대부분이 한 송이씩 혼자 피지 않고 꽃대 맨 끝에 한데 모여 핍니다. 꽃대 끝에 수많은 꽃이 뭉쳐 핀 모양이 사람의 머리를 닮았다 하여 두상꽃차례라고 부릅니다.

두상꽃차례를 만드는 낱꽃에는 혀꽃(설상화)도 있고 통꽃(관상화)도 있습니다. 두상꽃차례에는 혀꽃으로만 된 꽃(민들레, 씀바귀 따위), 통꽃으로만 된 꽃(엉겅퀴, 조뱅이 따위), 혀꽃과 통꽃으로 된 꽃(벌개미취, 해바라기, 개망초 따위)이 있습니다. 재미있게도 낱꽃은 무지하게 작습니다. 작으면 아무리 먹을 것이 많아도 곤충의 눈에 잘 띄지 않습니다. 그래서 낱꽃은 뭉쳐 피어 곤충에게 큰 꽃처럼 보이도록 합니다. 더구나 혀꽃으로 가장자리를 레이스처럼 장식해

멀리서 보면 큼지막한 꽃으로 보입니다. 혀꽃은 통꽃보다 훨씬 크고, 색깔도 곤충이 잘 이끌리는 색이어서 곤충 눈에 잘 띕니다. 또 수많은 혀꽃과 통꽃은 아무렇게 피지 않고 둥근 운동장처럼 넓게 보이도록 배열이 잘 되어 있습니다. 거기에다 꽃들이 하늘을 향해 피어나니 곤충의 몸집이나 생김새와 상관없이 누구든 손쉽게 이착륙을 할 수 있습니다.

혀꽃이든 통꽃이든 모두 수술과 암술을 가지고 있습니다. 두상꽃차례 하나에 낱꽃이 수십 송이에서 수백 송이가 모여 있으니 꽃가루나 꽃꿀이 오죽이나 많을까요? 꽃가루며 꽃꿀이 넘쳐 나니 두상꽃차례를 찾아온 곤충들은 한자리에 오래 머물며 실컷 배불리 밥을 먹을 수 있습니다. 그러는 동안 다른 포기의 꽃에서 묻은 꽃가루를 암술머리에 떨어뜨려 줍니다. 그뿐이 아닙니다. 두상꽃차례를 가만히 보세요. 통꽃들의 수술이 노란색이다 보니 노란 꽃 한 송이가 피어 있는 것 같습니다. 노란색은 곤충들이 잘 이끌리는 색입니다.

중매쟁이 곤충을 불러들이기 위해 국화과 식물은 할 수 있는 것은 모두 합니다. 꽃가루 만들기, 꽃꿀 만들기, 꿀 안내판 만들기, 큰 꽃으로 위장하기, 내려앉기 편하도록 넓은 착륙장 만들기…… 정말 눈물 나는 노력입니다. 그런데 곤충을 유혹하려는 이 같은 꽃의 노력을 곤충이 알아줄까요? 곤충에게 국화과 식물의 두상꽃차례는 그저 푸짐한 밥상일 뿐입니다.

1. 벌개미취 꽃. 꽃게거미가 혀꽃에 앉아 먹잇감을 기다리고 있다.
2. 벌개미취 통꽃
3. 벌개미취 혀꽃

벌개미취 꽃을 찾아온
곤충 손님

하나둘 벌개미취 꽃이 피어납니다. 하늘이 바다처럼 파란 가을, 쪽빛 하늘과 맞닿은 벌개미취 꽃 벌판, 연보랏빛 들판이 너무도 사랑스럽습니다. 한 줄기 바람이 불면 덩달아 꽃들도 살랑살랑 인사를 합니다. 벌개미취는 국화과 식물이어서 두상꽃차례 꽃을 피웁니다. 꽃을 언뜻 보면 한 송이가 핀 것 같지만 아닙니다. 찬찬히 살펴보면 백 송이도 넘습니다. 가장자리에 빙 둘러 핀 혀꽃만 해도 20송이가 넘고, 혀꽃 안쪽의 노란 통꽃도 하나하나 세어 보면 백 송이가 넘습니다.

꽃 한 송이 한 송이마다 꽃꿀과 꽃가루가 있으니 곤충 입장에선 꽃차례 하나만 차지해도 배부르게 먹을 수 있습니다. 더구나 꽃차례가 운동장처럼 넓고 하늘을 향하고 있어 편하게 앉아 꽃가루와 꽃꿀을 먹을 수 있어 곤충들에겐 인기 최고입니다. 나비, 벌, 파리, 딱정벌레 같은 많은 곤충들이 날아와 저마다 타고난 주둥이에 맞게 꽃 식사를 합니다.

마침 풀색꽃무지가 날아옵니다. 돌멩이처럼 무거운 몸이 소복한 노란 통꽃 위에 뚝 떨어집니다. 뒤뚱거리던 몸을 바로잡고 꽃가루를 거침없이 먹습니다. 녀석은 위험에 맞닥뜨리지 않는 한 다른 곳으로 날아가지 않고 한곳에 죽치고 앉아 꽃가루를 실컷 먹습니다. 딱정벌레목 가문 식구라 피부와 딱지날개가 단단한 큐티클로 되어 있어 몸이 무겁기 때문입니다. 어느 정도 먹고는 다른 포기의 꽃에 가서 중매를 서야 하는데 중매할 생각은 안 하니 벌개미취 꽃은 속

이 타들어 갑니다.

그때 벌개미취 꽃을 위로라도 하듯 꽃등에가 날아옵니다. 풀색 꽃무지는 꽃등에쯤은 아랑곳 않고 식사에 열중하고, 그 옆에서 꽃등에도 식사를 합니다. 꽃등에는 처음에는 주변을 살피느라 주걱 같은 넓적한 주둥이를 자꾸 꺼냈다 넣었다 합니다. 그러다 안심이 되었는지 주둥이를 쭉 빼내 꽃가루를 누룽지 긁듯이 쓱쓱 핥아 먹습니다. 녀석은 경계심이 많아 오래 머물지 않고 금방 쌩하니 다른 꽃으로 날아갑니다. 몸에 벌개미취 꽃가루를 듬뿍 묻히고 말이죠. 다른 포기에서 피어난 벌개미취 꽃에 도착해 몸에 묻은 꽃가루가 떨어지면 저절로 중매가 되겠지요.

네발나비도 날아와 돌돌 말린 빨대 주둥이를 곧게 펼쳐 통꽃 속에 푹 찔러 넣고 꽃꿀을 빱니다. 꿀벌도 애꽃벌도 원형 경기장처럼 넓은 벌개미취 꽃을 찾습니다. 꽃꿀도 따고 꽃가루를 알뜰하게 모으며 이리저리 부산하게 돌아다닙니다. 그 와중에 벌개미취를 중매까지 서 주니 '누이 좋고 매부 좋고'입니다.

벌개미취는 오로지 자기 대를 잇기 위해 꽃 밥상을 차렸고, 곤충은 오로지 굶주린 배를 채우기 위해 벌개미취 꽃 밥상을 찾아옵니다. 꽃과 곤충의 생각이 달라도 한참 다릅니다. 아이로니컬하게도 자연 세계에서는 서로 다른 생각들이 톱니바퀴처럼 맞물려 돌아갑니다. 벌개미취 꽃의 의도와 상관없이 곤충은 고픈 배를 채우느라 이 꽃 저 꽃을 옮겨 다니며 우연히 벌개미취 꽃들을 중매합니다. 우연치고는 중매 성공률이 매우 높습니다. 우연이라고요? 맞습니다. 곤충의 머릿속엔 중매 생각이 아예 없으니 우연인 것이 틀림없습니다. 다만 벌개미취는 그 '우연'이 '필연적'으로 일어날 수 있도

초록파리류

벌붙이파리류

꽃등에류

청벌류

록 가을 내내 영양분 가득한 꽃 밥상을 차려 놓고 하염없이 곤충을 기다립니다.

요가 선수
잎벌류 애벌레

이제부터는 봄부터 벌개미취 잎사귀를 주식으로 삼는 잎벌류(벌목 잎벌아목 잎벌과) 애벌레 이야기를 할까요? 늦봄이면 잎벌류 애벌레가 파릇파릇한 벌개미취 잎사귀를 염치도 없이 마구 먹어 치웁니다. 어쩌면 이리도 많을까요. 벌개미취 잎사귀에 구멍이 뻥뻥 났군요. 정말이지 잎사귀가 성한 것이 없습니다. 아침에는 별로 보이지 않더니 해가 중천에 뜨니 애벌레들이 하나둘 땅바닥 덤불에서 나와 잎사귀 위로 굼실굼실 기어 올라옵니다. 밤에는 쌀쌀하기 때문에 죄다 땅바닥으로 내려가 잠자고 따뜻해지면 밖으로 나옵니다. 막내둥이 1령 애벌레부터 다 자란 종령 애벌레까지 벌개미취 잎사귀에 모두 모였습니다.

아무리 봐도 애벌레 몸매는 너무나 늘씬합니다. 군더더기 하나 없이 미끈하게 잘생긴 데다 피부는 얼마나 야들야들한지 쿡 찌르면 금방이라도 맑은 물이 줄줄 흘러나올 것 같습니다. 몸빛은 연한 회색빛으로 분가루라도 곱게 뿌려 놓은 것처럼 보얗습니다. 노랗고 동그란 머리에는 동그랗고 커다란 까만 눈이 콕 박혀 있어 인형처럼 깜찍합니다. 다리는 모두 11쌍으로, 가슴다리 3쌍, 배다리 7

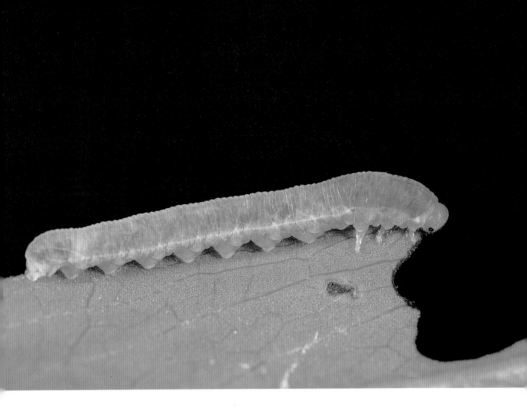

잎벌류 애벌레. 다
리가 모두 11쌍이
있다.

쌍, 꼬리다리 1쌍입니다.

애벌레는 잎사귀에 올라오자마자 잎사귀 가장자리를 부여잡고
베어 먹기 시작합니다. 밤새 굶었으니 배가 고픕니다. 사각사각,
싹둑싹둑, 큰턱을 옆으로 벌렸다 오므렸다 벌렸다 오므렸다 하면
서 잎을 한 입씩 베어 씹어 먹습니다. 녀석은 큰턱이 굉장히 튼튼
해 주맥만 빼놓고 잎살을 씹어 먹습니다. 20개가 넘는 다리로 얇디
얇은 벌개미취 잎사귀 모서리를 꼭 잡고서 머리를 위아래로 오르
락내리락하면서 가장자리부터 야금야금 먹어 치웁니다. 먹다 보면
잎이 움푹 파이는데, 녀석의 몸도 움푹 파인 잎 모양대로 휘어집니
다. U자 모양, C자 모양 할 것 없이 자유자재로 몸을 구부리며 밥을
먹습니다. 얼마나 유연한지 요가 선수 뺨칩니다.

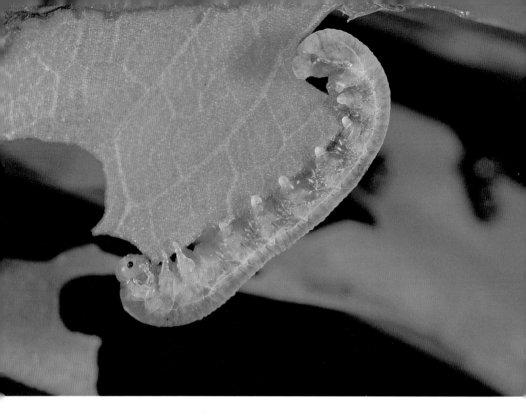

잎벌류 애벌레가 벌
개미취 잎사귀를 가
장자리부터 베어 먹
고 있다.

곡예사처럼 아슬아슬하게 매달려서 정신없이 밥을 먹는 한 녀
석을 슬그머니 건드려 봅니다. 화들짝 놀란 녀석이 식사를 멈추고
몸을 돌돌 맙니다. 영락없이 똬리 튼 뱀입니다. 살짝 만져 보니 말
랑말랑했던 몸이 약간 굳어졌군요. 녀석은 잎에 딱 달라붙어 꼼짝
도 안 합니다. 이번에는 녀석을 좀 더 건드려 봅니다. 그제야 겁을
잔뜩 먹고 '나 살려라!' 하며 땅바닥으로 뚝 떨어집니다. 떨어진 녀
석을 두 손가락으로 조심스레 쥐어 보니 입에서 연둣빛 물을 토하
고 있군요. 녀석은 처음 건드렸을 때부터 토하고 있었던 것입니다.
벌써 입 주변과 몸뚱이 일부가 흥건히 젖었습니다. 코를 갖다 대고
냄새를 맡아 보니 풋풋한 냄새가 납니다. 녀석은 위험해지면 입에
서 방어 물질을 토해 '내 몸엔 독이 많아. 가까이 오지 마.' 하고 외

칩니다. 무기라고는 하나도 없는 녀석이 할 수 있는 거라고는 토하
는 것뿐입니다. 물론 토한 물질은 벌개미취가 품고 있는 독 물질을
재활용해서 만든 것이지요.

번데기는
흙 속에서 만들고

그런데 벌개미취 잎을 먹는 애벌레가 누군지 모릅니다. 그래서
가장 몸집이 큰 애벌레를 연구실로 데려와 키워 보기로 했습니다.
플라스틱 통에 넣고 매일 벌개미취 잎을 주면서 조심스레 들여다
봅니다. 다 자란 종령 애벌레인가 봅니다. 연구실에 온 지 5일째 되
는 날 먹는 것을 딱 끊고 돌아다니기 시작합니다. 뭔가에 쫓기는
듯, 아니 뭔가에 홀린 듯 플라스틱 통 안을 헤매며 돌아다닙니다.
위로 올라갔다가 아래로 내려갔다가, 벽을 타고 오르락내리락하
며 정신이 없습니다. '아, 번데기를 만들려나 보다. 흙이 없으니 번
데기 만들 장소가 마땅치 않겠구나. 얼른 흙을 깔아 줄게.' 서둘러
흙을 떠 와 냄비에 넣고 불 위에서 푹푹 볶은 뒤 식힙니다. 흙에 병
균이 있을까 봐 소독하는 것이지요. 맘이 급해 부채질까지 합니다.
완전히 식은 흙을 플라스틱 통에 소복이 깔아 줍니다. 그래도 녀석
은 한곳에 머물지 못하고 돌아다닙니다.

그렇게 하루 반이 지났습니다. 아, 애벌레가 사라졌군요. 흙 위에
도, 플라스틱 벽에도, 뚜껑에도 안 보입니다. 그렇게 헤매더니 마침

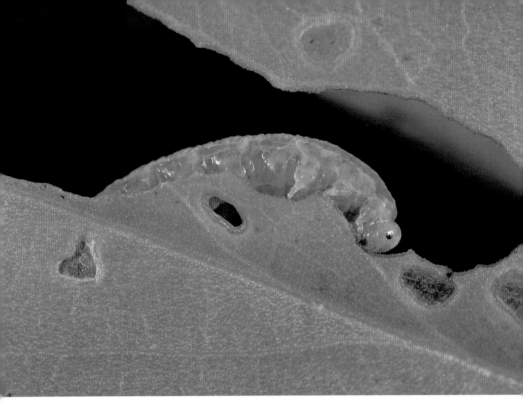

내 흙 속으로 들어갔나 봅니다. 살살 흙을 파 보니 애벌레가 흙 속
에 예쁘게 누워 있습니다. 다시 흙을 덮어 주고 물기가 마르지 않
게 뚜껑을 잘 덮어 줍니다. 궁금해 며칠 뒤 다시 흙을 살살 걷으니
여전히 애벌레 모습입니다. 다만 몸이 약간 쪼그라들었고, 몸을 웅
크린 채 꼼짝을 하지 않습니다. 아마도 녀석은 노숙 유충으로 겨울
을 보내는 것 같습니다. 겨울을 지나고 이듬해 봄이나 돼야 번데기
로 탈바꿈할 것으로 추측할 뿐 생활사에 대한 기록이 없습니다.

　녀석을 데려왔던 꽃밭을 찾아가 보았습니다. 예상했던 대로 녀
석들은 보이지 않고 구멍이 나서 너덜너덜해진 벌개미취 잎사귀만
남아 있습니다. 모두들 땅속으로 들어간 것이지요. 따져 보니 녀석
들이 세상 밖에 나와 벌개미취 잎을 먹고 사는 기간은 고작 2주에

잎벌류 애벌레

서 3주 정도입니다. 땅속에서 10달 동안 잠만 자다가 내년 봄이 되면 깨어납니다. 녀석들을 만나려면 일 년을 기다려야 합니다.

우리 땅 어딜 가나 발에 차이는 벌개미취. 아쉽게도 벌개미취 잎이 너덜너덜하도록 먹어 치우는 잎벌류에 대해서는 알려진 것이 거의 없습니다. 녀석의 어른벌레가 누구인지, 몇 번 허물을 벗는지, 종령 애벌레가 언제쯤 번데기가 되는지, 언제 어른벌레가 되는지, 아직 알려진 게 없습니다. 앞으로 풀어야 할 숙제입니다.

벌개미취 마음
잎벌 마음

벌개미취 잎사귀는 늦은 봄 내내 잎벌류 애벌레에게 뜯어 먹혀 누더기가 되었습니다. 벌개미취 마음은 어떨까요? 애벌레들이 낮만 되면 땅속에서 올라와 '광합성 도구'인 잎사귀를 와작와작 씹어 먹으니 기막힐 노릇입니다. 광합성을 못 하면 영양분을 만들지 못해 뿌리도 튼실하지 못하고, 소중한 생식 기관인 꽃도 피우지 못하는데 말입니다. 한 발짝도 움직일 수 없으니 도망칠 수도 없습니다. 벌개미취는 살아남으려면 자기를 성가시게 뜯어 먹는 곤충과 함께 살아가는 법을 터득해야 합니다.

벌개미취는 맘을 크게 먹고 잎사귀를 자기가 살아가는 데 필요한 양보다 훨씬 더 많이 만들어 냅니다. 부지런히 광합성을 해서

잎벌류 애벌레가 벌개미취 잎사귀를 먹은 흔적

잎사귀를 계속 만들지요. 사람으로 치면 '인해 전술'인 셈입니다. 다행히도 잎벌류 애벌레는 욕심이 많지 않아 딱 자기 생명이 유지될 만큼의 잎사귀만 먹습니다. 눈앞에 잎사귀가 많이 있다고 그것을 뜯어다 어디에 모아 두지 않습니다. 잎사귀를 먹는 기간은 보름쯤이니 벌개미취 입장에선 그나마 한시름 놓습니다. 물론 다른 곤충들도 종종 잎사귀를 뜯어 먹지만 자신을 대놓고 뜯어 먹는 잎벌류 애벌레에 비하면 차라리 낫습니다.

그러면 잎벌류 애벌레의 마음은 어떨까요? 과연 벌개미취의 통 큰 마음을 조금이라도 헤아려 고마워하는 마음으로 잎사귀 밥을 먹을까요? 그런 마음은 아닌 것 같습니다. 되레 잎사귀를 못 뜯어 먹게 벌개미취가 더 독한 방어 물질을 만들어 내지 않을까 경계하지 않을까요? 적반하장이지요. 자기에게 잎사귀 밥상을 차려 준 벌개미취에게 고마움은커녕 경계를 하니 말이지요.

하지만 그렇게 자연은 돌아갑니다. 지금 당장은 벌개미취가 손해를 보는 것 같지만 멀리 보면 자기를 뜯어 먹은 곤충들과 상호 관계를 갖는 중매쟁이 곤충들이 자기 꽃가루를 옮겨 줄 것이고, 그들이 먹다 남은 잎사귀 찌꺼기, 다 뜯어 먹혀 죽은 포기, 먹고 싼 똥들은 벌개미취의 거름이 되어 줄 테니까요. 또 자기를 뜯어 먹는 초식 동물을 막아 내느라 독 물질을 만들다 보니 그전보다 훨씬 적은 수의 초식 동물이 자기를 뜯어 먹게 되어 오히려 전화위복이 되었다고도 볼 수 있습니다. 정말이지 자연의 섭리란 묘해서 논리적으로 설명이 안 될 때가 많습니다.

잎벌류와
나비류 애벌레의 차이

　잎벌류는 말 그대로 식물의 잎을 먹는 벌인데, 애벌레만 잎을 먹고 어른벌레는 힘없는 곤충을 잡아먹습니다. 그런데 나비류(나비목) 애벌레도 식물 잎을 먹고 삽니다. 숲이나 들에 나가면 잎을 먹고 사는 애벌레들이 굉장히 많습니다. 실제로 나비류 애벌레의 수가 굉장히 많아 초식 곤충 하면 나비류 애벌레가 떠오를 정도입니다. 그 많은 나비류 애벌레 틈에서 잎벌류 애벌레도 섞여 있을 때가 있습니다.

　잎벌류 애벌레와 나비류 애벌레는 생긴 것이 판박이라 초보자는 구별하기가 힘듭니다. 하지만 가까이 들여다보면 서로 다른 것이 눈에 띕니다. 잎벌류 애벌레의 눈은 한쪽에 8개씩 총 16개가 있는

잎벌류 애벌레. 까만
점 같은 큰 눈 1쌍이
눈에 띈다.

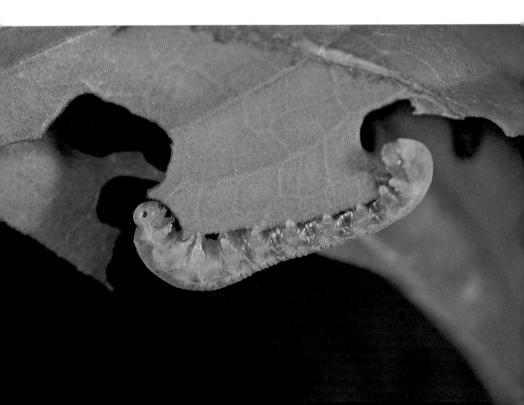

산호랑나비 애벌레
는 가슴다리 3쌍, 배
다리 4쌍, 꼬리다리
1쌍을 가지고 있다.
—

데, 까만 점이 콕 박힌 것 같은 굉장히 큰 눈 한 쌍이 눈에 확 띕니
다. 나비류 애벌레의 눈은 한쪽에 6개씩 총 12개가 있는데, 모두 너
무 작아서 맨눈으론 볼 수 없습니다. 또 다른 차이는 다리 개수입
니다. 두 녀석은 모두 진짜 다리인 가슴다리를 3쌍씩 가지고 있지
만 꼬리다리를 포함하여 가짜 다리(헛다리)인 배다리 수는 다릅니
다. 나비류 애벌레는 배다리를 최대 5쌍을 가지고 있고, 잎벌류 애
벌레는 최소 6쌍을 가지고 있습니다. 한마디로 말하면 잎벌류 애
벌레의 다리 수가 나비류 애벌레보다 더 많습니다.

패랭이꽃과

나
비
들

노랑애기나방

날개에 투명한 점무늬를 가진
노랑애기나방 어른벌레가 긴 주둥이를 꺼내
꽃꿀을 빨아 먹고 있습니다.

지금이야 연육교가 놓여 차로 가지만
얼마 전까지만 해도 배를 타고 섬 조사를 다녔습니다.
배가 그림처럼 떠 있는 소박한 섬들 사이를 지납니다.
수십 개의 섬을 비켜 가니 드디어 비금도입니다.
비 갠 섬.
비 온 뒤라 습기가 많아 무덥습니다.
그래도 바닷바람이 수시로 불어 견딜 만합니다.
윙윙 부는 바닷바람을 등지고 풀밭 길을 걷습니다.
무성하게 자란 초록빛 풀 사이로 진분홍빛 꽃이 몇 무더기 피어 있습니다.
초록빛 풀들만 가득 찬 풀밭이라서
진분홍빛이 유난히 도드라지고 빛이 납니다.
여름쯤에나 만나는 패랭이꽃이군요. 너무 흔해 그냥 지나쳤던
패랭이꽃을 섬에서 만나니 느낌이 사뭇 다릅니다.
빗방울이 아직도 꽃잎 위에 방울방울 맺혀 있어 영롱합니다.
잠시 발길을 멈추고 패랭이꽃과 눈 맞춥니다.
참 희한하지요. 우리 들꽃은 들여다보면 볼수록
아기자기하고 새록새록 정이 가니 말이지요.
짙게 화장한 것 같은 원예종과는
품격이 다릅니다.

패랭이꽃

이 꼭지는 패랭이꽃을 먹이식물로 하는 곤충 이야기입니다.

패랭이 모자 닮은
패랭이꽃

들꽃은 가까이 보아야 더 예쁘고 빛이 납니다. 패랭이꽃은 우리 산과 들 볕이 잘 드는 쪽에 늘 자라니 맘만 먹고 찾으면 눈에 쏙 들어옵니다. 패랭이꽃은 이름 그대로 패랭이 모자와 똑 닮아서 패랭이꽃을 뒤집어 놓으면 예쁜 패랭이 모자가 됩니다. 패랭이는 봇짐장수(보부상)나 역졸(역에서 일하는 하인)이 쓰는 모자였습니다. 봇짐장수는 패랭이에 목화송이나 가짜 꽃을 꽂았고, 역졸은 검은색 패랭이를 썼습니다.

어버이날 하면 떠오르는 카네이션 꽃은 패랭이꽃을 개량한 것입니다. 패랭이꽃은 종류가 많은데, 카네이션은 패랭이꽃들끼리 접붙인 뒤 여러 차례 품종을 개량해서 만들었다고 합니다. 이렇게 만들어지다 보니 야생성을 잃어 수술과 암술이 제 역할을 못해 씨앗

—
패랭이꽃은 패랭이 모자처럼 생겼다.

패랭이꽃   패랭이꽃 색변이

수염패랭이꽃   술패랭이꽃

을 못 맺는 '불임 꽃' 신세가 되었지요. 많이 팔아 이익을 보려는 욕심이 빚어낸 결과입니다. 어버이날 카네이션을 볼 때마다 참 안쓰럽습니다.

패랭이꽃에 모인
곤충

장맛비가 며칠 내리더니 모처럼 해가 쨍합니다. 쏟아지는 비에 옴짝달싹 못 하던 굶주린 곤충들이 바빠집니다. 패랭이꽃에도 쉴 새 없이 날아듭니다. 정성껏 차려 놓은 잔칫상에 곤충들이 모여드니 패랭이꽃은 즐겁기만 합니다. 잔칫날에는 구경꾼이 있어야 제격이지요. 구경꾼을 자청하고 패랭이꽃 앞으로 살그머니 다가갑니다. 땅바닥에 자리 잡고 앉아 잔칫상에 날아오는 손님이 누군지 느긋하게 구경합니다.

손님 중에는 나비류 어른벌레가 많군요. 아무래도 여름이다 보니 때를 만난 나비류나 나방류가 맘껏 활개를 칩니다. 파리류도 날아오고 꽃등에류도 날아옵니다. 30분 사이에 패랭이꽃에 찾아온 손님을 보니 나비류 5종, 나방류 4종으로 나비목 곤충들이 많습니다. 그리고 파리목 손님도 5종(파리류 3종, 꽃등에류 2종)이나 날아오고 딱정벌레목의 꽃하늘소와 바구미류도 찾아왔습니다. 종류를 보면 나비목 곤충이 단연 1등입니다.

꽃에 머무르는 시간도 살펴봅니다. 예상했던 대로 패랭이꽃에 오래도록 앉아서 식사를 즐기는 녀석은 나비류 어른벌레입니다.

꽃하늘소

파리류가 날아와 꽃가루를 먹기는 해도 나비류처럼 오래 앉아 있
지 않습니다. 어떤 파리류는 잠시 꽃잎에 앉았다 뭐가 맘에 안 드
는지 위-잉 날아가 버립니다. 왜 그런지 궁금해 자꾸 꽃을 살펴봅
니다. 답은 패랭이꽃의 어정쩡한 생김새에 있군요. 모양새를 딱 보
니 패랭이꽃은 나비목 곤충을 위해 피어났습니다. 어른 나비들만
편애하는 패랭이꽃이 어떻게 생겼나 볼까요?

수술 먼저
암술 나중에

먼저 패랭이꽃의 수술은 몇 개일까요? 모두 10개입니다. 그런
데 패랭이꽃을 위쪽에서 잘 들여다보면 수술이 몇 개밖에 보이지
않습니다. 게다가 암술은 어디에 있는지 보이지도 않습니다. 이 꽃
저 꽃 꼼꼼히 들여다봐도 수술은 많아야 대여섯 개 정도입니다. 꽃
가루를 달고 있는 수술도 있고, 꽃가루가 다 떨어져 풀 줄기처럼
밋밋한 수술도 있습니다. 수술에게 무슨 일이 일어난 걸까요? 재밌
게도 패랭이꽃의 수술은 한꺼번에 성숙해지지 않고 얼마만큼 시간
간격을 두고 자랍니다. 중매가 좀 더 잘 이루어지도록 하려는 수술
의 '시간차 전략'이지요.

패랭이꽃에게 미안하지만 꽃 한 송이를 따서 꽃받침을 살살 젖
혀 봅니다. 꽃받침 속에 숨어 있는 하얀 속살(꽃잎 아랫부분)이 참
맑습니다. 꽃잎 하나를 살짝 떼어 냅니다. 수술 10개와 암술 1개가

들어 있군요. 꽃잎 속에 촘촘히 모여 있는 수술 중에서 5개는 '롱다
리'고 나머지 5개는 '숏다리'입니다. '롱다리' 수술 5개는 키가 훌쩍
커 꽃잎 밖으로 나와 있고, 이미 성숙해 꽃가루주머니가 터져 보랏
빛 꽃가루가 다닥다닥 붙어 있군요. '숏다리' 수술 5개는 어떻게 하
고 있을까요? '숏다리' 수술은 아직 성숙하지 않은 채 꽃잎 속에 있
습니다. 그래도 수술인지라 수술 끝에 보랏빛 꽃가루주머니가 달
려 있습니다. '숏다리' 수술은 조금씩 자라는데, 성숙한 '롱다리' 수
술의 꽃가루가 없어질 즈음이면 꽃잎 밖으로 쭉 뻗어 나와 있습니다.

왜 10개의 수술은 한꺼번에 꽃가루주머니를 터뜨리지 않을까
요? 영양분을 효율적으로 쓰려는 것입니다. 꽃을 피운다는 건 광합
성을 해 모아 둔 영양분을 많이 쓴다는 것입니다. 비록 수술은 10
개이지만 꽃가루주머니를 나누어 터뜨리면 패랭이꽃이 꽃가루를
가지고 있는 기간이 길어지고 그만큼 꽃가루받이를 할 수 있는 기
회도 많아집니다. 꽃가루를 터뜨렸을 때 다행히 날씨가 좋아 중매
곤충들이 모이면 아무런 문제가 없지만 비가 오거나 바람이 쌩쌩
불면 날씨 변화에 예민한 곤충들이 꽃에 날아올 수가 없습니다. 게
다가 꽃가루주머니는 수술대 끝에 T자 모양으로 아슬아슬하게 매
달려 있어 언제 무슨 일로 뚝 떨어질지 모릅니다. 그러니 패랭이꽃
수술의 '시간차 전략'은 가문을 잇는 데 공헌을 합니다.

이제 암술을 볼까요? 암술은 아직 성숙하지 않아 꽃잎 밖으로
나오지 않았네요. 또 암술대 끝에는 암술머리가 붙어 있지 않습니
다. 왜일까요? 거기에는 속 깊은 사정이 있습니다. 자기꽃가루받이
를 피하려는 것입니다. 만약 자기꽃가루받이가 일어나면 유전자
군이 다양하지 않아 극심한 환경 변화에 적응할 기회가 적고, 열성

유전자가 발현할 가능성이 있어 후대로 갈수록 생존력이 약해집니다. 그래서 패랭이꽃은 수술을 암술보다 먼저 피웁니다. 수술 10개가 꽃가루를 다 퍼뜨리고 나면 꽃잎 속에 숨어 있던 암술이 비로소 성숙하기 시작합니다. 암술은 쑥쑥 자라면서 끝부분이 두 갈래로 갈라집니다. 암술이 꽃잎 밖으로 나왔을 땐 두 갈래의 끝부분이 카이저수염처럼 약간 말려 있습니다. 두 갈래로 갈라진 암술 표면에는 짧은 털들이 촘촘히 나 있어 꽃가루를 잘 붙잡을 수 있습니다.

패랭이꽃 수술과 꿀 안내판

패랭이꽃은 하늘 바라기

패랭이꽃은 '하늘 바라기'입니다. 늘 하늘만 쳐다보고 피지요. 옆모습을 보면 키 작은 트럼펫 같습니다. 원통 모양의 연초록빛 꽃받침은 2센티미터로 제법 길어 꽃잎을 포대기처럼 푹 감쌉니다. 꽃잎은 모두 5장인데 둥근 식탁에 빙 둘러앉은 것처럼 가지런히 모여 있습니다. 꽃잎이 가지런히 모여 있으니 500원짜리 동전만 하군요.

재밌게도 꽃잎을 잘 보면 진한 세로줄 무늬가 꽃잎 안쪽으로 달려가고 있습니다. 게다가 꽃잎 안쪽엔 짙은 보랏빛 물결무늬까지 새겨져 있군요. 마치 꽃잎 위에 꽃반지 한 개를 떨어뜨린 것 같습니다. 짙은 무늬가 그려진 꽃잎의 한가운데에는 암술과 수술, 그리고 꽃꿀이 있습니다.

패랭이꽃은 꽃꿀을 깊이 숨겨 두었다.

패랭이꽃은 꿀과 꽃가루로 곤충의 관심을 끕니다. 꽃의 가장 깊은 곳에 꽃꿀을 묻고, 꽃의 가장 윗부분에 꽃가루를 펼쳐 놓습니다. 그러다 보니 '꿀 전문가' 나비류 어른벌레는 빨대처럼 긴 주둥이로 꽃꿀을 빨아 먹고, '꽃가루 전문가' 꽃등에류는 넓적한 주둥이로 꽃가루를 핥아 먹습니다. 물론 꽃하늘소 같은 딱정벌레목 곤충은 큰턱이 잘 발달해서 꽃가루를 씹어 먹기도 합니다. 하지만 짧은 주둥이를 가진 파리류나 딱정벌레목 곤충에게 깊은 곳에 있는 꽃꿀은 그림의 떡입니다. 그러면 꽃가루라도 많아야 하는데 달랑 10개의 수술에 붙은 꽃가루가 전부고, 그마저도 꽃가루를 조금씩 달아 놓아서 먹을 것이 별로 없습니다.

왜 패랭이꽃은 중매쟁이 곤충을 위해 '꽃가루' 밥상을 차리는 데 인색할까요? 그 까닭은 비용(영양분)을 절약하기 위해서입니다. 꽃가루도 듬뿍 만들고 꽃꿀도 듬뿍 만들려면 비용이 이만저만 들어가는 게 아닙니다. 그래서 꽃가루는 적당히 만들고 대신에 꽃꿀을 만드는 데 거의 모든 비용을 쏟습니다.

사실 꽃 모양만 봐도 '나비 전용 꽃'이란 것을 금방 알 수 있습니다. 패랭이꽃은 갈래꽃인데도 통꽃처럼 기다란 꽃잎을 가졌습니다. 통꽃은 대체로 꽃잎이 깁니다. 정성껏 만든 꽃꿀은 기다란 꽃잎이 끝나는 가장 깊은 곳에 있습니다. 주둥이가 긴 어른 나비에게만 '꽃꿀 밥상'을 차려 주겠다는 거지요. 그렇게 깊은 곳에 꽃꿀을 숨겨 놓았는데, 나비는 어떻게 꽃꿀을 찾아낼까요? 꽃잎에 꿀 안내판을 그려 놓으면 됩니다. 패랭이꽃은 진한 유화 물감으로 그린 것처럼 짙은 보랏빛 무늬를 꽃잎 안쪽에 빙 둘러 새겨 넣습니다. 패랭이꽃의 작전은 제대로 맞아떨어졌습니다. 패랭이꽃을 찾아온 나

비들은 곧바로 강렬한 색깔의 꿀 안내판을 따라 꽃가루와 꽃꿀이 있는 곳으로 향합니다.

꽃꿀은 중매쟁이 곤충을 끌어들이는 데 일등 공신입니다. 그런데 비용이 많이 든 값비싼 꽃꿀을 공짜로 줄 수는 없습니다. 꽃꿀을 먹는 곤충의 몸에 어떻게든 꽃가루를 묻혀야 합니다. 그래서 꿀로 이어진 통로의 입구에 수술과 암술을 세워 놓습니다. 나비들이 꽃꿀을 먹으려고 할 때 얼굴과 몸에 꽃가루를 듬뿍 묻히려고 말이지요. 사실 패랭이꽃은 곤충이 꽃꿀만 먹고 중매를 서지 않을까 봐 스트레스를 엄청 받습니다. 그래서 꿀샘을 될 수 있는 대로 깊은 곳에다 만들어 놓지요.

꿀이 깊은 곳에 있으면 꿀을 먹는 곤충의 주둥이는 오랜 세월 동안 적응 과정을 통해 길어지는 쪽으로 진화할 수밖에 없습니다. 주둥이가 짧은 녀석보다 주둥이가 긴 녀석이 꽃꿀을 더 잘 먹을 수 있어 생존에 유리합니다. 당연히 생존에 유리한 유전자가 '자연 선택'되어 후손이 물려받게 됩니다. 어쩌면 먼 훗날 지금은 알 수 없는 어떤 환경 요인 때문에 패랭이꽃이 꽃꿀을 지금보다 더 깊은 곳에 숨겨 둘지도 모릅니다. 그러면 꽃꿀을 먹는 곤충들의 주둥이도 그만큼 길어질까요? 모르는 일입니다. 나비류가 너무 깊은 곳에 있는 꿀을 포기할지도 모르지요. 그러면 자연 선택 과정을 통해 패랭이꽃은 꿀샘을 지금보다 더 얕은 앞쪽에 만들어 놓을지도 모릅니다. 진화란 적응을 잘한 놈이 살아남는 과정이니 패랭이꽃과 나비류의 얽히고설킨 관계가 앞으로 어떻게 진행될지 궁금합니다.

여덟무늬알락나방
등장

마침 패랭이꽃에 나방 한 마리가 등장합니다. 너무도 예쁜 여덟
무늬알락나방입니다. 낮에 웬 나방이냐고요? 나방이라고 모두 밤
에만 돌아다니는 것은 아닙니다. 자나방류나 알락나방류 같은 나
방들은 낮에 돌아다니며 꽃꿀을 먹습니다.

분홍색 패랭이꽃을 멀리서 발견하고 찾아왔는지 여덟무늬알락
나방은 곧장 꽃잎에 내려앉습니다. 신기하게도 꿀 안내판이 그려
진 꽃잎 한가운데에 정확히 내려앉습니다. 배가 고팠는지 주위도
살피지 않고 용수철처럼 말린 까만 머리카락 같은 가느다란 주둥
이를 쭉 펴고는 꽃에 이리저리 몇 번 찔렀다 뺐다 합니다. 그리고

여덟무늬알락나방
어른벌레

는 꽃 한가운데에 정확히 찔러 넣습니다. 주둥이가 깊이 들어갈수록 녀석의 머리도 꽃 속으로 따라 들어갑니다. 그만큼 꿀이 깊은 곳에 있나 봅니다. 5초쯤 지났을까? 꽃 속으로 들어간 녀석의 머리가 천천히 들리더니 주둥이도 올라옵니다. 주둥이를 완전히 꺼내더니 2초 정도 움찔거리다 또 꽃꿀을 먹으려고 주둥이를 꽃 속에 살살 집어넣습니다.

녀석이 꽃꿀을 먹을 때 모습을 볼까요? 먼저 주둥이를 푹 꽂아 넣은 다음 절구질하듯이 주둥이를 살짝 뺐다 넣고 또 살짝 뺐다 넣고 되풀이하면서 빨아 먹습니다. 이때 다리 6개가 몸의 균형을 잡느라 이리저리 움직입니다. 그러는 사이 패랭이꽃의 꽃가루가 녀석의 다리에, 배 쪽 털에, 주둥이에, 주둥이 가에 있는 비단결처럼 고운 털에 묻습니다. 패랭이꽃이 간절히 원하는 '희망 사항'을 시키지도 않았는데 녀석이 스스로 알아서 잘도 합니다. 그 모습이 하도 예뻐 찰칵찰칵 사진을 찍는데도 아랑곳하지 않고 꿀만 먹습니다. 어지간히 배가 고팠나 봅니다.

여덟무늬알락나방은 몸매가 호리호리하고 자그마해서 귀엽습니다. 몸 색깔은 정말 눈부시게 예쁩니다. 겉날개만 빼고 온몸이 사파이어 보석처럼 짙은 푸른색으로 휘황찬란하게 빛납니다. 게다가 날개는 더 화려합니다. 검은 천에 샛노란 물방울무늬를 대담하게 그려 넣었지요. 한 개도 아니고 여덟 개씩이나 큼직큼직하게 그려 놨으니 감각이 참 대담합니다. 물방울무늬 때문에 여덟무늬알락나방이라고 부르니 이름을 기억하기가 참 쉽습니다. 일 년 가운데 6월과 7월 여름에만 어른벌레를 볼 수 있는데, 운이 좋으면 짝짓기하는 광경도 볼 수 있습니다.

패랭이꽃 꿀을 먹는
여덟무늬알락나방

3

4

여덟무늬알락나방의 암컷과 수컷은 어떻게 구별할까요? 더듬이를 보면 알 수 있습니다. 수컷의 더듬이는 빗살처럼 생겼고, 암컷의 더듬이는 수컷보다 단순해 실처럼 생겼습니다. 왜 수컷은 더듬이가 발달했을까요? 짝짓기할 때가 되면 암컷은 수컷을 유혹하기 위해 성페로몬을 내뿜습니다. 수컷은 공기 중에 떠다니는 성페로몬을 찾아내야 합니다. 이때 수컷의 빗살 같은 더듬이가 큰 몫을 하는데, 더듬이에 수없이 박힌 감각 기관이 성페로몬 물질을 용케도 잘 걸러 냅니다. 그러니 더듬이가 클수록 감각 기관이 많아서 암컷이 풍기는 성페로몬 냄새를 맡기에 유리합니다.

한참 꿀 식사 삼매경에 빠져 있는데, 또 다른 나방 한 마리가 날아옵니다. 밥 먹다 놀란 여덟무늬알락나방이 화들짝 놀라 바로 옆 꽃으로 날아가 앉습니다. 몸에는 패랭이꽃 꽃가루가 잔뜩 묻었으니 그 가운데 단 하나의 꽃가루만 암술머리에 떨어져도 여덟무늬알락나방은 밥값을 제대로 한 셈입니다. 중매를 했으니까요.

여덟무늬알락나방
애벌레가 억새풀을
자로 잰 듯이 반듯
하게 잘라 먹었다.

노랑애기나방
등장

　이번에 날아온 나방은 더 화려한 게 예사롭지 않습니다. 이름도 귀여운 노랑애기나방입니다. 녀석도 정확하게 꽃잎 위에 내려앉습니다. 몸이 육중해서 패랭이꽃이 잠시 휘청입니다. 그래도 귀한 손님이니 패랭이꽃은 녀석을 반갑게 맞아 꿀을 대접합니다. 노랑애기나방은 몸이 굵어서인지 주둥이도 굵직합니다. 얼핏 보니 여덟무늬알락나방보다 두 배나 더 굵습니다. 머리 밑에 또르르 말아 둔 주둥이를 쭉 빼내 꿀샘에 넣는군요. 주둥이가 굵으니 꽃 속에 힘차게 쑥 넣습니다. 날개를 활짝 펼치고 앉아 주둥이만 넣었다 뺐다 반복하면서 꿀을 마음껏 빨아 마십니다.

　바람이 몹시 붑니다. 패랭이꽃이 마구 흔들거립니다. 꽃잎에 앉은 노랑애기나방도 덩달아 흔들립니다. 떨어지지 않으려고 균형을

노랑애기나방 날개에는 투명한 큰 무늬가 있다.

잡느라 여섯 다리를 고쳐 앉고 또 고쳐 앉습니다. 그러는 동안 패
랭이꽃의 꽃가루가 저절로 녀석의 털에 철썩철썩 달라붙습니다.
그러든 말든 녀석은 주둥이를 꿀샘에 꽂고서 식사 삼매경에 빠져
있습니다. 희한하게도 녀석은 패랭이꽃이 바람에 흔들거려도 도망
가지 않더니 제 손이 조금만 가까이 가도 귀신처럼 알아차리고 날
아가 버립니다. 제 손에서 바람과 다른 온도를 느꼈기 때문일 것입
니다. 녀석의 몸에는 더듬이며 털이며 감각 기관이 많아 아주 작은
변화까지 잘도 감지합니다.

녀석은 아무리 봐도 벌을 닮았습니다. 몸에 비해 몸통이 유난히
퉁퉁해서 날 때는 엄청 둔해 보입니다. 그 퉁퉁한 몸통에 말벌 같
은 무늬가 그려져 있습니다. 몸통만 보면 영락없는 벌입니다. 몸에
독이 없는 녀석이 천적을 쫓아내려고 힘센 벌의 몸을 흉내 낸 것입
니다.

뭐니 뭐니 해도 노랑애기나방은 날개가 예술입니다. 무엇보다
검은색 날개에 박힌 커다랗고 둥그런 무늬가 제 눈을 사로잡습니
다. 무늬는 투명한 막질이어서 속이 다 비치는데, 그 투명한 무늬
에 비치는 패랭이꽃의 연분홍빛이 얼마나 고운지 모릅니다. 그런
데 패랭이꽃에 비상이 걸렸습니다. 살받이게거미 한 마리가 패랭
이꽃에 나타났습니다. 노랑애기나방이 날아와 꽃꿀을 먹고 있는
것을 어찌 알았을까요? 잰걸음으로 꽃잎 위에 올라옵니다. 노랑애
기나방을 잠시 노려보더니 눈 깜짝할 사이에 다리 8개를 벌려 녀
석을 낚아챕니다. 하지만 실패군요. 노랑애기나방이 거미를 뿌리
치고 부리나케 날아갑니다. 뚱뚱한 몸을 이끌고 잘도 납니다. 체면
을 구긴 거미는 아쉬운 듯 그냥 꽃잎 위에 앉아 있군요. 제가 생각

하기에도 아무리 거미라지만 제 몸보다 10배나 큰 노랑애기나방을 사냥하는 건 무리인 것 같습니다. 거미 말고도 풀잠자리류 애벌레도 패랭이꽃을 찾아오는 곤충을 사냥하려고 꽃잎 위에 앉아 기다리고 있습니다. 패랭이꽃 한 송이에서도 많은 생명들이 자기만의 방식대로 살아가고 있어 생동감 넘칩니다.

여덟무늬알락나방과 노랑애기나방 말고도 패랭이꽃을 찾아온 손님이 더 있습니다. 막 어른벌레로 탈바꿈한 왕팔랑나비, 남방부전나비 떼거리, 암먹부전나비, 푸른부전나비, 굴뚝알락나방, 그리고 남쪽에서만 볼 수 있는 흰뱀눈나비가 패랭이꽃을 들락날락거리며 착실하게 중매를 서 주었습니다. 꽃등에류 가운데에는 꽃등에, 꼬마꽃등에, 호리꽃등에 같은 반가운 손님도 찾아왔습니다. 몸집이 큰 꽃하늘소도 찾아와 잠시 머물다 갑니다.

감자와

큰이십팔점박이무당벌레

감자 꽃

우거진 감자 잎들 위로
자줏빛 감자 꽃이 활짝 피었습니다.

6월 햇살이 눈부십니다.

운길산 가는 길. 산자락을 따라 난 길을 걷습니다.

초록빛 풀과 나무들이 싱그럽습니다.

한참 걷다 보니 길옆에 감자밭이 널따랗게 펼쳐집니다.

누가 가꿨는지 밭고랑이 잡초 하나 없이 말끔하네요.

어느새 발길은 푹신한 흙이 덮인 밭고랑에 가 있습니다.

싸한 감자 냄새가 코끝까지 올라옵니다.

무성한 잎사귀 틈에서 벌써 감자 꽃이 피었군요.

감자 잎을 이리저리 뒤적여 봅니다.

역시 감자 잎마다 큰이십팔점박이무당벌레들이 딱 붙어 있군요.

죄다 감자 잎을 먹고 있습니다.

큰이십팔점박이무당벌레

이 꼭지는 딱정벌레목 무당벌레과 종인 큰이십팔점박이무당벌레(*Henosepilachna vigintioctomaculata*)와
먹이식물인 감자 이야기입니다.

있으나 마나 한
감자 꽃

　실은 우리가 즐겨 먹는 감자는 줄기입니다. 잎사귀에서 왕성하게 광합성을 해 만든 영양분을 땅속에 있는 줄기로 날라서 모으다 보니 가느다란 줄기가 살이 쪄 큰 덩어리로 된 것이죠. 감자의 고향은 페루에서 볼리비아에 걸쳐 있는 안데스산맥입니다. 이곳에 쳐들어온 스페인 사람들이 16세기 후반에 자기네 나라로 가져간 뒤부터 세계 곳곳에 널리 퍼지게 되었습니다. 어쩌다 산 넘고 물 건너 낯선 우리 땅까지도 흘러들었지요.

　감자도 꽃을 피웁니다. 감자 꽃은 약간 도톰한 것이 한지로 접은 종이꽃 같습니다. 감자 꽃은 하얀색 또는 자주색입니다. 꽃잎은 얕은 술잔처럼 생긴 통꽃이고 끝부분이 5갈래로 나뉘어 있습니다. 핫도그처럼 통통하고 노란빛을 띤 수술 5개가 암술 하나를 둘러싸고 있습니다. 자기꽃가루받이를 피하려고 암술이 먼저 성숙합니

자주색 감자 꽃에
날아온 물결넓적꽃
등에

다. 키가 큰 암술이 성숙할 때까지 수술은 꽃가루주머니를 터뜨리지
않습니다. 재미있게도 자주색 꽃잎에는 꿀 안내판이 선명하게 그
려져 있습니다. 암술과 수술이 있는 꽃잎 안쪽의 노란색 부분이 꿀
안내판입니다.

어떤 곤충이 찾아오는지 신경을 곤두세우고 봅니다. 20분 남짓
지났는데도 실망스럽게 꽃등에 2마리, 꿀벌 3마리가 전부입니다.
꽃의 구성 요소를 갖췄는데도 가뭄에 콩 나듯 찾아오니 참 이상합
니다. 약을 뿌린 걸까요? 다행히 감자는 중매 곤충이 오지 않아도
후손을 잇는 데 문제가 없습니다. 꽃가루받이가 되지 않아 열매를
못 맺어도 줄기 덩이에서 새싹을 내 대를 이어 가면 됩니다. 사실
꽃가루받이가 된다 해도 감자는 재배 작물이라 열매가 여물기 전
에 감자 덩이를 캡니다. 사람들이 식량으로 애지중지 키우는 덕에
대가 끊길 일은 당분간 없을 것입니다.

큰이십팔점박이무당벌레와
감자 잎

감자 꽃을 감상하다 감자 잎으로 눈을 돌립니다. 낯익은 무당벌
레 몇 마리가 감자 잎에 머리를 박고 있군요. 뭐 하나 보니 식사 중
입니다. '이상하다. 무당벌레는 진딧물이나 힘없는 곤충을 잡아먹
는데, 이 녀석은 잎사귀를 다 먹네. 그리고 보니 생김새도 무당벌
레와 좀 다르구나. 몸에 털도 있고 점도 많고.' 녀석은 무당벌레 세

계의 이단아 '큰이십팔점박이무당벌레'입니다. 등에 붙은 딱지날
개에 점이 무려 스물여덟 개나 박혀 있으니 누구나 쉽게 알아볼 수
있지요. 바로 옆 잎사귀에도 또 한 마리, 그 옆 잎사귀에도 또 한 마
리, 오늘이 무슨 잔칫날인가 봅니다.

식사 중인 녀석을 들여다보며 점을 셉니다. 하나, 둘, 셋… 정말
주황색 딱지날개에 있는 까만 점이 스물여덟 개입니다. 게다가 등
(피부)에는 짧은 털들이 빽빽하게 덮여 있습니다. 털들은 서 있지
않고 빗자루로 쓸어내린 듯이 누워 있습니다. 점이 많은 데다가 털
도 많은, 별 희한한 무당벌레가 다 있네요. 누워 있는 털 사진을 찍
으려 가까이 다가가니 잎 아래로 뚝 떨어져 버립니다. 여섯 다리와
더듬이를 배 쪽으로 오그려 붙이고 뒤집혀서 죽은 듯 꼼작하지 않
습니다. 실은 죽은 척하는 것이 아니고 얼마 동안 혼수상태에 빠진
것입니다. 죽은 거나 마찬가지로 보고, 전문 용어로 가사 상태라고
합니다. 제정신이 돌아오려면 몇 분 정도 지나야 합니다.

희한한 걸로 치면 더 이상한 것이 있습니다. 큰이십팔점박이무
당벌레가 진딧물은 안 잡아먹고 잎사귀를 먹으니 말입니다. 무당
벌레 하면 '진딧물 해결사', '살아 있는 농약', '착한 곤충'이라고 소
문이 자자한데 녀석은 잎사귀를 먹고 있네요. 그것도 사람들이 식
량으로 애지중지 가꾸며 돌보는 감자, 가지, 토마토, 까마중 같은
가지과 식물의 잎사귀만 골라 먹습니다. 그러니 농부들에게 '나쁜
곤충', '해충'으로 찍혔지요. 세계적으로 무당벌레과 곤충 가운데
식물을 먹는 식식성 곤충은 그리 많지 않습니다. 2021년까지 알려
진 우리나라에 사는 무당벌레과 곤충은 98종인데, 그 가운데 식식
성 무당벌레류는 8종으로 매우 적은 편입니다. 예를 들면 가지과

식물을 먹는 큰이십팔점박이무당벌레와 이십팔점박이무당벌레, 물푸레나무과 식물을 먹는 곱추무당벌레, 꼭두선이과 식물을 먹는 중국무당벌레, 노랑하늘타리 잎을 먹는 노랑하늘타리무당벌레가 있습니다.

감자 잎과 큰이십팔점박이무당벌레의 팽팽한 접전

큰이십팔점박이무당벌레는 대담합니다. 감자 잎 위에서 천연덕스럽게 앉아 식사를 즐기니 말입니다. 물론 감자 잎 뒷면에서도 식사를 합니다. 감자 싹에서 잎사귀가 피어나기 무섭게 날아온 큰이십팔점박이무당벌레. 어떻게 감자밭을 찾아왔을까요?

애초에 감자는 야생이었을 때부터 곤충과 밀고 당기는 경쟁을 벌였습니다. 감자 입장에서는 대를 잇기 위해 광합성을 해 영양분을 줄기에 저장하기도 하고 꽃을 피워 열매를 맺기도 하는데 초식동물들이 시도 때도 없이 찾아와 잎을 뜯어 먹으니 생존과 번식에 위협을 느꼈을 것입니다. 그래서 오랜 진화 과정을 거치며 독 물질을 만들어 몸속에 지니게 되었습니다. 감자가 공들여 만들어 낸 방어 물질 중 하나는 옥살산염입니다.

$$\begin{array}{c|c} 1 & \\ \hline 2 & 3 \\ \hline 4 & 5 \end{array}$$

1. 곱추무당벌레 애벌레
2. 중국무당벌레 어른벌레
3. 중국무당벌레 애벌레
4. 노랑하늘타리무당벌레 어른벌레
5. 노랑하늘타리무당벌레 애벌레

초식 동물들은 독이 든 감자 잎을 먹는 것을 꺼리기 때문에 감자 입장에선 방어 물질을 몸에 지닌 효과를 톡톡히 보고 있습니다. 그런데 몇몇 곤충이 방어 물질을 지닌 감자 잎을 계속 먹습니다. 그 가운데 대표적인 녀석이 바로 큰이십팔점박이무당벌레와 이십팔점박이무당벌레지요. 아주 먼 조상 시절로 거슬러 올라가면 처음엔 감자 잎을 먹다가 죽기도 했을 것이고, 토하기도 했을 것으로 생각됩니다. 하지만 조상들은 포기하지 않고 오랫동안 잎을 뜯어 먹으면서 마침내 감자 잎의 독에 내성이 생긴 것으로 보입니다. 감자가 풍기는 냄새는 어느새 녀석들을 불러들이는 유인제도 되고, 입맛을 돋우는 식욕 촉진제도 되었습니다.

이쯤이면 큰이십팔점박이무당벌레의 판정승입니다. 녀석들이 지금보다 더 욕심을 부려 감자 잎을 모조리 뜯어 먹으면, 감자가 또 다른 대책을 내놓을지도 모릅니다. 진화의 방향은 예측하기 힘들지만 감자가 대를 이으며 살아남을 방법을 찾지 않을까요? 이처럼 큰이십팔점박이무당벌레와 감자는 밀고 당기는 보이지 않는 게임을 하면서 지금까지 살아왔습니다.

지금은 짝짓기 중

햇볕 좋은 날 감자 잎에서 큰이십팔점박이무당벌레가 짝짓기를 합니다. 한 녀석이 엉금엉금 기어 와 잎사귀 밥을 먹고 있는 녀석의 등 위로 자꾸 올라가려고 합니다. 밥 먹고 있는 녀석은 암컷이고, 등 위로 올라가려는 녀석은 수컷입니다. 수컷은 짧은 더듬이를 꿈틀거리며 암컷의 머리를 툭툭 건드립니다. 머리 쪽으로 올라가려다 옆으로 떨어집니다. 다시 꽁무니 쪽으로 가서 앞다리로 암컷의 등을 잡고 뒤뚱뒤뚱 올라갑니다. 공처럼 둥근 등을 올라가는 게 쉽지 않습니다. 이번에도 실패. 녀석은 다시 암컷 등 위로 힘겹게 올라가 앞다리와 가운뎃다리로 찰싹 붙이듯 암컷 등을 붙잡습니다.

자세히 보니 수컷 다리의 두 번째, 세 번째 발목마디가 영락없는 하트 모양이군요. 물건을 잘 잡을 수 있게 옆으로 넓게 늘어나 있습니다. 게다가 하트 모양 발목마디 아랫면에는 까끌까끌한 털들이 빼곡하게 붙어 있고, 발목마디 끝에는 날카로운 발톱까지 달려 있습니다. 그래서 암컷 등에서 떨어지지 않고 잘 잡을 수 있습니다. 수컷은 다리가 짧아 등이 공처럼 볼록한 암컷을 뒤에서 끌어안기가 힘듭니다. 그래서 뒷다리를 잎 위에 버티어 선 채 앞다리와 가운뎃다리로 암컷 등을 잡았습니다. 이 때문에 짝짓기 자세가 영엉거주춤한 것이지요. 수컷이 배 끝을 길게 늘여 암컷의 배 끝에 대고, 암컷은 앉은 채로 배 끝을 약간 내밉니다. 수컷의 노란 생식기가 암컷의 생식기 속으로 미끄러지듯 들어갑니다. 눈 깜짝할 사이에 짝짓기에 성공합니다.

그런데 비상사태 발생! 다른 수컷이 또 찾아왔습니다. 아마 암컷이 내뿜은 성페로몬 냄새를 뒤늦게 맡은 것 같습니다. 다른 수컷은 짝짓기를 하는 부부에게 다가와 다짜고짜 신랑 수컷에게 달려듭니다. 놀란 신랑이 뒷다리로 수컷을 찹니다. 그래도 다른 수컷은 자꾸 신랑의 등 위로 올라오고 당황한 신랑은 신부를 꼭 잡은 채 계

큰이십팔점박이무당벌레가 짝짓기를 하고 있다.

다른 수컷 큰이십팔점박이무당벌레가 뒤늦게 성페로몬 냄새를 맡고 왔다.

속해 수컷을 내칩니다. 그래도 포기하지 않는 다른 수컷. 참 끈질
깁니다. 마침내 다른 수컷이 신랑의 등을 잡습니다. 모양새가 우스
워졌습니다. 짝짓기 중인 신부와 신랑, 그리고 수컷이 나란히 엉거
주춤 줄지어 섰습니다. 다른 수컷이 너무도 급했는지 신랑 배 끝에
다 자기 생식기를 집어넣으려고 안달입니다.

왜 다른 수컷은 다른 암컷도 많은데 굳이 짝짓기 중인 신부를 찾
아왔을까요? 암컷이 풍긴 페로몬 때문입니다. 다른 수컷은 암컷이
풍긴 성페로몬 냄새를 맡고 흥분이 되어 있는 상태라 오직 짝짓기
에만 몰두해 있습니다.

이렇게 곤충들은 짝짓기할 때가 되면 성페로몬을 내뿜어 짝짓기
상대를 유혹합니다. 성페로몬은 대부분 암컷이 분비합니다. 암컷
큰이십팔점박이무당벌레가 뿜은 성페로몬 향기는 오로지 큰이십
팔점박이무당벌레 수컷만 맡습니다. 공기를 타고 돌아다니는 페로
몬 냄새를 맡는다는 건 아주 어려운 일이지요. 공기 중에 떠다니는
수많은 냄새 가운데에서 자기와 같은 종이 보내는 냄새를 골라내
야 하니까요. 수컷이 우여곡절을 거치며 페로몬 냄새의 진원지인
암컷을 찾아와야 비로소 짝짓기를 시도할 수 있습니다.

건드리면 노란색 피 흘리는
큰이십팔점박이무당벌레

녀석이 어쩌나 보려고 수컷을 살짝 떼어 냈습니다. 떼어 내자마

자 녀석은 곧바로 다리와 더듬이를 오그리고 발라당 누워 버립니다. 그런데 녀석의 입 주변과 다리 마디 부분에서 뭔가 흘러나오고 있습니다. 이상한 냄새까지 나네요. 시큼한 냄새도 아니고 쓴 냄새도 아닙니다. 무슨 일일까, 자세히 보니 노란 액즙을 토하고 있습니다. 이미 녀석의 머리 부분이 흥건히 젖었습니다. 게다가 넓적다리마디와 종아리마디 사이에 있는 관절에서도 노란 액즙이 이슬처럼 방울방울 맺힙니다.

노란 액즙은 사람으로 치면 '피'에 해당합니다. 곤충에게는 헤모글로빈이 없어 피가 나도 빨간색이 아닙니다. 대신에 헤모시아닌을 가지고 있어 초록색이나 노란색 '피'를 흘리는 것이지요. 녀석의 노란색 '피' 속에는 독이 들어 있을까요? 그렇습니다. 사람들은 눈도 깜짝 안 하지만, 다른 곤충들을 도망치게 만드는 화학 무기입니다. 독성분은 코치넬린(coccinellin)입니다. 이 독을 다른 곤충들이 삼키면 속이 메스꺼워지고 토합니다. 새가 멋모르고 녀석을 삼켰다간 큰코다칩니다. 그래서 한 번 고생한 새는 다시는 녀석을 건드리지 않습니다.

큰이십팔점박이무당벌레는 건드리면 가사 상태에 빠지며 노란 피를 흘린다.

그런데 녀석들은 참 희한하게 피를 흘립니다. 위험이 닥치면 곧바로 다리마디 관절의 바깥쪽에 있는 얇은 큐티클이 찢어집니다. 찢어진 큐티클 틈으로 독(코치닐린)이 섞인 피가 방울방울 배어 나옵니다. 큐티클이 찢어졌으니 상처가 날 법한데 찢어진 큐티클은 곧바로 꾸득꾸득 아물어 녀석의 생명엔 아무런 지장이 없습니다. 위험이 닥쳤을 때 눈 깜짝할 사이에 피를 흘리는 현상을 '반사 출혈'이라고 합니다. 천적이 나타나면 머뭇거릴 시간이 없습니다. 뇌에다 적이 나타났다는 신호를 보내 뇌의 답신을 받을 틈이 없습니다. 그래서 뇌의 명령을 받지 않고 반사적으로 피를 흘리는 것입니다. 참 똑똑한 녀석입니다.

피를 흘리면 호흡이 가빠져 목숨에 지장이 있을까요? 전혀 없습니다. 곤충은 표피에 나 있는 숨구멍(기문)을 통해 숨을 쉽니다. 그러니 당연히 산소가 숨구멍을 통해 들락거리지요. 척추동물의 경우는 피가 산소를 운반하지만 곤충은 피와 산소가 아무 관련이 없습니다. 녀석이 피를 흘려 잃어버리는 것은 단지 영양분과 독성분뿐입니다. 그것도 양이 아주 적어 반사 출혈을 아무리 해도 자신에게 아무런 해가 되지 않습니다.

세 번 허물 벗는
애벌레

짝짓기를 마친 엄마 큰이십팔점박이무당벌레는 알을 낳습니다.

물론 알도 애벌레가 태어나서 바로 먹을 수 있게 감자 잎에 낳습니다. 배 끝에서 산란관을 빼내 감자 잎에 대고 천천히 알을 하나씩 하나씩 낳습니다. 알을 낳을 때마다 거북이처럼 딱딱한 딱지날개가 살짝 들썩입니다. 알은 포탄처럼 생겼고, 모두 세워서 감자 잎사귀에 붙입니다. 그렇게 공들여 낳은 알을 세어 보니 30개쯤 됩니다. 알들을 딱 붙여 낳는 무당벌레와 달리 큰이십팔점박이무당벌레는 알들을 약간 떨어뜨려 낳는군요. 하루에 20~30개씩 죽을 때까지 모두 450개 정도 낳는다니 정말이지 알 낳다 죽을 판입니다.

일주일 뒤 알에서 애벌레가 깨어납니다. 갓 태어난 1령 애벌레는 자신이 태어난 장소인 감자 잎사귀를 먹기 시작합니다. 아직 큰턱이 약해 잎 뒷면의 잎살을 살살 갉아 먹습니다. 어떤 때는 잎 앞면도 먹습니다. 애벌레는 잎을 떠나지 않고 줄곧 머물며 14~21일 동안 감자 잎을 배불리 먹습니다. 물론 몸이 커지면 딱딱한 큐티클로 된 피부, 즉 허물을 벗습니다. 몸은 커졌는데 허물을 벗지 않으면 딱딱한 큐티클 성분인 피부에 갇혀 꼼짝없이 죽고 말거든요. 애벌레 시절 동안 모두 3번 허물을 벗고 무럭무럭 자랍니다. 즉 애벌레 기간은 2~3주이고, 1령에서 4령까지 단계적으로 성장하고, 허물은 모두 3번 벗습니다.

큰이십팔점박이무당벌레가 주로 농작물에 해를 입히기 때문에 녀석에 대한 연구는 활발한 편입니다. 여러 연구자들이 녀석들이 가장 잘 자라는 온도를 실험해 봤더니 25도에서 가장 잘 자랐습니다. 알에서 어른벌레로 탈바꿈하기까지 날짜를 세어 보니 10도에서는 90일쯤 걸려 굉장히 느렸고, 20도에서는 40일쯤 걸렸으며, 25도에서는 25일이 걸렸습니다. 그러고 보면 사람이나 큰이십팔점박이무당벌레나 덥지도 춥지도 않은 따뜻한 온도를 좋아하는 동지입니다.

가시 돋친 애벌레의
감자 잎 조각 솜씨

애벌레 시기의 마지막 단계인 4령(종령) 애벌레가 되면 녀석의 몸집은 부쩍 커져 9밀리미터나 됩니다. 몸매도 달걀처럼 둥그스름하며 매끈하고, 몸빛도 노란색으로 참 예쁩니다. 가슴과 배 등 쪽에는 날카로운 나뭇가지처럼 생긴 까만색 털 돌기가 나 있습니다. 돌기는 몸마디마다 무려 6개씩 나 있어 등 쪽이 마치 나무를 줄 맞춰 심은 공원 같습니다. 이 털 돌기에는 가시털이 여러 갈래 뻗어 있어 손을 대면 찔릴 것 같아 좀 무시무시합니다.

몸집이 가장 큰 4령 애벌레는 대식가입니다. 잎사귀 뒤에서 얼마나 게걸스럽게 먹어 대는지 감자 잎이 남아나지 않습니다. 녀석이 먹고 간 감자 잎은 허연 표피만 남아 바람에 너덜너덜 흔들립니다. 혹시 녀석이 먹고 남은 잎사귀를 본 적이 있나요? 그야말로 예술입니다. 뛰어난 조각가가 아무리 섬세하게 잘 새긴다 해도 이런 정교한 조각 작품이 나오지 않을 듯합니다. 조각 작품은 까칠하게 밥 먹는 버릇 때문에 탄생했습니다. 감자 잎사귀에는 셀 수 없을 만큼 많은 잎맥이 있는데, 녀석은 그 잎맥을 하나도 먹지 않고 오직 잎살만 먹습니다. 잎살만 먹고 나니 잎맥만 그대로 드러나 감자

잎은 어느 누구도 흉내 낼 수 없는 예술품으로 변신합니다.

큰이십팔점박이무당벌레
한살이

다 자란 큰이십팔점박이무당벌레 애벌레는 감자 잎에 더 이상 입을 대지 않습니다. 번데기가 되려는 것이지요. 대담하게도 번데기도 감자 잎에다 만드는데 주로 뒷면에 만듭니다. 입에서 실 같은 것을 토해 배 꽁무니 쪽을 잎사귀에 꽁꽁 묶고 애벌레 시절 입었던 옷을 벗어 버리고 번데기가 됩니다.

그런데 무슨 일일까요? 개미와 침노린재류가 번데기에 가까이 다가가 주둥이로 톡 건드립니다. 갑자기 번데기가 윗몸일으키기 하듯이 몸을 벌떡 일으켰다 눕혔다 일으켰다 눕혔다 하며 겁을 줍니다. 혼쭐이 난 개미와 침노린재류가 잎사귀 뒤로 도망칩니다.

그렇게 무사히 번데기 시절을 보내고 드디어 큰이십팔점박이무당벌레가 날개돋이하여 어른벌레가 됩니다. 엄마가 알을 낳은 지 한 달 만이지요. 어른이 된 큰이십팔점박이무당벌레는 엄마가 했던 것처럼 감자밭에 살면서 짝짓기도 하고 알도 낳습니다. 놀랍게도 어른벌레는 한 달 반 정도 살면서 알을 낳습니다. 곤충치고는 엄청 오래 사는 것이지요. 겨울잠을 자는 어른벌레의 경우는 아무리 적게 잡아도 5달 넘게 사니 그야말로 '장수 만세!'입니다.

큰이십팔점박이무당벌레는 일 년에 한살이가 3번이나 돌아가니

번식력이 굉장히 좋습니다. 지난 늦가을에 날개돋이한 '1세대' 어른벌레가 겨울잠을 자고 이듬해 봄에 겨울잠에서 깨어납니다. 이어른벌레가 5월 말쯤에 알을 낳고, 6월 말쯤이면 '2세대' 어른벌레(아들딸)가 날개돋이를 합니다. 이 어른벌레가 알을 낳고, 9월쯤이면 '3세대' 어른벌레(손자 손녀)가 날개돋이를 합니다. 다시 이 어른벌레가 낳은 알에서 늦가을에 '새로운 1세대'가 어른벌레로 날개돋이를 하고 겨울잠을 잡니다. 그리고 이듬해 봄에 한살이를 시작하지요. 감자 잎에 구멍이 숭숭 뚫리든 말든 큰이십팔점박이무당벌레 가문은 나날이 번성합니다.

큰이십팔점박이무당벌레가 까마중 열매에 앉아 있다.

감자를 차지하려는
곤충과 사람의 경쟁

감자에는 물, 단백질, 탄수화물 같은 영양분이 많이 들어 있습니다. 그래서 사람들은 작정하고 감자 농사를 짓지요. 그 감자를 나눠 먹자고 나서는 곤충이 바로 큰이십팔점박이무당벌레입니다. 다행히 녀석은 감자 덩이가 아니라 감자 잎을 먹습니다. 하지만 녀석들이 잎사귀를 다 먹어 치우면 광합성을 못 해 덩이로 갈 영양분을 만들지 못합니다. 농사짓는 사람들에게 녀석은 여간 골칫거리가 아닙니다. 그래서 사람들은 감자 잎에 살충제를 뿌립니다. 살충제를 맞은 녀석들이 다 죽을까요? 천만의 말씀! 약 세례를 맞고 죽는 녀석도 있지만, 어떤 녀석들은 약 냄새가 퍼지면 날개를 펴고 바로 다른 곳으로 도망갑니다.

감자밭 둘레에는 녀석들이 좋아하는 까마중도 있고, 농작물인 토마토, 가지, 고추 따위가 자랍니다. 이 풀들은 모두 가지과 집안 식구들인데, 큰이십팔점박이무당벌레는 가지과 식물의 잎사귀를 먹고 삽니다. 그러다가 비가 내려 감자 잎에 묻은 살충제가 씻겨 내려가면 다시 날아와 감자 잎을 먹습니다. 녀석들은 먹는 식물의 종류가 많은 편이어서 농약을 뿌려도 죽지 않고 얼마 지나면 감자 밭에 다시 나타납니다.

그런데 감자 잎사귀엔 큰이십팔점박이무당벌레 말고도 다른 곤충들이 삽니다. 잎사귀 뒷면에 떼를 지어 살면서 잎을 오그라들게 하는 진딧물류나 총채벌레류 들이 감자 잎사귀를 못 쓰게 만듭니다. 녀석들은 몸 크기가 5밀리미터도 안 돼서 눈에 잘 안 띄고, 큰

가지 잎이 무성히
자랐다.

이십팔점박이무당벌레는 몸집이 커 사람 눈에 금방 띕니다. 그러
다 보니 큰이십팔점박이무당벌레는 감자 잎을 헤치는 주범으로 낙
인찍힙니다.

　하지만 한 발짝만 물러서서 보면 원래 감자 잎은 큰이십팔점박
이무당벌레 같은 곤충의 밥이었습니다. 곤충은 인간이 세상에 나
오기 훨씬 전부터 살았으니까요. 사람들이 어느 날 끼어들어 녀석
들의 밥을 가로챈 것입니다.

보랏빛 가지 꽃이
피어 있다.

메꽃과

모시금자라남생이잎벌레

모시금자라남생이잎벌레

모시금자라남생이잎벌레 어른벌레는
딱지날개가 투명해 속이 훤히 비칩니다.

여름으로 가는 길목 6월입니다.

성내천 산책길을 걸으니 길옆 풀밭이 곤충들로 떠들썩합니다.

그 틈바구니에서 메꽃 한 송이가 활짝 피어 환하게 웃고 있습니다.

예전에 먹을 것이 부족하던 시절

옛 어른들은 메 뿌리를 캐다 쪄 먹었습니다.

족보를 따져 보면 메꽃은 고구마 사촌쯤 되니

뿌리도 고구마처럼 튼실해서 먹을 만했을 겁니다.

나도 모르게 메꽃 앞에서 발걸음이 멈춰집니다.

꽃을 따다 나팔처럼 불면 뚜뚜 따따 소리가 날 것 같습니다.

개망초를 휘감아 올라가는 줄기에 달려 있는 잎사귀가

참 무성도 합니다.

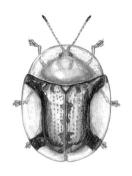

모시금자라남생이잎벌레

이 꼭지는 딱정벌레목 잎벌레과 종인 모시금자라남생이잎벌레(*Aspidimorpha transparipennis*)와
먹이식물인 메꽃 이야기입니다.

하루에 꽃 한 송이만 피는
메꽃

메꽃은 여름 들머리부터 가을까지 줄기차게 피고 집니다. 재미
있게도 메꽃은 잎겨드랑이에서 하루에 한 송이씩, 아래쪽에서부터
위쪽으로 올라가며 꽃을 피웁니다. 아침에 해가 뜨면 신기하게도
돌돌 말려 있는 꽃잎이 펴지면서 꽃봉오리가 열리기 시작합니다.

　메꽃과 나팔꽃은 색깔만 달랐지 꽃잎 모양새가 나팔과 꼭 닮았
습니다. 나팔꽃은 보랏빛이고, 메꽃은 상기된 아기 볼처럼 발그스
름한 연분홍빛입니다. 메꽃은 꽃잎이 붙어 있는 통꽃입니다. 나팔
처럼 생긴 꽃잎 안에는 수술 5개, 암술 1개가 들어 있지요. 같은 집
안 식구끼리 꽃가루받이(자가 수분)를 피하려 암술과 수술이 시간
차를 두고 성숙합니다. 메꽃은 암술이 수술보다 먼저 자랍니다. 암

술이 길쭉하게 쭉 뻗는 동안 수술은 자라지 않고 꽃가루도 터뜨리지 않습니다. 암술에 다른 포기의 꽃가루가 떨어져 꽃가루받이가 이뤄지면, 그제야 때를 기다렸다는 듯이 수술은 수많은 하얀 꽃가루를 터뜨립니다.

마침 호리꽃등에 한 마리가 메꽃에 날아옵니다. 꽃이 하도 커서 조금도 머뭇거리지 않고 곧바로 넓은 꽃잎 안으로 쏙 들어갑니다. 암술과 수술에 여섯 다리를 걸쳐 놓고 꽃가루를 쓱쓱 핥아 먹습니다. 한창 밥을 먹고 있는데 꿀벌이 날아옵니다. 그러자 꿀벌에게 얼른 자리를 내주고 다른 꽃으로 날아갑니다. 메꽃의 꽃잎이 나팔 모양이라 꽃 입구가 크게 벌어져 꿀벌은 수술과 암술이 있는 곳까지 거리낌 없이 쑥 들어갑니다. 더구나 꽃잎에는 하얀색 꿀 안내판

이 그려져 있어 꽃꿀과 꽃가루가 있는 곳으로 안내합니다. 꿀벌은 수술대를 잡고서 꽃가루를 모읍니다. 녀석이 이리저리 움직일 때마다 몸털에 하얀 꽃가루가 묻습니다.

20분쯤 메꽃 앞에 앉아 찾아오는 곤충 손님을 세어 봤습니다. 꽃등에류 2마리, 꿀벌 2마리, 개미 3마리입니다. 특히 개미는 꽃의 가장 깊은 곳을 들락거렸습니다. 거기에 꽃꿀이 있다는 것을 용케도 알아차린 것이지요. 꽃이 저렇게 큰데 생각보다 손님이 적네요. 꽃크기에 비해 꽃가루가 그리 많지 않아서 중매 곤충들이 덜 꼬입니다. 곤충 손님이 적든 많든 메꽃은 저녁때가 다가오면 슬슬 꽃잎을 오므려서 비비 틀어 말아 버립니다. 마치 멍석 말듯이요.

다음 날 아침이면 같은 포기에 다른 꽃이 피고, 그 다음 날에는

메꽃은 해가지면 꽃
잎을 돌돌 말아 접
는다.
———

또 다른 꽃이 피어납니다. 메꽃 한 포기에서 피어나는 꽃은 적어도
30송이가 넘습니다. 그렇게 여름 내내 꽃이 피고 지니 메꽃 입장에
선 중매 곤충이 드문드문 찾아와도 걱정할 것이 별로 없습니다. 아
닌 게 아니라 수십 송이 꽃 가운데 한 송이라도 꽃가루받이에 성
공하면 대를 이을 수 있으니 안달할 필요가 없어 보입니다. 그렇게
꽃에 공을 덜 들이다 보니 실제로 메꽃은 열매를 거의 맺지 못합니
다. 그래서 옛 어른들은 메꽃을 '고자화(鼓子花)'라고 불렀습니다.
씨앗을 잘 못 맺는 것도 서러운데 별명까지 노골적이니 메꽃의 체
면이 말이 아닙니다.

　고자화라 놀림을 받아도 메꽃은 믿는 구석이 있습니다. 소중한
뿌리가 있으니까요. 메꽃과 고구마는 같은 메꽃과 집안 식구로 사

메꽃 암술과 수술.
메꽃은 암술이 수술
보다 먼저 자란다.
—

촌뻘입니다. 고구마 친척답게 광합성을 부지런히 해 양분을 땅속
줄기에 모읍니다. 왜일까요? 메꽃은 땅속줄기에서 뿌리를 뻗어 나
가 싹을 틔워 자손을 만듭니다. 땅속에서 번식을 하는 것이지요.
물론 뿌리로 번식한 메꽃은 어미와 유전자가 똑같아 씨앗으로 번
식한 메꽃에 비해 유전자 다양성이 떨어집니다. 그래도 대가 끊기
는 것보다 훨씬 낫습니다. 다행히도 여름 내내 피워 낸 꽃 중에서
일부가 꽃가루받이에 성공해서 열매를 맺을 때도 있으니 크게 걱
정할 일은 아닙니다. 어찌 보면 메꽃은 거친 환경에서도 잘 견뎌
낼 수 있는 조건을 골고루 갖추고 있습니다. 참 복 많은 꽃입니다.

메꽃은 토종
나팔꽃은 외래종

'아침에 피었다가 저녁에 지는 꽃' 하면 나팔꽃을 떠올립니다. 실은 메꽃도 똑같이 그렇습니다. 나팔꽃을 가리키며 무슨 꽃이냐고 물어보면 사람들 입에서 나팔꽃이란 대답이 금방 나옵니다. 그런데 메꽃을 가리키면 무슨 꽃인지 잘 모릅니다. 나팔꽃이라고 말하기도 하지요. 사실 너무 닮았거든요. 메꽃은 나팔꽃보다 훨씬 일찍부터 이 땅에 자리를 잡은 토종이고, 나팔꽃은 인도에서 건너온 외래종입니다. 메꽃과 나팔꽃은 같은 메꽃과 집안 식구라 닮은 데도 있지만 차이도 많습니다.

1. 메꽃

메꽃은 여러 해 동안 살다 죽는 여러해살이풀입니다. 뿌리에 영양분을 많이 저장합니다. 꽃은 연분홍빛이고, 잎사귀는 기다란 타원형에 가깝습니다. 열매를 잘 맺지 못해 때로는 뿌리로도 번식합니다. 주로 산기슭과 들의 풀밭에서 저절로 잘 자랍니다. 메꽃류는 꽃이 비슷해서 헷갈리기 쉽습니다. 대체로 잎사귀를 보고 다음과 같이 구별합니다.

1) **메꽃**: 잎사귀가 길쭉한 타원형이고, 잎 아랫부분(잎자루 쪽)이 귀처럼 늘어져 있습니다.

2) **애기메꽃**: 잎사귀가 기다란 세모꼴이고, 잎 아랫부분이 둘로 갈라져 있습니다. 그리고 꽃받침 바로 아랫부분에 얇은 날개처럼 늘어

난 막질 구조가 있습니다.

　3) **큰메꽃**: 잎사귀는 애기메꽃과 비슷하지만, 꽃받침 바로 아랫부분에 얇은 날개처럼 늘어난 막질 구조가 없습니다.

　4) **갯메꽃**: 바닷가 모래 언덕에서 자라며, 잎사귀는 하트 모양이고, 잎사귀는 큐티클 층이 발달해 표피층이 반질거리며 두껍습니다.

메꽃

애기메꽃

갯메꽃

나팔꽃

2. 나팔꽃

나팔꽃은 일 년만 살다 죽는 한해살이풀입니다. 꽃은 진한 보랏빛이거나 진한 청색입니다. 잎사귀는 둥근잎나팔꽃이나 애기나팔꽃처럼 하트 모양도 있고, 미국나팔꽃처럼 하트 모양이 세 갈래로 깊게 갈라진 것도 있습니다. 열매를 잘 맺어 씨앗으로 번식합니다. 주로 화단이나 정원에 많이 심어 가꿉니다.

앗, 금덩이다!
모시금자라남생이잎벌레

이름이 범상치 않은 모시금자라남생이잎벌레를 아시나요? 만일 처음 녀석을 보았다면 눈이 휘둥그레질 겁니다. '몸에 금칠을 한 곤충이 있다니!' 하고 말이지요. 메꽃에는 눈부시게 아름다운 모시금자라남생이잎벌레가 살고 있습니다.

메꽃 잎사귀를 하나하나 뒤적여 봅니다. 앗, 금덩이다! 메꽃 잎에 금 한 덩이가 딱 붙어 있군요. 제 눈도 금빛처럼 번쩍 뜨입니다. 잘 보니 몸을 황금으로 한껏 꾸민 모시금자라남생이잎벌레입니다. 사람들이 보이는 족족 집으로 데려가는 바람에 자연에서 녀석을 만나기가 힘들어졌습니다. 데려가면 백이면 백, 대를 잇지 못하고 죽습니다. 자연에서 제 삶을 온전히 살다 가도록 작은 생명들을 귀하게 여기는 마음이 우리에겐 너무나 필요합니다.

녀석이 메꽃 잎사귀 뒷면에 딱 붙어 있습니다. 마치 금칠한 껌을 납작하게 눌러 붙여 놓은 것 같습니다. 살금살금 다가갔는데도 얼마나 눈치가 빠른지 삐죽이 나온 노란 더듬이를 게 눈 감추듯이 쏙 집어넣습니다. 잎사귀 먹던 것도 딱 멈추고 죽은 듯 미동도 않고 가만히 앉아 있습니다. 그 모습이 얼마나 예쁜지 도무지 눈을 뗄 수가 없습니다.

모시금자라남생이잎벌레는 이름은 무지 길지만 몸길이는 7밀리

미터밖에 안 됩니다. 온몸에 황금 칠을 한 것 같고, 비닐처럼 투명한 앞가슴등판과 딱지날개로 몸을 덮었습니다. 등 쪽에서 녀석을 바라보면 자라가 연상됩니다. 금빛 자라가 속이 비치는 세모시를 입은 것 같다 하여 모시금자라남생이잎벌레란 이름이 붙었지요. 정말 딱 어울리는 이름입니다.

재미있게도 녀석의 다리는 짜리몽땅해 좀처럼 구경할 수 없습니다. 등 쪽에서는 보이지 않습니다. 다리가 짧기도 하지만 앞가슴등판과 딱지날개가 양옆으로 얇게 늘어나서 가뜩이나 짧은 다리를 감춰 주기 때문이지요. 다리를 보려면 녀석을 뒤집어야 합니다.

녀석은 위험을 느끼면 더듬이는 머리 아래쪽으로 쏙 집어넣고, 여섯 다리는 배 쪽으로 바짝 오그려 붙입니다. 그러면 머리와 다리

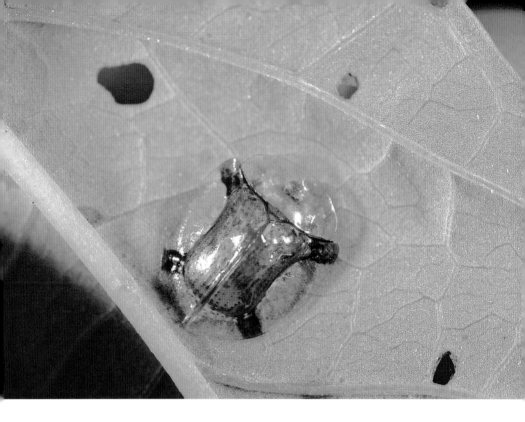

를 감춘 남생이처럼 넓적한 앞가슴등판과 딱지날개만 보입니다. 녀석의 앞가슴등판과 딱지날개는 단단한 큐티클로 만들어져 포식자가 공격하기가 어렵습니다. 하도 딱딱하다 보니 개미, 침노린재류, 사냥벌류, 거미 같은 포식자가 깨물 수도 찌를 수도 없습니다.

갑자기 녀석이 딱지날개를 양옆으로 착 펼치고 날아갑니다. 나는 순간 금빛 딱지날개가 두 쪽으로 갈라지면서 딱지날개 속에 꼬깃꼬깃 접혀 있던 투명한 뒷날개가 새가 날개를 펼치듯 활짝 펼쳐집니다. 그 모습은 정말 환상적입니다.

녀석이 먹다 만 메꽃 잎사귀는 군데군데 동그란 구멍이 뻥뻥 뚫려 있습니다. 먹성이 까다로워 거친 잎맥은 입도 대지 않고 부드러운 잎살만 골라 먹기 때문입니다. 그렇게 잎사귀를 돌아다니며 여

기에서 찔끔 저기에서 찔끔 깨작거리듯 먹습니다.

메꽃 잎사귀에
알 낳기

메꽃 앞에 앉아 구멍 난 잎사귀를 뒤집어 봅니다. 한 개, 두 개, 세 개……. 몇 개쯤 뒤적였을까? 잎사귀에 딱 붙어 있는 모시금자라남생이잎벌레를 또 발견합니다. 그런데 녀석의 배 꽁무니 쪽 딱지날개가 약간씩 들썩입니다. 아! 알을 낳고 있군요. 투명한 비닐옷에 가려 알은 안 보이지만 움찔움찔 움직이는 모습이 알 낳는 것이 분명합니다. 이 정도면 대박 난 날입니다. 숨죽이며 알 낳는 모습을 바라봅니다. 그런데 갑자기 녀석이 재빨리 날아갑니다. 제 숨소리를 알아챈 것은 아닐까요? 미안한 마음이 앞섭니다. 녀석이 떠난 자리에는 보리쌀 같은 알 주머니가 남았습니다. 다행히 알을 다 낳았으니 망정이지 알 낳는 도중이면 어쩔 뻔했을까요.

모시금자라남생이잎벌레의 알 주머니는 네모나게 생겼습니다. 대개 알 네다섯 개를 잎에 붙여 낳은 뒤 그 위에다 다시 알 네다섯 개 붙여 낳습니다. 알을 2층으로 쌓는 것이지요. 암컷 한 마리가 한 번에 알을 10개쯤 낳습니다. 10여 개 알은 거품 같은 분비물로 정성껏 포장해 마치 자그마한 지갑처럼 보입니다.

알은 거품 같은 분비물과 함께 산란관 밖으로 나옵니다. 분비물은 산란관 옆에 있는 부속샘에서 나오는데, 공기와 닿으면 딱딱하게 굳어집니다. 분비물 덕에 알들끼리 서로 붙게 되고, 또 잎에도 알들이 붙어 있습니다. 엄마 모시금자라남생이잎벌레는 알들을 분비물로 포장하듯이 감싸는데, 이것이 알 주머니입니다. 알 주머니는 네모난 모양인데 시간이 가면서 점점 굳어집니다. 그 덕에 천적들이 알을 쉽게 공격하지 못합니다. 알을 돌볼 수 없는 어미가 자식에게 해 줄 수 있는 최고의 배려입니다.

메꽃 잎사귀만 먹는
애벌레

　엄마 모시금자라남생이잎벌레가 알을 낳는 와중에도 메꽃은 왕성하게 광합성을 해 새 잎사귀를 만들어 냅니다. 메꽃은 줄기가 워낙 연약해 혼자서는 잘 서지 못합니다. 사람으로 치면 지팡이가 있어야 일어서기 좋듯이 메꽃은 덩굴 식물로 종류를 가리지 않고 옆에 식물이나 지지대가 있으면 감고 올라갑니다. 그리고 감아도 꼭 왼쪽으로만 휘휘 감습니다. 왜 그런지는 아직까지 알려지지 않았지만 사람으로 치면 왼손잡이인 셈이지요.

　메꽃은 의지할 데가 없으면 땅바닥에 누워 있게 됩니다. 그러면 키가 큰 풀이나 나무가 햇빛을 가려 평생을 그늘에서 살게 되고, 광합성을 제대로 못 해 죽을 수도 있습니다. 그러니 메꽃은 기를 쓰고 햇빛을 찾아 열심히 다른 식물을 감고 올라갑니다. 말하자면 누가 햇빛을 더 차지하느냐의 싸움이지요.

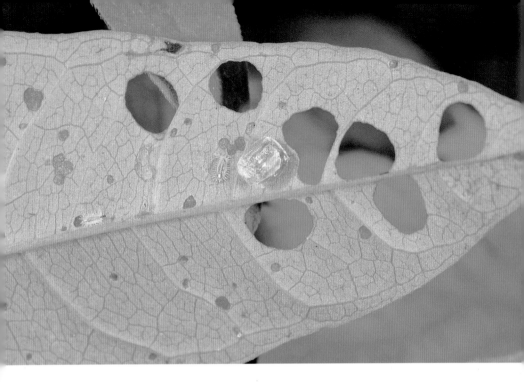

메꽃은 날마다 무성하게 자랍니다. 그러는 동안 모시금자라남
생이잎벌레 알에서 애벌레가 태어납니다(1령 애벌레). 엄마가 알
을 낳은 지 5일 만이지요. 알에서 깨어난 애벌레는 2밀리미터나 될
까? 하도 작아 잘 보이지도 않습니다. 그래서 1령 애벌레를 보려면
잎사귀 먹은 자국을 따라가면 됩니다. 아직 갓난아기이다 보니 잎
사귀를 아삭아삭 베어 씹어 먹지 못하고 그저 부드러운 잎살만 살
살 갉아 먹습니다. 큰턱이 아직 덜 자랐기 때문이지요. 녀석들이
먹어 치운 잎사귀는 잎맥과 허연 표피만 남습니다.

허물을 한 번 벗고 2령 애벌레가 되었습니다. 본격적으로 잎사
귀에 구멍을 내면서 야금야금 씹어 먹습니다. 녀석들이 달라붙어
먹은 잎은 마치 총알이 뚫고 간 것처럼 구멍이 숭숭 뚫려 있습니
다. 애벌레들은 대개 한 잎사귀에 모여 살며, 서로 가까이 있기보

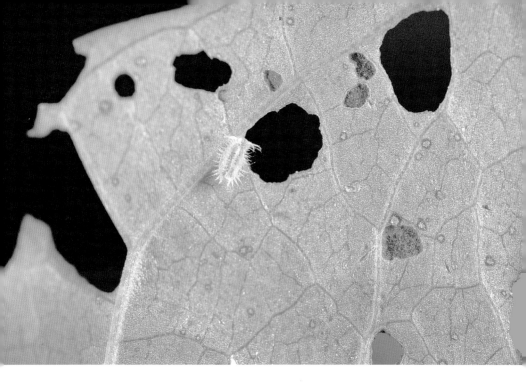

다 조금 떨어져서 잎사귀 밥을 먹습니다.

연구실에서 키워 보니 모시금자라남생이잎벌레는 알에서 어른
벌레가 될 때까지 4주쯤 걸립니다. 알에서 애벌레가 깨어날 때까
지 5일, 애벌레 시절은 15일 정도, 번데기 시절은 7일 정도입니다.
4주 가운데 애벌레 시절인 2주 동안은 줄곧 먹기만 합니다. 부지런
히 먹고 몸을 키워야 어른이 되어 대를 이을 수 있습니다.

대개 잎벌레과 곤충들은 2번 허물을 벗으면 번데기가 되는데,
모시금자라남생이잎벌레 애벌레는 허물을 4번 벗어야 번데기가
됩니다. 재미있게도 녀석들은 1령 애벌레에서 5령 애벌레 때까지
늘 엉덩이(배 끝마디)를 쳐들고 다닙니다. 당연히 항문이 적나라하
게 드러납니다. 녀석들은 왜 그럴까요?

허물 짊어지고
다니기

모시금자라남생이잎벌레 애벌레는 참 신기하게 생겼습니다. 어찌 저런 생물이 다 있을까 싶을 정도로 묘하게 생겼지요. 어찌 보면 짚신 같고, 어찌 보면 설피(겨울철에 눈이 왔을 때 미끄러지지 않도록 신발에 덧대어 신는 덧신) 같습니다. 몸매는 주걱 같은 타원형이고, 피부(표피)는 속살이 다 비칠 정도로 투명하고 연약해 보입니다. 괴상하게도 몸 가장자리에 길고 억센 나무 모양 돌기가 32개나 나란히 달려 있습니다. 심지어 돌기마다 짧은 털들이 수십 개씩 붙어 있어 왠지 무시무시하기까지 합니다.

그것도 모자라 녀석은 엉덩이를 치켜올리고 다닙니다. 항문이 다 드러날 정도로 말이지요. 왜 그럴까요? 가면을 쓰려면 어쩔 수 없습니다. 녀석의 등 위에는 괴상하게 생긴 것이 얹혀 있습니다. 언뜻 보면 웬 쓰레기 더미가 움직이고 있는 것 같지요.

곤충은 피부가 아주 질기고 단단한 큐티클로 되어 있습니다. 큐티클은 양잿물에 담가 놓아도 녹지 않을 만큼 질깁니다. 모시금자라남생이잎벌레 애벌레도 곤충이니 여느 곤충들처럼 큐티클 성 피부를 갖고 있습니다. 애벌레가 열심히 잎을 먹으면 몸이 커지게 마련인데 큐티클 피부는 늘어나지 않습니다. 그래서 애벌레의 몸이 커지려면 기존의 큐티클 피부를 벗어 버려야 합니다. 쉽게 말하면 허물을 벗는 것이지요. 부지런히 먹고 몸이 커지면 허물을 벗고, 또 먹고 몸이 더 커지면 또 허물을 벗는데, 모시금자라남생이잎벌레는 애벌레 시기에 모두 4번 허물을 벗습니다. 놀랍게도 애벌레

는 이 허물을 버리지 않고 등에 얹고 다닙니다. 허물을 자기의 변장 도구로 활용하니 일종의 '허물 가면'인 셈입니다.

물론 알에서 갓 깨어난 1령 애벌레는 등에 얹을 허물이 없으니 배 꽁무니만 쳐들고 다닙니다. 이틀 정도 부지런히 먹고 나면 허물을 벗습니다. 투명한 새 몸(2령 애벌레)이 기존 껍질에서 서서히 빠져나옵니다. 그런데 허물은 애벌레와 떨어지지 않고 녀석의 배 끝에 매달려 있습니다. 녀석이 서서히 배 끝을 위로 올리자 허물도 따라 올라갑니다. 배 끝이 등 쪽으로 휘어지자 배 끝 항문 돌기에 매달린 허물이 등 위에 살포시 얹힙니다. 이렇게 2령 애벌레부터 항문 돌기에 이어진 허물이 등에 얹혀 있게 됩니다.

허물을 등에 얹고 다니며 메꽃 잎사귀를 먹다가 또 허물을 벗고 3령 애벌레가 되어도 그 허물을 버리지 않습니다. 그 허물도 이미 배 끝에 붙어 있던 허물들에 이어 붙입니다. 녀석이 새 허물을 먼저 있던 허물에 어떻게 붙이는지는 알 수 없지만, 새 허물 앞쪽에 이전 허물이 붙어 있습니다. 이제 3령 애벌레는 두 개의 허물을 등에 얹고 다닙니다. 이렇게 애벌레가 몸이 커져 허물을 계속 벗으면 이전 허물을 순서대로 차례차례 붙여 등에 얹고 다닙니다. 그래서 허물을 세어 보면 애벌레 나이를 알 수 있습니다. 허물이 없으면 1령 애벌레, 허물이 한 개면 2령 애벌레, 허물이 두 개면 3령 애벌레, 허물이 세 개면 4령 애벌레입니다. 5령 애벌레의 등에는 당연히 허물이 네 개 얹혀 있습니다.

때때로 이 '허물 가면'에 자기 똥이 묻는 경우도 있습니다. 5령 애벌레가 되면 애벌레 등은 온통 '허물 가면'으로 뒤덮여 있습니다. 즉 몸이 허물 가면에 거의 가려져 있어 눈에 띄는 것은 지네 발

같은 32개의 나무 모양 돌기와 항문 돌기입니다. 애벌레들은 잎 뒤쪽에 있기도 하고 때로는 잎 앞쪽에 있기도 합니다. 더구나 잎 뒤쪽에 있으면 더욱더 천적에게 들키지 않겠지요.

배 끝 항문 돌기에 매달린 허물을 떼어 보려고 허물을 살살 당겨 봅니다. 그런데 도통 떨어지지 않습니다. 좀 세게 당기니 항문 돌기와 이어진 실 같은 것이 보입니다. 실이 무진장 질기다 보니 실과 이어진 허물이 항문 돌기에서 떨어지지 않습니다. 그렇게 허물을 애벌레 시절 내내 지고 다녀야 하니 배 끝을 늘 들고 다닙니다.

허물 가면으로
살아남기

저는 산과 들로 나가기만 하면 자연의 선물을 무한정 받습니다. 운 좋게도 모시금자라남생이잎벌레 애벌레가 개미에게 대들며 용감히 싸우는 장면을 포착했습니다. 너무도 큰 선물이지요. 개미가 허물을 네 개나 뒤집어쓴 모시금자라남생이잎벌레 애벌레에게 찝쩍댑니다. 개미가 이리저리 돌아다니다 애벌레의 머리 쪽으로 다가갑니다. 그때 바로 등에 얹혀 있던 '허물 가면'이 '벌떡' 일어섭니다. 4층짜리 허물 가면이 곧추서니 개미가 기가 질려 뒤로 움찔 물러납니다. 개미가 물러가자 4층 허물 가면이 서서히 등 위에 납작 엎드립니다. 다시 개미가 녀석의 옆구리 쪽을 깨물려고 달려듭니다. 이번에는 모시금자라남생이잎벌레 애벌레가 몸을 개미 쪽으로

틀고서 허물 가면을 또 번쩍 세웁니다. 그러곤 앞뒤로 휘휘 흔듭니다. 그 모습에 개미가 놀랐는지 또 뒤로 물러섭니다. 하지만 끈질긴 개미는 애벌레가 허물 가면으로 계속 위협하는데도 좀처럼 포기하지 않는군요. 몇 차례 공격이 실패로 끝나고 드디어 개미가 모시금자라남생이잎벌레 애벌레의 머리를 깨뭅니다. 그러자 죽을힘을 다해 허물 가면을 윗몸일으키기 하듯이 위아래로 움직이며 개미를 내려칩니다. 개미는 졸지에 매 맞는 신세가 됩니다. 허물 가면 매질에 개미도 별수 없는지 다른 곳으로 도망가 버립니다.

이번에는 제 손가락을 가까이 갖다 대 봅니다. 역시 손가락이 자기 몸에 닿기도 전에 허물 가면을 곧게 들어 올립니다. 그러다 마음이 놓이면 다시 등 위에 얌전히 내려놓고, 또 손가락을 가까이 가져

가면 허물 가면을 재빨리 들어 올리며 위협합니다. '나 무섭지? 가까이 오지 마!' 하며 경고하는 몸짓인데, 제 눈엔 귀엽기만 합니다. 마치 어린아이가 우산을 썼다 접었다 하는 것 같으니 말이지요.

곤충 애벌레들은 연약합니다. 그래서 모시금자라남생이잎벌레 애벌레는 자신을 지키기 위해 자기가 벗은 허물을 등에 지고 삽니다. 녀석은 그 흔한 독 물질도 갖고 있지 않습니다. 애벌레다 보니 빠르게 움직이지도 못합니다. 천적을 만나면 도망은커녕 꼼짝없이 당해야 합니다. 그나마 허물 가면으로 변장을 하고 있으니 천적이 애벌레인 줄 모르고 지나치기도 하고, 개미를 물리치듯이 허물 가면으로 위협하거나 무기로 써서 위험을 피합니다.

번데기도
허물을 쓰고

다 자란 애벌레는 과감하게 메꽃 잎 위에다 번데기를 만듭니다. 번데기의 가슴등판은 옆으로 넓적하게 늘어난 투명한 비닐 옷을 입었군요. 제법 어른을 닮아 가는 것 같습니다. 번데기도 애벌레 시절에 등에 얹고 다녔던 '허물 가면'을 그대로 물려받아 제 등에 얹고 있습니다. 재미있게도 모시금자라남생이잎벌레 번데기는 성질이 사납습니다. 건드리면 애벌레가 그랬던 것처럼 허물 가면을 번쩍 들어 앞뒤로 흔들며 위협합니다.

번데기로 일주일쯤 아무 탈 없이 지내면 날개돋이를 합니다. 방

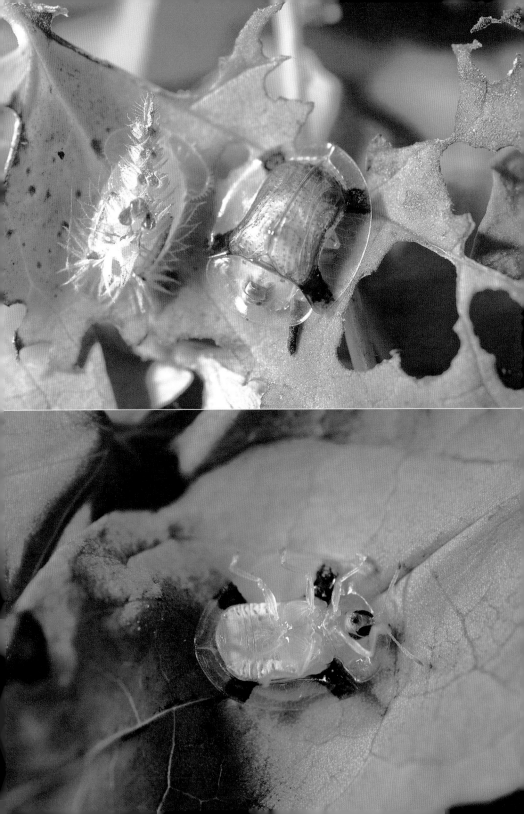

금 날개돋이를 마친 모시금자라남생이잎벌레 어른벌레는 아직 몸 빛이 허옇고 피부도 연약합니다. 이때는 딱지날개에 사람 눈을 번쩍 뜨이게 하는 황금빛이 덜 칠해져 있습니다. 좀 더 시간이 지나면 등 쪽이 온통 황금빛으로 덮입니다. 사나흘이 지나면 몸도 굳어지고 딱지날개의 황금색도 찬란하게 제 빛을 발합니다.

모시금자라남생이잎벌레는 한살이가 일 년에 두 번 돌아갑니다. 늦봄에 겨울잠에서 깨어난 어른벌레가 메꽃 잎을 먹고 낳은 알에서 애벌레가 깨어나 번데기를 거쳐 어른벌레가 되면 여름입니다. 여름부터 2세대의 한살이가 다시 시작됩니다. 2세대 어른벌레가 또 메꽃 잎을 먹고 낳은 알에서 애벌레가 깨어나 번데기를 거쳐 어른벌레가 되면 초가을이 됩니다. 이 어른벌레는 메꽃 잎사귀를 먹다가 가을이 되면 가랑잎 속이나 덤불 속처럼 따뜻한 곳으로 들어가 겨울잠을 잡니다.

이렇듯 모시금자라남생이잎벌레는 겨울을 빼고 일 년 내내 메꽃을 통째로 전세 내 메꽃 잎사귀를 먹고 삽니다. 녀석은 어른벌레나 애벌레나 오직 메꽃 잎사귀만 먹으니 메꽃 없이는 하루도 살 수 없습니다. 하지만 메꽃한테는 녀석이 달가운 손님이 아닙니다. 녀석이 메꽃의 생존과 번식에 도움이 되지 않으니 말이지요. 달리 말해 모시금자라남생이잎벌레가 잎을 먹지 않아도 메꽃은 번식에 아무런 영향을 받지 않습니다. 오히려 녀석이 잎사귀를 먹어 대니 광합성을 하기 위해 더 많은 잎을 내고, 방어 물질을 만드느라 비용이 더 들지요. 모시금자라남생이잎벌레야 먹을 잎이 많으니 신이 날 테지만, 메꽃은 때가 되면 찾아오는 모시금자라남생이잎벌레 손님에게 원하지 않는 대접을 해야 하니 고달픕니다.

닭의장풀과

배노랑긴가슴잎벌레

배노랑긴가슴잎벌레

배노랑긴가슴잎벌레는 애벌레와
어른벌레 모두 닭의장풀 잎을 먹습니다.

8월입니다. 며칠 많은 비가 내려 우중충합니다.

잠시 비가 주춤주춤한 틈을 타 산에 갑니다.

하늘엔 구름이 이불처럼 낮게 깔려 있고,

산자락에선 물안개가 살포시 피어납니다.

흙길은 비에 젖어 물렁거리네요.

길옆엔 닭의장풀 꽃이 깜찍하게 피어났습니다.

꽃잎이 얼마나 푸른지 꾹 짜면 금방이라도

파란 물이 뚝뚝 떨어질 것 같습니다.

쪽빛 꽃잎에 맑은 빗방울까지 대롱대롱 매달려 있어 맑고 청초합니다.

궂은 날, 가을 하늘만큼 파란 닭의장풀 꽃과 마주하니 마음이 환해집니다.

참으로 중국 당나라 시인 두보가 '꽃 피는 대나무'라면서

방에 들여놓고 키우며 아꼈을 만합니다.

닭의장풀

이 꼭지는 딱정벌레목 잎벌레과 종인 배노랑긴가슴잎벌레(*Lema concinnipennis*)와
먹이식물인 닭의장풀 이야기입니다.

별명 많은
닭의장풀

닭의장풀은 말 그대로 닭장 둘레에서 많이 난다 해서 붙여진 이름입니다. 예전만 해도 마당은 죄다 흙 마당이었습니다. 흙 마당한구석에 있는 닭장 둘레에 난 풀은 뽑고 또 뽑아도 잘 자랍니다. 닭들이 싼 똥이 거름이 되니 풀이 잘 자랄 수밖에요.

닭의장풀은 닭장 둘레만이 아니라 신발만 신고 나가면 발에 밟힐 만큼 흔한 풀입니다. 그러다 보니 별명도 많습니다. '달개비'란이름은 닭의장풀보다 더 귀에 익고, 꽃잎이 오리 발과 닮아서 압각초, 잎과 줄기가 대나무 잎과 줄기를 닮아서 죽절채, 꽃잎이 쪽빛같아서 남화초…… 그 가운데 으뜸인 별명은 '닭의밑씻개'입니다. 닭장 아래서 자라다 보니 닭의 밑도 씻어 준다는 장난스런 상상에

닭의장풀 꽃

서 비롯된 애칭이지요.

닭의장풀 꽃은 한나절만에 시든다.

영어로는 '데이 플라워(day flower)'라고 부릅니다. 닭의장풀 꽃이 아침에 피었다가 하루도 못 가 한낮에 지는 것을 보고 그리 불렀으니 참 솔직한 이름입니다. 우리 이름에선 해학이 넘쳐 나고, 서양 이름에선 담백함이 묻어나니 풀이름 하나에도 생각이 저마다 다른 사람들의 숨결이 들어 있습니다.

가짜 수술
진짜 수술

여름이 되니 닭의장풀이 바빠집니다. 여름 내내 꽃을 피우며 자손을 얻어야 하니까요. 닭의장풀은 꽃을 날마다 한 송이씩 피웁니다. 어느 가을날 수명이 다해 꽃을 못 피울 때까지 세찬 비가 내려도, 뜨거운 햇볕이 쏟아져도, 강한 바람이 불어도 닭의장풀은 아침만 되면 어김없이 잎겨드랑이에서 꽃잎을 열기 시작합니다. 하지만 새파랗고 싱싱한 꽃도 한나절이면 허무하게 집니다. 해가 중천에 떠 있는 점심때쯤이면 그 파랗던 꽃잎을 다 오므리고 사그라집니다. 화무십일홍이라지만, 하루는커녕 한나절밖에 못 피는 꽃이라니 마음이 짠합니다.

짧은 시간 동안만 피어 있는 닭의장풀 꽃! 꽃구경은 해 보았나요? 꽃이 엄청 화려합니다. 꽃잎은 파란 꽃잎 2장, 있는 듯 없는 듯 숨어 있는 꽃잎 1장, 이렇게 3장입니다. 만화 주인공 미키마우스

닭의장풀 꽃 수술 6개 중에서 4개는 가짜 수술이다.

귀처럼 생긴 파란 꽃잎 아래에 수술과 암술이 있습니다. 그런데 수술 생김새가 가히 엽기적입니다. 수술은 6개인데 그중에서 4개나 '가짜 수술'입니다. 맨 위에 있는 수술 3개와 가운데 있는 1개가 가짜 수술인데 수술대도 있고 꽃가루주머니도 있지만 정작 꽃가루를 갖고 있지 않습니다. 수컷 구실을 못하는 것이지요. 희한한 것은 가짜 수술이 진짜 수술에 비해 너무도 예쁘고 화려합니다. 수술대 끝에 노란 리본을 접어 붙인 것 같아 눈에 확 띕니다.

'진짜 수술'은 어디 있을까요? 진짜 수술은 꽃잎 맨 아래쪽에 2개 있습니다. 기다란 수술대에 보트 모양 꽃가루주머니가 붙어 있고 꽃가루가 있지요. 진짜 수술의 꽃가루주머니는 연한 밤빛이어서 있는지 없는지 눈에 잘 띄지 않습니다. 그런데 닭의장풀은 그 흔한 꽃꿀을 만들지 않습니다. 도대체 무슨 배짱으로 진짜 수술은 초라하게, 가짜 수술은 화려하게 만들까요? 또 꽃꿀은 왜 안 만들까요? 후손을 만들 꽃에 인색하게 투자하니 닭의장풀은 지독한 구두쇠인가 봅니다.

자가 수분도 하고
타가 수분도 하고

닭의장풀이 꽃에 인색하게 투자하는 데는 알고 보면 그만한 이유가 있습니다. 하루도 아니고 한나절 만에 꽃잎을 말아 버리는 닭의장풀 꽃은 참 덕이 없습니다. 굳이 많은 시간을 들여 타가 수분을 하려 하지 않습니다. 운 좋아 중매 곤충이 찾아오면 좋고, 중매 곤충이 찾아오지 않아도 상관없습니다. 왜 그럴까요? 닭의장풀은 중매 곤충이 중매를 서 주지 않으면 스스로 꽃가루받이를 해 후손을 이으면 됩니다. 이를 자기꽃가루받이 또는 제꽃가루받이라고 하고, 한자말로는 자가 수분이라고 합니다.

길게 뻗은 암술은 오전 10시가 지나면 돌돌 말리기 시작합니다. 동시에 진짜 수술도 구부러지며 돌돌 말리기 시작합니다. 암술과 수술이 용수철 모양으로 돌돌 마는 도중에 우연히 암술과 수술이 꽈배기처럼 겹쳐져 암술머리에 꽃가루가 묻습니다. 가족끼리 꽃가루받이가 이뤄지는 것이죠.

닭의장풀은 유전자 다양성이 떨어지는 것을 알면서도 자가 수분을 왜 하는 걸까요? 살아남기 위해 몸부림치는 닭의장풀의 계산법은 복잡합니다. 곤충들의 번식 전략이 다양한 것처럼 꽃들의 번식 전략도 다양합니다. 닭의장풀의 경우는 딴꽃가루받이도 하지만 자기꽃가루받이도 합니다. 수술과 암술이 함께 있는 꽃을 피우는 것은 딴꽃가루받이에 나름 노력을 기울였다는 증거입니다. 하지만 중매 곤충에게만 오로지 의지하지 않고 여건이 안 좋으면 자가 수분을 해 대를 잇겠다는 거지요. 열매를 못 맺어 대가 끊기는 것보다 자가 수분이라도 해서 대를 잇는 게 낫기 때문입니다. 점점 사라져 가는 중매 곤충들에게 가문의 흥망을 걸었다간 대가 끊길지도 모릅니다.

닭의장풀은 파괴되고 메마른 도시 땅에서도 억척스럽게 자랍니다. 도시에 곤충은 그리 많지 않습니다. 해마다 개발만 일삼는 사람들의 등살에 자취도 모르게 사라지고 있습니다. 그러니 닭의장

풀이 중매 곤충만 목 빠지게 기다리고 있을 수만 없습니다. 어쩌면 자가 수분이라는 교묘한 전략 덕분에 되레 생태계가 망가져 곤충들이 살기 힘든 환경이나 도시에서도 닭의장풀은 살아남습니다. 이러한 닭의장풀 전략은 곤충이 많지 않은 도시에서는 딴꽃가루받이만 하는 식물에 비해 경쟁력이 높습니다. 자기꽃가루받이를 한다 할지라도 여전히 닭의장풀은 중매 곤충을 통해 대를 잇기도 하기 때문에 유전자 다양성은 어느 정도 가질 수 있는 것으로 여겨집니다.

그래도 곤충을 거의 볼 수 없는 도시나 거칠어져 못 쓰게 된 환경에서 질긴 생명력으로 살아가는 닭의장풀이 마냥 장하기만 한 것은 아닙니다. 풀들과 곤충들이 함께 어우러질 수 없는 현실이 안타깝기만 합니다.

갈색날개노린재 애벌레가 닭의장풀 씨앗을 먹고 있다.
—

닭의장풀 스토커
배노랑긴가슴잎벌레

봄이 되니 온갖 풀들이 얼굴을 내밉니다. 도시의 후미진 땅, 공원, 실개천가, 시골, 산길 어디든지 빈 땅만 있으면 비집고 자라는 닭의장풀도 잎사귀를 내밉니다. 너무 흔해서 있는지 없는지 아무도 관심을 주지 않는 닭의장풀. 그나마 여름이 되어 꽃이 피면 그때서야 '아, 닭의장풀도 있었구나!' 합니다. 꽃이 피기 전까지는 도통 사람들에게 명함도 못 내밀지요. 그런 닭의장풀이 좋다고 죽자 사자 쫓아다니는 스토커 곤충이 있습니다. 누굴까요? 배노랑긴가슴잎벌레입니다. 녀석은 딱정벌레목 가문의 잎벌레과 집안 식구입니다. '잎벌레'라는 이름은 어른벌레와 애벌레가 대부분 잎사귀를 먹고 살아 붙여졌습니다.

따뜻한 햇볕이 내리쬐니 겨우내 땅속에서 잠만 자던 배노랑긴가슴잎벌레 어른벌레가 잠에서 부스스 깨어납니다. 녀석은 꾸물꾸물 몸을 움직이며 땅 밖으로 걸어 나옵니다. 배노랑긴가슴잎벌레는 날기도 하고 걷기도 하면서 먹어도 괜찮은 풀을 찾아다닙니다. 녀석이 찾는 풀은 누굴까요? 닭의장풀입니다. 닭의장풀이야 땅만 있으면 어디든 자라니 찾기가 식은 죽 먹기죠. 닭의장풀 잎사귀에 살포시 내려앉은 배노랑긴가슴잎벌레. 주위를 살피는지 잠시 가만히 있더니 이내 잎사귀를 먹기 시작합니다. 얼마나 배가 고팠는지 2분도 채 되지 않아 잎사귀에 구멍이 뻥 뚫립니다. 큰턱을 오므렸다 벌렸다 하면서 잎사귀를 조금씩 베어 씹어 먹습니다. 구멍 지름이 5밀리미터쯤 될까? 동그랗게 구멍이 나게 먹고는 옆으로 옮겨 가

또다시 잎사귀에 구멍을 뚫으면서 썰어 먹습니다.

녀석이 겨울잠에서 깨어날 무렵에는 닭의장풀 잎사귀가 나온 지 얼마 되지 않아 굉장히 연합니다. 연한 새 잎사귀에는 성숙한 잎사귀보다 독 물질이 적게 들었습니다. 그것을 용케도 알고 배노랑긴가슴잎벌레는 때맞춰 겨울잠을 깨고 나타나 연한 잎을 맛있게 먹습니다.

녀석이 식사 삼매경에 빠진 틈을 타 몸을 구석구석 살펴봅니다. 아무리 봐도 참 잘생겼네요. 키가 작으면 훤칠한 느낌이 들기 힘든데 말입니다. 몸길이가 5밀리미터는 넘어 맨눈으로도 잘 보입니다. 몸은 길쭉하고, 온몸이 진한 남빛을 띱니다. 투명 매니큐어를 듬뿍 발라 놓은 것처럼 반짝반짝 빛이 나 사파이어 보석 같습니다. 자그마한 머리에는 큰 겹눈과 말채찍처럼 생긴 튼실한 더듬이가 붙어 있습니다. 녀석은 더듬이를 쉬지 않고 이쪽저쪽으로 휘휘 저어 댑니다. 딱지날개에는 자그마한 점들이 줄 맞춰 가지런히 찍혀 있습니다. 뒤집어 보니 배 꽁무니 쪽 3마디가 노랗군요. 그래서 '배노랑긴가슴잎벌레'란 이름이 붙었습니다.

닭의장풀 잎만 먹는
배노랑긴가슴잎벌레

배노랑긴가슴잎벌레는 입맛이 까탈스러워 다른 풀은 안 먹습니다. 오로지 닭의장풀 잎사귀만 뜯어 먹습니다. 어른벌레와 애벌레

모두 잎사귀를 먹어 대니 닭의장풀은 여간 귀찮은 게 아닙니다. 식
물이라 움직일 수 없으니 자신을 먹는 녀석을 쫓아낼 수도 없고,
더더욱이 도망칠 수도 없어 딱하기 짝이 없습니다. 잎사귀가 나오
는 족족 다 뜯어 먹히면 광합성을 잘 못해 살아남는 데 지장을 줄
수 있습니다.

　그래서 닭의장풀은 자기를 지키기 위해 안간힘을 다 씁니다. 자
신을 먹어 치우는 초식 곤충들을 물리치기 위해 방어 물질을 만드
는데, 비용이 많이 들어갑니다. 우선 닭의장풀이 살아가는 데 꼭
필요한 영양소(1차 대사 물질)는 탄수화물, 단백질, 지방, 무기질 들
로 생명을 이어 가는 데 꼭 필요한 영양물질입니다. 이에 비해 방
어 물질은 생명 유지에 꼭 필요하진 않습니다. 단지 방어용 물질로
초식성 곤충들이 자기를 먹었을 때 소화를 못 시키게 하기도 하고,

맛없어 못 먹게 만들 뿐입니다(2차 대사 물질). 그래도 방어 물질을 만들려면 광합성 해서 모아 두었던 영양분을 써야 합니다.

닭의장풀 잎을 조금 잘라 손가락으로 비벼 보면 약간 끈적거리며 풋풋한 냄새가 납니다. 제 코엔 기분 좋은 향기지만 곤충들에겐 '내 몸에 독이 있으니 먹지 마!' 하고 경고하는 냄새입니다. 닭의장풀은 잎과 줄기에 독을 만들어 품고 있는 것이지요. 바로 플라보노이드나 사포닌 같은 화학 물질을 만들어 초식 곤충이 자기를 못 먹도록 합니다. 그렇다고 물러설 배노랑긴가슴잎벌레가 아니지요. 괜히 잎벌레인가요? 명색이 잎을 먹는 잎벌레인데 식물이 독을 품었다고 물러설 수 없습니다. 잎벌레는 잎을 못 먹으면 그대로 죽을 판입니다. 아주 오랜 세월 배노랑긴가슴잎벌레는 닭의장풀만 먹고 또 먹었습니다. 오랜 적응 과정을 통해 닭의장풀 독성에 내성도 생기고, 소화도 잘 시키게 되었지요. 그런데 닭의장풀만 먹으며 닭의장풀 독성에만 적응하다 보니 다른 풀의 독성에 적응할 여력이 없었을 것입니다. 그래서 지금은 다른 풀은 먹지 못하고 오직 닭의장풀 잎사귀만 먹습니다.

잎사귀 뒷면에
알 낳기

닭의장풀 둘레가 소리 없이 술렁입니다. 배노랑긴가슴잎벌레 암컷과 수컷이 짝짓기를 하고 있습니다. 수컷은 암컷을 여섯 다리로

꼭 끌어안고 암컷은 얌전히 잎사귀를 먹고 있습니다. 짝짓기치고
는 참 무덤덤합니다. 자세히 들여다보려고 조심스레 다가가 앉습니다. 앉기가 무섭게 낌새를 알아차리고 수컷이 암컷 등에서 떨어져 나와 휙 날아가 버립니다. 암컷도 잎사귀 뒤쪽으로 황급히 달아납니다.

앉은 김에 닭의장풀 잎사귀를 꼼꼼히 들여다봅니다. 아! 겹쳐진 잎사귀 틈으로 움찔거리는 녀석이 보입니다. 잎사귀 뒷면에 엄마 배노랑긴가슴잎벌레가 알을 낳고 있군요. 이런 광경은 일 년에 몇 번 볼까 말까 해 벅찬 마음을 꼭 누르며 숨죽이고 지켜봅니다. 엄마는 배 끝을 조금 늘여 잎사귀 겉쪽에 대고 움찔댑니다. 허연 알이 미끄러지듯 서서히 배 끝을 빠져나와 잎사귀 위에 무사히 달라붙습니다. 둥글고 길쭉한 것이 꼭 쌀알 같습니다. 잠시 뒤 엄마는 한 걸음쯤 옮겨 가 다시 배 끝을 길게 늘여 움찔대며 알을 낳습니다. 알 하나 낳는 데 걸린 시간은 3분 정도. 어미는 쉬지 않고 계속 알을 낳습니다. 알이 겹치지 않도록 가지런히 줄 맞춰 낳습니다. 어미는 모두 알 16개를 낳은 뒤 '닭의장풀 분만실'을 걸어 나와 잎들 사이로 사라집니다. 얼마나 힘들지 생각만 해도 안쓰럽습니다.

어미가 갓 낳은 알들은 물기가 남아 있어 반질반질 빛이 납니다. 알이 붙은 잎사귀를 살살 기울여 봅니다. 천만다행으로 알들이 흩뜨려지지도, 또 잎에서 떨어지지도 않습니다. 왜일까요? 어미는 알을 낳을 때 끈적거리는 아교 물질을 부속샘에서 분비합니다. 알이 잎사귀에 잘 달라붙도록, 또 알들끼리 서로 잘 달라붙도록 하려는 어미의 마지막 배려지요. 그렇게 해 두어야 비바람이 몰아쳐도 알이 잎에서 떨어지지 않고 잘 버틸 수 있습니다.

오뚝이 닮은
애벌레

    어미가 알을 낳은 지 일주일이 지났습니다. 드디어 애벌레들이 알을 깨고 나와 세상 구경을 합니다. 한 놈, 두 놈, 세 놈……. 녀석들이 알 껍질에서 조금 떨어진 잎사귀 귀퉁이로 꼬물꼬물 걸어갑니다. 조금 있자니 한 어미가 낳은 알에서 형제자매 애벌레가 모두 나와 다 함께 모였습니다. 이제 녀석들은 종령 애벌레가 될 때까지 내내 떨어지지 않고 잎사귀에서 한솥밥을 먹고 살아야 합니다. 천적한테 잡아먹히지 않으려면 뭉치는 것이 가장 좋습니다. 뭉쳐 있으면 몸집이 커 보여 천적들이 겁을 먹고 달아나거나 그냥 지나쳐 가기도 합니다.

배노랑긴가슴잎벌레 1령 애벌레. 아래쪽에 있는 알이 부화하려고 있다.

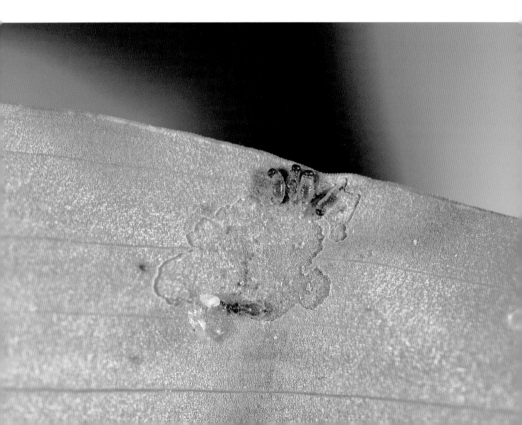

모여 사는 애벌레들이 하는 일은 먹는 일입니다. 쉴 때나 잠잘 때만 빼고 오로지 먹기만 합니다. 부지런히 먹어야 어른벌레가 되어 알을 낳고 자손을 퍼뜨리지요. 녀석들은 사이좋게 앉아서 주둥이를 잎사귀 뒷면에 대고선 잎살을 먹기 시작합니다.

식사 삼매경에 빠진 애벌레는 아무리 봐도 재밌게 생겼습니다. 아니, 보면 볼수록 우스꽝스럽습니다. 머리는 작고 배는 남산만 합니다. 오뚝이 같기도 하고, 만삭 임신부 같기도 하고, 등이 불룩 나온 노트르담의 꼽추 같기도 하고, 느릿느릿 기어가는 달팽이 같기도 합니다. 장난기가 발동해 녀석을 살짝 건드려 봅니다. 녀석이 머리를 곧추세우고 이리저리 흔들면서 위협하듯 대듭니다.

더 재밌는 것은 녀석의 다리가 '숏다리'입니다. 잎벌레류 애벌레답게 다리가 6개인데 모두 짜리몽땅합니다. 다리가 짧으니 빨리

걷지 못하고 뒤뚱뒤뚱 천천히 걷습니다. 그 짧은 다리로 뚱뚱한 몸을 지탱이나 할 수 있을지, 다리가 관절염에 걸리면 어쩌나 걱정하는 내가 우스워 혼자서 쿡쿡 웃습니다.

애벌레는 뚱뚱한 몸을 끌고 다니며 잎살을 갉아 씹어 먹습니다. 애벌레도 어미처럼 큰턱이 있지만 튼튼하지 않아 잎맥과 두꺼운 겉껍질(표피층)을 뺀 부드러운 잎살만 골라 먹습니다. 그래서 애벌레가 먹은 닭의장풀 잎은 잎맥과 허연 겉껍질만 남습니다. 겉껍질은 단단한 큐티클 층으로 되어 있어 질깁니다. 그래서 닭의장풀에서 애벌레를 찾기는 굉장히 쉽습니다. 잎살은 사라지고 허연 겉껍질만 남아 있는 닭의장풀 잎사귀를 본 적이 있나요? 보게 되면 잎을 뒤집어 보세요. 배노랑긴가슴잎벌레 애벌레를 만날지도 모릅니다.

똥 짊어지고 사는
애벌레

'잎살 밥'을 먹었으니 똥을 싸야지요. 신기하게도 애벌레들은 똥을 재활용합니다. 애벌레들에게 '똥은 자원'이니까요. 그래서 녀석들은 똥을 싸서 애지중지 등에다 짊어지고 다닙니다. 그것도 애벌레로 사는 기간 동안 내내 짊어지고 다닙니다. 그런데 똥은 참 별 볼일 없습니다. 뚱뚱한 몸에 비에 똥은 푸짐하지도 굵지도 않고 가느다랗습니다. 똥이 나오면 항문을 치켜들고 똥을 등 위로 밀어 올립니다. 똥 양이 적다 보니 배불뚝이 같은 등을 다 덮지 못합니다.

그래서 등에 작은 모자를 얹어 놓은 것 같습니다.

똥을 손으로 만져 봅니다. 약간 미끈거리긴 하지만 찰지지 않아 부서집니다. 똥 묻은 손을 코에 갖다 대고 킁킁 맡아 보니 풋풋한 닭의장풀 냄새가 납니다. 강아지풀 줄기 하나를 따서 녀석의 등 위에 있는 똥을 슬쩍 치워 봅니다. 똥이 없어진 것을 알기나 할까요? 당연히 압니다. 얼마 안 있어 녀석은 똥을 싸 등 위에 올립니다. 똥에는 닭의장풀 속에 있는 독 물질이 들어 있습니다. 그런 똥은 힘 없는 녀석들에게 천적을 내쫓는 무기가 됩니다. 개미 같은 천적들은 똥에 들어 있는 독 물질 냄새에 질려 공격을 잘 못할 수 있습니다. 또 똥을 뒤집어쓰고 있으면 포식자 눈에 애벌레가 아닌 새똥으로 착각해 공격받지 않을 수 있습니다. 곤충들의 똥 하나에도 심오한 뜻이 들어 있다니 곤충의 세계는 들어가면 들어갈수록 오묘합니다.

짧은 애벌레 기간

알에서 갓 깨어난 1령 애벌레가 잎을 먹으며 몸이 커지면 허물을 벗고 2령 애벌레가 됩니다. 2령 애벌레는 똥을 또다시 등에 얹습니다. 닭의장풀 잎사귀를 열심히 먹고 마지막 허물을 벗으면 3령 애벌레(종령)가 됩니다. 이제 한솥밥을 먹던 형제자매들은 아무런 기약 없이 흩어져서 저마다 홀로 살기 시작합니다.

종령 애벌레는 닭의장풀 잎을 게걸스럽게 먹으며 하루하루 부쩍부쩍 자랍니다. 혼자서 잎사귀 하나를 독차지하니 자주 옮겨 다니지 않아도 됩니다. 그래도 몸집이 1센티미터로 크다 보니 먹는 양도 많아 잎사귀 하나쯤은 금방 먹어 치웁니다. 뿔뿔이 흩어진 종령 애벌레들은 혼자서 밥을 먹으며 번데기가 될 준비를 합니다.

배노랑긴가슴잎벌레 애벌레 시절은 참 짧습니다. 알에서 깨어난 1령 애벌레가 번데기가 될 준비를 마치는 데 걸리는 시간은 일주일에서 열흘쯤. 모두 2번 허물을 벗으며 삽니다. 그 사이에 얼마나 많은 일들이 생길까요? 개미들에게 시달린 녀석도 있을 것이고, 거미의 밥이 된 녀석도, 새들에게 잡혀 죽은 녀석도, 사냥꾼 벌들의 독침에 찔려 죽은 녀석도 있을 것입니다. 애벌레 가운데에서 번데기가 될 때까지 무사히 살아남은 녀석은 30퍼센트도 안 되니 혹독한 자연 세계가 실감이 납니다.

땅속에서 지내는
번데기

연구실로 데려온 알에서 애벌레가 깨어난 지 7일째 되는 날입니다. 종령 애벌레는 도대체 먹을 생각을 안 합니다. 싱싱한 잎사귀를 줘도 거들떠보지도 않고 이리저리 돌아다닙니다. 걷는 모습이 뭔가 애타게 찾는 것 같기도 하고, 불안해 안절부절못하는 것 같습니다. 몇 시간을 헤매더니 지쳤는지 굼뜨게 움직입니다. 왜일까요?

번데기 만들 때가 다가왔기 때문입니다. 몸속의 여러 호르몬들은 이미 녀석을 번데기로 탈바꿈할 준비를 다 마친 상태입니다.

한곳에 멈춰 선 녀석이 몸을 구부립니다. 그리고 머리를 이리저리 움직입니다. 양옆으로, 앞에서 뒤로, 마치 춤을 추듯이 머리를 휘젓습니다. 그러는 동안 입에서 하얗고 가느다란 실 같은 것이 나오는군요. 언뜻 봐도 나비류 애벌레 입에서 나오는 부드러운 명주실과 다릅니다. 뻣뻣한 반 곱슬머리 같기도 하고 뒤엉킨 실타래 같기도 합니다. 녀석은 쉬지도 않고 입에서 하얀 실 같은 것을 뽑아내 자기 몸에다 붙입니다.

한나절이 지났습니다. 지갑처럼 생긴 하얀 고치가 제법 만들어졌고 녀석이 그 안에 들어앉아 있습니다. 아직도 녀석은 입에서 실 같은 것을 뽑아내 고치를 짓고 있습니다. 저 작은 몸에서 고치 지을 힘이 어디서 나올까? 안쓰럽기만 합니다. 그렇게 하루가 다 지났을 무렵 녀석의 고치가 완성되었습니다. 고치를 살짝 만져 보면 실 같은 것들이 뭉쳐 있어 스펀지 같은 느낌입니다. 이 고치 속에서 이삼일 지내야 비로소 애벌레 시절 입었던 허물을 벗고 번데기로 탈바꿈합니다. 너무도 기특해서 녀석의 고치에 부드러운 흙을 덮어 줬습니다. 흙 속에서 편안하게 지내다 어른벌레로 무사히 탈바꿈하길 기도하면서요.

실은 녀석들은 흙 속에다 고치를 만들고 그 속에서 번데기로 탈바꿈합니다. 다 자란 애벌레가 먹지도 않고 이리저리 헤매는 것은 흙을 찾는 것입니다. 번데기는 땅속에서 열흘을 보낸 뒤 날개돋이를 합니다. 드디어 짙푸른 남색 옷을 입은 배노랑긴가슴잎벌레 어른벌레가 땅 위로 올라옵니다.

배노랑긴가슴잎벌레 애벌레가 번데기가 되기 위해 고치를 지었다.

배노랑긴가슴잎벌레 애벌레가 고치 속에서 번데기 될 준비를 하고 있다.

배노랑긴가슴잎벌레 어른벌레는 봄부터 9월까지 닭의장풀 잎을 먹고 삽니다. 그리고 추운 겨울이 되면 땅속이나 덤불 속 같은 따뜻한 곳으로 들어가 겨울잠을 잡니다. 어느 연구자는 녀석이 일 년에 단 한 번 한살이를 한다고 말합니다. 하지만 제가 관찰한 바로는 일 년에 2번 정도 돌아갔습니다.

배노랑긴가슴잎벌레와 똑 닮은
적갈색긴가슴잎벌레

적갈색긴가슴잎벌레는 배노랑긴가슴잎벌레와 무척 닮았습니다. 몸 색깔만 다를 뿐 적갈색긴가슴잎벌레도 닭의장풀 잎사귀를 먹고, 한살이도, 애벌레의 생김새도, 알의 생김새도, 땅에서 번데기 만드는 것까지 배노랑긴가슴잎벌레와 거의 비슷합니다. 실제로 두 종 모두 닮은벼잎벌레아속(*Lema*)이어서 굉장히 가까운 친척입니다. 아마 같은 조상 종에서 아주 가까운 시기에 서로 다른 종으로 갈라졌을 것으로 짐작하고 있습니다.

배노랑긴가슴잎벌레   적갈색긴가슴잎벌레

쑥과

쑥잎벌레

쑥잎벌레 수컷
쑥잎벌레 수컷이 쑥 잎 위에 앉아 있습니다.

봄입니다. 따뜻한 바람이 불어옵니다.

길옆에도, 빈 밭에도, 언덕배기에도 새싹이 파릇파릇 돋아납니다.

냉이, 꽃다지, 달래, 뽀리뱅이…… 쑥.

다들 봄 내음 물씬 풍기는 봄나물입니다.

벌써 밭둑에는 쑥이 제법 파랗게 쑥쑥 올라왔습니다.

옹기종기 땅에 엎드려 쑥 캐는 아주머니 등에

햇볕이 따사롭게 내려앉습니다.

와락 저 대열에 끼어 쑥을 캐고 싶어집니다.

쑥

이 꼭지는 딱정벌레목 잎벌레과 종인 쑥잎벌레(*Chrysolina aurichalcea*)와
먹이식물인 쑥 이야기입니다.

꽃 같지 않은
쑥 꽃

혹시 쑥도 꽃이 핀다는 것을 아나요? 쑥도 꽃을 피웁니다. 그런데 쑥 꽃은 정말이지 꽃 같지가 않습니다. 수수합니다. 그냥 볼품없는 열매가 줄기에 다닥다닥 붙은 것 같습니다.

쑥은 국화과 집안 식구여서 수십 송이의 꽃을 두상꽃차례로 다닥다닥 피웁니다. 특이하게 쑥 꽃은 모두 튜브 모양의 통꽃(관상화)입니다. 종처럼 생긴 통꽃에는 암술과 수술이 다 들어 있습니다. 마침 양봉꿀벌 한 마리가 부웅 쑥 꽃에 날아옵니다. 꽃에 앉았다 다시 날아갑니다. 참 이상합니다. 틈날 때마다 관찰했지만 쑥 꽃을 찾는 곤충은 거의 없습니다. 식물 즙을 먹는 초식성 노린재류만 이따금 나타날 뿐입니다.

쑥 꽃은 종처럼 생긴 통꽃이다.

그럼 쑥은 어떻게 대를 이을까요? 바람에 맡깁니다. 국화과 집안 식구 중에서 풍매화는 무척 드뭅니다. 통꽃 속에 암술과 수술이 함께 있는 것을 보면 아주 오래전에는 중매쟁이 곤충이 꽃가루를 암술머리에 날라다 주었을 것으로 여겨집니다. 그런데 쑥은 메마르고 척박한 땅에서 살아갑니다. 그런 땅엔 꽃가루를 옮겨 줄 만한 중매 곤충들이 적은 편입니다. 씨앗은 맺어야 하는데 중매 곤충은 적으니 점차 꽃가루받이 방법이 바뀌었을 것입니다.

쑥은 꽃가루를 날라다 줄 곤충을 기다리기보다 바람에게 꽃가루를 맡기는 쪽으로 진화했을 가능성이 높습니다. 다시 말해 바람의 도움으로 꽃가루받이를 한 개체들이 생존력과 번식력이 더 높았고, 결국 풍매화로 대성공을 거두었기에 오늘날까지 풍매화로 살아가는 것으로 여겨집니다. 어쩌면 쑥에게 중매 곤충이란 기억

쑥은 메마른 땅에서
도 잘 자란다.

도 나지 않는 아주 먼 과거의 일인지도 모릅니다. 물론 곤충이 쑥 꽃가루와 꿀을 먹으러 왔다가 중매를 서는 경우도 있긴 합니다. 쑥 꽃에 온 곤충들은 쑥 꽃이 야속할 것 같습니다. 꽃은 그리도 많이 피우면서 정작 먹을 것이 별로 없으니 말입니다. '빛 좋은 개살구' 란 말은 곤충 세계에서도 통할 것 같군요.

메마른 땅에서
사는 쑥

우리나라 어디를 가든 하도 많아 발에 밟히는 쑥. 아무 데서나 얼마나 쑥쑥 잘 자라길래 '쑥'이라 불렀을까요. 또 천지 사방이 얼마나 쑥으로 뒤덮여 있었으면 '쑥대밭'이란 말까지 만들어졌을까요.

육중한 덤프트럭이 덜커덕 땅을 울리며 지나갑니다. 길옆에 난 쑥들이 한쪽 방향으로 쓰러지며 잎사귀가 죄다 뒤집힙니다. 한바탕 일어나는 흙먼지가 쑥 잎을 휘돌아 감습니다. 그러나 흙먼지도 뙤약볕도 다 이겨 내는 강인한 쑥입니다. 우리 땅 어디서든지 잘 사는 쑥, 특히 메마른 땅에서 아주 잘 삽니다.

쑥 잎사귀 뒷면을 보세요. 하얗습니다. 하얀 털이 실이 엉킨 것처럼 빽빽이 나 있습니다. 왜 털들이 이렇게 달려 있는 걸까요? 물기가 날아 가는 것을 막기 위해서지요. 워낙 거칠고 메마른 땅에서 살다 보니 쑥은 자연스럽게 물과 전쟁을 벌입니다. 모든 식물 잎사귀의 뒷면에는 숨을 쉬는 숨구멍(기공)이 있는데, 그 숨구멍으로

빠져나와 날아 가는 물의 양을 조금이라도 줄이려고 털들을 촘촘히 엮어 붙인 것입니다. 메마른 땅에서 사는 쑥이 물을 아껴야 하는 건 목숨을 지키는 것과 마찬가지니까요.

또 털은 잎사귀의 이불이 되어 주기도 합니다. 건조한 곳은 밤낮의 온도 차가 커서 밤에는 춥습니다. 추운 밤이 되면 쑥은 잎사귀를 죄다 곧추세워서 줄기 쪽에다 붙입니다. 잎을 활짝 펴고 있으면 방사 냉각(물체가 온도에 따라 방출하는 전자파로, 밤에는 물체가 열을 계속 방출하는데, 이때 물체가 열을 잃어 냉각되는 현상) 때문에 잎사귀 온도가 내려갑니다. 그러니 잎을 곧추세워 줄기에다 붙이는 수밖에 없지요. 이때 놀랍게도 잎 뒷면의 털이 이불 역할을 해 온도를 외부에 덜 빼앗기도록 보온을 해 줍니다.

재밌게도 이 털들은 끄트머리가 두 갈래로 나눠져 있습니다. 그걸 어찌 알았는지 사람들은 떡을 만들 때 쑥을 넣습니다. 쑥을 넣은 떡은 쌀가루와 끝이 갈라진 쑥 털이 얽혀 굉장히 찰진 떡이 됩니다. 찰떡궁합이 따로 없습니다.

한술 더 떠서 쑥 털은 초 성분을 가지고 있습니다. 물이 닿으면 튕겨 내는 성질이 있는 것이죠. 사람들은 쑥의 초 성분을 또 어찌 알았는지 쑥으로 뜸쑥을 만듭니다. 쑥뜸을 뜰 때 촛불처럼 오랫동안 타들어 가는 것은 털 덕분입니다.

어디 그뿐인가요? 털은 자기를 뜯어 먹는 초식 곤충을 막아 내는 데에도 한몫합니다. 곤충들이 털이 있어 껄끄러운 잎사귀보다 매끄러운 잎사귀를 더 찾을 것입니다. 하지만 만만한 곤충이 아닙니다. 비록 그 수가 적더라도 초식 곤충도 먹어야 사니 무슨 수를 써서라도 털 달린 쑥 잎을 뜯어 먹습니다. 결국 쑥은 자기 몸속에 방어 물질을 만듭니다. 화학 물질을 만든 것이죠. 방어 물질의 성분을 보면 치네올(cineol), 튜존(thujone), 휀콘(fenchon) 같은 정유 물질입니다. 쑥밭 가까이에만 가도 쑥 냄새가 풀풀 납니다. 쑥 냄새는 강하고 아주 독특합니다. 그래서 사람들은 쑥이 허브 식물이라며 쑥 향기에 매료되는데, 그 특이한 냄새의 주인공이 치네올입니다. 초식 곤충은 쑥의 독특한 냄새를 맡고는 이건 먹으면 독이 있어 큰일 나겠구나 하며 도망갑니다.

하지만 딱정벌레목 가문의 잎벌레과 식구인 쑥잎벌레는 끈질기게 쑥 잎을 먹습니다. 물론 처음에는 독 물질 때문에 탈이 나기도 하고, 죽기도 했을 것입니다. 하지만 수많은 세월을 쑥에 적응하면서 쑥이 품은 독 물질에 내성이 생기게 되었습니다. 또 독 물질을 소화하기도 합니다. 그래서 쑥 향기는 쑥잎벌레에게 먹이 식당이 있다는 걸 알려 주는 유인제이자 식욕 촉진제입니다.

쑥밭에서 만난 애벌레

발길 닿는 데마다 깔린 쑥. 오늘도 맘먹고 쑥밭에 죽치고 앉습니다. 요즘은 쑥잎벌레 애벌레를 찾아다닙니다. 쑥잎벌레 애벌레를 추적한 지 일주일째입니다. 개똥도 약에 쓰려고 찾으면 없다고 녀석도 흔한데 막상 찾으니 눈에 안 띕니다. 4월 중순이니 쑥이 어느 정도 자라 키도 크고 잎사귀도 두툼한 게 제법 억세졌군요. 봄바람이 살살 불 때마다 진한 쑥 향기가 제 몸을 휘휘 감싸고 돕니다. 그러고 보니 어렸을 적엔 바구니를 옆에 끼고 앉아 쑥을 뜯었는데, 몇십 년이 지난 지금은 바구니 대신 카메라를 메고 죽치고 앉아 곤충을 기다립니다. 팔자가 바뀌어도 한참 바뀌었지요.

한참을 기다리는데도 녀석이 그림자도 안 보여 줍니다. 꿩 대신 닭이라고 가끔씩 깡충거미류가 깡충깡충 뛰며 왔다 갔다 합니다. 얼마나 지났을까? 드디어 요상하게 생긴 잎벌레가 꼬물꼬물 기어 올라옵니다. 자세히 보니 온몸에 가시가 돋아난 노랑테가시잎벌레입니다. 몇 년 만에 보는 것인지 하도 반가워 이리 보고 저리 봅니다. 이쯤이면 꿩 대신 닭도 괜찮습니다.

노랑테가시잎벌레가 잎사귀 뒤로 사라지고 나니 다시 쑥 잎사귀엔 바람만 지나갑니다. 이쯤에서 포기하고 일어설까 하다 혹시나 싶어 손을 뻗어 옆쪽에 있는 쑥 잎사귀를 뒤적여 봅니다. 수사관이

쑥잎벌레 애벌레

쑥잎벌레 애벌레 몸
빛은 흙빛이다.
—

라도 된 듯이 한 잎 한 잎 꼼꼼하게 들여다봅니다. 아, 이게 웬일입
니까! 잎사귀 끄트머리에서 발그스름한 애벌레 한 마리가 쑥 잎을
오물오물 씹어 먹고 있습니다. 딱 보아하니 쑥잎벌레 애벌레입니
다. 지성이면 감천이라더니! 그렇게 기다리던 녀석을 만나다니 꿈
만 같습니다.

　제 숨소리에 눈치채고 도망갈까 봐 숨도 꾹 참고 녀석을 들여다
봅니다. 몸매는 뚱뚱하고 두루뭉술합니다. 어찌 보면 배불뚝이 오
뚝이 같고, 어찌 보면 꼽추 같고, 어찌 보면 만삭 임신부 같습니다.
몸이 육중하다 보니 가뜩이나 짧은 다리 여섯 개가 몸에 가려 잘
보이지 않습니다. 정말이지 무엇 하나 매력적인 것이 없습니다. 그
래도 멋은 있는 대로 부려 겉모습은 나름 화려합니다. 주황색 무
늬와 까만 점들이 흩어져 있고, 몸마디마다 주황색 숨구멍들이 구
슬처럼 동그랗게 뚫려 있습니다. 게다가 몸 표면에는 털들이 보송
보송 났습니다. 길고 억센 털, 짧고 억센 털, 짧고 보드라운 털 들

다 자란 쑥잎벌레
애벌레

이 죄다 출동해 녀석의 몸을 감싸고 있군요. 털들은 녀석에게 목숨같이 소중한 감각기입니다. 털은 신경과 이어져 있어 둘레에 조그만 움직임만 있어도 금방 알아차립니다. 바람이 어떻게 부는지, 습도는 얼마나 높은지, 온도는 얼마나 되는지, 적이 가까이 오는지도 귀신같이 알아차립니다.

잎사귀 가장자리를 쑹덩쑹덩 베어 먹는 모습이 하도 귀여워 사진 한 방 찍습니다. '찰칵' 하는 소리가 나기 무섭게 녀석이 잎사귀 아래로 뚝 떨어집니다. 저도 당황해서 얼른 덤불을 젖히며 녀석을 찾는데, 흙이나 녀석의 몸빛이나 색이 비슷해 도무지 보이지 않습니다. 한참을 이 잡듯 땅바닥을 뒤지니 몸을 C자로 말고 죽은 듯 옆으로 누워 있습니다. 녀석을 살살 집어 쑥 잎사귀 위에 살짝 올려놓습니다. 겁을 먹었는지 이리저리 돌아다닙니다. 몸이 뚱뚱하니 아무리 빨리 걸으려 해도 거북이처럼 뒤뚱뒤뚱 느리기만 합니다. 몇 걸음 걷다가 또 땅으로 뚝 떨어집니다. 알고 보면 쑥잎벌레에게 땅은 편안한 안식처입니다. 일교차가 심한 봄이라 쑥잎벌레 애벌레는 잎사귀를 먹는 낮만 빼고 거의 따뜻한 땅바닥에서 지내니까요.

쉴 때는
흙 속이 좋아

쑥잎벌레 애벌레를 연구실에 데려왔습니다. 잎사귀가 많이 달린 쑥을 여러 포기 가져와 화분에 심고서 녀석을 쑥 잎 위에 놓아줍니다. 혹시나 화분 밖으로 떨어질까 봐 화분을 지퍼 달린 비닐 속에 넣고는 책상 위에 올려놓고 틈만 나면 들여다봅니다.

생각보다 녀석은 참 재미가 없습니다. 사람으로 치면 무표정에 무뚝뚝해 좀처럼 반응이 없습니다. 그저 잎사귀 위에 앉아 먹기만 합니다. 먹는 것도 요란하지 않고 얌전하게 먹기만 하니 있는지 없는지 표도 안 납니다. 한 잎을 다 먹으면 뚱뚱한 몸으로 엉금엉금 걸어 옆에 있는 잎사귀로 이사 갑니다. 그렇게 오로지 먹고 쉬기만 할 뿐입니다.

그런데 녀석이 어디론가 사라졌습니다. 사라진 것이 한두 번이 아닙니다. 사라졌다가 어느새 잎사귀 위에서 밥을 먹고 있고, 또 사라졌다가 잎사귀 위에서 밥을 먹고 있습니다. 알고 보니 녀석은 쉬고 싶으면 아예 화분의 땅바닥으로 내려가 버립니다. 그제야 온 들판이 쑥밭이어도 녀석을 보기가 하늘의 별 따기만큼 힘든 까닭을 알았습니다. 배가 고프지 않을 때는 쑥 뿌리 둘레에 있는 흙 속

어린 쑥잎벌레
애벌레
—

에 들어가 꼼짝 않고 있다가 배가 고프면 엉금엉금 쑥 줄기를 타고 기어 올라온 것입니다.

잎사귀 위에서 밥을 먹다 보면 아무래도 거미나 침노린재류 같은 힘센 천적한테 잡아먹히기 딱 좋습니다. 녀석은 밥을 먹다가 재수 없게 천적에게 잡아먹혀도 저항 한 번 못합니다. 그도 그럴 것이 빠르길 하나, 몸속에 독 물질을 품고 있길 하나, 사슴벌레처럼 무기를 갖고 있길 하나, 왕벼룩잎벌레처럼 똥을 뒤집어쓰길 하나. 그냥 잡아먹힐 수밖에 없습니다. 그래도 살아남아야 합니다. 쑥잎벌레 애벌레는 기막힌 꾀를 냅니다. 먹지 않고 쉴 때는 흙 속으로 들어가는 것이죠. 물론 땅속에도 천적이 있지만 땅 위보다는 적습니다. 게다가 밤낮의 온도 차가 심한 봄이라 추운 밤에 땅속에 있으면 따뜻해서 편히 쉴 수 있습니다. 녀석에게 땅은 최고의 보금자

번데기가 되기 전
쑥잎벌레 애벌레
—

리입니다.

그러던 어느 날 애벌레의 몸이 몰라보게 커졌습니다. 허물을 벗은 것 같은데, 허물은 땅속에서 벗었는지 흔적을 찾지 못했습니다. 큰 변화 없이 녀석은 또다시 날마다 쑥 잎사귀와 땅을 오르내리며 쑥 잎을 먹고 몸을 불립니다. 그렇게 또 일주일이 흘렀습니다. 몸 길이가 1센티미터쯤 되는 녀석이 또 보이지 않습니다. 잎사귀를 앞뒤로 아무리 찾아봐도 없고, 잎사귀를 새로 먹은 흔적도 없습니다. 화분 속의 흙을 살살 파 봅니다. 아, 흙 속에 있군요. 며칠 전 잎사귀 위에서 밥 먹던 애벌레 모습 그대로 몸을 약간 구부리고 꼼짝도 안 하고 누워 있습니다. 슬쩍 건드리니 나무늘보처럼 느릿느릿 몸을 움직입니다. 편히 쉬라고 흙으로 덮어 줍니다. 한 달 정도 흙 속에서 탈 없이 지내는 것을 관찰했는데, 한 달 내내 애벌레(노숙 유충)의 모습이었습니다. 안타깝게도 그 뒤로 화분 속의 흙에 적응을 못 했는지, 흙을 뒤적거려 스트레스를 받았는지 녀석이 그만 숨을 거뒀습니다. 제 탓인 것 같아 몇 날 며칠 맘이 무거웠습니다.

쑥잎벌레 애벌레는 그렇게 흙 속에서 애벌레로 지내다가 여름 들머리쯤에 흙 속에서 번데기로 탈바꿈할 것으로 생각됩니다. 번데기는 일주일쯤 지나면 어른벌레로 날개돋이합니다. 몸이 완전히 단단하게 굳어진 어른벌레는 흙 속을 탈출해 바깥세상으로 나와 대를 잇습니다.

가을은
어른 쑥잎벌레의 계절

쑥잎벌레 어른벌레는 4월부터 11월까지 심심찮게 만날 수 있습니다. 어른 쑥잎벌레는 생김새가 두루뭉술한 것이 수더분합니다. 그래도 멋을 잔뜩 부려 등 쪽이 참기름을 바른 것처럼 윤기가 자르르 흐릅니다. 몸길이는 1센티미터 정도 되니 잎벌레 세계에서 꽤 큰 편이라 맨눈에도 확 들어옵니다. 몸 크기로 보나 몸매로 보나 녀석은 서리태 콩과 똑 닮았습니다.

9월은 어른 쑥잎벌레의 계절입니다. 쑥 꽃이 필 무렵이면 쑥잎벌레 어른벌레들이 훌쩍 키가 커 버린 쑥에 하나둘 등장합니다. 쑥잎벌레는 색변이가 있어서 어떤 녀석은 청동색 옷을 차려입고, 어떤 녀석은 짙은 사파이어색 옷을 차려입고 쑥 줄기를 타고 엉금엉금 올라옵니다. 아직 단풍 들지 않은 쑥 잎사귀나 꽃봉오리에 앉아 큰턱으로 잎사귀를 쑹덩쑹덩 베어 맛있게 씹어 먹습니다.

어른벌레들이 모였으니 짝짓기를 해야지요. 쑥잎벌레는 쑥 잎사귀를 실컷 먹으며 슬슬 짝을 찾습니다. 이때쯤이면 암컷과 수컷을 한눈에 구별할 수 있습니다. 암컷은 굉장히 뚱뚱하고 수컷은 날씬합니다. 특히 암컷의 배는 연보랏빛 풍선처럼 부풀어 금방이라도 터질 것 같습니다. 오죽하면 커다란 배가 딱지날개 밖으로 삐져나왔을까요. 심지어 걸을 때면 배가 하도 불러 바닥에 질질 끌릴 것만 같습니다. 암컷의 배 속에는 난황이 많이 차 있습니다.

쑥 잎에 앉아 밥을 먹던 암컷이 갑자기 일어나 옆에 있는 잎사귀로 갑니다. 걸을 때마다 풍선처럼 부푼 배가 잎 표면에 닿습니다. 얼마 안 있어 수컷이 왔습니다. 암컷 옆으로 다가와 더듬이로 암컷의 딱지날개를 툭툭 건드려 봅니다. 암컷도 싫지 않은 모양입니다. 수컷이 등 위로 올라타도 아무런 저항도, 내색도 안 합니다. 암컷 등에 올라탄 수컷은 암컷을 안으려고 무지 애를 씁니다. 하지만 헛수고네요. 배부른 암컷을 보듬어 안아 보려니 다리가 짧아 엄두가 안 납니다. 수컷의 입장에서 암컷의 몸이 태산보다 더 커 보일 것 같아 혼자 킥킥 웃습니다. 수컷은 하는 수 없이 다리 여섯 개를 암컷 등 위에 올려놓고 엉거주춤 서 있는 자세로 만족해야 합니다. 다행히 다리의 발목마디가 하트 모양으로 옆으로 늘어나 있고, 발목마디 아래쪽에는 털들이 빼곡히 붙어 있어 암컷을 그런대로 잡을 수 있습니다.

수컷은 배 꽁무니를 늘여 암컷의 배 끝에 댑니다. 그러곤 더듬거리더니 수컷의 생식기가 암컷의 생식기에 쏘옥 미끄러지듯 들어

갑니다. 짝짓기에 성공한 수컷은 암컷의 등 위에서 잠깐 숨을 돌리고, 암컷은 꼼짝도 않고 앉아서 쉽니다. 재밌는 광경이 벌어질 거라 잔뜩 기대했는데 짝짓기치고는 참 싱겁습니다.

짝짓기를 했으니 알을 낳아야지요. 배불뚝이 암컷은 알을 낳으러 뒤뚱뒤뚱 걸어서 이 포기, 저 포기 돌아다니며 맘에 드는 쑥 잎사귀를 찾습니다. 드디어 찾았나 봅니다. 잎사귀 뒷면에 배 끝을 대고 알을 낳습니다. 잎벌레들은 산란관이 굉장히 짧아 잎사귀 표면에 배 끝을 대고 알을 낳습니다. 어른벌레 중에는 겨울을 나는 녀석들도 있습니다. 어른벌레는 추워지면 덤불 속, 가랑잎 속, 흙 속으로 들어가 겨울잠을 잡니다. 쑥잎벌레는 알로도, 어른벌레로도 겨울을 납니다.

쑥잎벌레의 천적
다리무늬침노린재

쑥잎벌레를 노리는 사냥꾼은 많습니다. 침노린재류, 거미류, 파리매류, 새 들이 대표 포식자입니다. 그 가운데 쑥잎벌레만 보면 신이 나는 곤충이 있지요. 바로 다리무늬침노린재입니다. 노린재목 가문에 속한 다리무늬침노린재는 풀밭의 타고난 사냥꾼인데, 특히 잎벌레 전문 사냥꾼입니다. 다리무늬침노린재는 쑥 잎을 먹는 쑥잎벌레 애벌레를 발견하면 눈치채지 못하게 살금살금 잎사귀 뒤로 다가갑니다. 애벌레 가까이 다가가면 침 주둥이를 빼내 정

조준 한 뒤 식사 중인 애벌레의 몸을 푹 찌릅니다. 애벌레는 순간
적으로 몸을 움츠리더니 이내 바둥거립니다. 다리무늬침노린재는
서둘러 주둥이의 한쪽 관에서 소화액을 분비해 쑥잎벌레 애벌레의
몸속에 넣습니다. 애벌레가 이리저리 몸부림치지만 소용이 없습니
다. 다리무늬침노린재의 소화액이 애벌레의 몸에 점점 퍼져 나가
자 서서히 힘이 빠져 버둥거리지 않습니다. 점차 애벌레의 몸이 소
화되어 걸쭉한 죽으로 변해 갑니다. 이제 다리무늬침노린재는 애
벌레의 체액을 천천히 빨아 마십니다. 다 먹고 나면 애벌레는 빈
껍질만 남습니다.

쑥잎벌레는 식물인 쑥을 먹고 살고, 다리무늬침노린재 같은 포
식자는 초식 곤충인 쑥잎벌레를 먹고 살고, 포식자들은 다시 더 힘
센 상위 포식자에게 밥이 됩니다. 그렇게 생태계는 톱니바퀴처럼
먹이망이 맞물려 돌아갑니다. 톱니 하나라도 빠지면 자연의 바퀴
는 균형을 잃고 잘 못 돌아갑니다. 쑥잎벌레도 하나의 톱니가 되어
자연 세계가 균형 잡도록 작으나마 힘을 보탭니다. 자연 세계는 사
람 사는 이치로는 설명할 수 없는 그들만의 법칙으로 지금도 돌아
가고 있습니다.

박하와

박하잎벌레

박하잎벌레

박하잎벌레 어른벌레가
박하 줄기에 매달려 있습니다.

어렸을 적 살았던 시골집 뒤꼍에는 꽃밭이 있었습니다.

자그마한 꽃밭에선 봉선화, 맨드라미, 백합, 국화, 작약, 풍접초,

붓꽃, 박하, 채송화 들이 때맞춰 꽃을 피웠습니다.

그 가운데 박하는 씨를 뿌리지 않는데도

봄만 되면 꼭 꽃밭 한 귀퉁이에 돋아났습니다.

잎사귀를 조금만 뜯어 손끝으로 살살 비벼 코에만 갖다 대도

화~한 향기가 진하게 풍겨 났습니다.

그런데 돋아난 박하 잎사귀가 성한 게 없었습니다.

새잎이 돋아나면 뜯어 먹히고,

또 새잎이 돋아나면 또 뜯어 먹혀 어린 마음에 속이 상했습니다.

어느 날 털이 없이 통통한 애벌레가 뜯어 먹는 걸 발견하고

손으로 잡아 버렸던 기억이 납니다.

그 애벌레가 박하잎벌레인 걸 안 것은 곤충계에 입문하고 나서입니다.

박하잎벌레

이 꼭지는 딱정벌레목 잎벌레과 좋인 박하잎벌레(*Chrysolina exanthematica exanthematica*)와
먹이식물인 박하 이야기입니다.

화한 향기 나는
박하

　박하 향기는 말하지 않아도 다 압니다. 싸하고 화~한 향기. 잎사귀를 조금만 뜯어 손끝으로 살살 비벼 코에 갖다 대면 화한 향기가 진하게 풍겨 정신이 번쩍 들지요. 그 향기 덕분에 박하는 스타 허브 식물이 되었습니다. '국민 사탕'인 박하사탕을 모르는 사람은 없겠지요. 박하는 약방의 감초처럼 아이스크림, 담배, 은단, 치약, 향수, 음료수 따위에도 들어갑니다.

　도대체 박하에는 무슨 물질이 들어 있어 한 번만 맡아도 정신이 번쩍 들까요? 바로 멘톨(menthol)입니다. 멘톨은 유기 화합물인 이소프레노이드(isoprenoid) 계열의 화합물인데, 박하에 아주 많이 들어 있습니다. 그래서 박하 가까이만 가도 박하 향, 즉 멘톨 냄새가 풀풀 나지요.

—
무더기로 자라는
박하

사실 박하는 초식 동물에게 뜯어 먹히지 않으려 강력한 독 물질을 만들었습니다. 그 가운데 멘톨이 대표적인 물질입니다. 초식 동물은 박하 특유의 맛과 냄새 때문에 감히 박하를 먹지 못하는데, 딱정벌레목 가문의 잎벌레과 집안 식구인 박하잎벌레는 대담하게도 박하 잎을 먹습니다. 물론 거슬러 올라가면 처음 박하를 입에 댔던 조상들은 소화를 시키지 못해 죽기도 했을 것입니다. 하지만 수많은 세월 동안 박하 잎를 먹으면서 박하가 지닌 멘톨 같은 독 물질에 내성도 생기고 소화도 시키게 되었습니다. 그런데 어떻게 이런 일이 가능할까요?

사람의 일생은 짧아도 80년, 곤충의 일생은 길어야 1년입니다. 물론 북아메리카 지역에 17년 사는 매미류도 있지만 곤충은 거의 1년 안에 생애 주기가 마무리됩니다. 종종 네발나비나 배추흰나비 같은 곤충들은 한살이가 1년에 네다섯 차례 돌아가기도 합니다.

박하는 잎겨드랑이에서 깨알만 한 꽃들이 모여 핀다.

한살이 기간이 짧으면 짧을수록 그만큼 다른 개체의 유전자가 섞여 다양한 유전자 조합이 생깁니다. 유전자 조합이 다양할수록 환경 변화를 유연하게 대처할 수 있는 기회가 많아집니다.

박하의 독 물질은 처음엔 박하잎벌레에게 독이 되었겠지만 세대가 바뀌면서 점점 박하잎벌레의 유전자 군(gene pool)에 차곡차곡 쌓입니다. 오랜 세월이 자나면서 박하잎벌레는 적응 과정을 통해 독 물질에 대한 내성을 갖게 되었을 것입니다. 가까운 예로 사람들이 싫어하는 모기를 들 수 있습니다. 모기를 잡겠다고 예전부터 살충제를 많이 뿌렸지요. 살충제를 뿌리면 모기들이 사라져야 하는데 해마다 모기들은 살아남습니다. 살충제에 내성이 생긴 것입니다. 사람들은 더 독한 성분의 살충제를 만들어 뿌리고, 모기는 더 독한 살충제에 내성이 생깁니다. 살충제는 사람이 만든 방어 물질이라 할 수 있지요. 이렇게 사람이 만든 살충제와 모기 사이에 밀

박하잎벌레는 박하가 만든 독 물질에 내성을 가졌다.

고 당기는 게임이 계속되고 있습니다.

　이제는 박하의 독 물질이 박하잎벌레에게 달콤한 냄새가 되었습니다. 말하자면 식욕 촉진제 역할을 하는 것이지요. 박하잎벌레는 겨울잠과 여름잠에서 깨어나기가 무섭게 박하 향을 맡으면 본능적으로 박하로 날아듭니다. 그리고 따사로운 햇볕을 받으며 박하 잎사귀 만찬을 즐깁니다.

깨알만큼
작은 박하 꽃

　잎사귀는 박하잎벌레에게 내어 줘도 박하는 끄떡없이 살아남아 8월 말부터 꽃을 피우기 시작합니다. 박하 꽃은 잎겨드랑이에서 깨알만 한 꽃들이 수십 송이 모여서 피는데 그 모습이 마치 동그란 공 같습니다. 꽃이 워낙 작다 보니 중매쟁이 곤충의 눈에 잘 띄도록 모여 피어서 멀리서 보면 커다란 꽃으로 착각합니다. 더구나 아파트처럼 층을 이루며 피어 큰 꽃이 핀 것처럼 보여 중매쟁이 곤충을 유혹합니다.

　박하 꽃은 작아도 있을 건 다 있습니다. 꽃잎이 종처럼 생긴 통꽃이라 꽃받침도 종 모양, 꽃잎도 종 모양입니다. 수술 4개가 하얀 꽃가루를 달고서 혀를 쏙 내민 듯이 꽃잎 밖으로 나와 있고, 암술은 꽃잎 속에 고이 숨겨져 있습니다. 곤충은 꽃이 작든 크든 꽃가루나 꽃꿀만 많으면 대만족입니다.

꼬마꽃등에

가시노린재

초록파리류

꿀벌

가을이라 역시 가을 곤충들이 박하 꽃을 드나듭니다. 꽃등에류, 기생파리류, 애꽃벌류, 남방부전나비 들이 있지요. 마침 꼬마꽃등에가 날아옵니다. 꽃은 작지만 꽃가루가 많이 붙어 있어 좋아할 것 같습니다. 더구나 작은 꽃들이 다닥다닥 붙어 있고, 위아래 층에도 꽃들이 피었으니 꽃가루를 얻기 위해 다른 꽃을 찾아 멀리 가지 않아도 됩니다. 꼬마꽃등에는 몸길이가 약 8밀리미터밖에 안 되어 꽃등에류치고는 몸집이 작은 편입니다. 이렇게 작으니 박하 꽃 속에 머리가 쏘-옥 들어갑니다. 조심성이 많아 꽃 속으로 들어갔다가 금세 꽃 밖으로 나와 꽃 앞에서 정지 비행을 합니다. 그러다 안심이 되면 다시 꽃 속으로 들어갑니다. 한참 동안 열심히 들락날락하면서 박하 한 포기에서 꽃가루 밥을 실컷 먹습니다. 식사 중에 우연히 몸털에 꽃가루가 묻고, 다른 포기의 꽃으로 날아가 우연히 암술에 떨어뜨려 중매를 서겠지요. 또 알록달록 무지갯빛이 현란한 기생파리류도 박하 꽃에 날아와 두툼한 주둥이로 꽃가루를 핥아 먹습니다. 곤충이든 꽃이든 작으면 작은 대로 크면 큰 대로 자연 세계에서 나름 자기 역할을 합니다. 존재 자체가 생태계를 움직이는 원동력입니다.

가을에 피는 박하 꽃에선 중매쟁이 곤충들이 꽃가루와 꽃꿀을 먹고, 박하 잎에선 박하잎벌레가 잎을 먹으며 영양분을 채우는 사이에 가을이 익어 갑니다. 머지않아 겨울이 오면 다들 자기 자리로 돌아가 겨울잠을 잘 것입니다.

박하 잎의 가을 손님
박하잎벌레 어른벌레

박하 꽃이 필 무렵이면 박하 잎을 먹으러 찾아오는 '가을 손님'
이 있습니다. 박하잎벌레 어른벌레입니다. 잎을 먹는 잎벌레답게
꽃은 거들떠보지도 않고 잎사귀만 먹습니다. 박하는 번식에 중요
한 꽃을 피우니 박하잎벌레가 잎사귀를 먹든 말든 신경도 안 씁니
다. 박하는 곧 열매를 맺고 한살이를 마무리할 준비를 하고 있기
때문입니다. 어차피 추워지면 잎은 광합성을 멈추고 단풍이 들어
땅에 떨어질 테니 박하잎벌레가 뜯어 먹어도 박하의 생존에 큰 영
향을 주지 않습니다.

마침 박하잎벌레가 잎자루에 턱 걸터앉아 잎을 먹고 있습니다.
메주콩만 한 데다 반짝반짝 윤이 나니 맨눈에도 확 띕니다. 가까
이서 보니 역시 보석처럼 아름답습니다. 몸빛은 어두운 편이고 보
는 각도에 따라 어찌 보면 구릿빛이, 어찌 보면 자줏빛이 돕니다.
전체적으로 몸매는 달걀 모양으로 두루뭉술하고, 등 쪽은 언덕처
럼 볼록합니다. 아무리 봐도 녀석의 딱지날개는 백만 불짜리입니
다. 윤기가 흐르는 딱지날개에는 점무늬가 빼곡하게 찍혀 있고, 수
십 개의 물방울무늬들이 작은 보석들을 박아 놓은 것처럼 10줄로
가지런히 줄지어 있습니다. 다리는 또 어떤가요? 형광빛이 나는 파
란색 매니큐어를 바른 것처럼 반짝입니다. 얼마나 우아한지 세상
에 단 하나밖에 없는 브로치를 보는 것 같습니다. 이 멋진 녀석들
이 언제부턴가 야생의 풀밭에서 사라지고 있어 안타깝습니다. 언
제 또 볼까 싶어 한참을 보고 또 봅니다.

가을날에 녀석들은 박하 꽃향기를 맡으며 짝짓기를 합니다. 암
컷의 몸집은 수컷에 비해 큽니다. 짝짓기 전인데도 배가 굉장히 불
러 임신부 같습니다. 배 속에 알을 지니고 있기 때문입니다. 짝짓
기는 수컷이 암컷의 등에 올라가서 하는데, 이때 암컷의 배가 부르
기 때문에 수컷은 암컷의 딱지날개 위에 다리를 올려놓은 채 엉거
주춤하게 서서 짝짓기를 합니다.

짝짓기를 마친 암컷은 가늘고 기다란 적갈색 알을 박하 뿌리 근
처에 뭉쳐 낳습니다. 그렇게 가을은 깊어 가고 박하잎벌레 알들도
추운 겨울을 견디며 따스한 봄날을 기다립니다. 아마도 알을 낳지
않은 박하잎벌레 어른벌레도 가랑잎 속, 나무껍질 속, 흙 속 같은
따뜻한 곳에서 겨울잠을 자는 것으로 생각됩니다.

박하잎벌레 애벌레
생김새

꽃들이 만발하는 4월 말입니다. 풀밭은 온통 연둣빛 세상입니다.
싱그러운 바람을 맞으며 걷다 보니 어느새 박하 밭에 도착했네요.
박하 몇 포기에서 돋아난 잎사귀가 볕을 쬐고 있습니다. 그런데 박
하 잎사귀가 뜯어 먹혀 몇 개 안 붙어 있고, 붙어 있는 것도 성한 것
이 없습니다. 더구나 새로 난 싹은 누가 다 베어 먹어 잎줄기만 남
았습니다. 얼른 박하 앞에 앉아 수사관처럼 범인을 찾습니다. 그러
면 그렇지! 잎사귀 끄트머리에 까만 애벌레가 식사 삼매경에 빠져

있군요. '아, 너였구나. 그럴 줄 알았지. 네가 박하 잎을 다 먹었단 말이지!' 녀석은 박하잎벌레 애벌레입니다. 찾고 있던 박하잎벌레 애벌레를 이 좋은 봄날에 만나다니! 오늘은 정말이지 운이 좋은 날입니다.

녀석이 도망갈까 봐 숨도 아껴 쉬면서 살펴봅니다. 솔직히 예쁘지는 않습니다. 몸빛은 새까맣고 몸매는 어찌 그리 뚱뚱한지요. 오뚝이처럼 배가 불룩하고 피부(표피)엔 그 흔한 무늬가 하나도 없고 남들 다 가진 털도 없어 그냥 맨송맨송합니다. 게다가 피부가 쭈글쭈글하기까지 합니다. 다리는 어떤가요? 하도 짧아 뚱뚱한 몸에 가려 잘 보이지도 않습니다. 그래도 다리 여섯 개로 잎사귀를 꼭 잡고 몸을 지탱하며 밥을 먹는 것을 보니 다리 기능은 제대로 하네요. 생긴 것은 볼품없어도 녀석은 복이 참 많습니다. 사는 동안 내내 향기 가득한 박하 잎사귀 밥을 먹으니 말입니다.

어디선지 어리별쌍살벌 한 마리가 쌩하고 박하 잎 위를 날아갑니다. 그러자 박하잎벌레 애벌레는 어찌나 눈치가 빠른지 눈 깜빡할 사이에 땅으로 뚝 떨어집니다. 박하 잎이 무슨 낙화암인 줄 아나 봅니다. 가뜩이나 볼품없는 녀석이 흙바닥에 몸을 꼽추처럼 구부리고 꼼짝도 안 하니 나무 부스러기처럼 보입니다. 1분 정도 지났을까? 녀석은 꿈틀꿈틀하며 오그렸던 다리도 펴고 움츠렸던 몸뚱이도 폅니다. 그러곤 엉금엉금 흙바닥을 기어갑니다. 기어가는 녀석을 다시 건드려 봅니다. 역시 걸음을 딱 멈추고는 여섯 다리를 말고 몸을 움츠립니다. 죽은 듯이 꼼짝하지 않습니다.

위험이 닥쳤을 때 녀석의 피부에서 독 물질이 나오나 궁금해 등쪽을 살짝 눌러 봅니다. 매끄러운 피부에선 아무것도 나오지 않네

박하잎벌레 애벌레는 몸빛이 까맣고 배가 불룩하다.

박하잎벌레 애벌레는 다리가 짧아 잘 보이지않는다.

요. 그러고 보니 녀석은 자기 몸을 지킬 무기가 없군요. 박하잎벌레 애벌레는 위험하다 싶으면 몸을 말고 다리도 오그리고선 아래로 뚝 떨어져 가사 상태에 빠집니다. 즉 실제로 죽는 것은 아니고 죽은 거나 다름없을 정도의 일시적인 혼수상태에 빠집니다. 박하잎벌레는 어른벌레나 애벌레 모두 위험하면 가사 상태에 빠집니다. 순전히 몸으로 때우는 작전이지요.

밥 먹을 때만
잎에 나타나는 애벌레

박하잎벌레 애벌레는 참 비싸게 굽니다. 아무 때나 자신을 보여 주지 않으니 말입니다. 배고플 때 빼고 평소엔 박하 뿌리와 가까운 땅바닥에서 쉬고 있으니 흔히 보일 턱이 없습니다. 꼭 따뜻한 날에 배고플 때만 박하 줄기를 타고 올라와 박하 잎을 먹으니 운이 좋아야 만날 수 있지요. 애벌레가 잎사귀 위에서 쉬기보다 땅속에서 지내는 까닭은 아무래도 천적한테 덜 드러나기 때문입니다. 또 4월이면 이른 봄이라 잎사귀 위보다는 땅바닥에 있는 덤불 속이 따뜻합니다. 곤충은 변온 동물이어서 밤에는 추워서 잘 움직이지 못하고 햇볕이 따사롭게 내리쬐는 한낮이 돼야 잎사귀 위로 올라오기 때문입니다.

박하잎벌레 애벌레는 생긴 것처럼 행동도 참 굼뜹니다. 몸이 뚱뚱하다 보니 잎사귀를 타고 다닐 때도 뒤뚱뒤뚱하고 할 줄 아는 것

이라고는 먹는 것밖에 없습니다. 먹는 모습은 참 얌전합니다. 그런
데 큰턱이 튼튼하게 발달해서 잎맥이나 잎살을 가리지 않고 쏭덩
쏭덩 베어 씹어 먹습니다.

　잎과 땅바닥을 오르락내리락하며 박하 잎을 먹은 녀석은 무럭무
럭 커 갑니다. 한 번에 다 자라지 못하고 3번 허물을 벗으며 서서히
자랍니다. 한 번 허물을 벗은 2령 애벌레가 다 자란 종령(4령) 애벌
레가 될 때까지 26일쯤 걸리니 애벌레 기간치고는 좀 긴 편입니다.

　다 자란 종령 애벌레는 잎사귀에서 자취를 감춥니다. 땅속으로
내려가기 때문이지요. 녀석을 관찰해 보니 땅속에서 바로 번데기
를 만들지 않고 얼마 동안 종령 애벌레(노숙 유충)의 모습으로 지내
는 것으로 보입니다. 일본 학자들은 녀석이 9일에서 13일 정도 번
데기 시절을 살다가 5월 말쯤 박하잎벌레 어른벌레로 탈바꿈한다
고 합니다. 흙 속에서 번데기 시절을 보내니 녀석의 사생활을 세세

히 밝히려면 더 많은 연구가 이루어져야 합니다.

땅속에서 지내던 번데기는 초여름에 어른벌레로 날개돋이합니다. 그런데 박하잎벌레는 여름에는 거의 못 봅니다. 왜 안 보일까요? 여름잠(하면, 휴면의 일종)을 자러 땅속으로 들어갔기 때문입니다. 어른벌레는 잠시 박하나 산박하 같은 꿀풀과 잎을 먹으며 영양 보충을 하고 이내 더위를 피해 여름잠을 잡니다. 그리고 보니 어른 박하잎벌레의 피서 방법은 잠자는 거네요. 녀석의 유전자 속에는 더운 여름 내내 잠을 자도록 프로그램이 짜여 있어 선선한 9월이 되어야 잠에서 깨어납니다. 녀석이 여름잠을 자는 사이 박하는 신이 났습니다. '이제 누구도 내 잎을 축내지 않겠지.' 녀석이 잠자는 틈을 타 박하는 부지런히 광합성을 해 영양분을 만들며 꽃 피울 준비를 합니다.

곤충은 번데기를 어디에 만들까?

곤충은 갖춘탈바꿈(완전변태)을 하는 무리와 안갖춘탈바꿈(불완전변태)을 하는 무리로 크게 나눕니다. 곤충 가운데 약 87퍼센트가 갖춘탈바꿈을 하며 거친 환경에 적응하는 데 성공했습니다. 갖춘탈바꿈을 하는 곤충들은 저마다 생활 습성에 맞는 서식지에다 번데기를 만듭니다. 가령 하늘소류는 나무 속에다 번데기를 만들고, 버섯을 먹는 균식성 거저리류는 버섯 속에다 만들고, 나비류 대부분과 잎벌레류 몇몇은 잎사귀에다 만들고, 풍뎅이류와 나방류 몇몇은 땅속에다 만듭니다. 결국 번데기 만드는 방법과 습성은 어떤 규칙이 있는 게 아니라 종마다 다르기 때문에 종에 눈높이를 맞춰 번데기를 이해해야 합니다.

1. 잎사귀에서 번데기를 만드는 곤충

잎사귀에다 번데기를 만들면 천적에게 항상 노출되기 때문에 특별한 장치를 하는 경우가 많습니다. 대부분의 경우는 번데기가 그대로 드러나지 않도록 번데기 방인 고치를 만듭니다. 가령 나비목 가문의 어떤 나방류 애벌레는 번데기가 되기 전에 아랫입술샘에서 명주실을 토해 번데기 방을 만든 뒤 그 속에서 번데기로 탈바꿈합니다. 나비목 애벌레와 달리 딱정벌레목 애벌레는 아랫입술샘에서 명주실이 나오지 않는데도 몇몇 딱정벌레 애벌레는 고치(번데기 방)를 짓습니다. 하지만 구체적으로 어디서 만들어져 나오는지 잘 모릅니다. 딱정벌레목 잎벌레과 집안의 뿌리잎벌레류(뿌리잎벌레속) 애벌레는 실과 비슷하게 생긴 분비물을 입으로 내어 고치를 만드는데, 이 분비물은 창자의 세포에서 분비되는 것으로 여겨집니다.

무당벌레류(무당벌레과)의 경우는 고치를 만들지 않습니다. 대신에 액체성 분비물을 내어 번데기 몸의 부속지를 몸에다 꽉 붙입니다(피용). 이 분비물은 마르면 딱딱해지기 때문에 번데기의 피부를 단단하게 만듭니다. 분비물 덕분에 무당벌레류의 번데기는 피부가 튼튼해서 천적으로부터 어느 정도 자기 몸을 지킬 수 있다고 여겨집니다. 잎사귀 위에다 번데기를 만드는 무리는 나비류 대부분, 나방류 일부, 잎벌레류 일부, 꽃등에류 일부 들입니다.

2. 땅속에서 번데기를 만드는 곤충

땅속에서 번데기를 만들면 어떤 이점이 있을까요? 우선 땅속은 땅 위보다는 안전한 편입니다. 땅 위에는 힘센 곤충, 새, 양서류, 파충류, 포유류 같은 천적들이 많습니다. 물론 땅속이라고 해서 천적이 없는 것은 아니지만 땅위에 비해 천적이 비교적 적은 편입니다. 또한 땅속은 외부의 환경 변화에 덜 민감합니다. 땅속에선 바람이 불 리가 없고, 온도나 습도도 큰 변동 없이 일정하게 유지되기 때문에 변온 동물인 곤충이 살아남기가 땅 위보다 유리합니다. 그래도 미생물, 응애류, 힘센 육식성 곤충, 두더지 같은 천적의 공격을 피하기 위해서 번데기에 안전장치를 합니다.

딱정벌레목의 적갈색긴가슴잎벌레는 땅속에다 번데기를 만드는데 더듬이나 다리 같은 부속지가 몸에 붙어 있지 않고 떨어져 있어(나용) 피부가 매우 약합니다. 그래서 입에서 실과 비슷하게 생긴 분비물을 내어 흙과 뒤섞어 번데기 방인 고치를 만들고 그 속에서 번데기로 탈바꿈합니다. 땅속에서 번데기를 만드는 나방류 애벌레도 입에서 명주실을 내어 흙과 잘 섞어 고치를 만들고 그 속에서 번데기가 됩니다. 땅속에다 번데기를 만드는 무리는 나방류 일부, 잎벌레과 일부, 풍뎅이류 일부, 잎벌류 대부분, 딱정벌레과 곤충 대부분, 거저리과 일부 들입니다.

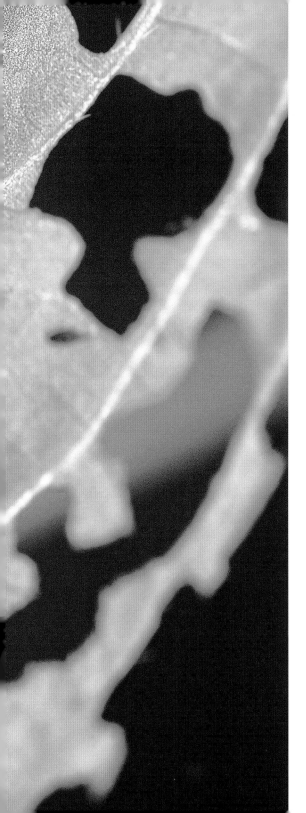

깨풀과

발리잎벌레

발리잎벌레

발리잎벌레 어른벌레는 깨풀의
여린 잎살만 골라 먹습니다.

선선한 바람이 불어오는 가을입니다.

하늘은 하도 파래 바다보다 더 깊어 보입니다.

높은 하늘을 올려다보며

옛 한성 백제의 숨결이 깃든 풍납토성 길을 걷습니다.

맑고 청아한 풀벌레 노래가 울려 퍼지고,

길옆 풀밭에선 풀들이 바람에 맞춰 살랑살랑 춤을 춥니다.

구멍 숭숭 뚫린 잎사귀도 그 틈에 끼어 춤을 춥니다.

얼른 앉아 낯익은 잎사귀를 들여다봅니다. 무슨 풀일까요?

잎벌레가 뜯어 먹어 잎사귀가 온통 구멍투성이입니다.

밑반찬으로 먹는 깻잎을 꼭 닮았군요.

시골에서는 신발만 신고 나가면

빈 땅 아무 데서나 만날 수 있는 흔하디흔한 풀이지요.

거친 땅이든 기름진 땅이든 한번 발을 들여놓으면

터줏대감처럼 살아가는 풀. 누구일까요?

바로 깨풀입니다.

잎사귀가 깻잎을 닮아 깨풀이란 이름을 갖게 되었지요.

발리잎벌레

이 꼭지는 딱정벌레목 잎벌레과 종인 발리잎벌레(*Altica caerulescens*)와
먹이식물인 깨풀 이야기입니다.

암꽃 따로
수꽃 따로

깨풀은 봄 내내 잎사귀만 무성하게 내다가 여름이 되어서야 꽃을 피웁니다. 그런데 꽃이라고 하지만 정말 꽃 같지가 않습니다. 그저 좁쌀을 뭉쳐 덕지덕지 붙여 놓은 것 같습니다. 거기에다 무슨 사연인지 한 포기에서 암꽃과 수꽃이 따로 핍니다.

수십 송이의 수꽃들은 이삭꽃차례로 달려 있습니다. 잎겨드랑이에서 나온 꽃대에 빨간 알갱이 같은 수꽃들이 벼 이삭처럼 차례차례 피어 붙어 있는 모습이 빵 부스러기가 잔뜩 묻은 막대 사탕 같습니다. 알갱이 같은 수꽃을 자세히 들여다보니 꽃잎은 없고 수술 8개가 옹기종기 모여 있습니다. 수술 끄트머리에는 하얀 꽃가루가 소복하게 붙어 있습니다. 하늘을 향해 핀 것을 보니 바람을 많이 쏘여 꽃가루를 멀리 날리려는 풍매화 작전이군요. 깨풀은 중매 곤

—
깨풀 암꽃은 수꽃 아래쪽에 핀다.

충이 오든 말든 신경도 안 쓰고 오로지 바람에게 자신의 꽃가루를 맡깁니다. 수꽃을 살짝 건드려 봅니다. 하얀 꽃가루가 물감이 물속에서 번지듯이 아래쪽으로 날립니다.

아래쪽을 보니 암꽃이 피어 있습니다. 암꽃은 마치 갓난아기가 포대기에 싸인 것같이 포엽(苞葉)에 폭 싸여 피었습니다. 포엽은 싹이나 꽃봉오리를 감싸 보호하는 작은 잎입니다. 암꽃도 수꽃처럼 꽃잎이 없고, 암술이 3개 있습니다.

암꽃은 딴꽃가루받이를 하기 때문에 같은 포기의 꽃가루가 묻어도 꽃가루받이가 되지 않습니다. 꽃들의 세계에서도 대개 근친결혼을 피합니다. 꽃가루에서 꽃가루관이 싹 트지 못하거나 꽃가루관이 싹 튼다 해도 암술대를 내려가다 죽어 버립니다. 이런 현상을 '자기꽃불임성'이라고 하는데, 유전자 다양성을 지키기 위한 꽃들의 전략이 참으로 똑똑합니다.

그런데 분명히 깨풀 꽃이 피었는데 날아드는 곤충이 거의 안 보입니다. 깨풀은 풍매화입니다. 수꽃을 보니 역시나 꽃잎이 없고 또 꽃이 너무 작아 곤충의 눈에 잘 띄지 않습니다. 암꽃도 꽃잎이 없기는 마찬가지입니다. 깨풀 처지에선 꽃을 만드는 데 많은 비용이 들다 보니 번식에 필요한 수술과 암술만 만들면 됩니다. 오로지 수술대에 꽃가루를 많이 만들어 붙이고 바람이 불기만 기다립니다. 더구나 암꽃과 수꽃을 따로 피워 수꽃은 많이 만들고 암꽃은 적게 만듭니다. 수꽃은 바람에 날아가 암꽃 위에 앉아야 하니 최대한 많이 만들고, 암꽃은 수많은 꽃가루 중에서 단 하나만 걸려도 씨앗을 맺을 수 있으니 적게 만듭니다. 그러니 깨풀은 중매 곤충이 오든 말든 신경도 안 쓰고 바람에게 자신의 대 잇기 작업을 맡깁니다.

깨풀 암꽃이 포엽에
폭 싸여 있다.
──

곤충을 원하지 않는 깨풀 꽃. 그런데 달갑지 않은 손님이 봄부터 가을까지 깨풀 잎사귀에 터를 잡고 잎사귀를 먹어 댑니다. 깨풀 잎사귀는 꽃과 달리 큼직큼직합니다. 생긴 것도 깻잎을 닮아 타원형이고, 깻잎보다 살짝 작지만 잎사귀가 넓고 커서 잎사귀 하나만 차지해도 실컷 배부르게 먹을 수 있습니다. 그런 깨풀의 풍성한 잎사귀에 누가 찾아올까요? 바로 발리잎벌레입니다.

톡톡 튀는
발리잎벌레

바다보다 더 파란, 하늘보다 더 파란 발리잎벌레를 아시나요? 이름만 들어서는 꼭 인도네시아 발리 섬에서 살다 온 녀석 같지요? 아닙니다. 발리잎벌레는 우리 땅에서 사는 토종입니다. 어쩌다 이름에 그리도 낭만적인 섬 이름이 붙었을까요? 한마디로 우리 곤충의 이름을 짓는 사람이 게을러서지요. 녀석의 공식 이름(학명)은 '*Altica caerulescens*(Baly)'입니다. 학명은 처음 발표하는 사람이 맘대로 짓는데, 녀석의 학명은 발리(Baly)란 연구자가 지었습니다. 한번 지어진 학명은 절대로 바꿀 수 없습니다. 하지만 녀석이 우리 땅에도 살기 때문에 공식적인 우리말 이름(한국 이름), 즉 국명을 갖게 되었지요. 국명 또한 처음 짓는 사람 맘인데, 학명을 지은 연구자의 이름 발리를 그대로 따서 발리잎벌레라고 지었습니다. 다른 좋은 이름도 있으련만 아쉽습니다.

마침 발리잎벌레가 깨풀 잎 위에 앉아 밥을 먹고 있군요. 살금살금 깨풀 앞에 앉아 녀석을 들여다봅니다. 몸매는 길쭉한 달걀 모양이고, 몸 빛깔은 진한 바다색입니다. 몸집은 아무리 커 봤자 몸길이가 4밀리미터도 안 되게 작지만 투명 매니큐어를 칠한 것처럼 반짝반짝 빛이 나 금방 눈에 띕니다. 사파이어 보석이 따로 없습니다. 그런데 녀석의 딱지날개 옆쪽으로 다리가 툭 불거져 나왔습니다. 뒷다리의 넓적다리마디가 알통처럼 하도 통통해서 딱지날개에 가려지지 않은 거지요.

녀석이 어쩌나 보려고 살짝 건드려 봅니다. 역시 눈 깜짝할 사이에 벼룩처럼 툭 튀어 옆 잎사귀로 옮겨 갑니다. 녀석은 참 약한 곤충입니다. 몸집이 크길 하나, 몸속에 독을 품고 있길 하나, 몸에 가시 같은 침을 가지고 있길 하나. 천적이 공격해도 뭐 하나 자기 몸을 지킬 만한 무기가 없습니다. 그나마 가진 재능이라면 오로지

'도망가는 기술!' 그냥 튀어야 삽니다. 위험이 닥치면 주저 없이 앞 뒤 안 가리고, 용수철처럼 튑니다. 그 힘은 벼룩과 똑 닮은 통통한 뒷다리에서 나옵니다. 뒷다리 넓적다리마디는 몸 크기에 비해 우 람합니다.

그러다 보니 녀석의 족보는 딱정벌레목 잎벌레과의 벼룩잎벌레 류(벼룩잎벌레아과)입니다. 실제로 벼룩잎벌레류는 위험이 닥치면 자기 몸길이의 100배 이상 높이 뛰며 도망칩니다. 높이뛰기 실력 을 보면 거품벌레가 1등, 벼룩이 2등, 메뚜기가 3등이고, 4등은 아 마도 벼룩잎벌레류가 될 것 같습니다.

잎을 숭숭 뚫는
발리잎벌레

4월입니다. 따사로운 봄 햇살이 추운 겨울 내내 겨울잠을 자던 발리잎벌레를 깨웁니다. 잠에서 깨어난 어른 발리잎벌레는 풀밭 으로 나옵니다. 겨우내 굶었으니 배가 몹시 고프겠군요. 녀석이 겨 울잠을 깰 무렵이면 풀밭에서 깨풀이 새싹을 내고 부지런히 광합 성을 하고 있습니다. 더듬이를 휘휘 저으며 깨풀을 찾아 나선 발리 잎벌레. 어디선지 깨풀 냄새가 솔솔 납니다. 깨풀 냄새를 따라 날 아온 녀석은 잎사귀에 냉큼 내려앉아 '깨풀 밥'을 먹습니다. 조금 먹다 쌀 한 톨만 한 구멍이 나니 옆으로 조금 옮겨 가서 먹습니다. 또 구멍이 난다 싶으면 또 옆으로 옮겨 갑니다. 사람으로 치면 밥

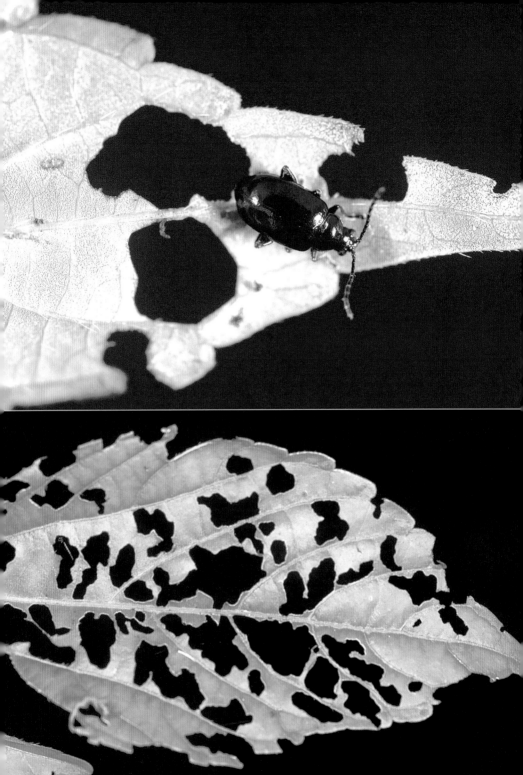

먹는 버릇이 꽤나 안 좋군요. 왜 이렇게 찔끔찔끔 먹는 걸까요? 알
고 보면 다 그럴 만한 사정이 있습니다. 녀석은 잎맥을 먹지 않습
니다. 몸집이 작아 주둥이가 작으니 큰턱이 약해 질긴 잎맥은 피
하고, 핏줄처럼 얽힌 잎맥 사이에 있는 부드러운 잎살만 먹습니다.
그래서 한자리에서 진득하게 먹지 못하고 옮겨 다니며 여기저기
구멍을 숭숭 뚫어 놓지요.

발리잎벌레
짝짓기

발리잎벌레는 깨풀 잎사귀로 배를 채우며 마음에 드는 짝을 찾
습니다. 짝을 찾는 데는 사랑의 묘약 성페로몬이 꼭 있어야 합니
다. 암컷이 성페로몬을 내뿜으면 그 향기를 맡은 수컷은 귀신에 홀
린 듯이 향기의 진원지를 찾아 헤맵니다. 녀석은 성페로몬 향기를
어디로 맡을까요? 더듬이입니다. 곤충들의 더듬이는 코 역할을 합
니다. 녀석의 기다란 더듬이에는 감각 기관이 빼곡히 나 있어 웬만
한 냄새는 놓치지 않고 다 잡아냅니다. 드디어 수컷이 향기의 진원
지인 깨풀을 찾아 날아옵니다. 정말 깨풀에선 암컷이 잎사귀 밥을
먹고 있습니다. 녀석들은 밀고 당기고 할 틈도 없이 첫눈에 맘에
들었는지 곧장 짝짓기에 돌입합니다. 짝짓기가 끝나면 암컷은 알
을 낳습니다. 물론 멀리 갈 필요도 없이 자기가 밥 먹던 깨풀 잎사
귀에 알을 낳습니다.

발리잎벌레
한살이

어미가 알을 낳은 지 일주일이 지났습니다. 알에서 꼬물꼬물 애벌레가 깨어납니다. 1령 애벌레입니다. 몸길이가 1밀리미터나 될까? 너무 작다 보니 눈을 부릅뜨고 봐야 겨우 보입니다. 몸 빛깔은 전체적으로 약간 거무스름합니다. 애벌레는 알에서 나오자마자 먹기 시작합니다. 다행히 어미가 깨풀 잎사귀에 자기를 낳아 줘서 식당을 찾느라 고생하지 않아도 됩니다. 대개 한배에서 나온 녀석들이 여러 잎사귀로 흩어지지 않고 알이 있던 잎사귀에 모두 모여 사이좋게 식사를 합니다. 잎사귀를 다 먹으면 옆에 있는 잎사귀로 다 같이 이사를 갑니다.

녀석들은 쉬는 시간만 빼고 오로지 밥만 먹고, 몸이 커지면 허물을 벗고, 또 먹다가 몸이 커지면 허물을 벗습니다. 2번 허물을 벗고 3령 애벌레(종령)가 되니 녀석들이 몰라보게 예뻐졌습니다. 노르스름했던 몸빛도 어느새 진한 노란색으로 바뀌었군요. 등 쪽의 무늬는 어릴 때보다 훨씬 멋지고 또렷해졌습니다. 몸의 각 마디마다 긴 타원형의 갈색 무늬가 한가운데 가지런히 그려져 있어 언뜻 보면 기찻길 같습니다. 옆구리 쪽에도 마디마다 동그란 무늬들이 열병식이라도 하듯 줄 맞춰 그려져 있군요. 신기하게도 피부를 만져 보니 갈색 무늬가 그려지지 않은 피부(표피)는 야들야들한데, 갈색 무늬가 그려진 피부는 좀 딱딱하고 단단합니다. 또 각 무늬에는 억센 털들이 나 있어 둘레의 환경 변화를 잘 알아차립니다. 아무리 봐도 애벌레 몸에 난 무늬가 어찌나 정교한지 예술품 같습니다.

밥 먹는 애벌레를 살짝 건드려 봅니다. 그런데 몸을 뒤틀지도, 아래로 뚝 떨어지지도, 독 물질을 토하지도 않는군요. 그저 잎사귀만 먹고 있습니다. 녀석이 알에서 깨어나 잎사귀를 열심히 먹는 기간은 15일쯤입니다. 애벌레 시절이 길어 봤자 보름쯤이란 얘기죠.

다 자란 녀석들은 슬슬 번데기가 될 준비를 합니다. 먹는 것을 딱 끊고 줄기를 타고 땅으로 내려갑니다. 흙으로 들어간 녀석은 흙 속에 달걀형 고치(번데기 방)를 만듭니다. 주둥이에서 분비물을 내어 흙과 버무려 딱 자기 몸이 들어갈 만한 크기로 방을 만든 다음 그 고치 속에서 허물을 벗고 번데기가 됩니다. 고치에서 일주일을 잘 버티면 어른벌레로 탈바꿈해 다시 세상으로 나옵니다.

한번은 녀석을 연구실로 데려와 함께 지낸 적이 있습니다. 먹이 주는 데 신경을 쓰느라 깨풀 잎사귀만 열심히 주었습니다. 그때까지만 해도 녀석이 흙에서 번데기를 만드는지 몰라 미처 흙을 깔아 주지 못했습니다. 녀석은 페트리 접시에 허연 물질을 토해 발라 타원형 고치를 만들었습니다. 정교하지는 않지만 얼기설기 엉성하게 모양만 갖춘 고치에서 허물을 벗고 번데기가 되었지요. 마땅한 흙이 없으니 고치가 부실한데도 용케 번데기 시절을 잘 보내고 어른벌레로 탈바꿈했습니다.

따져 보니 녀석의 한살이는 참 빨리도 돌아갑니다. 알 시절은 일주일, 애벌레 시절은 길어 봤자 보름, 번데기 시절도 길어 봤자 일주일입니다. 알에서 애벌레와 번데기를 거쳐 어른 발리잎벌레로 날개돋이하기까지 한 달쯤 걸리니 잎벌레치고는 한살이가 꽤 빨리 돌아갑니다. 발리잎벌레 어른벌레는 추운 겨울에는 겨울잠을 자고, 이듬해 봄부터 가을까지 나와 활동합니다.

잡초, 사람,
발리잎벌레

깨풀은 텃밭이나 밭둑에서 잘 자랍니다. 사람들은 잡초라고 마구 뽑아 버리는데, 그럴 때마다 깨풀에 의지해 사는 발리잎벌레는 하루아침에 밥도 잃고 집도 잃는 신세가 됩니다. 뒤엎인 깨풀을 바라보는 발리잎벌레는 기가 찹니다. '저 깨풀을 그냥 두면 우리가 알아서 먹어 치울 텐데, 왜 사람들은 힘들게 뽑아 버리는 거야.'

밥상을 잃은 가여운 발리잎벌레는 투덜거리며 다른 깨풀 잎사귀를 찾아 나섭니다. 더듬이를 휘휘 젓고 몸에 붙은 털을 총동원해 깨풀 냄새를 맡으려고 합니다. 어디선지 깨풀 냄새가 솔솔 풍겨 옵니다. 드디어 쑥들 사이에 섞여 있는 깨풀 발견. 녀석은 쑥은 쳐다보지도 않고 곧바로 깨풀 잎사귀 위에 내려앉습니다.

깨풀 냄새는 알고 보면 독 물질 냄새입니다. 식물은 초식 동물이 뜯어 먹어도 아무런 저항을 못합니다. 깨풀은 오랜 세월 동안 수많은 시도를 거듭하면서 몸속에 방어 물질을 만들었습니다. 그 방어 물질에는 알칼로이드 배당체가 들어 있어 특유한 냄새가 납니다. 그 냄새를 발리잎벌레는 아주 좋아하지만 다른 곤충들은 도망쳐 버립니다. 그 덕에 발리잎벌레만 깨풀을 찾아오고, 다른 곤충들은 깨풀을 쳐다보지도 않고 다른 곳으로 날아갑니다.

어쩌면 맛난 깨풀 잎사귀를 먹는 발리잎벌레는 잡초와 전쟁 중인 농부들을 기쁘게 할지도 모릅니다. 눈치 없이 텃밭 여기저기에서 쑥쑥 자라는 깨풀을 먹어 치우니 일손도 돕고, 제초제도 안 뿌려도 될 테니 말입니다. 발리잎벌레의 노고를 사람들이 알고나 있

발리잎벌레가 깨풀 잎을 먹어 치워 구멍이 숭숭 뚫렸다.

는지 모르겠군요.

몇 년 전, 여성 잎벌레 학자가 발리잎벌레의 먹이를 연구하면서 녀석에게 서로 다른 식물과 곡물을 무려 35종이나 줘 봤습니다. 그런데 녀석들은 그 많은 종류 가운데서 오직 깨풀만 골라 먹었습니다. 결국 자연 생태계에선 깨풀이 너무 번성하지 않도록 적당히 조절하는 것은 사람도 아니고, 제초제 같은 농약도 아니고, 발리잎벌레뿐입니다. 사람 처지에서 보면 발리잎벌레는 깨풀을 없애 주는 살아 있는 제초제입니다. 생물학적 방제인 셈이지요. 유기농 농법에 발리잎벌레를 이용해 잡초인 깨풀을 조절하는 것도 한 방법일 것 같습니다. 갑자기 툭툭 튀기만 하는 방정맞은 발리잎벌레가 근사해 보입니다.

물봉선과

홍허리잎벌

물봉선 꽃

물봉선은 꽃 모양이 봉황을 닮았다 하여
붙은 이름입니다.

9월입니다.

온다 온다 하더니 정말 가을이 오나 봅니다.

선선한 아침 공기를 가르며 산에 오릅니다.

하늘이 얼마나 파란지

금방이라도 파란 물이 뚝뚝 떨어질 것만 같습니다.

고개 숙여 땅을 보니 길옆엔 물봉선 꽃이 수도 없이 피어나

그야말로 진분홍빛 물결이 입니다.

도랑을 따라 무더기로 흐드러지게 피어 있으니 정말로 장관입니다.

물봉선은 도심을 조금만 벗어나도 쉽게 볼 수 있는 풀입니다.

흙에 물기가 있다 싶으면 무더기로 자라나

아예 물봉선 왕국을 세우지요.

물봉선을 찾아온 곤충 손님은 누굴까 궁금해

물봉선 꽃밭에 앉습니다.

물봉선

이 꼭지는 벌목 잎벌과 종인 홍허리잎벌(*Siobla ferox*)과 먹이식물인 물봉선 이야기입니다.

물봉선은 토종
봉선화는 외래종

물봉선은 우리 땅에서 사는 토종이고, 봉선화는 저 멀리 떨어진 인도가 고향입니다. 고려 시대 충선왕 때 봉선화 꽃으로 손톱에 물들였다는 기록이 있는 걸로 봐서 오래전에 이 땅에 건너와 뿌리를 내린 것 같습니다. 천년 세월 이 땅에서 살았으면 그만이지 외래종이면 어떻고 토종이면 어떤가요. 그래도 이 땅의 터줏대감 물봉선보다 외래종인 봉선화가 더 많이 알려져 있어 내심 섭섭합니다.

물봉선과 봉선화는 모두 '나를 건드리지 마세요.'라고 널리 알려진 꽃말의 주인공입니다. 물봉선의 별명은 '야봉선(野鳳仙)'인데, 얼핏 들으면 야한 느낌이 들지만 실은 들(野)에서 자란다 하여 붙여진 이름입니다. 그런데 봉선화와 달리 물봉선 꽃으로는 손톱을 물들이지 못합니다. 물봉선의 꽃 색깔은 여럿입니다. 분홍색 꽃을

물봉선

피우면 그냥 물봉선이라 하고, 노란색 꽃을 피우면 노랑물봉선, 하얀색 꽃을 피우면 흰물봉선이라고 합니다. 비록 색깔은 달라도 생김새는 다 같습니다. 어찌 보면 깔때기 같고, 어찌 보면 다슬기 같고, 어찌 보면 입을 크게 벌린 물고기 같습니다.

한자 이름 봉선(鳳仙)에는 상서로울 때만 나타난다는 상상 속의 새 봉황(鳳凰)이 들어 있습니다. '봉'은 수컷이고, '황'은 암컷이지요. 물봉선이든 봉선화든 꽃 모양이 봉황을 닮아 붙여진 이름이라 하니 참 대단한 꽃입니다. 물봉선이 너무 흔해 평소에 눈길도 주지 않았는데 어째 다시 보이네요.

물봉선 꽃에 모인
중매 곤충

물봉선 꽃에는 중매쟁이 곤충들이 시도 때도 없이 들락거립니다. 윙윙 요란한 소리를 내며 날아온 벌, 쥐도 새도 모르게 살그머니 날아온 꽃등에, 딱지날개가 무거워 부-웅 둔하게 날아온 딱정벌레, 노린내 향수 풍기며 날아온 노린재, 너울너울 날개옷 펄럭이며 선녀처럼 날아온 나비……. 오전 10시부터 1시간 동안 물봉선 꽃밭에 앉아 찾아온 곤충을 세어 봅니다. 예상했던 대로 종류도 여럿이고, 개체 수도 아주 많습니다. 과연 누가 찾아왔을까요? 꿀벌 25마리, 꼬마꽃벌류 2종, 긴꼬리제비나비, 검은꼬리박각시, 점날개잎벌레, 알락수염노린재, 장님노린재류, 호박벌, 뒤영벌류, 호리꽃

등에, 꼬마꽃등에, 꽃등에 같은 곤충들이 쉴 새 없이 들락날락거렸습니다.

그러고 보니 물봉선 꽃은 생긴 게 참 매혹적이군요. 3장의 어여쁜 꽃잎 가운데 아래쪽 꽃잎 1장이 특히 관능적입니다. 마치 아랫입술을 뒤집어 속살을 주-욱 내민 것처럼 육감적입니다. 위쪽 꽃잎 2장은 크기가 작아서 아래쪽 꽃잎의 들러리 같지만 소중한 생식기인 암술과 수술을 달고 있습니다. 게다가 위쪽 꽃잎은 뒤쪽으로 깔때기처럼 좁고 길게 늘어나다 끝부분에 이르러 카이저수염처럼 돌돌 말린 뒷주머니(거)를 만듭니다. 뒷주머니에는 꿀이 듬뿍 들어 있습니다. 그렇게 먹을 것이 넉넉하니 곤충들이 너도나도 모여듭니다.

꿀벌은
물봉선 전문 중매 곤충

물봉선 꽃과 곤충이 서로 어떻게 주거니 받거니 하는지 살펴볼까요? 꿀벌 한 마리가 날아옵니다. 넓게 펼쳐진 아래쪽 꽃잎에 가뿐히 날아와 앉는가 싶더니 그대로 날아가 버립니다. 아마 제가 앉아 있는 게 마음에 걸렸나 봅니다. 5분쯤 지났을까? 다른 꿀벌 한 마리가 또 날아옵니다. 이번에도 쭉 내민 입술 같은 아래쪽 꽃잎에 정확히 내려와 앉습니다. 아래쪽 꽃잎이 곤충들의 착륙 장소 노릇을 하는 것 같군요. 녀석은 앉자마자 눈치코치 안 보고 곧바로 꽃

속으로 쏙-옥 들어갑니다. 그때 꿀벌 무게에 물봉선 꽃이 흔들립니다. 3~4초 지났을까? 녀석이 물봉선 꽃 밖으로 걸어 나오더니 훌쩍 날아가 버립니다. "고 녀석 참 성질도 급하네, 꿀을 어떻게 따는지 못 봤는데 벌써 날아가면 어쩌니." 툴툴거리는데 또 다른 꿀벌이 날아옵니다.

꿀벌은 물봉선 꽃을 어찌 알아보고 찾아올까요? 꽃 색깔이 한몫합니다. 곤충들은 멀리서는 시각을 이용하고 가까이 와서는 시각과 냄새를 이용해 꽃을 찾습니다. 꿀벌은 꽃가루와 꽃꿀을 찾으러 날아다니다 저 멀리 무더기로 피어 있는 진분홍색 물봉선 꽃을 우연히 발견합니다. 꿀벌은 꽃 색깔에 이끌려 부-웅 날아옵니다. 물봉선 꽃 가까이 오자 비행 속도를 줄이면서 아래쪽 꽃잎에 사뿐히 내려앉습니다. 부지런도 하지, 벌써 뒷다리에 있는 꿀바구니(pollen basket)에 동그란 꽃가루 경단이 먹음직스럽게 달려 있네요.

꽃잎에 앉은 꿀벌의 눈이 번쩍 뜨입니다. 꽃 안쪽에 갖가지 무늬로 꿀 안내판이 그려져 있으니 말입니다. 물봉선은 꿀 안내판을 하얀색으로 칠하고, 빨간 물방울무늬까지 찍어 두었군요. 이 무늬 또한 꿀 안내판 역할을 합니다. 하얀색 부분은 자외선을 흡수하고 있어 꿀벌 눈에는 '짙고 강렬한 색'으로 보입니다. 또 꿀 안내판 테두리는 꿀벌이 가장 관심을 보이는 노란색을 둘렀습니다. 꿀벌은 꿀 안내판을 따라 얼른 꽃 속으로 들어갑니다. 재미있게도 머리부터 디밀고 들어가니 엉덩이(배 꽁무니)만 보입니다. 마치 물봉선 꽃이 물고기를 한입에 잡아먹는 것 같습니다.

신기하게도 꿀벌이 꽃꿀을 찾아 꽃 속으로 들어갈 때 암술과 수술이 녀석의 몸에 저절로 닿습니다. 물봉선 위쪽 꽃잎에는 암술과

물봉선 꽃 안쪽의
흰 부분은 자외선을
흡수한다.

물봉선 꽃봉오리.
꿀주머니 끝이 돌돌
말려 있다.

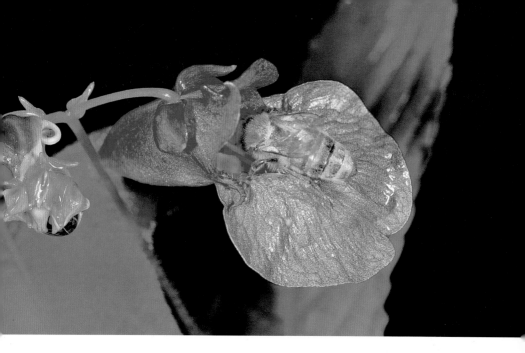

꿀벌이 물봉선 꽃꿀을 먹으러 꽃 속으로 들어가고 있다.

수술이 달려 있는데, 하얀 수술이 암술을 폭 감싸고 있습니다. 하얀 수술에는 꽃가루 수억 개가 덕지덕지 붙어 있습니다. 꿀벌 몸이 암술과 수술에 닿으면 수술에 붙어 있던 꽃가루가 저절로 떨어져 꿀벌의 몸털에 잔뜩 묻습니다.

물봉선의 꽃가루 세례를 받으며 꿀주머니(거, 뒷주머니)에 도착합니다. 주둥이를 길게 빼내 꿀을 먹은 다음 밖으로 나올 때는 꿀주머니에서 몸을 180도 돌려 잰걸음으로 꽃꿀 식당을 빠져나옵니다. 털이 북실북실한 머리부터 나오고 뒤이어 몸통이 눈 깜짝할 사이에 나옵니다. 당연히 나올 때도 식당 입구(위쪽 꽃잎)에 걸려 있는 암술과 수술에 녀석의 몸이 저절로 닿고, 꽃가루가 꿀벌 털에 또 떨어집니다.

신기하게도 꿀벌의 털끝은 두 갈래로 갈라져 있어 떨어진 꽃가루가 쩍쩍 잘 달라붙습니다. 아래쪽 꽃잎까지 걸어 나온 녀석은 잽

싸게 날개를 펴고 부-웅 날아가 버립니다. 꾸물대다간 힘센 곤충이나 새 들한테 잡아먹힐 수도 있기 때문이죠. 이제 녀석이 다른 포기의 물봉선 꽃을 찾아가면 중매는 따 놓은 당상입니다. 다른 물봉선의 꿀주머니로 들어가면서 털에 붙은 꽃가루를 암술머리에 묻히기만 하면 되니까요. 이렇게 쉬운 중매가 또 있을까요? 물론 꿀벌은 중매고 뭐고 관심이 전혀 없습니다. 그저 물봉선 꿀을 먹으려고 꽃 속으로 들어가면 꽃가루가 저절로 몸에 묻으니까요. 꿀벌은 굳이 꽃가루를 모으지 않아도 물봉선이 알아서 꽃가루를 묻혀 주니 이보다 더 좋을 순 없습니다.

가만히 보니 물봉선이 꿀벌을 '전속 중매 곤충'으로 선택한 것 같습니다. 아래쪽 꽃잎 크기가 꿀벌이 내려앉기에 알맞고, 꽃꿀 식당 입구 크기도 꿀벌이 드나들기에 적당하고, 암술과 수술이 꿀벌 몸에 닿아도 꽃 속으로 들어가는 데 전혀 불편해 보이지 않습니다.

물봉선은 꿀벌이 중매해 주기를 바라며 꿀벌 몸에 딱 맞게 '맞춤형 꽃'을 피운 것 같습니다.

꽃가루 먹는
호리꽃등에

꿀벌이 날아가고 몇 분 지나지 않아 꽃등에류가 날아옵니다. 아, 색동옷을 입은 어여쁜 호리꽃등에군요. 날개 두 장을 파르르 떨면서 날아드는 이 녀석은 파리목 가문의 꽃등에과 집안 식구입니다. 그런데도 벌과 똑 닮아서 벌로 착각하지요. 하지만 생김새만 벌을 닮았을 뿐 몸에 독도 없고, 배 속에 독침도 없고, 주둥이도 핥아 먹는 용도라 연약합니다. 제 몸을 지킬 무기로 쓸 만한 거라곤 눈 씻고 찾아봐도 없습니다. 그런데 어떻게 벌과 이토록 비슷하게 닮았을까요. 꿀벌이나 호리꽃등에나 모두 꽃가루를 먹습니다. 그러다 보니 늘 같은 꽃 밥상에서 마주쳤을 것이고, 꽃등에의 조상 가운데 힘센 벌의 생김새를 닮은 호리꽃등에가 살아남는 데에 더 유리해 지금까지 대를 이어 온 것으로 보입니다.

호리꽃등에도 꿀벌처럼 진분홍색에 이끌려 찾아왔습니다. 꽃 색깔을 보고 날아온 녀석은 꿀벌과 마찬가지로 아래쪽 꽃잎에 사뿐히 내려앉습니다. 녀석은 몸길이가 8밀리미터 안팎으로 꿀벌보다 몸집이 작습니다. 희한하게도 녀석은 꽃꿀을 먹으러 꿀주머니로 들어가지 않는군요. 파리목 식구다 보니 녀석의 주둥이가 짧습니다. 그래서 깊디깊은 꿀주머니에 들어 있는 꿀은 녀석에게 그림의 떡이지요. 그러니 꽃가루에만 눈독을 들입니다. 물봉선 수술은 하얀색입니다. 물봉선 꽃의 꿀 안내판과 마찬가지로 하얀 수술도 자외선을 흡수하고 있습니다. 그래서 사람 눈에는 하얀색으로 보이지만 호리꽃등에 눈에는 수술이 '짙고 강렬한 색'으로 보입니다.

녀석은 뒷다리를 엉거주춤 꽃잎 위에 걸쳐 놓고, 앞다리와 가운뎃다리로 암술을 감싸 안은 수술을 꼭 붙잡습니다. 그러고선 수술에 매달려 꽃가루를 쓱쓱 핥아 먹습니다. 그 모습이 엄마 품에 안긴 아기가 두 손으로 엄마 젖을 꼭 잡고 젖을 먹는 것 같습니다. 녀석은 경계심이 많아 꽃가루 밥을 먹으면서도 머리를 도리도리하듯이 두리번거리며 주변을 살피고, 안심이 되면 다시 꽃가루를 핥아 먹습니다. 30초나 머물렀을까? 카메라를 들이대자마자 눈치 빠른

호리꽃등에가 앞다리로 물봉선 수술을 꼭 붙잡고 꽃가루를 먹고 있다.

녀석은 꽃가루 밥상을 버리고 쌩하고 날아가 버립니다. 주둥이와 다리에 난 털 같은 곳에 꽃가루가 묻었습니다.

호리꽃등에의 주둥이 <u>끄트머리</u>에는 스펀지처럼 바뀐 아랫입술이 붙어 있습니다. 아랫입술로 끈적이는 꽃가루를 쓱쓱 긁어모아 입술 표면에 있는 모세혈관으로 보냅니다. 모세혈관에 흡수된 꽃가루는 아랫입술 끝에 난 튜브(관)를 통해 위장으로 들어갑니다.

물봉선 꽃 안쪽에 있는 흰 수술이 암술을 감싸 안았다.

물봉선 꽃을 찾은 다른 곤충들

긴꼬리제비나비가 육중한 몸을 끌고 물봉선 위를 커다란 날개를 너울거리며 멋지게 납니다. 꽃 위를 날던 녀석이 물봉선 꽃에 앉습니다. 녀석의 무거운 몸무게에 꽃이 휘청거립니다. 그러든 말든 녀석은 꽃줄기에 매달립니다. 자리를 잡고선 돌돌 말아 머리 아래쪽에 감춰 둔 주둥이를 쑥 꺼내 물봉선 꽃 속에 넣습니다. 주둥이는 하도 길어 꿀주머니 끝까지 닿고도 남습니다. 주둥이를 약간 뺐다 넣었다 뺐다 넣었다 하며 꿀을 빨아 먹습니다. 자세가 불안정해서인지 잠시 머물다 날아갑니다.

아, 딱정벌레목 가문 식구도 물봉선 꽃을 방문했군요. 바로 점날개잎벌레입니다. 아무리 커 봤자 4밀리미터도 안 되는 녀석이라 꽃 속에 있어도 잘 안 보입니다. 실은 녀석은 중매하곤 담을 쌓았습니다. 딱지날개가 무겁다 보니 먹을 것만 있으면 그저 오래오래

노랑물봉선 꽃에서 떨어진 수술에 장님노린재류가 주둥이를 꽂았다.

앉아 밥만 축내거든요. 그러니 꽃 입장에선 딱정벌레 식구들이 찾아오면 달갑지 않을 것 같습니다. 물봉선 꽃 사정이 어떠하든 녀석은 꽃가루와 꽃대를 먹습니다. 큰턱이 발달해서 뭐든 다 씹어 먹을 수 있습니다.

그러는 사이 꼬마꽃벌류도 자기 애벌레들에게 먹일 꽃가루를 모으러 왔습니다. 물론 호박벌, 뒤영벌류, 노린재류 같은 여러 손님들도 찾아왔습니다. 그들 가운데 특이한 녀석은 노린재류였습니다. 녀석이 액즙을 빨아 먹으려고 수술과 암술에 매달려 있는 동안 일이 터졌습니다. 그만 수술이 떨어져 버렸지요. 어쨌든 물봉선 수술은 꽃가루가 다 없어지면 꽃에서 떨어집니다. 수술이 떨어지니 녀석은 암술머리로 옮겨 앉아서 암술에 침 같은 주둥이를 박고 즙을 먹는군요.

물봉선 꽃잎에 난 상처

물봉선 꽃잎을 찬찬히 들여다보세요. 특히 아래쪽 꽃잎은 곤충들이 내려앉을 때 발자국이 찍혀 상처투성입니다. 하지만 물봉선은 꽃잎이 너덜너덜해지길 바라고 또 바랄지도 모릅니다. 꽃잎에 상처가 많을수록 곤충들이 많이 들락거린 증거입니다. 들락거릴 때마다 꽃가루를 묻혀 가고, 또 다른 포기에서 묻혀 온 꽃가루를 암술에 떨어트렸을 것입니다. 그러니 물봉선은 어렵지 않게 대를 이어 갈 수 있습니다.

물봉선 잎을 먹는
홍허리잎벌 애벌레 등장

　물봉선 꽃이 피고 지는 사이에 물봉선 잎사귀도 바쁩니다. 꽃을 피우기 위해 광합성을 부지런히 하고 있을 때 불청객이 찾아와 못 살게 굽니다. 누굴까요? 홍허리잎벌 애벌레입니다. 녀석은 물봉선 잎사귀만 보면 식욕이 당깁니다. 다른 식물은 거들떠보지 않고 물봉선이든 흰물봉선이든 노랑물봉선이든 가리지 않고 물봉선 잎사귀면 다 좋아합니다. 홍허리잎벌 애벌레의 숙주 식물은 물봉선류

홍허리잎벌 애벌레

입니다. 홍허리잎벌 애벌레는 여름이 시작될 무렵부터 나타나 단풍이 곱게 물드는 늦가을까지 물봉선 잎사귀에서 먹고 자고 싸고 허물을 벗으며 지냅니다.

잎벌은 벌목 가문의 잎벌아목에 속하는데, 말 그대로 잎사귀를 먹고 사는 벌입니다. 물론 애벌레만 잎사귀를 먹고, 어른벌레는 작은 곤충을 잡아먹는 육식성입니다. 그래서 어른벌레는 애벌레의 먹이식물을 찾아내 알을 낳아야 합니다.

짝짓기를 마친 엄마 홍허리잎벌이 물봉선을 찾아 나섭니다. 물봉선은 물기 많은 땅이면 어디에나 있으니 찾는 것이 그다지 어렵지 않습니다. 그렇다면 녀석은 어떻게 물봉선 잎사귀를 찾아낼까요? 물봉선은 초식 동물에게 뜯어 먹히지 않으려고 언제부턴가 스스로 방어 물질을 만들기 시작했습니다. 식물은 여러 가지 화합물을 이용해 방어 물질을 만드는데, 물봉선은 플라보노이드, 세릴알코올, 스티그마스테롤, 수지, 탄닌질, 쓴맛 성분의 물질 따위를 이용합니다. 방어 물질은 특유의 냄새를 냅니다. 다행히 홍허리잎벌 애벌레는 물봉선의 방어 물질에 적응이 잘 되어 아무리 먹어도 탈이 나지 않습니다. 되레 방어 물질 냄새를 맡으면 군침이 돌고 입맛이 당깁니다.

물봉선에 날아온 엄마 홍허리잎벌은 잎사귀에 산란관을 꽂고 잎조직을 잘게 썰고는 그 속에다 알을 낳습니다. 산란관을 현미경으로 보면 가장자리가 톱니처럼 생겼습니다. 그래서 잎벌의 영어 이

1. 홍허리잎벌 애벌레는 위험하면 몸을 둥글게 만다.
2. 홍허리잎벌 애벌레는 령기마다 색깔이 조금씩 다르다. 허물벗기 전후에도 색깔이 조금 다르다.
3. 홍허리잎벌 애벌레 색변이. 막 허물을 벗었다.
4. 홍허리잎벌 애벌레 색변이. 허물 벗은 지 시간이 조금 지났다.

름은 쏘플라이(sawfly)입니다.

알에서 깨어난 애벌레는 물봉선 잎사귀를 먹으며 삽니다. 애벌레가 몸을 길게 쭉 펴고 있으면 굉장히 훤칠해 보입니다(종령 애벌레는 길이가 약 2센티미터 정도). 등 쪽에는 고깔모자 같은 뾰족한 돌기가 줄 지어 나 있는데, 큰 돌기 24개가 두 줄로 나 있고, 큰 돌기 사이에 있는 작은 돌기 24개도 두 줄로 나 있습니다. 돌기에 찔릴 거라 생각하며 녀석을 살짝 쓰다듬어 봅니다. 그런데 웬걸? 녀석이 달팽이처럼 몸을 돌돌 말고 꼼작도 안 합니다. 돌기는 그냥 폼으로 있는지 피부처럼 참 부드럽습니다. 또 건드려 봅니다. 이번엔 아예 땅바닥으로 뚝 떨어집니다. 놀란 탓에 온몸이 딱딱하게 굳어 있군요. 이번에도 돌기는 여전히 부드럽습니다. 지금 녀석은 혼수상태에 빠졌기 때문에 시간이 좀 지나야 깨어납니다. 2분쯤 지나자 녀석이 몸을 곧게 펴고서 기어갑니다. 잎벌류(잎벌과) 애벌레는 최소 9쌍 이상의 다리가 있는데 홍허리잎벌 애벌레도 잎벌류의 식구답게 다리가 10쌍도 넘습니다.

허물 벗는
새끼 홍허리잎벌

단풍이 곱게 물든 10월 말, 가리왕산을 오르다 물봉선 잎사귀에서 홍허리잎벌 애벌레를 만났습니다. 강원도답게 쌀쌀한 바람이 불어 추웠습니다. 무심코 사진을 찍다가 녀석이 허물을 벗고 있는

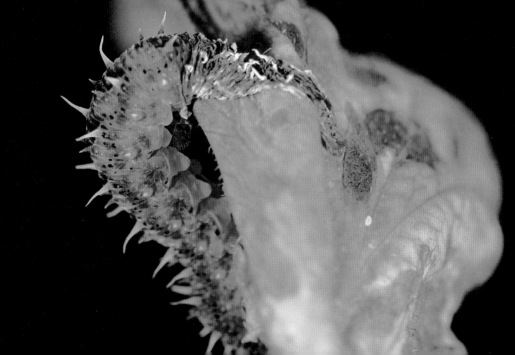

장면을 포착했습니다. 반가워서 그만 숨이 멎는 줄 알았습니다. 이 추운 날에도 허물을 벗고 있다니! 앉아서 녀석과 가만히 눈을 마주칩니다. 머리에서 등까지 난 탈피선을 뚫고 새 몸이 빠져나옵니다. 꿈틀거리며 힘을 주면 가슴 부분이 빠져나오고, 잠시 쉬다 다시 힘을 주며 꿈틀거리면 배 부분이 조금씩 빠져나오고, 꿈틀거리고 쉬고를 여러 번 되풀이하더니 드디어 배 끝부분만 남았습니다. 마침내 허물을 다 벗자, 배 꽁무니엔 허연 허물이 붙어 있습니다.

갓 허물을 벗은 녀석의 피부를 보니 불꽃처럼 생긴 돌기가 나 있군요. 이 돌기는 종령 애벌레가 되면 없어집니다. 녀석의 머리와 다리를 보니 새하얗고, 꽁꽁 얼어붙은 얼음처럼 투명합니다. 얼굴엔 짧은 털들이 송송 나 있고 커다란 눈은 새까맣습니다. 하도 연약해 보여 건드리기만 해도 상처가 날 것 같습니다. 녀석은 잘 움직이지 못합니다. 그냥 물봉선 잎줄기에 매달려 몸이 굳기만을 기다립니다. 이 광경을 보고 있자니 생명에 대한 경외심이 일어 몸이 떨립니다. 이리도 추운데 녀석을 놔두고 오는 발걸음이 떨어지지 않아 뒤돌아보고 또 뒤돌아봅니다.

다 자란 홍허리잎벌 애벌레는 땅속으로 들어갑니다. 땅속에서 애벌레로 얼마 동안 지내는지 정확히 모르지만, 번데기가 될 때쯤이면 입에서 실을 내어 흙과 섞어 고치를 만듭니다. 녀석이 땅속에 들어가 애벌레로 지내는 동안 침샘 기능이 바뀌어, 침샘에서 고치를 만드는 실을 분비합니다. 고치가 다 지어지면 고치 속에서 애벌레 시절에 입었던 허물을 벗은 뒤 번데기로 탈바꿈합니다.

잎벌류의 사생활은 아직 베일 속에 감춰져 있습니다. 애벌레가 얼마나 땅속에서 살아야 번데기가 되는지는 아직 모릅니다. 그뿐

아니라 일 년에 몇 차례 한살이가 돌아가는지, 어떤 식물을 좋아하는지, 애벌레 기간은 얼마나 되는지, 번데기가 되는 시기는 언젠지, 애벌레는 어떻게 땅속에서 지내는지……. 아는 것보다 모르는 것이 훨씬 많습니다. 앞으로 밝혀야 할 크나큰 숙제입니다. 특히 어른벌레와 애벌레의 퍼즐 맞추기는 꼭 해야 할 연구 작업입니다. 이 글의 독자 중에서 잎벌류를 연구하실 분은 안 계신지요? 혹시라도 계시다면 열심히 하라고 응원의 박수를 뜨겁게 보내드립니다.

홍허리잎벌 어른벌레

큰개불알풀과

봄 곤충

광붙이꽃등에

광붙이꽃등에가 큰개불알풀 수술을 붙잡고
꽃가루를 핥아 먹고 있습니다.

한번은 전라북도 김제에 있는 망해사에 들른 적이 있습니다.

망해사(望海寺)는 말 그대로 망망한 바다를 바라보고 있는 절이지요.

절 마당에 서 있으면 발아래가 바로 바다입니다.

3월이니 망해사에도 따뜻한 봄바람이 불어옵니다.

절 뒤편 해안가로 이어진 경사진 풀밭에는

큰개불알풀 꽃이 만발합니다.

팥알만큼 작고 앙증맞은 꽃들이 풀밭을 뒤덮어

꽃밭을 만들었습니다.

꽃 빛깔이 얼마나 파란지 코발트색 가을 하늘 같습니다.

큰개불알풀

이 꼭지는 큰개불알풀 꽃을 먹이식물로 하는 곤충 이야기입니다.

이름보다 얼굴이 예쁜
큰개불알풀 꽃

이른 봄이면 가장 먼저 피어나는 큰개불알풀 꽃. 꽃이 매혹적인 청보라색에다 생김새마저 깜찍하니 누구든 한번 보면 이름을 꼭 묻습니다. '큰개불알풀 꽃'이라 알려 주면 다들 표정이 떨떠름합니다. 이 예쁜 꽃에 어찌 그리 망측한 이름이 붙었냐고 또 묻습니다. 꽃이 진 뒤 맺히는 열매가 꼭 '개의 불알'처럼 생겨 그리 부른다고 하면 깔깔대고 웃습니다.

재밌게도 큰개불알풀의 학명은 '베로니카 페르시카(*Veronica persica*)'입니다. 베로니카는 가톨릭 기도문에 나오는 인물이지요. 학명은 굉장히 성스러운데 우리네 사람들이 부르는 이름은 참으로 세속적입니다. 하기야 극과 극은 통하는 법이니까요. '봄까치꽃'이라는

— 큰개불알풀 꽃이 만발한 풀밭

또 다른 이름이 있긴 하지만 저는 큰개불알풀에 훨씬 더 정이 갑니다. 이름 속에 장난기 가득한 해학이 녹아 있기 때문인가 봅니다.

큰개불알풀 꽃에는 Y자 모양 수술 2개와 작은 암술 1개가 달려 있다.

작디작은
큰개불알풀 꽃

큰개불알풀 꽃은 작아도 있을 것은 다 있습니다. 애기 새끼손톱 같은 꽃잎이 4장, 역도 선수의 우람한 팔뚝 같은 수술이 2개, 거기에다 가냘픈 암술 1개까지 제대로 갖추었습니다. 꽃잎은 또 어떻고요. 정말 예술입니다. 청보라색 꽃잎에 진한 코발트색 줄무늬가 여러 개 그어져 있고, 꽃잎은 보석 가루를 뿌린 것처럼 반짝입니다. 수술은 또 어떻고요. 아랫부분은 가느다랗고, 위로 갈수록 근육질 팔뚝처럼 점점 굵어지다가 맨 윗부분에 가서는 다시 실처럼 가늘어집니다. 수술대 끝에는 마치 보리쌀 같은 꽃가루주머니가 달려 있습니다. 작은 꽃이 깜찍하다 못해 앙증맞습니다.

희한하게도 꽃가루주머니는 Y자 모양의 수술대에 T자 모양으로 달려 있습니다. 날아온 곤충이 어떻게 하면 편하게 꽃가루주머니에 앉아 꽃가루를 먹게 할까 고민한 흔적이 역력한 구조입니다. 또 꽃가루주머니 한가운데가 수술대 끝에 살짝 붙어 있습니다. 그래서 수술대나 꽃가루주머니를 살짝만 건드려도 꽃가루주머니가 시소처럼 흔들립니다. 그런데 왜 꽃가루주머니가 움직이는 걸까요? 꽃가루를 곤충에게 묻히려는 속셈이지요. 곤충이 꽃가루주머니에

큰개불알풀 꽃은 꽃가루주머니가 수술대 끝에 붙어 있다.

앉으면 꽃가루주머니가 시소처럼 움직이며 녀석 몸에 닿습니다.
그때 하얀 꽃가루가 녀석의 털에 달라붙지요. 곤충이 앉기만 해도
꽃가루가 묻으니 큰개불알풀 꽃의 지혜가 이만저만 빛나는 게 아
닙니다.

광붙이꽃등에
등장

그런데 슬그머니 걱정이 됩니다. 큰개불알풀은 뭘 믿고 쌀쌀한
이른 봄에 꽃을 피울까요? 꽃에 아무리 공을 들여도 자기를 다른
꽃과 중매해 줄 곤충이 찾아오지 않으면 말짱 도루묵인데 말입니
다. 큰개불알풀에겐 믿는 구석이 있습니다. 다행히도 몇몇 부지런
한 곤충들이 이른 봄부터 활동하고 있으니까요. 자연의 이치상 꽃
이 핀다는 것은 곤충이 돌아다닌다는 것을 의미합니다. 과연 어느
녀석이 찾아올까 몹시 궁금합니다. 이런 때는 꽃 앞에 앉아서 관찰
하는 게 상책입니다.

예상한 대로 꽃등에류 한 마리가 큰개불알풀 꽃 위에서 정지 비
행을 합니다. 몸길이가 7밀리미터나 될까? 하도 작아 한참을 들여
다봐야 누군지 압니다. 꽃등에과 집안 식구인 광붙이꽃등에군요.
봄, 여름, 가을이면 아무 때나 숲 가장자리나 하천가 풀밭에서 자
주 마주치는 녀석입니다. 녀석은 앉을까 말까 망설이다가 큰개불
알풀 꽃 위에 내려앉더니 뭐가 맘에 안 드는지 이내 횅하니 날아오

릅니다. 그러길 여러 차례. 이제 안심이 되는지 역도 선수의 팔처럼 우람한 수술대에 발을 디딥니다.

앞서 수술이 Y자 모양이어서 발 디디고 앉기에 딱 좋은 구조라고 했지요? 앞다리 두 개는 한쪽 수술 꽃가루주머니를 붙잡고, 가운뎃다리 중 하나는 다른 쪽 수술대를 디디고, 남은 하나는 꽃잎을 디디고, 맨 뒷다리 두 개는 모두 꽃잎을 디디고 있습니다. 이렇게 자리 잡고 보니 주둥이 바로 앞이 꽃가루 밥상이네요. 가장 편한 자세로 앉았으니 이제 먹기만 하면 됩니다. 녀석은 주걱 같은 주둥이를 쑤-욱 빼더니 꽃가루주머니에서 터져 나온 꽃가루를 쓱쓱 핥아 먹습니다. 마치 청소기 흡입구에 먼지가 빨려 들어가는 것 같습니다. 체면도 차리지 않고 열심히 먹어 댑니다. 이리 핥고 저리 핥고 큼직한 꽃가루주머니의 이곳저곳을 빨아들입니다. 얼마나 게걸스럽게 먹는지 주둥이 끝 입술판(순판)에도, 주둥이 가의 털에도, 심지어 겹눈에도 하얀 꽃가루가 묻습니다. 마치 떡가루가 묻은 것

광붙이꽃등에가 앞다리로 큰개불알풀 꽃가루주머니를 붙잡고 꽃가루를 핥아 먹고 있다.

같습니다.

　놀랍게도 광붙이꽃등에가 꽃가루를 먹으며 움직일 때마다 얼굴
뿐만 아니라 다리와 몸에도 꽃가루가 묻습니다. 앞쪽 수술의 꽃가
루를 핥아 먹을 때면 뒤쪽 수술대를 디딘 가운뎃다리도 덩달아 움
직여 뒤쪽 수술의 꽃가루가 가운뎃다리와 배에 저절로 찰싹 달라
붙습니다. 그뿐만 아닙니다. 꽃가루주머니까지 움직이니 몸털에
꽃가루가 더욱 더 잘 묻습니다.

　녀석은 배가 많이 고팠나 봅니다. 꽃가루를 실컷 먹더니 이번에
는 자세를 180도 바꿔 수술대를 핥아 먹습니다. 수술대에 떨어진
꽃가루를 먹는 거지요. 그뿐이 아닙니다. 암술과 수술이 시작되는
꽃 속 맨 아래쪽에 주둥이를 붙이고 꽃꿀과 떨어진 꽃가루를 핥아
먹습니다. 그러더니 다시 몸을 180도 바꿔 꽃잎 위에 떨어진 꽃가
루를 핥아 먹습니다. 정말 알뜰합니다. 꽃가루 하나라도 놓칠세라
저리도 핥고 또 핥다니 기특합니다. 그러곤 쌩하고 날아갑니다. 녀
석은 다른 꽃으로 날아가 꽃가루를 더 먹고 나면 진딧물이 붙어 있
는 식물을 찾아가 알을 낳을 것입니다. 어른벌레는 꽃가루를 먹지
만, 애벌레는 진딧물을 잡아먹는 포식자이기 때문입니다.

꽃 색깔의
비밀

광붙이꽃등에는 이 자그마한 큰개불알풀 꽃을 어떻게 알고 찾아

온 걸까요? 비밀은 꽃 색깔에 있습니다. 꿀벌이 볼 수 있는 꽃 색깔에 대해선 연구가 잘 되었습니다. 연구자들은 대부분의 다른 곤충들도 꿀벌이 볼 수 있는 색에 잘 끌릴 거라고 추측하고 있습니다. 사람이 보는 꽃 색깔과 꿀벌이 보는 꽃 색깔은 많이 다릅니다. 사람은 빨주노초파남보같이 무지갯빛으로 대표되는 가시광선을 볼 수 있고, 꿀벌은 노란색, 청록색, 파란색, 보라색을 볼 수 있지만 빨간색과 검은색은 볼 수 없습니다. 반면에 꿀벌은 사람이 볼 수 없는 자외선을 볼 수 있습니다. 예를 들면 사람 눈에 하얗게 보이는 꽃은 대개 자외선을 흡수하고 있기 때문에 꿀벌에겐 하얗게 보이지 않고 '짙고 강렬한 색'으로 보입니다.

혹시 빨간색 꽃을 보셨나요? 우리나라 같은 온대 지방에는 빨간색 꽃이 거의 없습니다. 설령 꽃 색깔이 사람 눈에 빨간색으로 보여도 엄밀하게 말하면 벌들이 알아차릴 수 있는 자색(자주색)입니다. 그런데 열대 지방에는 말 그대로 빨간색 꽃이 핍니다. 곤충은 빨간색을 보지 못하지만 새들은 빨간색을 알아봅니다. 열대 지방의 빨간색 꽃은 곤충이 아니라 새들을 위한 꽃이지요. 이들 꽃은 벌새 같은 새들이 찾아와 중매를 해 줍니다.

광붙이꽃등에도 꿀벌과 비슷할 것으로 여겨집니다. 광붙이꽃등에는 보라색 꽃에 눈이 번쩍 뜨여 멀리서도 알아차리고 날아옵니다. 뇌도 없는 큰개불알풀이 곤충들이 청색과 보라색에 끌리는 걸 어찌 알았는지 놀랄 뿐입니다. 녀석이 가까이 날아와 보니 청보라색 꽃잎엔 짙은 파란색 줄무늬가 여러 개 쭉쭉 그려져 있고, 꽃꿀이 있는 꽃 한가운데 부분이 하얀색입니다. 큰개불알풀 꽃의 경우 이 파란 줄무늬와 하얀 부분이 꿀 안내판입니다. 꿀 안내판은 '여

큰개불알풀 꽃은 파란 줄무늬와 한가운데 흰 부분이 꿀 안내판 노릇을 한다.

광붙이꽃등에가 큰개불알풀 꽃잎 위에 앉아 있다.

기부터 꽃꿀과 꽃가루가 있는 식당입니다.' 하고 광고하면서 한가
운데에 있는 밥상으로 곤충을 안내합니다. 신기하게도 이 줄무늬
와 하얀색은 자외선을 흡수하고 있어 녀석의 눈에는 '짙고 강렬한
색'으로 보입니다. 꿀 안내판을 본 녀석은 망설이지 않고 수술과
암술이 있는 꽃 한가운데에 자리 잡고 앉습니다.

광붙이꽃등에가 꽃가루와 꽃꿀을 먹는 동안 큰개불알풀은 녀석
의 몸털에 꽃가루를 덕지덕지 묻힙니다. 녀석이 다른 포기의 큰개
불알풀 꽃으로 날아가서 몸에 묻은 꽃가루가 암술머리에 묻으면
꽃가루받이가 됩니다. 광붙이꽃등에가 제대로 중매를 서 주는 것
이죠. 물론 곤충이 꽃꿀과 꽃가루를 내놓은 큰개불알풀에게 '보답'
을 하겠다거나 '중매'를 서 주겠다는 생각을 실제로 하는 것은 아
닙니다. 먹이를 찾아 먹는 과정에서 우연히 중매를 서게 되는 것이
지요. 비록 우연일지라도 보고 있으면 "세상에 공짜는 없다."는 말
이 떠오릅니다. 이렇게 풀밭에선 식물과 곤충들이 때로는 신경전
을 벌이기도 하고, 때로는 돕기도 하면서 아옹다옹 살아갑니다. 다
함께 살아남기 위해서이지요.

큰개불알풀 꽃의
단골손님

가만히 보니 이른 봄인데도 큰개불알풀 꽃을 들락거리는 곤충
이 제법 됩니다. 자그마한 꽃잎 위에 5밀리미터도 안 되는 파리류

가 앉아서 쉬고 있습니다. 햇볕을 받으며 일광욕을 하는지 꼼짝도
안 하다가 가끔씩 앞다리 두 개를 쭉 빼내 비비기도 하고, 뒷다리
를 길게 뻗어 비비기도 합니다. 몸단장을 하나 봅니다.

　그 옆에 있는 꽃에는 물결넓적꽃등에가 날았다 앉았다 날았다
앉았다 부산합니다. 몸길이가 7밀리미터 정도니 눈에 잘 띕니다.
물결넓적꽃등에는 정지 비행을 하더니 이내 수술대에 앉아 꽃가루
를 핥습니다. 그도 잠시, 봄바람이 심술궂게 불자 녀석은 재빠르게
다른 꽃으로 날아가 버립니다. 얼마 안 되어 반월넓적꽃등에가 잽
싸게 날아옵니다. 녀석은 꽃 위에서 정지 비행을 하다가 곧바로 청
보라색 꽃가루주머니에 냉큼 앉습니다. 긴장한 듯 잠시 가만있더
니 넓적한 주둥이를 쑥 꺼내 꽃가루를 핥기 시작합니다. 경계심이
많아 날았다 앉았다 하며 어찌나 촐싹대는지 사진 찍을 틈을 주지
않습니다.

반월넓적꽃등에류

잠시도 가만있지 않던 반월넓적꽃등에가 가까운 꽃으로 날아가고, 얼마 안 있어 애꽃벌 한 마리가 날아와 반월넓적꽃등에가 식사하던 꽃을 차지합니다. 허리(첫 번째 배마디)가 잘록해 몸을 이리저리 구부리며 큰개불알풀 꽃 수술대를 오르내립니다. 꽃가루주머니를 스치자 녀석의 몸털에 하얀 꽃가루가 묻습니다.

바람이 잠잠해지자 이번에는 큰개불알풀 꽃보다 몸집이 훨씬 큰 나비가 날아옵니다. 눈이 번쩍 뜨여 자세히 살펴보니 흔하지 않은 흰점팔랑나비입니다. 갈색 날개에 하얀색 점들이 그려져 있어 참 귀엽습니다. 흰점팔랑나비는 날개를 양옆으로 활짝 펴고 길고 가느다란 빨대 주둥이를 큰개불알풀 꽃 한가운데에 정확히 꽂고 꽃꿀을 마십니다. 바람만 살짝 불어도 겁을 먹고 날았다가 다시 꽃잎에 앉아 꿀 식사를 합니다. 흰점팔랑나비 어른벌레는 꽃꿀을 먹지만 애벌레는 딱지꽃이나 세잎양지꽃 같은 양지꽃속 식물 잎사귀를 먹습니다.

갑자기 꿀벌 한 마리가 날아옵니다. 꽃꿀 식사 삼매경에 빠져 있던 흰점팔랑나비가 깜짝 놀라 날아오릅니다. 큰개불알풀 꽃보다 세 배나 더 큰 꿀벌이 꽃에 앉습니다. 육중한 꿀벌의 무게에 못 이겨 가냘픈 꽃자루가 휘청하고 휘어집니다. 용케도 꿀벌은 휘청거리는 꽃에 잘도 매달립니다. 벌써 수십 송이를 들락거리며 꽃가루를 땄는지 뒷다리에 하얀 꿀 경단이 예쁘게 매달려 있군요. 긴 주둥이를 꺼내 꿀을 먹더니 금세 날아갑니다. 벼룩의 간을 빼 먹지, 저리도 작은 꽃의 꿀을 홀랑 먹고 다른 꽃으로 날아가다니. 그래도 다른 포기의 꽃으로 날아가 몸에 묻은 꽃가루를 암술머리에 묻혀 주니 밥값을 제대로 합니다.

이렇게 활짝 핀 큰개불알풀 꽃밭은 곤충 손님들로 북적입니다. 30분쯤 앉아서 꽃에 얼쩡얼쩡 들락거렸던 녀석들을 헤아려 보니 작은 파리류 1종, 꽃등에류 3종, 애꽃벌류 2종, 꿀벌, 흰점팔랑나비 들로 제법 많습니다. 이렇게 찾아온 곤충들이 큰개불알풀 꽃에겐 소중한 손님이자 중매쟁이입니다.

3장

하얀 꽃
피는 풀과
곤충

천남성과

넉점각시하늘소

넉점각시하늘소

넉점각시하늘소가 천남성 꽃가루를
온몸에 묻히고 밖으로 나왔습니다.
곤충이 천남성 꽃 속에 한번 빠지면
되돌아 나오기가 무척 어렵습니다.

5월입니다. 맑은 새소리에 귀 기울이며 숲속 오솔길을 걷습니다.

그 많던 봄꽃들은 어느새 싹 들어갔군요.

숲 바닥엔 초록빛 풀잎들이 고개를 내밀고

물오른 나뭇가지엔 연둣빛 잎이 싱그럽게 돋아납니다.

삐죽삐죽 돋아난 어린 잎사귀들은 요술쟁이 같습니다.

한 밤 자면 진한 연둣빛, 또 한 밤 자면 초록빛,

또 한 밤 자면 짙은 초록빛으로 물드니까요.

그 덕에 숲 바닥엔 초록빛 그늘이 그윽하게 생깁니다.

마침 싱그러운 그늘 속에서

희한하게 생긴 꽃 한 송이가 훤칠하게 피어났습니다.

꽃이 챙 넓은 모자를 쓴 걸 보니 천남성이군요.

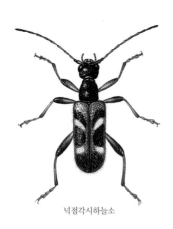

넉점각시하늘소

이 꼭지는 딱정벌레목 하늘소과 좋인 넉점각시하늘소(*Pidonia puziloi*)와
먹이식물인 천남성 이야기입니다.

이름도 생김새도 특이한
천남성

천남성! 왠지 한 번 들어서는 꽃 이름 같지가 않습니다. 꽃 이름 치고는 너무 묵직한 느낌이 드니 말이지요. 천남성(天南星)은 한자 말인데, 이름의 유래는 확실히 모릅니다. 아마도 뿌리가 남쪽 하늘에 떠 있는 노인성(老人星, Canopus)처럼 노랗게 빛을 낸다 해서 천남성이라 불렀을 것으로 여겨지고 있습니다.

천남성은 특이한 이름만큼이나 꽃 모양도 특이합니다. 꽃이라고 하니 꽃인가 하지 생긴 것이 워낙 희한해 처음에는 꽃이라고 인정하기가 쉽지 않습니다. 천남성 꽃은 커다란 꽃덮개(불염포)에 둘러싸여 있어 어찌 보면 우산을 쓴 것 같고, 어찌 보면 뾰족한 챙 모자를 쓴 것 같고, 어찌 보면 뚜껑 달린 컵 같기도 하고, 또 어찌 보면 코브라가 머리를 꼿꼿이 세우고 있는 것 같습니다. 꽃덮개는 새싹이나 꽃봉오리를 포대기처럼 감싸 안는 포엽이 변한 기관으로, 불염포라고 부릅니다.

챙 달린 모자를 쓰고 있는 천남성 꽃. 도대체 꽃이 어떻게 생겼을까요? 천남성 꽃 앞에 앉아 꽃덮개를 살며시 만져 봅니다. 도톰합니다. 꽃덮개는 천남성 꽃의 듬직한 보디가드입니다. 꽃덮개가 육수꽃차례로 피는 천남성 꽃을 보호하는 역할을 잘하기 때문입니다. 천남성과 집안 식구들은 거의 꽃덮개를 가지고 있는데, 종마다 꽃덮개의 생김새며 색깔이 조금씩 다릅니다. 커다란 우산 같은 자줏빛 꽃덮개를 가진 앉은부채, 코브라 얼굴 같은 보랏빛 꽃덮개를 가진 큰천남성, 좁고 기다란 녹색 꽃덮개를 가진 반하, 쟁반처럼

생긴 하얀 꽃덮개를 가진 산부채, 매혹적인 빨간 꽃덮개를 가진 원예종 안수리움 들이 있습니다. 무늬천남성은 꽃덮개를 아예 자줏빛으로 치장하고 있습니다.

그런데 곤충들 눈에는 꽃덮개가 꽃잎처럼 보입니다. 천남성 꽃덮개는 연둣빛이긴 하지만 연둣빛도 곤충들이 볼 수 있는 색입니다. 게다가 연둣빛 꽃덮개에 꿀 안내판(honey guide, 유인 색소)이 세로줄 무늬로 쭉쭉 그어져 있어서 당연히 곤충들 눈에 잘 띕니다. 그리고 꽃덮개 안쪽으로 연둣빛 야구방망이 같은 것(육수꽃차례)이 보입니다.

천남성은
트랜스젠더

천남성 꽃은 봄이면 만날 수 있는데, 사생활이 참 복잡합니다. 천남성은 암꽃 따로, 수꽃 따로 피는 '암수딴그루'입니다. 즉 천남성 꽃은 수술만 있는 수꽃이거나 암술만 있는 암꽃입니다. 뭐, 여기까지는 그리 이상할 것이 없습니다. 암수딴그루인 식물은 꽤 있으니까요. 그런데 해마다 희한한 일이 벌어집니다. 톡 까놓고 얘기하면 천남성은 '트랜스젠더'입니다. 여러해살이풀인 천남성은 거의 다 해마다 성을 바꿉니다. 같은 뿌리에서 한 해는 암꽃이 피고, 그 다음 해에는 수꽃이 핍니다. 암꽃과 수꽃이 해를 바꿔 번갈아 피는 것이지요. 사람으로 치면 성전환 수술을 한 것도 아닌데 어찌

그런 일이 가능할까요? 답은 자손을 얻는 데 힘이 부쳐서입니다.

먼저 천남성 수꽃을 만나 봅시다. 천남성 꽃덮개 안쪽을 들여다보고 싶은데 보디가드 꽃덮개가 뚜껑처럼 꽃을 가리고 있어 잘 보이지 않습니다. 천남성에겐 미안하지만 뚜껑 같은 꽃덮개를 위로 살살 젖혀 봅니다. 꽃덮개 안쪽은 또 다른 세계입니다. 별나게도 꽃덮개 안쪽에 '진짜 꽃'이 피어 있군요. 안쪽을 좀 더 자세히 보려고 꽃덮개 앞쪽에 겹쳐진 부분을 벌려 보았습니다. 꽃덮개 사이로 보였던 야구방망이 같은 것은 굵직한 꽃대였습니다. 꽃대는 한가운데에 턱 버티고 있고 꽃대 아래쪽에 옥수수 알갱이만 한 흰색 꽃들이 다닥다닥 붙어 피어 있습니다. 얼핏 봐도 수십 송이가 통통한 꽃대에 붙어 있습니다. 이렇게 굵은 꽃대에 꽃자루는 없지만 수많은 꽃들이 피는 꽃차례를 '육수꽃차례'라고 합니다. 꽃덮개 밑바닥은 어떤가요? 하얀 꽃가루가 떡가루를 뿌려 놓은 듯이 소복이 쌓여 있습니다. 그야말로 꽃가루 방석이네요. 천남성 꽃덮개 속에 저런 비밀 화원을 차려 놓다니!

다음으로 암꽃을 볼까요? 마찬가지로 꽃덮개 앞쪽에 겹쳐진 부분을 살짝 열어 보니 통통한 꽃대에 암꽃들이 활짝 피었습니다. 꽉 여문 옥수수 알 같은 자방(子房, ovary, 속씨식물의 밑씨를 담고 있는 자루 모양의 기관) 위에 암꽃이 피어 있습니다. 암술머리는 끈적끈적한 물질을 내면서 중매 곤충이 찾아오길 기다립니다. 중매쟁이 곤충이 수꽃에서 꽃가루를 묻혀 와 암술머리에 떨어뜨려 주면 꽃

1 | 2
3 | 4

1. 꽃덮개를 걷어 낸 천남성 수꽃. 굵은 꽃대 아래 꽃이 수십 송이 피어 있다.
2. 천남성 꽃대 아래쪽에 옥수수 알갱이 같은 수꽃이 다닥다닥 붙어 있다.
3. 천남성 꽃덮개 아래쪽에 꽃가루가 쌓여 있다.
4. 천남성 수꽃이 막 피어날 때는 수술이 보라색이다.

가루받이가 되고, 암꽃은 곧바로 자식인 씨앗을 만들기 시작합니다. 잎이 부지런히 광합성 해서 얻은 영양분을 이용해 여문 씨앗을 만듭니다. 암꽃이 피었던 자리에는 열매가 달리고, 열매가 익으면서 야구방망이 같던 꽃대 윗부분은 시들어 없어집니다. 천남성 열매는 처음엔 초록빛이다가 더운 여름이 지나고 가을이 되면 점점 빨갛게 변합니다.

어느덧 천남성 잎사귀가 누렇게 단풍 들어 시들고, 꽃대에는 붉은 열매가 잘 여문 옥수수처럼 달립니다. 하도 탐스럽고 먹음직스러워 한 알 따 먹고 싶은 충동이 생깁니다. 하지만 절대 따 먹으면 안 됩니다. 천남성에는 독이 아주 많습니다. 오죽하면 조선 시대에 사약 재료로 썼을까요. 입에 한 번만 대도 바늘로 찌르듯이 따갑고 살이 조여드는 것처럼 얼얼합니다. 독 물질의 주성분은 알칼로이드(Alkaloid, 니코틴, 모르핀, 카페인같이 질소를 포함한 염기성 화합물을 모두 일컬음.)인데, 독성이 강하기로 소문이 나 있지요.

실한 열매를 맺었으니 암꽃은 종족 번식 임무를 무사히 마쳤습니다. 이제 죽어도 한이 없습니다. 해가 바뀌면 씨앗에서 새싹이 나겠지요. 그런데 열매를 맺어 대를 잇는 한편 여러 해를 사는 여러해살이풀이기 때문에 겨울이 와도 죽지 않고 땅에 묻힌 뿌리로 겨울을 납니다. 이듬해 봄이 되면 천남성 씨앗도 싹을 틔우지만 천남성 뿌리도 또다시 싹을 틔워 잎사귀를 내고 꽃을 피웁니다. 그런데 지난해에 암꽃이 피어난 뿌리에서 이번에는 수꽃이 피어납니다. 도대체 왜 그럴까요?

앞서 말했듯, 그 까닭은 매년 자손을 낳는 것(씨앗 맺기)이 힘에 부치기 때문입니다. 지난해에 암꽃은 열매를 맺느라 영양분을 너

무 많이 썼습니다. 뿌리에 남은 영양분으로는 연이어 암꽃을 피워 열매를 맺을 수가 없습니다. 그래서 가진 힘을 다 써 버린 암꽃은 한 해는 쉬어 가기로 한 것입니다. 그래도 꽃을 피워야 대를 이을 수 있으니 영양분이 암꽃보다 덜 필요한 수꽃을 피웁니다. 수꽃은 꽃 가루만 만들고 열매는 만들지 않아도 되니까요. 수꽃은 부지런히 광합성을 해 영영분을 모읍니다. 그래야 다음 해에 암꽃으로 피어 나 자손을 낳을 수 있으니까요. 물론 예외의 경우도 있겠지만, 천 남성은 거의 해마다 암꽃과 수꽃을 번갈아 피워 자기 종족을 퍼뜨 립니다. 열매 맺는 나무가 해거리하는 것과 비슷한 전략이지요. 생 김새도 특이한데 녀석을 보고 있자니 그저 놀랍고 신기할 뿐입니다.

천남성 꽃 속에 갇힌 넉점각시하늘소

천남성 꽃에서는 냄새가 납니다. 꽃덮개에 코를 대 보세요. 고약 하지는 않지만 묘한 냄새가 납니다. 꽃가루가 수북한 수꽃 한 송이 를 꽃대에서 떼어 냄새를 맡아 보았는데, 역시 자그마한 수꽃에서 도 묘한 냄새가 납니다. 한참 코에 대고 있으니 속이 울렁울렁 메 스껍습니다. 하지만 곤충들은 바로 이 냄새에 이끌려 천남성을 찾 아오는 것으로 여겨집니다.

천남성 수꽃을 이리저리 좀 더 살피고 있는데, 마침 넉점각시하 늘소가 날아왔습니다. 녀석은 연녹색 꽃덮개 가장자리에 살짝 내려앉더니 더듬이를 이리저리 휘젓습니다. 그러곤 꽃덮개 가장자리를 천천히 걸어 다닙니다. 그러더니 꽃향기에 취했는지 꽃덮개 안쪽으로 발을 디뎠습니다. 그 순간 녀석이 밑바닥으로 뚝 떨어집니다. 아! 이 일을 어쩌나! 거긴 먹을 꽃가루는 많아도 되돌아 나오려면 고생 좀 할 텐데……. 그런데 이게 웬일? 또 한 녀석이 날아오는가 싶더니 연달아 또 한 녀석이 날아옵니다. 두 마리 모두 꽃덮개 가장자리에 앉았습니다. 한 녀석은 곧바로 야구방망이 같은 꽃대에 냉큼 날아가 앉아 꽃대를 타고 꽃 속으로 내려갑니다. 나머지 한 녀석은 꽃덮개 가장자리를 걷다가 꽃덮개 안쪽으로 미끄럼틀 타듯이 쭈르륵 내려갑니다. 세 마리가 천남성 꽃 속으로 들어갔네요. 녀석들이 꽃덮개 안쪽에서 어찌하고 있는지 궁금합니다. 그래도 녀석들이 밥 먹을 시간은 줘야지요. 10분쯤 지났을까요? 뚜껑 같은 꽃덮개를 살짝 열어 봅니다.

넉점각시하늘소

천남성 꽃덮개는
미끄럼틀

꽃가루가 쌓여 있는 꽃덮개 바닥에서 뭔가가 꼬무락꼬무락 꿈틀 거립니다. 곤충 한 마리가 하얀 꽃가루를 잔뜩 뒤집어쓴 채 휘청거 리며 꽃가루 밖으로 걸어 나옵니다. 곤충이 아니고 마치 꽃가루가 묻은 나무토막 같습니다. 자세히 보니 넉점각시하늘소입니다. 녀 석뿐 아니라 다른 넉점각시하늘소들도 죄다 하얀 꽃가루를 뒤집어 쓰고 꽃덮개 바닥에 있군요. 꽃가루를 뒤집어썼다는 것은 모두 꽃 가루 더미에 빠졌다가 나왔다는 건데, 아무래도 천남성 수꽃에 무 슨 사정이 있나 봅니다.

내친김에 옆에 있는 천남성 수꽃의 꽃덮개를 몇 개 더 들춰 봅 니다. 역시 넉점각시하늘소가 터줏대감처럼 꽃 속에 들어 있습니

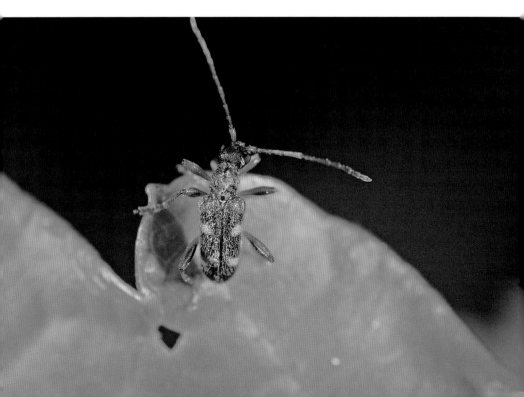

다. 마찬가지로 몸은 꽃가루에 뒤범벅되었군요. 다시 앞서 보았던
수꽃 꽃덮개 앞쪽에 겹쳐진 부분을 두 손으로 살짝 벌리니 녀석들
을 좀 더 자세히 볼 수 있네요. 꽃가루를 온몸에 뒤집어쓰고 꽃덮
개 바닥에 있던 녀석들이 꽃덮개 벽을 타고 오릅니다. 여섯 다리를
넓게 벌리며 벽을 잘 딛고 몇 걸음 올라왔을까요? 힘에 부치나 봅
니다. 꽈당! 녀석들이 바닥으로 떨어집니다. 다행히 꽃가루 방석이
있어 크게 다치지는 않습니다. 꽃가루에 떨어진 녀석들의 몸에는
꽃가루가 또 덕지덕지 묻습니다. 겨우 자세를 가다듬고 더듬이를
휘휘 젓고는 다시 꽃덮개 벽을 타고 오릅니다. 한 걸음 한 걸음 더
디게 오릅니다. 절벽 타기 선수가 따로 없군요. 몇 걸음이나 내디
뎠을까요? 또 바닥으로 떨어집니다. 바닥에 나뒹군 녀석들은 또 꽃
가루 범벅이 됩니다. 뒤집힌 몸을 바로 세우고 절벽 타기를 또 시
도합니다. 그러기를 여러 차례. 이제 지칠 법도 한데 비틀대며 필
사적으로 꽃덮개를 벗어나려고 몸부림을 칩니다. 안쓰러워 꽃덮개
밖으로 꺼내 주고 싶지만 제가 끼어들 건 아니다 싶어 두 눈을 질
끈 감습니다.

　아무리 몸이 작아도 넉점각시하늘소는 하늘소입니다. 하늘소는
자기 몸무게보다 더 무거운 돌도 들어 올립니다. 다리에 발톱과 털
들이 다닥다닥 붙어 있기 때문에 가능하지요. 힘 좋기로 소문난 하
늘소인데 왜 천남성 꽃덮개 벽을 못 오르는 걸까? 꽃덮개 안쪽을
만져 보세요. 미끄럽습니다. 게다가 경사가 90도나 되니 이보다 더
가파를 순 없습니다. 꽃덮개 몸 자체가 미끄럼틀이니 제아무리 다
리에 털들이 빼곡히 붙어 있다 해도 꽃덮개 벽을 오르기란 무척이
나 힘듭니다. 설마 기적적으로 꽃덮개 벽을 타고 맨 위로 올라왔

천남성 꽃가루를 뒤집어쓴 넉점각시하늘소
—

해도 위쪽은 꽃덮개가 모자챙처럼 구부러져 있어 운이 나쁘면 거꾸로 떨어집니다.

그리고 보니 천남성의 꽃덮개는 제법 쓸모가 많군요. 비가 오면 꽃이 빗물에 젖지 않도록 하고, 큰 꽃잎처럼 생겨 곤충들을 쉽게 끌어 모으기도 하고, 꽃을 찾아온 곤충들이 꽃가루 밥만 먹고 빠져나갈까 봐 안쪽 벽을 미끄럽게 해 곤충들 몸에 꽃가루를 덕지덕지 묻게 만드니 말입니다.

천남성 마음 따로
넉점각시하늘소 마음 따로

넉점각시하늘소는 천남성 꽃을 빠져나오려고 이리저리 헤매느라 속이 탑니다. 속이 타 들어가는 것은 천남성 수꽃도 마찬가지입니다. 아니, 천남성 수꽃이 속이 타다니요! 그럴 거면 곤충들이 맘대로 들락거리도록 꽃을 평범하게 만들어야지요. 천남성 꽃과 꽃속에 갇힌 넉점각시하늘소는 같은 배를 탔지만 꿍꿍이속이 서로 다릅니다. 동상이몽, 즉 천남성 마음 따로, 넉점각시하늘소 마음 따로입니다.

두 마음이 어떻게 다를까요? 넉점각시하늘소는 어서 빨리 빠져나와 다른 꽃을 찾아 밥을 더 먹든지, 아니면 짝을 만나 짝짓기를 하든지, 아니면 썩은 나무를 찾아가 알을 낳으려고 합니다. 자신의 대를 잇는 일에만 골몰합니다.

천남성 꽃 마음은 어떤가요? 천남성 꽃은 스스로 꽃가루받이를 할 수 없습니다. 늘 제자리에 서서 한 발짝도 못 움직이니 중매쟁이 곤충이 찾아오기만을 하염없이 기다립니다. 중매 곤충인 넉점각시하늘소가 중매를 서려면 녀석 몸에 꽃가루가 묻어야 하는데 정성껏 차려 놓은 꽃가루만 먹고 갈까 봐 걱정입니다. 그래서 천남성은 미끄러운 꽃덮개를 만들어 넉점각시하늘소가 손쉽게 탈출하는 것을 막으려고 합니다. 게다가 모자챙 같은 꽃덮개를 위쪽에 두어 할 수 있는 한 손쉬운 탈출을 막습니다. 꽃덮개의 미끄러운 벽이며 모자챙 같은 생김새는 모두 꽃 밖으로 나가려는 넉점각시하늘소를 꽃덮개 바닥으로 떨어뜨려 녀석 몸에 꽃가루를 덕지덕지 묻히는 데 도움이 됩니다.

지금까지는 꽃가루를 녀석들 몸에 묻히는 데 성공했습니다. 이제 남은 것은 넉점각시하늘소가 꽃 밖으로 나가도록 돕는 일입니다. 넉점각시하늘소가 아직 발견하지 못했지만 천남성은 곤충들의 탈출구인 '비상구'를 만들어 놓았습니다. 어디에 만들었을까요? 꽃덮개가 겹쳐진 부분 아래쪽입니다. 천남성 수꽃은 꽃덮개가 겹쳐진 곳 아래쪽을 살짝 벌려 틈을 만들어 놓았습니다. 그 틈이 바로 비상구지요.

마침내 넉점각시하늘소 한 녀석이 꽃가루를 뒤집어쓰고 비상구 쪽으로 걸어옵니다. 제대로 비상구를 찾을 수 있을까요? 바라보는 제 맘을 다 졸입니다. 녀석은 비상구 둘레를 왔다 갔다 하더니 꽃덮개를 오르다 떨어지기를 되풀이합니다. 그러다 우연히, 정말 우연히 비상구를 찾고야 말았네요. 드디어 탈출! 넉점각시하늘소도, 천남성 수꽃도 모두 기뻐할 '영광의 탈출'입니다. 아마 녀석은 천남성 암꽃으로 날아가 자기 몸에 묻은 천남성 수꽃의 꽃가루를 문혀 줄 것입니다.

천남성 수꽃은 꽃덮개 사이가 살짝 벌어져 곤충들이 빠져 나올 수 있다.

넉점각시하늘소
짝짓기

넉점각시하늘소 가운데 천남성 꽃에서 짝짓기를 하는 녀석들이 있습니다. 어느 녀석은 탈출하느라 땀을 연신 흘리는데 한쪽에선 사랑이 싹틉니다. 어른벌레로 사는 시간이 길지 않기 때문에 거의 모든 곤충들은 식사 장소에서 배우자를 만나 짝짓기를 합니다. 암컷은 굵직한 꽃대에 다닥다닥 붙은 꽃가루를 먹느라 정신이 없습니다. 이때다 하고 수컷이 더듬이를 칼싸움하듯이 휘젓습니다. 암컷도 더듬이를 휘젓습니다. 두 녀석의 더듬이가 마주 보기도 하고 엇갈리기도 하며 서로를 탐색합니다. 그런 다음 암컷 등에 무사히 올라탄 신랑은 암컷의 몸을 놓칠세라 여섯 다리로 꼬옥 잡습니다. 암컷을 안은 수컷이 가끔씩 긴 더듬이만 이리저리 휘휘 저을 뿐 잠시 동안 꼼짝도 안 합니다. 여전히 암컷은 꽃가루 식사 삼매경에 빠져 있습니다. 그도 그럴 것이 영양가 많은 꽃가루를 먹어야 튼실한 알을 낳을 수 있으니 쉴 틈이 없습니다.

조금 지나니 수컷이 배 꽁무니를 길게 늘여 암컷의 배 끝에 갖다 댑니다. 5밀리미터밖에 안 되는 수컷이 저리도 대담할 수 있을까요? 그러든 말든 암컷은 그저 먹기만 합니다. 흔히 곤충들 암컷은 등에 올라탄 수컷이 맘에 들지 않으면 뒷다리로 수컷의 배를 차는데, 암컷이 차지 않는 것을 보니 수컷이 싫지 않은가 봅니다. 잠시 고요함이 흐르고 수컷의 배 꽁무니가 움찍거리기 시작합니다. 신랑 신부의 몸에 하얀 꽃가루가 묻어 있어 마치 하얀 눈을 맞으며 사랑을 나누는 것 같습니다.

넉점각시하늘소가
천남성 꽃 속에서
짝짓기하고 있다.

갑자기 봄바람이 쉬-익 몰아칩니다. 제 두 손으로 살짝 펼친 꽃
덮개와 꽃대도 바람결에 흔들립니다. 꽃가루를 먹던 암컷이 놀라
몸을 후다닥 움직이자 등에 있던 수컷이 균형을 잃습니다. 수컷의
배 꽁무니가 빠져 버렸네요. 암컷은 얼른 꽃대 뒤쪽으로 달아나고,
수컷은 꽃덮개 바닥 쪽으로 달아납니다. 두 녀석도 비상구를 찾아
천남성 수꽃을 벗어나야 할 텐데. 짝짓기를 했으니 암컷은 알도 낳
아야 할 테고요. 이제부터가 문제입니다. 두 녀석은 이쪽저쪽에서
부지런히 꽃덮개를 타고 오릅니다. 녀석들은 꽃덮개 벽을 타고 오
르다 꽃가루 방석으로 떨어지고 또 오르다 떨어집니다.

천남성 암꽃엔
비상구가 없다

천남성 암꽃도 찾아서 꽃덮개 안쪽을 보니 넉점각시하늘소와 다른 곤충이 들어가 있군요. 암꽃은 수꽃만큼 먹을 것이 푸짐하지 않지만 그래도 암술머리엔 먹을 것이 좀 있습니다. 중매 곤충이 묻혀온 꽃가루가 잘 묻을 수 있게 끈적거리는 물질이 나오니까요. 암꽃을 찾아온 곤충들은 암술 위로 왔다 갔다 하다가, 또 암꽃을 탈출하려고 꽃덮개를 타고 오르다 굴러떨어지면서 암술머리에 꽃가루를 묻히게 됩니다. 물론 녀석들은 자기 몸에 묻은 꽃가루가 암술머리에 묻든 말든 아무런 관심이 없습니다. 오로지 밥만 먹고 탈출만 하면 그만이지요.

그런데 암꽃에 들어온 넉점각시하늘소는 꼼짝없이 갇혀 죽게 생겼습니다. 갇혀 죽다니요? 안타깝게도 천남성 암꽃에는 '비상구'가 없습니다. 수꽃 꽃덮개에는 꽃덮개가 겹쳐진 부분에 살짝 벌어진 틈이 있지만, 암꽃 꽃덮개에는 벌어진 틈이 아예 없습니다. 위쪽은 크게 열렸지만 큰 도움이 안 됩니다. 넉점각시하늘소는 꽃덮개 벽을 타기도 하고, 꽃대를 타기도 하면서 탈출을 시도하지만 거의가 암꽃 속을 헤맬 뿐 탈출에 실패합니다. 천남성 암꽃은 오직 꽃가루받이에만 관심이 있을 뿐 중매 곤충이 꽃 속에 갇혀 죽든 말든 나몰라라 합니다. 관심이 전혀 없지요.

운이 좋아 중매 곤충이 설령 꽃덮개 위쪽까지 올라왔다 해도 탈출은커녕 거미에게 잡아먹히게 생겼습니다. 위쪽에는 꽃덮개와 꽃대 사이에 거미줄이 처져 있습니다. 분명 거미가 중매 곤충을 노리

고 거미줄을 쳤을 것입니다. 그러고 보니 넉점각시하늘소가 천남성 암꽃에 들어올 때 거미줄을 잘도 피해 들어왔네요. 분명 어딘가에 거미가 숨어 있을 텐데요. 모자챙 같은 꽃덮개를 살살 들추어 봅니다. 역시 거미 한 마리가 꽃덮개 안쪽에 턱 버티고 있습니다. 거미줄에는 이미 먹고 남은 음식 찌꺼기뿐 아니라 먹잇감이 발버둥 치다가 떨어뜨린 꽃가루도 붙어 있습니다. 누군가 탈출에 성공할 뻔했거나 꽃 속으로 들어오려다 걸렸나 봅니다. 정말이지 뛰는 놈 위에 나는 놈이 있다는 말이 실감 납니다.

썩은 나무에 알 낳는 넉점각시하늘소

짝짓기를 마치고 무사히 천남성 꽃을 탈출한 엄마 넉점각시하늘소는 이제 알 낳을 일만 남았습니다. 알 낳는 일은 어른벌레 일생에서 가장 중요한 일입니다. 신중하게 알 낳을 곳을 고릅니다.

넉점각시하늘소를 한참 지켜봅니다. 제아무리 커 봤자 몸길이가 5~8밀리미터로, 1센티미터도 안 되는 넉점각시하늘소. 녀석은 이름만큼이나 생긴 것도 어여쁩니다. 우리나라 각시하늘소류 가운데에서 크기가 가장 작은데, 되레 자그마한 몸집이 참 귀엽습니다. 길쭉한 몸매는 날씬하고, 몸빛은 검은색과 불그스름한 색이 알록달록합니다. 게다가 딱지날개에다 하얀 세로무늬를 네 개씩 그려 넣어 얼마나 앙증스러운지 모릅니다. 몸 표면에는 부드러운 털이

빽빽하게 드러누워 있어 만져 보면 보드랍습니다. 하늘소류(하늘
소과)치곤 굉장히 작아서 못 보고 지나치기 쉽지만 녀석의 더듬이
가 하늘소류답게 굉장히 길어서 눈에 띨 때도 더러 있습니다. 녀석
의 더듬이 길이는 몸길이와 거의 같습니다. 채찍처럼 긴 더듬이는
모두 11마디로 성냥개비를 똑같은 길이로 잘라 연이어 붙여 놓은
것 같습니다. 더듬이는 쓸모가 많습니다. 더듬이에는 감각 기관이
많이 붙어 있어 이리저리 휘젓고 다니며 주변 상황을 늘 감시합니
다. 바람이 어느 쪽에서 부는지, 습도와 온도는 어느 정도인지……
그래서 아무리 조심조심 가까이 다가가도 녀석은 금방 눈치채고
훌쩍 날아서 도망갑니다.

　　넉점각시하늘소는 족보상 딱정벌레목 가문의 하늘소과 집안 식
구로 5월부터 7월 초순까지 꽃 주변에서 활동합니다. 우리나라 전
지역에 살고 있으며 개체 수가 많아 꽃 한 송이에 여러 마리가 모

넉점각시하늘소가
함박꽃 꽃가루를 먹
고 있다. 다른 곤충
에 비해 크기가 아
주 작다.

여 꽃가루를 먹는 모습을 심심찮게 구경할 수 있습니다.

암컷은 알 낳을 곳을 찾아다닙니다. 엄마는 알을 낳으면 얼마 지나지 않아 죽기 때문에 알에서 깨어난 새끼(애벌레)들을 돌볼 수 없습니다. 그래서 새끼가 태어나 걱정 없이 먹고 살 곳에 알을 낳아야 합니다. 넉점각시하늘소 애벌레는 썩은 나무를 좋아합니다. 숲속에서 죽어 가는 나뭇가지는 애벌레에게 훌륭한 먹잇감이자 집이지요. 엄마는 썩어 가는 나무껍질 틈새나 썩어 가는 나뭇가지 속에 배 꽁무니를 대고 산란관을 꺼냅니다. 그리고 천천히 알을 낳기 시작합니다.

알에서 깨어난 새끼는 썩은 나무속에서 나무를 먹고 살아갑니다. 큰턱이 워낙 튼튼해서 질긴 나무도 잘 베어 씹어 먹습니다. 나무속을 파먹으며 지나가기 때문에 녀석이 지나간 자리에는 굴이 생깁니다. 굴에는 먹고 싼 똥이 좁쌀처럼 몽글몽글하게 군데군데 쌓여 있습니다. 녀석은 애벌레 시절 내내 나무속에서 살다가 번데기도 자기가 판 굴에서 만듭니다. 1년에서 2년 정도 썩은 나무속에서 살다가 꽃이 만발할 때인 5월에서 7월 사이에 어른벌레로 탈바꿈해 나무를 뚫고 세상 밖으로 나옵니다. 이때 어른벌레는 입틀이 강하기 때문에 썩은 나무를 씹어 구멍을 내고 밖으로 빠져나옵니다.

넉점각시하늘소 어른벌레는 숲에 핀 꽃들을 찾아다니며 꽃가루를 먹습니다. 무슨 꽃이든 가리지 않고 다 찾아갑니다. 몸집이 작으니 꽃의 크기며 생김새를 따질 필요가 없고, 또 꽃을 찾으면 꽃가루를 씹어 먹기만 하면 되니까요. 미나리냉이 꽃, 국수나무 꽃, 찔레나무 꽃, 천남성 꽃, 노루오줌 꽃 들은 모두 녀석이 즐겨 찾는 꽃입니다. 그 가운데 천남성 꽃은 먹을거리가 푸짐하지만 한번 들

어가면 되돌아 나오기가 참 힘든 꽃입니다. 녀석은 그런 사실을 알고나 있을까요? 천남성 꽃에는 넉점각시하늘소 말고도 줄각시하늘소, 노랑각시하늘소, 파리류, 꼬마꽃벌류같이 봄에 활동하는 곤충들이 찾아옵니다. 내년 봄이면 녀석들을 천남성 꽃에서 또 보게 되겠지요.

마름과

일본잎벌레 식구들

마름

연못 위에 마름 잎이
그림처럼 깔려 있습니다.

7월 초순, 여름 문턱입니다.

이맘때쯤이면 연못 물 위는 초록 세상입니다.

마름모꼴 마름 잎사귀가 그림처럼 쫙 깔려 있고

그 틈에 앙증맞은 개구리밥과

어여쁜 노랑어리연꽃이 살포시 떠 있습니다.

겹쳐진 물풀 잎 위에선 큰산개구리(북방산개구리)가 볕을 쬐고

애소금쟁이도 덩달아 앉아 쉬고 있습니다.

아침 햇살까지 연못 위에 내려앉으니 신선 사는 동네가 따로 없습니다.

나도 모르게 물가에 앉아

비행접시를 활짝 펼친 것 같은 마름 잎을 바라봅니다.

반질거리는 잎사귀는 햇빛을 받아 반짝이는데

그 잎 위에 누군가가 타고 있습니다.

한둘이 아니고 여러 마리입니다. 아, 일본잎벌레군요.

물 위에 둥둥 떠다니는 잎 위에서 사는 잎벌레가 다 있다니!

물살이 곤충도 아닌 녀석이

어떻게 물 위에서 사는지 호기심 만발입니다.

마름

이 꼭지는 딱정벌레목 잎벌레과 종인 일본잎벌레(*Galerucella nipponensis*)와
먹이식물인 마름 이야기입니다.

내 몸을 펼쳐라!
마름

물에 뜨는 물풀 하면 노랑어리연꽃, 수련, 개구리밥, 마름이 얼른 떠오릅니다. 그 가운데 마름은 마름모꼴 잎사귀를 펼치며 한여름 연못을 주름잡습니다. 마름 뿌리는 연못 맨 밑바닥 진흙 속에 박혀 있고, 가느다란 줄기는 잎사귀를 물 위에 띄울 만큼 길게 자랍니다. 물 위에 뜬 잎사귀는 윤기가 자르르 흘러 파리라도 날아오면 쫘당 미끄러질 것만 같습니다. 희한하게도 잎사귀는 여러 곳으로 방석처럼 쭉쭉 뻗쳐 납니다. 번식력이 좋아 여름이면 마치 비행접시 수십 대가 연못 물에 총출동한 것 같습니다.

마름 잎사귀를 가만히 보세요. 어찌 보면 세모꼴, 어찌 보면 마름모꼴, 어찌 보면 탐스런 꽃봉오리, 어찌 보면 크리스마스트리 같

—
마름은 잎이 마름모꼴 같다 하여 이름 붙었다.

습니다. 가장자리는 톱니 모양으로 삐죽삐죽 파여 개성미가 넘칩니다. 보는 관점에 따라 생김새가 다르니 이름 붙이는 것도 애매했을 터. 그런데 제 눈에는 영락없는 마름모꼴입니다. 아마도 처음 '마름'이라고 이름 붙인 사람의 눈에도 잎사귀가 마름모꼴로 보였나 봅니다. 마름모꼴 같다 해서 '마름'이라 부르니 이름치고는 참 쉽습니다.

한여름, 연못 한가운데에 피어나는 마름꽃은 참 깨끗합니다. 자그마한 꽃이 마름 잎겨드랑이에서 피어나 물 위에 떠 있는 모습은 청초하기까지 합니다. 하얀 꽃잎 4장, 노란 수술 4개, 수술 한가운데에 암술 1개가 삐죽이 올라와 있습니다. 마름은 연못에나 가야 만날 수 있지만 알고 보니 사람과 참 친했습니다. 여름에 꽃을 피운 뒤 열매를 맺는데, 그 열매는 맛이 밤처럼 고소하고 맛있어 예전에는 사람들의 단골 군것질거리였지요. 오죽하면 열매를 물에서 나는 밤 '물밤'이라고 불렀을까요.

물을 밀어내는
잎사귀

마름은 물에서 살다 보니 땅 위에서 사는 식물과 좀 다릅니다. 식물도 숨을 쉽니다. 숨을 쉬려면 숨구멍이 있어야 하지요. 대개 식물은 잎사귀 뒷면에 입술 같은 숨구멍(공변세포)이 있습니다. 그런데 물속에 사는 풀은 숨구멍이 잎사귀 윗면에 있습니다. 가만히

생각해 보면 당연한 일이지요. 숨구멍이 잎사귀 아래에 있으면 숨
쉬기가 곤란합니다. 물론 물에도 산소가 녹아 있습니다(용존 산소).
물속에서 숨을 쉬려면, 즉 물속에서 산소를 얻으려면 특별한 장치
가 필요한데, 마름 잎에는 그런 것이 없습니다. 비록 지금은 없지
만 물에서 사니 아주 먼 훗날 언젠가는 생길지도 모릅니다.

마름 잎은 절대 물속으로 빠지지 않습니다. 왜 그럴까요? 마름
잎줄기 덕분이지요. 잎줄기는 알통이 밴 다리처럼 생겼습니다. 잎
줄기가 풍선처럼 부풀어 올라 물에 뜨니 자연히 줄기 끄트머리에
붙은 잎사귀도 물에 둥둥 뜹니다. 광합성을 해 영양분을 만들려니
햇빛을 이용하기 쉽게 물 위로 잎을 내민 거지요. 또 잎줄기를 사
방팔방으로 내뻗다 보니 잎사귀들이 방사 대칭형으로 균형을 잡고

마름 잎은 왁스층과
키틴질로 만들어져
표피가 윤이 난다.
—

떠 있어 물에 빠질 염려가 없습니다.

또 잎사귀는 물에 젖지 않습니다. 잎 표피는 왁스층과 키틴질로 만들어져 반짝반짝 광택이 납니다. 왁스층과 키틴질 덕분에 잎 속에 들어 있는 물이 증발되지 않고, 강렬한 햇빛도 막고, 세균이나 곰팡이 같은 병균도 막을 수 있습니다. 특히 왁스층은 기름기가 많은 지질이어서 물을 무척 싫어합니다. 그래서 물과 섞이지도 않고, 물에 녹지도 않고 되레 빗방울이나 연못 물이 잎에 튀면 물방울을 미끄러뜨립니다. 한마디로 물방울과 왁스층은 원수지간이지요.

물 위의 집
마름 잎에 사는 일본잎벌레

햇빛 받아 반짝이는 마름 잎에 푹 빠져 감상하고 있는데, 잎사귀 위에서 작은 벌레들이 꼬물꼬물 움직입니다. 한두 마리가 아니라 잎사귀마다 많이 모여 있습니다. 저런, 일본잎벌레가 마름 잎 위에 살림을 차렸군요. 고요한 연못 물을 뒤덮은 마름 잎사귀 위는 온통 일본잎벌레 세상입니다. 일본잎벌레의 족보는 딱정벌레목 가문의 잎벌레과 집안입니다. '잎벌레'란 이름은 식물 잎사귀를 먹고 산다고 해서 붙여졌습니다.

일본잎벌레 어른벌레가 마름 잎 위에 한가롭게 앉아 몸단장을 하며 망중한을 즐깁니다. 앞다리 발목마디로 길쭉한 더듬이를 쓰다듬기도 하고, 주둥이로 앞다리 발목마디를 쓰다듬기도 하면서

몸 구석구석을 손질합니다. 더듬이와 다리털 같은 데에 감각기가 몰려 있어 늘 깨끗하게 손질해야 합니다.

일본잎벌레는 어쩌다 우리 땅에 살면서도 '일본'이란 이름을 달게 되었을까요? 녀석이 처음 발견된 곳은 일본이었습니다. 그래서 학명(정식 명칭)이 'Galerucella nipponensis(갈레루셀라 니포넨시스)'입니다. 이름에 지명이나 국명이 들어가는 경우는 허다합니다. 그런데 나중에 우리 땅에서도 녀석이 사는 것이 확인되었습니다. 그래서 한국 이름(국명)을 지어 줬는데, 아무 생각 없이 학명에 있는 '일본'을 그대로 따왔지요. 조금만 신경을 썼더라면 훨씬 예쁜 이름을 지었을 텐데, 참 아쉽습니다.

일본잎벌레 어른벌레는 몸길이가 6밀리미터 정도입니다. 몸집은 작지만 생긴 것은 말쑥한 신사 같고, 몸매는 길쭉한 게 늘씬합니다. 온몸이 짙은 회색빛으로 점잖으며, 딱지날개 가장자리를 주황빛으로 빙 둘러 나름 멋을 냈습니다. 더듬이는 도톰한 실 모양으로 11마디로 이루어졌는데, 실에다 네모나고 길쭉한 더듬이 마디들을 촘촘히 꿰어 놓은 것 같습니다.

연못 위에서 마름 잎사귀 하나에 몸을 맡기고 살아가는 일본잎벌레를 보면 감탄이 절로 나옵니다. 아무리 커 봤자 안경알만 한 마름 잎사귀 하나에 여러 마리가 함께 있는 경우가 자주 눈에 띄어, 보고 있으면 마치 곤충계의 '보트 피플(boat people)'처럼 느껴지지요.

짝짓기와
페로몬

일본잎벌레 어른벌레의 눈에는 마름 잎이 운동장만큼 넓어 보이
나 봅니다. 뭐에 홀린 것처럼 마름 잎을 돌아다니는군요. 잎을 벗
어나면 바로 물이니 물속으로 뛰어들지는 못하고 장돌뱅이처럼 마
름 잎에서 몇 바퀴를 돕니다. 그러더니 갑자기 폴짝 날아 바로 옆
에 있는 잎사귀로 옮겨 갑니다. 그런데 이게 웬걸? 그 잎사귀 위에
서는 일본잎벌레 한 쌍이 사랑을 나누고 있습니다. 녀석이 안절부
절못하고 돌아다닌 이유가 있군요. 가까운 곳에서 풍겨 오는 암컷
의 성페로몬 냄새에 이끌려 작은 잎사귀 위에서 암컷을 찾아다닌
거였지요.

녀석은 염치 불구하고 이미 사랑에 빠진 신랑의 등 위에 올라탑
니다. 신랑은 갑자기 나타난 수컷에 화들짝 놀라 뒷다리를 뻗어 밀

짝짓기하는 일본잎
벌레들. 뒤늦게 다
른 수컷이 찾아왔다.

어냅니다. 하지만 뒤늦게 나타난 수컷도 신부를 차지하려고 신랑 몸을 자꾸 밀어냅니다. 신랑도 절대로 물러서지 않고 수컷을 큰턱으로 물어뜯습니다. 등 위에서 두 녀석이 옥신각신 난리를 쳐도 신부는 태평하게 마름 위에 엎드려 꼼짝도 안 합니다. 결국 수컷이 신랑의 완강한 힘에 밀려나 마름 잎 위를 홀로 서성입니다. 영락없는 '닭 쫓던 개' 신세입니다.

　수컷은 어딘가 혼자 있을 암컷을 찾아갈 것이지 하필이면 짝짓기 하고 있는 신부를 찾아온 것일까요? 그 까닭은 짝짓기를 위해 암컷이 내뿜은 성페로몬 때문입니다. 페로몬(pheromone)은 곤충이 자기 몸속에서 만들어 몸 밖으로 내뿜는 화학 물질인데, 이 화학 물질에선 냄새가 납니다. 이 냄새는 곤충들의 중요한 통신 수단입니다. 일본잎벌레 암컷은 짝짓기할 때가 되면 수컷이 찾아오도록 성페로몬을 풍깁니다. 성페로몬은 암컷과 수컷을 만날 수 있게 도와주는 중매쟁이인 셈이지요. 성페로몬 물질이 공기에 섞여 떠다니다 수컷 더듬이에 있는 감각 기관에 포착되면 수컷은 가까운 곳에 암컷이 있다는 것을 알아채고 본능적으로 암컷을 찾기 시작합니다. 아무래도 성페로몬을 내뿜은 암컷과 가장 가까운 곳에 있는 수컷이 가장 빨리 암컷을 찾습니다. 암컷이 가장 먼저 찾아온 수컷이 맘에 들어 짝짓기를 해도 암컷이 내뿜은 성페로몬 냄새는 공기 중에 남아 있지요. 그래서 뒤늦게 도착하는 수컷이 있게 마련입니다. 이 녀석도 본능적으로 암컷을 찾아왔기 때문에 암컷이 이미 짝짓기를 하고 있어도 막무가내입니다. 하지만 자연 세계에선 힘이 본능도 자제시키나 봅니다. 짝짓기 중인 신랑이 밀리지 않고 버티자 한발 늦게 도착한 수컷이 어쩔 수 없이 밀려나니 말이지요.

황금알 낳는
엄마 일본잎벌레

일본잎벌레 알들이
나란히 붙어 있다.

짝짓기를 마친 일본잎벌레 암컷은 죽기 전에 마지막으로 해야 할 일이 남았습니다. 바로 알 낳는 일입니다. 어미는 멀리 갈 필요도 없이 곧바로 마름 잎사귀 위에다 배 끝을 댑니다. 배 꽁무니를 움찔움찔하자 알 하나가 서서히 나오다가 어느 순간 쏙 빠져나옵니다. 주황빛이 부드럽게 흐르는 동그란 알이네요. 알 표면을 확대해서 보면 알 전체를 송곳으로 정성 들여 하나하나 콕콕 찍어 만든 조각 작품 같습니다. 아름다운 작품을 보는 것 같아 감탄이 절로 나옵니다.

어미는 알 하나를 낳더니 약간 몸을 움직여 먼저 낳은 알 옆에다 배 끝을 대고 또 움찔움찔합니다. 알이 천천히 나오다 쏘옥 빠져나옵니다. 또 옆으로 살짝 움직여 움찔움찔. 또 알이 천천히 나오다 쏘옥 빠져나옵니다. 황금알을 낳는 거위처럼 계속 알이 나옵니다. 그렇게 차례차례 낳은 알이 무려 스무 개가 넘네요. 배 끝에 눈이 달렸는지 장독대에 올려놓은 항아리처럼 줄 맞춰 알을 가지런히 낳습니다. 놀랍게도 알이 나올 때마다 산란관 옆 부속샘에서 아교 물질이 분비됩니다. 아교 물질 덕분에 알들이 잎사귀에 잘 달라붙고, 또 알들끼리도 떨어지지 않고 잘 붙어 있습니다. 잎에도, 알들도 이렇게 붙여 놔야 비바람이 불어도 알이 잎에서 떨어지지 않고 잘 버틸 수 있지요. 알을 다 낳은 엄마 일본잎벌레는 힘이 빠져 맥을 못 추고 비실거립니다. 며칠도 채 버티기 힘들 것 같습니다. 그래도 튼튼한 알을 잘 낳았으니 할 일을 무사히 마쳤습니다.

일본잎벌레 알들은
물에 젖어도 잘 떨
어지지 않는다.

마름 잎 위에서
가족 모임

엄마 일본잎벌레가 알을 낳은 지 7일째 되는 날입니다. 드디어 알에서 애벌레가 깨어납니다. 애벌레가 하도 작아서 맨눈으론 보일락 말락 합니다. 다행히도 태어난 곳이 식당이다 보니 멀리 갈 필요도 없이 앉아서 먹기만 하면 됩니다. 녀석은 잎살을 살살 갉아 먹습니다. 한 어미가 낳은 알인데도 애벌레들이 조금씩 시차를 두고 깨어납니다. 애벌레들은 알에서 꼬물꼬물 기어 나와 각자 마음에 드는 곳에 가서 잎사귀를 먹습니다. 한곳에 모두 모여 먹지는 않지만 멀리 가 봤자 같은 잎사귀 안이니 몇 마리씩 모여 식사하는 것처럼 보입니다. 아직은 큰턱이 약해 와작와작 썹어 먹지 못하고 부드러운 잎살만 살살 갉아 먹습니다. 쉬고 자는 시간만 빼고 마름 잎을 먹기 때문에 녀석들이 먹어 치운 잎사귀는 곰보처럼 구멍이 뻥뻥 뚫렸습니다. 잎맥은 너무 질겨서 못 먹고 부드러운 잎살만 먹다 보니 어쩔 수 없이 잎에 구멍이 납니다.

그런데 이게 웬일일까요? 어떤 잎사귀 하나에는 여러 세대의 일본잎벌레가 열 마리도 넘게 모여 있습니다. 동그란 알, 거무칙칙한 애벌레, 샛노란 번데기, 말쑥한 어른벌레까지. 곤충 세계에서 이런 장면을 보기란 무척 힘듭니다. 일부러 연출하려 해도 안 되는 광경을 보다니 오늘은 제대로 복 받은 날입니다. 잎사귀 한 귀퉁이엔 스무 개도 넘는 알들이 모여 있고, 한가운데는 애벌레가 밥을 먹고 있고, 또 한 귀퉁이에선 번데기가 껌처럼 딱 붙어 있고, 그 사이를 일본잎벌레 어른벌레가 걸어 다닙니다. 그야말로 버글버글합니다.

마름 잎을 먹는 일
본잎벌레 애벌레

여러 마리의 엄마 일본잎벌레들이 저마다 다른 시기에 알을 낳았기 때문에 이렇게 여러 세대가 한 잎에 살고 있다고 생각됩니다. 모두 서로를 방해하지 않고 저마다 자기 자리를 잘 지키고 있습니다. 그들 틈에서 한 녀석이 허물을 벗고 있습니다. 머리 뒷부분과 등 쪽에 나 있는 탈피선이 갈라지면서 샛노란 머리가 쏘옥 나옵니다. 피부가 얼마나 투명한지 속이 다 비칩니다. 몸을 꿈틀거릴 때마다 허물 속에서 새 몸이 천천히 빠져나옵니다. 어린 것이 얼마나 힘들까? 다 빠져나온 녀석은 허물을 벗느라 안간힘을 썼는지 가만히 잎 위에 앉아서 쉽니다. 새로 나온 몸은 아직 덜 굳어 말랑말랑합니다. 시간이 지나면서 피부는 굳고, 색깔도 진하게 바뀝니다. 녀석이 허물을 벗든 말든 다른 애벌레들은 아무런 관심이 없는 듯 오로지 먹기만 합니다.

보기 드물게
어여쁜 번데기

애벌레가 된 지 벌써 20일이 지났습니다. 그런데 그동안 게걸스럽게 먹던 녀석이 통 먹지를 않습니다. 이제 번데기로 탈바꿈할 때가 된 것이지요. 녀석은 몸속에서 번데기 피부가 될 새살이 돋아날 때까지 가만히 쉬며 기다려야 합니다. 먹는 것을 딱 끊고 이틀을 보낸 녀석이 서서히 움직입니다. 배 끝에서 분비물을 내어 자기 배꽁무니를 마름 잎 위에 단단히 동여맵니다. 비바람이 쳐도 잎에서

일본잎벌레 애벌레
허물벗기

떨어지지 않도록 하기 위해서지요. 그러고는 애벌레 때 입었던 옷
을 벗습니다. 탈피선이 갈라지면서 번데기가 나오기 시작합니다.

　재미있게도 땅 위에서 사는 잎벌레 가운데 버들잎벌레도 번데기
를 만들 때 배 꽁무니를 버드나무 줄기에 동여맵니다. 일본잎벌레
와 버들잎벌레는 잎벌레과 집안 식구로 먼 조상이 같다 보니 습성
이 비슷한 것 같습니다. 그러고 보니 무당벌레도 번데기를 만들 때
배 꽁무니를 잎사귀나 나무줄기 같은 지지대에 꽁꽁 매는군요.

　곤충 세계에서 배 꽁무니를 식물에 매다는 종류는 많지 않지만
그래도 제법 찾아볼 수 있습니다. 거의 모든 곤충이 잎 뒷면이나
땅속에 번데기를 만드는데 일본잎벌레는 대담하게도 잎 앞면에 만
드네요. 마름 잎이 물 위에 떠 있다 보니 천적 눈에 띄어도 어쩔 수
가 없습니다. 물이 닿는 잎 뒷면에 번데기를 만들면 숨을 쉬지 못

해 죽을 수도 있으니까요. 일본잎벌레는 엄연한 땅살이 곤충이어서 물속에 녹아 있는 산소를 이용할 호흡 기관이 아직까지는 없습니다. 연못에도 녀석을 노리는 천적이 많지만 그래도 땅 위에 있을 때보다는 적어 안전한 편입니다. 거의 모든 포식성 곤충들은 물 위에서 살 수가 없으니까요.

선명한 주황빛 번데기가 참 아름답습니다. 마치 투명한 보석을 보는 것 같습니다. 마름 잎이 물결에 흔들릴 때마다 덩달아 번데기도 흔들립니다. 어디선지 애소금쟁이 한 마리가 날아와 번데기 옆에 앉습니다. 그러자 몸을 엎드리고 있던 번데기가 느닷없이 시체가 벌떡 일어나듯 몸을 번쩍 곧추세웁니다. 그러곤 다시 잎 위에 납작 엎드립니다. 몇 번을 일어섰다 엎드렸다 하네요. 마치 윗몸일으키기 선수 같습니다. 그 모습이 얼마나 귀엽던지 킥킥대며 웃습니다. 멋모르고 마름 잎에 앉았던 애소금쟁이가 번데기의 갑작스런 몸짓에 놀라 후다닥 날아서 도망갑니다. 번데기는 천적이 나타

일본잎벌레는 마름 잎 위에 번데기를 만든다.

나도 도망치지 못하니 엎드려 있던 몸이라도 번쩍 일으켜 천적을
겁주는 작전이 통했습니다. 아무런 힘도 없는 녀석이 살아남으려
고 몸부림치는 것 같아 안쓰럽기만 합니다.

겨울잠 자는
어른벌레

번데기가 된 지 일주일이 지났습니다. 거뭇거뭇하게 바뀐 번데
기에서 일본잎벌레 어른벌레가 나옵니다. 날개돋이한 어른벌레는
몸 빛깔이 노랗고 몸매는 군더더기 없이 매끈해 얼마나 예쁜지 모
릅니다. 녀석의 피부는 아직 굳어지지 않아 말랑말랑합니다. 이때
는 만지면 피부가 푹 들어가기 때문에 건드리면 안 됩니다. 점차
시간이 지나면서 녀석의 피부는 단단하게 굳습니다. 몸속에 있는
색소 세포(색소 알갱이를 가지고 있는 세포)에서 멜라닌 색소가 분비
되면서 호박 같은 노란색도 점차 짙은 회색으로 바뀝니다. 이런 현
상을 '경화'라고 합니다. 물론 경화되기 전까지 대부분 녀석들은
잎 위에서 쉽니다.

일본잎벌레는 어른벌레가 되어도 마름 잎을 먹고 삽니다. 그러
고 보니 마름 잎은 하루도 편할 날이 없습니다. 일본잎벌레 애벌레
한테도 뜯어 먹히고, 어른벌레한테도 뜯어 먹힙니다. 그래도 마름
은 부지런히 꽃을 피워 열매를 맺습니다. 날씨가 추워져 마름 잎이
서서히 시들어 가면 일본잎벌레 어른벌레는 물가 땅 둘레에 있는

덤불이나 가랑잎 속에 들어가 겨울을 납니다. 이듬해 봄이 되어 마름 잎이 새로 돋아나면 일본잎벌레도 겨울잠에서 깨어나 마름 잎에 몸을 싣습니다. 몇 해 전 3월에 충남 태안군 신두리 해안 사구 지역 근처에 있는 두웅 습지를 간 적이 있습니다. 습지 보호 지역인 두웅 습지 산책길을 걷다가 연못 둘레에 있는 풀숲에서 백 마리도 넘는 일본잎벌레와 우연히 만났는데, 얼마나 기뻤는지 모릅니다. 아직도 무사히 그리고 건강하게 무리를 이루며 살아 있던 거지요. 고마워서 한없이 박수를 쳤습니다.

그러고 보니 일본잎벌레는 한살이 가운데 대부분을 물에서 사는군요. 하지만 일본잎벌레는 잎벌레과 집안의 뿌리잎벌레류처럼 물속에 녹아 있는 산소를 이용하지 못합니다. 사는 곳은 물 위지만 물속에서 살도록 호흡 체계가 발달되지 않아 아직은 엄연히 땅살이 곤충입니다. 그러면 땅 위에서 자라는 식물들도 있는데 왜 굳이 연못에 사는 식물을 먹고 살까요? 아마도 땅 위에서 사는 다른 초식 곤충들과의 먹이 경쟁을 피하려고 수생 식물로 이사 온 것으로 여겨집니다. 물속은 아무래도 특수한 환경이어서 땅 위보다는 경쟁자가 적을 것이기 때문이지요. 그렇다고 일본잎벌레는 완전히 물속에 적응한 것도 아니어서 주로 연못 물에 떠 있는 식물들 위에서 둥지를 틉니다. 특히 일본잎벌레 어른벌레는 날개가 있어 물 가장자리에 사는 풀숲으로 날아가 그곳에서 추운 겨울을 납니다. 그리고 이듬해 봄이 되면 물 위에 떠 있는 마름 잎으로 날아가 알을 낳으며 한살이를 시작합니다.

일본잎벌레가 날개돋이한 뒤 번데기 허물만 남았다.

일본잎벌레와
딸기잎벌레는 형제지간

일본잎벌레 어른벌레는 아무리 봐도 사촌뻘인 딸기잎벌레와 너무 닮아 헛갈립니다. 우리나라에 사는 딸기잎벌레과 집안 딸기잎벌레아속(*Galerucella*) 식구는 달랑 일본잎벌레와 딸기잎벌레 2종뿐입니다. 사람으로 치면 형제 같은 피붙이나 다름없으니 오죽이나 닮았을까요. 그래도 자세히 보면 좀 다른 점이 있습니다. 일본잎벌레의 앞가슴등판은 가운데 부분이 가장 넓고, 딸기잎벌레의 앞가슴등판은 앞부분(머리 쪽)이 가장 넓습니다. 또 어깨 부분이 다르게 생겼습니다. 딱지날개의 앞 가장자리 부분으로, 머리 쪽 딱지날개 가장자리를 말하는데 일본잎벌레의 어깨 가장자리는 살짝 울퉁불퉁하고, 딸기잎벌레의 어깨 가장자리는 울퉁불퉁하지 않고 매

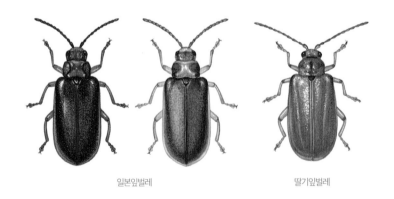

일본잎벌레   딸기잎벌레

딸기잎벌레

끈합니다. 그리고 딱지날개의 가장자리 빛깔이 일본잎벌레는 선명
한 주황빛을 띠고 주황빛 선이 굵습니다. 하지만 딸기잎벌레의 딱
지날개 가장자리는 거무스름한 주황빛을 띠고 주황빛 선이 있는
둥 마는 둥 가느다랗습니다. 7~10번째 더듬이를 현미경으로 자세
히 보면 각 마디 길이가 일본잎벌레보다 딸기잎벌레가 0.5배쯤 조
금 더 깁니다.

먹는 식물도 조금 다릅니다. 딸기잎벌레는 먹성이 좋아 많은 식
물을 좋아합니다. 딸기를 비롯해 소리쟁이, 여뀌류, 고마리, 쑥갓
같은 풀들도 즐겨 먹습니다. 딸기잎벌레에 비해서 일본잎벌레는
먹성이 좀 까다로워 마름, 순채를 즐겨 먹고, 때에 따라 눈여뀌바
늘과 쉽싸리 따위도 먹습니다.

개모시풀과

큰멋쟁이나비

큰멋쟁이나비 5령 애벌레

큰멋쟁이나비 5령 애벌레가
개모시풀에 매달려 있습니다.

초록빛 물이 살랑살랑 춤추며 여유롭게 흐르는 섬진강입니다.

참 고즈넉합니다.

섬진강이 바라다 보이는 시골집 어귀 풀밭엔

풀들이 아무렇게 자라고 있습니다.

키가 커 풀 같지 않은 풀들이 눈에 띕니다.

모시풀과 사촌뻘인 '개모시풀'이 수두룩하군요.

그런데 이게 웬일인가요?

거북꼬리 줄기에 '잎사귀 송편'이 주렁주렁 매달려 있군요!

손바닥만 한 잎사귀를 반달처럼 접어 만들었습니다.

누가 개모시풀 잎사귀로 송편을 다 빚었을까요?

이름도 멋진 '큰멋쟁이나비 애벌레'입니다.

수컷

수컷 옆모습

암컷

큰멋쟁이나비

이 꼭지는 나비목 네빌나비과 좋인 큰멋쟁이나비(*Vanessa indica*)와
먹이식물인 개모시풀 이야기입니다.

모시풀 닮은
개모시풀

　개모시풀은 사람하고 참으로 친한 풀입니다. 담벼락 아래 빈 땅
에서도 살고, 밭둑에서도 살고, 산기슭 풀밭에서도 삽니다. 너무 흔
하다 보니 개모시풀이 어떻게 생겼는지 자세히 모르는 사람들이
많습니다.

　개모시풀 잎사귀는 넓은 달걀 모양이거나 둥근 모양으로 매우
큰 편입니다. 기다란 잎자루에 달린 잎사귀는 어린아이 손바닥만
하지요. 잎 한가운데 굵직하게 나 있는 주맥뿐 아니라 둘레에 있는
잎맥들도 거미줄이 얽힌 것처럼 선명하게 나 있습니다. 잎맥이 그
물처럼 얽혀 있다고 '망상맥'이라 하는데, 언뜻 보면 엄청 억세 보
입니다. 잎사귀 가장자리는 커다란 톱니처럼 생겼는데, 잎 끝 쪽으
로 갈수록 톱니 모양이 커져 끝부분은 세 갈래로 갈라집니다.

개모시풀은 꽃은 피지만 예쁘지 않고, 잎은 무성하지만 맛도 없어 나물로 무쳐 먹지도 못합니다. 매력이라곤 눈곱만큼도 없습니다. 하지만 그것은 사람들 생각일 뿐, 녀석은 봄이 되면 우리나라 골골샅샅에서 싹을 틔워 잘도 자랍니다.

'세모시 옥색치마, 금박 물린 저 댕기가' 이 노랫말을 아시나요? 모시풀은 모시옷의 재료여서 옛 어른들은 아주 귀하게 여겼습니다. 개모시풀은 그런 모시풀과 너무도 닮았습니다. 식물과 동물 가운데, 이름의 맨 앞에 '개' 자가 붙은 종류가 꽤 됩니다. 어떤 종과 비슷하긴 한데 어딘가 다를 때 '개' 자를 붙이지요. 개나리도 '개' 자가 붙은 꽃입니다. 개나리꽃을 언뜻 보면 나리꽃을 닮았습니다. 그렇다고 똑같지는 않고 어딘가 다릅니다. 그래서 '개나리'라고 이름을 붙였지요. 마찬가지로 개모시풀도 모시풀과 많이 닮았지만 잎 모양이나 털 같은 것이 좀 달라 '개' 자가 붙었습니다. 요즘 말로 풀이하면 '짝퉁' 모시풀인 셈이지요.

바람아
세계 불어 다오

여름입니다. 개모시풀은 잎겨드랑이에서 꽃을 피웁니다. 재미있게도 암꽃은 줄기 위쪽에, 수꽃은 줄기 아래쪽에 따로따로 핍니다. 한 지붕 두 가족인 셈이지요. 그런데 꽃이 마치 풀 줄기처럼 생겨 도무지 꽃 같지가 않습니다. 막대기 같은 기다란 꽃대 하나에 여러 송이가 이어달리기하듯이 차례차례 매달려 있습니다. 이런 꽃차례를 '이삭꽃차례'라 합니다.

아무리 뜯어봐도 개모시풀 꽃은 볼품이 없습니다. 빛깔이 화려하지도 않고, 꽃이 크지 않습니다. 게다가 암꽃과 수꽃이 따로 피니 곤충 눈에 잘 안 띕니다. 수꽃에는 꽃잎이 없습니다. 대신에 꽃잎 역할을 하는 화피가 4장 붙어 있고, 그 안쪽에 수술 4개가 있습니다. '화피'는 꽃잎인지 꽃받침인지 구별이 안 될 때 쓰는 말인데요, 암꽃은 이런 화피 통에 싸여 있습니다.

꽃이 피면 곤충들이 모여들기 마련인데 개모시풀 꽃에는 곤충이 거의 얼씬거리지 않습니다. 그만한 데는 다 까닭이 있습니다. 개모시풀은 꽃 같지 않은 꽃을 피워 놓고 바람을 기다립니다. 꽃가루가 불어오는 바람을 타고 이리저리 떠돌다가 암술을 만나면 되니까요. 그래서 암꽃은 바람에 실려 오는 꽃가루를 잘 붙잡으려고 줄기 위쪽에서 핍니다. 그리고 개모시풀은 수꽃을 될 수 있는 한 많이 만들어 꽃가루가 바람에 많이 날리게 합니다. 중매 곤충을 불러들이면 꽃가루받이가 훨씬 더 잘 되겠지만, 그렇게 하려면 비용이 훨씬 많이 듭니다. 눈에 띄는 색깔의 꽃잎을 만들어야 하고, 꽃꿀도 만들어야 하고, 꿀 안내판도 있어야 합니다. 개모시풀은 그런 '꽃의 조건'을 가진 꽃 대신 수수한 꽃을 피웁니다.

개모시풀은 여러해살이풀입니다. 여러해살이풀이란 줄기와 잎이 시들어도 땅속에 뿌리나 뿌리줄기가 살아 있어 해마다 새로운 줄기와 잎이 돋아나는 식물입니다. 결국 개모시풀은 뿌리로도 번식을 한다는 얘기입니다. 개모시풀은 암꽃과 수꽃을 피워 씨앗을 맺는 동시에 뿌리도 계속 뻗어 나가 봄이 되면 싹을 틔웁니다. 뿌리에서 틔운 싹은 부모 세대와 유전자가 똑같습니다. 이렇게 유전자가 똑같으면 유전자 다양성이 떨어져 급격한 환경 변화가 일어났을 때 적응하기가 무척 어렵습니다. 그래서 개모시풀은 뿌리 번식뿐 아니라 암꽃과 수꽃을 피워 씨앗으로도 번식을 해 유전자 다양성을 확보합니다.

개모시풀 잎에
세 들어 사는 곤충들

개모시풀 꽃에는 곤충이 잘 모여들지 않지만, 잎사귀에는 여러 곤충들이 찾아옵니다. 개모시풀은 새싹이 날 때부터 단풍이 들 때까지 자기 잎사귀를 초식 곤충에게 아낌없이 내어 줍니다. 큰멋쟁

거꾸로여덟팔나비
애벌레

이나비 애벌레, 거꾸로여덟팔나비 애벌레, 암청색줄무늬밤나방 애벌레, 느릅나무혹거위벌레 어른벌레와 애벌레, 뒷노랑수염나방 애벌레처럼 딸린 식구가 한둘이 아닙니다. 특히나 큰멋쟁이나비 애벌레는 봄부터 가을까지 아예 개모시풀에 터를 잡고 안주인 행세를 합니다. 물론 이들은 개모시풀뿐만 아니라 개모시풀이 속해 있는 쐐기풀과 식물을 먹이식물로 삼습니다. 다행히 개모시풀은 풀치고는 키가 훌쩍 커 햇빛을 충분히 차지하기 때문에 광합성을 왕성히 해 잎사귀를 계속 만들어 냅니다.

멋 부린
어른 큰멋쟁이나비

봄입니다. 봄꽃이 소나기가 쏟아지듯 한꺼번에 피어나면 곤충들은 신이 납니다. 특히 겨울잠을 자던 나비들이 죄다 나와 나풀나풀 춤추며 봄꽃에 몰려듭니다. 나비들 가운데 어른벌레로 겨울잠을 자는 경우는 손에 꼽을 만큼 드뭅니다. 예로 네발나비, 뿔나비, 작은멋쟁이나비, 큰멋쟁이나비, 청띠신선나비, 멧노랑나비, 각시멧노랑나비, 남방노랑나비 같은 나비가 있습니다. 그 가운데 큰멋쟁이나비도 이른 봄부터 꽃을 찾아 풀밭을 날아다닙니다. 사실 지난해에 겨울잠을 자기 시작한 나비들 가운데 겨울을 잘 버티고 살아남은 나비들은 그리 많지 않습니다. 큰멋쟁이나비도 마찬가집니다. 녀석은 햇볕에 몸을 데우느라 잠시 풀잎에, 돌 위에 앉아 쉽니

다. 덕분에 녀석의 몸을 찬찬히 들여다봅니다.

큰멋쟁이나비는 몸빛이 화려합니다. 재밌게도 날개의 윗면과 아랫면 색깔이 다르군요. 날개를 활짝 펼쳤을 때 날개 윗면은 까만 바탕에 화사한 주황색 무늬로 잔뜩 멋을 부렸습니다. 날개를 접었을 때 날개 아랫면은 기묘한 무늬와 세련된 색깔이 정말 멋집니다. 날개 윗면이나 아랫면의 알록달록한 색깔은 천적을 따돌리려고 보호색을 띤 것입니다. 둘레 환경과 색깔이 비슷하니 녀석이 꽃이나 잎사귀 위에 앉아 있어도 천적이 눈치채지 못합니다. 날개를 펴면 길이가 6센티미터나 될 만큼 몸집이 큽니다. 그래서 '큰멋쟁이나비'란 이름이 붙었습니다. 참 쉽고 괜찮은 이름입니다.

큰멋쟁이나비와 꽃꿀

큰멋쟁이나비 어른벌레는 입틀이 가느다란 빨대 모양이어서 액체로 된 꽃꿀이나 즙만 먹습니다. 그래서 꽃이란 꽃은 가리지 않고 다 찾아다니며 꽃꿀을 빨아 먹습니다. 마침 녀석이 노란 서양민들레 꽃 위로 날아옵니다. 커다란 꽃차례에 성큼 앉더니 기다란 빨대 주둥이를 머리에서 쏙 뺍니다. 또르르 말렸던 주둥이를 눈 깜짝할 사이에 곧게 펼치면서 꽃 속으로 쑤욱 찔러 넣습니다. 참 길군요. 녀석은 머리를 아래로 내렸다가 위로 들었다 되풀이하면서 꿀을 빨아 먹습니다.

꽃꿀을 빨아 먹는 빨대 주둥이는 어떻게 생겨났을까요? 우선 곤충의 주둥이에 대해 조금 알아봅시다. 곤충의 주둥이를 전문 용어로 입틀(mouthpart, 구기)이라고 합니다. 곤충의 입틀은 다섯 부분이 모여 만들어졌습니다. 윗입술, 아랫입술, 큰턱 한 쌍, 작은턱 한 쌍, 혀입니다. 이렇게 다섯 부분으로 구성된 입틀은 곤충 입틀의 기본형으로, 딱딱한 먹이를 씹어 먹기에 안성맞춤입니다. 하지만 중생대 말쯤, 꽃 피는 식물이 지구 곳곳에 널리 퍼지면서 꽃꿀을 먹는 나비류가 점점 많아졌습니다. 녀석들이 꽃꿀을 즐겨 먹다 보니 액체를 빨아들일 수 있는 입틀을 가져야 꿀을 많이 먹을 수 있습니다. 점차 나비류의 입틀이 빨대 모양으로 바뀌기 시작합니다. 큰턱 한 쌍은 아예 퇴화해 버리거나 흔적만 남았습니다. 작은턱수염을 포함한 작은턱은 모양이 길게 바뀌어 빨대 주둥이가 되었습

큰멋쟁이나비 어른
벌레 얼굴

니다. 작은턱을 구성하던 외엽 한 쌍이 서로 마주 붙었는데, 마주 붙으면서 그 사이에 빈 통로(관)가 생겼습니다. 그 통로로 액체인 꽃꿀을 빨아 마실 수 있게 되었습니다. 빨대 주둥이는 나비류가 꽃꿀을 조금이라도 더 먹으려고 오랜 세월에 걸쳐 입틀이 꽃꿀을 빨아 먹기에 알맞게 바뀐 것입니다.

개모시풀 찾아 삼만 리

큰멋쟁이나비 어른벌레는 꽃을 옮겨 다니며 꿀을 먹다가 운이 좋으면 맘에 드는 짝을 만나 짝짓기도 합니다. 짝짓기를 마친 암컷은 알을 낳아야지요. 암컷은 아무 풀에다 알을 낳지 않습니다. 새끼들이 아무 풀이나 먹지 않기 때문에 엄마는 새끼들이 먹는 풀을 찾으러 날아다닙니다. 녀석이 모시물통이 잎에 앉더니 금세 날아오릅니다. 먹잇감 번지수를 잘못 찾은 거지요. 엄마가 찾는 풀은 개모시풀입니다. 엄마는 더듬이를 휘휘 저으며 개모시풀에서 풍기는 냄새를 찾아서 이리저리 날아다닙니다. 다행히 애벌레는 개모시풀의 친척 풀도 먹습니다. 모시풀, 거북꼬리, 좀깨잎나무, 느릅나무 잎사귀까지 먹습니다. 애벌레가 먹는 식물이 제법 많지요? 큰멋쟁이나비 애벌레는 쐐기풀과 집안 식구면 다 먹습니다. 그래서 큰멋쟁이나비 어른벌레는 개모시풀을 비롯해 쐐기풀과 식물의 냄새만 나면 종류를 가리지 않고 바로 내려앉습니다. 잎사귀 뒷면에 배

끝을 대고 알을 낳는데, 대개 오래된 억센 잎에는 낳지 않고 새로
나온 연한 잎에 알을 낳습니다. 새로 나온 잎은 아무래도 독성도
적고 잎살도 부드러워 어린 애벌레가 먹기에 좋기 때문입니다.

큰멋쟁이나비 엄마는 개모시풀 향기를 어떻게 맡을까요? 공기
중에 떠도는 개모시풀 냄새 물질을 더듬이로 휘휘 저어서 맡습니
다. 때때로 몸에 붙은 털도 개모시풀 냄새를 맡는 데 거들기도 합
니다. 향기에 끌려 잎사귀에 도착하면 앞다리의 털 감각기로 맛을
보기도 합니다.

알고 보면 개모시풀이 내는 향기는 '내 몸엔 독이 있으니 먹지
마!' 하는 경고입니다. 초식 동물들이 잎사귀를 뜯어 먹으니 방어
하기 위해 스스로 몸에 독을 만든 것입니다. 그런데 큰멋쟁이나비

큰멋쟁이나비 애벌
레는 개모시풀과 천
적뻘인 거북꼬리 잎
도 먹는다.

는 개모시풀이 내는 독 물질 냄새(쐐기풀과 식물의 냄새)에 이끌려 개모시풀을 찾아갑니다. 개모시풀 독 냄새가 일종의 유인제 역할을 하는 것이죠.

개모시풀의 줄기와 잎사귀를 보세요. 가느다란 털이 빼곡히 나 있습니다. 개모시풀은 독 물질을 만들기에 앞서 털을 먼저 만들어 줄기와 잎에 달았습니다. 그런데 까칠까칠한 털이 있는데도 초식 곤충들은 계속 잎사귀를 먹었을 것입니다. 그래서 개모시풀은 더 강력한 방어제인 독 물질을 줄기와 잎에 모으기에 이르렀지요. 작전은 성공해서 거의 모든 초식 곤충들이 개모시풀을 더 이상 먹지 않게 되었습니다. 그런데 유독 큰멋쟁이나비 애벌레는 꿋꿋하게 먹고 또 먹어 독에 대한 내성을 키워 나갔지요. 그래서 현재 큰멋

쟁이나비 애벌레들은 개모시풀 잎을 아무리 많이 먹어도 아무 탈
도 안 납니다. 결국 개모시풀의 독 물질은 큰멋쟁이나비 애벌레의
'식욕 자극제'가 된 셈입니다.

집 짓는
큰멋쟁이나비 애벌레

큰멋쟁이나비가 개모시풀 잎에 낳은 알에서 애벌레가 깨어납니
다. 애벌레는 모두 4번 허물을 벗고 번데기가 되는데, 그동안 개모
시풀 잎사귀에 머물며 끊임없이 잎을 먹습니다.

그런데 놀라운 일이 벌어집니다. 글쎄, 그 어린 애벌레가 집을
다 짓습니다. 큰멋쟁이나비 애벌레는 맨몸을 드러내 놓고 잎사귀
를 먹지 않기 때문입니다. 2센티미터쯤 되는 작은 애벌레 한 마리
가 어른 손바닥만 한 개모시풀 잎사귀 위를 돌아다닙니다. 한 번
허물을 벗은 2령 애벌레로 보이네요. 잎이 제 몸의 백 배가 넘을 정
도로 크니 마치 넓은 운동장을 아기가 아장아장 기어 다니는 것 같
습니다.

녀석이 잎자루 쪽에서 멈춥니다. 잎자루 쪽이 조금 움푹 들어가
있군요. 녀석은 잎자루를 마주 바라보고 잎맥 위에 자리를 잡더니
왕복 달리기라도 하듯이 머리를 양옆으로 흔들기 시작합니다. 꼬
리다리 1쌍과 배다리 4쌍은 잎에 딱 붙이고, 가슴다리 6개는 공중
에 붕 떠 있습니다. 머리를 왼쪽 오른쪽으로 왔다 갔다 할 때마다

가슴 부분까지 따라 움직입니다. 뭐하는 걸까요? 아, 입에서 하얀
명주실이 나오는군요. 명주실은 거미줄보다 더 가늘어 눈을 부릅
뜨고 봐야 보입니다. 머리를 왼쪽으로 돌려 잎사귀에 명주실을 붙
이고, 그런 다음 머리를 오른쪽으로 돌려 잎사귀에 명주실을 붙이
고, 이것을 수십 번, 아니 수백 번도 넘게 되풀이합니다.

한 10분쯤 지났을까? 드디어 옴폭 파인 잎자루 쪽에 잎사귀 좌
우를 이은 명주실 뭉치가 생겼고, 잎사귀가 약간 오므라들었습니
다. 기초 공사가 끝났습니다. 이제 애벌레는 약간 뒷걸음질해 꼬리
다리만 잎에 붙이고 몸을 쭉 뻗어 잎사귀 왼쪽 가장자리 쪽에 명주
실을 토합니다. 그러곤 재빠르게 오른쪽으로 몸을 틀어 잎사귀 오
른쪽 가장자리 쪽에 명주실을 토합니다. 그렇게 왼쪽 오른쪽으로
머리를 왔다 갔다 하며 명주실을 토하니까 양쪽 잎 가장자리가 점
점 가까워지면서 마침내 붙어 버립니다. 애벌레가 잎자루 쪽부터
잎 끄트머리까지 뒷걸음질하며 끊임없이 되풀이해 손바닥만 한 잎
사귀가 송편처럼 접혀집니다. 드디어 개모시풀 송편 집 완성!

큰멋쟁이나비 애벌레가 집 한 채를 짓는 데 세 시간도 넘게 걸렸
습니다. 애벌레는 잎 가장자리를 붙이되 1센티미터쯤 사이를 띄우
고 한 땀 한 땀 바느질하듯 듬성듬성 붙였습니다. 일종의 '개구멍'
같은 것이 생겼네요. 녀석은 아무도 모르게 송편 집 속에 숨어 살
고, 한 번씩 몸을 집 밖으로 빼내 잎 식사를 하기 때문에 집을 풀로
붙이듯 완전히 붙일 필요가 없습니다.

애벌레가 만든
송편 집

큰멋쟁이나비 2령
애벌레가 명주실로
엮어 만든 송편 집

큰멋쟁이나비 애벌레가 집을 다 지었습니다. 녀석은 이제 마음 놓고 식사만 하면 됩니다. 집 안에 있으니 새나 쌍살벌, 거미 같은 포식자도 녀석을 잘 찾지 못합니다. 녀석은 대궐같이 커다란 잎사귀 집 귀퉁이에서부터 밥을 먹기 시작합니다. 그러니까 잎으로 만든 집이 곧 녀석의 밥입니다. 큰턱으로 잎살을 한 입씩 베어 씹어 먹습니다. 큰턱이 튼튼해서 주맥만 빼고 가느다란 잎맥까지도 씹어 먹을 수 있습니다. 녀석이 밥 먹을 때 집을 건드리면 동작을 딱 멈춰 버립니다. 그리고 3~4분쯤 지나면 다시 만찬을 즐깁니다. 어떤 때는 간이 배 밖으로 나왔는지 듬성듬성 뚫린 개구멍으로 몸을 내밀어 자기 집 옆에 있는 잎을 먹기도 합니다. 녀석은 똥도 집 안에다 쌉니다. 그리고 보니 집은 식당이자, 휴게실이자, 화장실이군요.

애벌레는 식욕이 왕성한 대식가입니다. 하루 이틀 지나면 송편 집에 구멍이 뻥뻥 납니다. 앙상한 잎맥과 잎만 조금 남고 구멍이 뻥뻥 뚫려 밖이 다 보이는 남루한 집으로 바뀌었습니다. 집을 먹어 치웠으니 또 집을 지어야지요. 녀석은 낡은 집을 버리고 바로 옆 싱싱한 잎으로 이사를 가 새 집을 짓습니다. 연장이라고는 큰턱, 가슴다리, 질긴 명주실뿐입니다. 녀석은 또 공들여 몇 시간 동안 명주실을 토해 잎을 접어 집을 짓습니다. 명주실은 정말 신기합니다. 퍼내고 또 퍼내도 마르지 않는 샘물처럼 실이 나오니 말입니다.

큰멋쟁이나비 3령
애벌레가 거북꼬리
잎으로 만든 집 안
에 똥을 싸 놓았다.

개모시풀 잎으로 만든 큰멋쟁이나비 애벌레 집

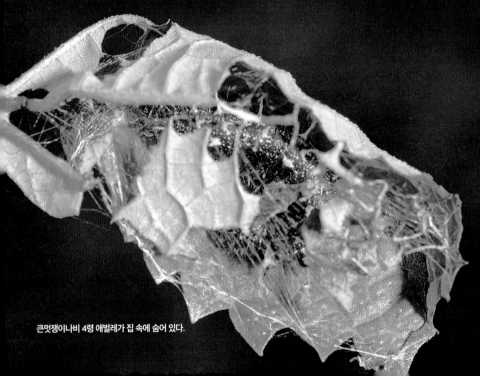

큰멋쟁이나비 4령 애벌레가 집 속에 숨어 있다.

큰멋쟁이나비 4령 애벌레는
집 속에서 먹고 자고 똥을 싼다.

큰멋쟁이나비 애벌레가 이사 가고 남은 집.
개모시풀 잎맥과 똥만 남아 있다.

애벌레는 늘 집 속에 숨어 지내니 여간해선 보기 힘듭니다. 송편 집을 살짝 열어 보니 집 한가운데에 가만히 앉아 있군요. 녀석의 몸은 온통 털투성이입니다. 어째 털들이 예사롭지 않습니다. 무시무시한 털 돌기가 등과 옆구리에 쫙 깔렸습니다. 노란 털 돌기에는 뻣뻣한 센털이 듬성듬성 박혀 있어 보기만 해도 겁이 납니다. 슬그머니 만져 보니 정말 까칠까칠합니다. 문득 독나방처럼 독을 품고 있을까 봐 얼른 손을 뗍니다. 실은 녀석에겐 독이 없습니다. 그저 쐐기털 같은 것을 달고서 독이 많은 것처럼 위장해 '나 독 있으니 먹지 마.' 하고 천적에게 경고할 뿐입니다.

재미있게도 녀석의 몸빛과 털 색깔은 두 가지 종류입니다. 노란 녀석도 있고, 까만 녀석도 있습니다. 눈에 띄는 20마리 가운데 5마리는 노란색이고, 15마리는 까만색이네요. 혹시나 다른 종인가 싶어 노란 녀석과 까만 녀석 둘 다 연구실로 데려와 키웠습니다. 역시 노란 녀석도 까만 녀석도 모두 큰멋쟁이나비로 날개돋이를 했습니다.

거꾸로 매달린 번데기

큰멋쟁이나비 애벌레는 모두 4번 허물을 벗으면서 무럭무럭 자랍니다. 어느 날 녀석이 밥을 거부합니다. 왕성한 식욕은 어디로 갔는지 먹지도 않고, 움직이지도 않습니다. 그저 집 안 한구석에

꼼짝 않고 앉아 있습니다. 시간이 가면서 점점 몸도 쪼그라들고 피부도 탄력이 없어집니다. 번데기가 되기 바로 전인 '전용 단계'이군요. 지금은 번데기가 되려고 몸속에서 변화가 일어나고 있는 중입니다.

그렇게 시름시름 앓듯이 이틀 동안 힘없이 지내더니 드디어 녀석이 꾸물댑니다. 머리를 배 끝부분까지 구부리고 입에서 명주실을 토해 잎사귀에 배 끝을 엮습니다. 다 엮은 다음 몸을 쭉 펴 잎사귀에 거꾸로 매달립니다. 이런 번데기 모습을 '수용'이라고 합니다. 거꾸로 대롱대롱 매달려 쉬더니 다시 몸을 움찔움찔하군요. 그러자 머리에서 배 쪽까지 나 있는 탈피선이 갈라집니다. 애벌레 시절의 피부가 차츰 벗겨지고 서서히 번데기 몸이 나옵니다. 드디어 털보 애벌레가 매끈한 번데기로 탈바꿈했군요. 허물이 배 끝에 얌전히 붙어 있습니다. 허물은 머리 쪽에서 배 끝 쪽으로 벗기 때문에 배 끝에 허물이 붙어 있습니다. 나중에 번데기가 움직여서든 아님 바람이 불어서든 허물이 배 끝에서 떨어집니다.

번데기는 어른벌레로 날개돋이할 때까지 거꾸로 매달려 살아갑니다. 특이하게도 번데기의 몸이 하얀 분가루를 뿌려 놓은 것처럼 희뿌옇군요. 번데기는 돌아다닐 수는 없지만, 건드리면 배 부분을 요동치듯 흔듭니다. 오른쪽으로, 왼쪽으로 세차게 흔들어 적을 놀라게 해 내쫓으려는 것이죠.

열흘쯤 지나자 번데기 피부를 통해 알록달록한 날개가 보입니

1|2|3

1. 큰멋쟁이나비 전용 단계. 거꾸로 매달려 번데기가 될 준비를 하고 있다.
2. 큰멋쟁이나비 번데기 머리쪽과 등 쪽에 세로로 난 탈피선이 뚜렷하게 보인다.
3. 큰멋쟁이나비 번데기 허물

다. 곧 어른벌레가 되려나 봅니다. 새벽이 되자 번데기의 등 쪽에 나 있는 탈피선이 갈라지면서 머리와 등이 나오고 이어서 화려한 날개가 나옵니다. 번데기에서 갓 빠져나온 날개는 휴지를 꼬깃꼬 깃 구겨 놓은 것 같습니다. 몸이 다 빠져나오고 5분쯤 지나자 날개 가 쫙 펴집니다. 그러더니 별안간 '피똥'을 쌉니다. 이슬방울보다 큰 물똥은 주홍색인데 참 영롱하네요. 한 번도 아니고 여러 번 힘 차게 싸대니 바닥은 금세 붉은 물방울로 얼룩집니다. 물똥은 왜 쌀 까요? 번데기 시절에도 물질대사가 일어나 몸속에 배설물이 생기 기 때문에 날개돋이한 뒤 배설물을 다 빼내는 것입니다. 그러면 몸 이 가벼워서 잘 날 수 있으니까요.

큰멋쟁이나비의 한살이는 일 년에 적게는 두 번 많게는 네 번쯤 돌아갑니다. 겨울만 빼고 봄부터 가을까지 대를 이어 가지요. 세대 가 참 빠르게 교체되는 만큼 변화무쌍한 환경에 적응하며 살아갈 수 있도록 유전자 다양성이 점점 커지겠지요.

구릿대와

산호랑나비

구릿대
구릿대가 길옆에 무성히 피었습니다.

8월 중순입니다. 오대산 자락, 진고개 옆구리 길을 따라
노인봉 쪽으로 올라갑니다. 산등성이 길이 마치 오솔길처럼 오붓합니다.
촉감 좋은 흙길을 걷다 보니 넓은 초원이 펼쳐집니다.
하늘과 초록빛 땅이 맞닿고 바람이 초원을 가로질러 불어옵니다.
아, 장대합니다. 초원 여기저기에선 하얀 불꽃놀이가 펼쳐져
축제가 열렸습니다. 불꽃놀이의 주인공은 미나리과 꽃들.
수백 송이 아니 수천 송이도 넘는 하얀 꽃들이
팝콘처럼 펑펑 터지고 있습니다.
어찌 이리도 많이 피었을까. 어수리와 참당귀만 겨우겨우 알아봅니다.
나머지 꽃들은 아무리 봐도 이름이 생각나지 않습니다.
식물 이름이야 어떻든 작고 하얀 꽃들 위에서
곤충들이 날았다 앉았다 하며 즐겁게 식사를 합니다.
그 틈에 아기 손가락만큼 큰 애벌레도 끼어 있습니다.
화려하고 예쁜 옷을 입어 눈에 확 띄는 산호랑나비 애벌레입니다.

수컷

수컷 옆모습   암컷

산호랑나비

이 꼭지는 나비목 호랑나비과 종인 산호랑나비(*Papilio machaon*)와
먹이식물인 구릿대 이야기입니다.

미나리과 식물의 꽃차례는 우산 모양

    미나리과(산형과) 풀들은 대부분 여름부터 가을까지 꽃이 핍니다. 이즈음에 산과 들에 나가면 미나리과 꽃이 쫙 깔렸습니다. 미나리과 꽃들은 종류가 하도 많아 미나리과 집안 식구란 것만 눈치챌 뿐 이름을 모르니 참 갑갑합니다. 정말이지 종류가 그리 많은 꽃이 또 있을까요? 궁궁이, 벌사상자, 왜당귀, 참당귀, 어수리, 미나리, 기름나물, 고본, 천궁, 개구릿대, 구릿대, 방풍, 왜방풍, 누룩치라고 불리는 왜우산풀까지 산과 들에 나가면 헷갈려 멀미가 날 지경입니다. 미나리과 식물의 꽃은 거의 하얀색입니다. 작디작은 꽃들은 우산살처럼 생긴 꽃자루에 달려 꼬마 우산 꽃을 만들고, 꼬마 우산 꽃은 함께 모여 좀 더 큰 우산 꽃을 만들고, 그 우산 꽃은 또 모여 아주 큰 우산 꽃을 만듭니다(겹산형꽃차례). 꽃 핀 모습이 우

왜당귀 꽃이 우산 모양으로 풍성하게 피었다.

산처럼 생겼다 해서 한자말로 '산형화서(산형꽃차례)'라고 하는데, '산형화서'란 어려운 한자말 대신에 순수 우리말인 '우산꽃차례'라 부르면 더 이해하기 쉽습니다.

수술이 먼저 피고
암술은 나중에 피고

구릿대는 산호랑나비 애벌레한테 시달려도 여름부터 가을까지 하얀 꽃을 피웁니다. 작은 꽃 한 송이가 피어 있는 시간은 일주일 정도지만 다른 꽃들이 이어서 계속 피기 때문에 한 달 이상 꽃을 볼 수 있습니다. 구릿대는 '암수한그루'라 꽃 한 송이에 암술과 수술이 같이 핍니다. 같은 꽃에 암술과 수술이 함께 있다 보니 남매 사이에 꽃가루받이가 될지도 모릅니다. 그래서 구릿대 꽃은 '수술 먼저, 암술 나중' 작전을 펼칩니다. 먼저 성숙한 수술의 꽃가루가 모두 떨어져 버리면 수술은 시들고, 뒤이어 암술이 성숙합니다. 건강한 자손을 남기기 위한 극적인 드라마가 아닐 수 없습니다.

하지만 곤충들은 구릿대의 자가 수분 방지 노력에 아무런 관심이 없습니다. 그저 꽃가루와 꽃꿀에만 관심이 있을 뿐입니다. 다행히 구릿대 꽃은 우산 모양으로 활짝 펼쳐져 있고, 수백 송이가 모여 있어 곤충들에게 인기가 가장 좋습니다. 하늘을 바라보며 핀 꽃들이 넓은 비행장 같은 꽃방석을 만들어 곤충들이 쉽게 착륙하고 이륙할 수 있습니다. 그러니 구릿대 꽃이 피었다는 소문을 듣고 여기저기서 많은 곤충들이 찾아옵니다. 먹을 것이 넉넉하니 각자의 주둥이 생김새에 맞게 꽃꿀과 꽃가루를 먹으면 됩니다.

호랑꽃무지가 넓은
산형꽃차례에 앉아
짝짓기하고 있다.

구릿대 꽃에 모인
곤충

    한 시간 동안 구릿대 꽃 앞에 서서 모여든 곤충들을 세어 봤습니다. 30종류나 되다니! 구릿대 꽃에 웬만한 가을 곤충은 다 모여 곤충 반상회가 열린 것 같습니다. 꽃등에류는 꽃가루를 핥아 먹고, 꿀벌은 꽃꿀도 따고 꽃가루도 모으고, 빨대 모양 주둥이를 가진 나비들은 꽃꿀을 들이마시고, 침 같은 주둥이를 가진 노린재류들은 꽃 즙을 들이마시고, 나방 애벌레는 꽃을 통째로 씹어 먹고, 하늘소, 풍뎅이, 꽃무지처럼 몸이 무거운 딱정벌레목 가문 식구들은 꽃가루를 씹거나 핥아 먹습니다.

    운동장처럼 넓은 구릿대 꽃차례에는 역시 꽃등에류가 가장 많군요. 가장 흔한 꽃등에, 날개가 멋진 어리대모꽃등에, 꼬마꽃등에, 호리꽃등에 같은 곤충들이 찾아왔습니다. 꽃등에 한 마리가 우산

같은 꽃차례에 휙 날아와 꽃가루를 핥아 먹고 날아가자 또 다른 꽃
등에류가 날아옵니다. 몸집이 크고 색동옷 무늬가 너무도 화사한
노랑배수중다리꽃등에는 아무리 봐도 예쁩니다. 녀석은 주춤거리
다가 두툼한 주둥이를 쑥 빼내 꽃가루를 쓱쓱 핥아 먹습니다. 살짝
부는 바람에도 깜짝 놀라 도망갔다가 다시 돌아와 꽃가루 밥을 먹
습니다. 물론 꽃가루 밥을 먹는 동안 녀석들의 보송보송한 몸털에
는 꽃가루가 달라붙습니다. 꽃등에류 말고도 기생파리류와 검정파
리류도 날아와 꽃가루 식사 자리에 끼어듭니다.

　꽃 한가운데에 엉덩이가 무거운 딱정벌레목 식구들이 퍼질러 앉
아 꽃가루를 먹고 있군요. 참콩풍뎅이, 검정꽃무지, 풀색꽃무지, 아
리따운 새색시 같은 붉은산꽃하늘소, 수컷 몸이 검은 수검은산꽃
하늘소, 물방울무늬 날개옷을 입은 알통다리꽃하늘소, 색동 바지
입은 노랑띠하늘소, 벼룩처럼 잘 튀는 점날개잎벌레와 꽃벼룩류
같은 곤충들이 찾아왔습니다. 다들 다른 꽃으로 날아가 중매는 하

알통다리꽃하늘소

아무르하늘소붙이

녹색하늘소붙이

옆검은산꽃하늘소

붉은산꽃하늘소

검정테광방아벌레

불개미붙이

노랑띠하늘소

지 않고 죽치고 앉아 꽃가루만 축내고 있습니다. 녀석들은 딱지날
개가 무거워 날아다니는 것보다 앉아 있는 것이 훨씬 편합니다. 더
구나 진수성찬까지 차려져 있는데 천적이 나타나는 위험한 상황이
닥치지 않는 한 다른 곳으로 밥 먹으러 날아갈 필요가 없습니다.
천국이 따로 없군요. 그런데 구릿대 속이 까맣게 타들어 가는 줄도
모르고 한술 더 뜹니다. 죽치고 앉아 먹는 것도 모자라 짝짓기까지
하는군요. 눈치 없는 참콩풍뎅이 부부와 노랑띠하늘소 부부가 푹
신한 구릿대 꽃 침대에서 사랑을 나누고 있습니다. 신부는 짝짓기
를 하면서도 꽃에 주둥이를 묻고 꽃가루를 먹습니다.

거기다 터줏대감 홍줄노린재까지 날아와 꽃과 열매에 침같이 뾰
족하고 가느다란 주둥이를 꽂고 생즙을 빨아 먹는군요. 중매할 생
각은 않고 말이죠. 홍줄노린재는 주둥이 특성상 꽃가루는 안 먹고
꽃 즙, 잎사귀 즙, 줄기 즙 같은 식물 즙을 먹기 때문에 한자리에 머
무는 시간도 길어서 꽃가루가 몸에 묻을 가능성도 적습니다.

다행히 네발나비 여러 마리가 날아와 구릿대 꽃 위에 앉아 몸에
꽃가루를 묻히며 빨대 주둥이로 꽃꿀을 빨아 먹습니다. 이에 질세
라 남방부전나비도 날아오고, 멋쟁이나비류와 줄점팔랑나비도 날
아와 몸에 묻혀 온 꽃가루를 암술머리에 떨어뜨리고 있군요.

벌들도 많습니다. 꿀벌, 감탕벌류, 배벌류, 꼬마꽃벌류, 뒤영벌류,
나나니까지 웬만한 벌들은 다 모였습니다. 날았다 앉았다, 날았다
앉았다 하며 모두들 꿀을 마시고, 꽃가루를 모으느라 정신이 없습
니다. 딱정벌레목 가문 식구들 때문에 애가 탔던 구릿대는 최고의
중매쟁이인 벌들이 부지런히 날아오니 얼마나 좋은지 모릅니다.

그때 좀말벌이 부-웅 날아옵니다. 순간 구릿대 꽃 위는 호떡집

에 불난 것처럼 부산합니다. 꽃가루를 핥아 먹던 꽃등에들이 화들짝 놀라 날아오르고, 똥파리도 놀라 날아가고, 꿀벌도 겁에 질려 날아오르고, 날렵한 노랑띠하늘소도 무거운 날개를 펼쳐 날아가고, 콩풍뎅이는 꽃 아래로 뚝 떨어집니다. 좀말벌은 꽃에 매달려 꽃꿀을 먹기 시작합니다. 배가 많이 고팠는지 꽃꿀과 꽃가루를 먹습니다. 기특하게도 그리 심하게 텃세를 부리지는 않습니다. 조금 지나자 곤충들이 슬금슬금 다시 구릿대 꽃을 찾아와도 위협을 하지 않습니다.

뛰는 놈 위에 나는 놈이 있다고 꽃게거미가 꽃들 사이에 숨어 꽃가루를 먹으러 온 곤충들을 기다리고 있습니다. 아, 저쪽에는 밑들이류가 힘없는 곤충들이 오고 가는 길목에 앉아 있습니다. 억세게 운이 나쁜 곤충은 배고파서 날아왔다가 그만 거미나 밑들이류의 밥이 됩니다.

그렇게 구릿대 꽃에선 역동적인 드라마가 펼쳐집니다. 구릿대 꽃은 소우주입니다. 꽃 하나에 수많은 생명들이 살아남기 위해 자신만의 전략을 펼치며 깃들어 삽니다. 중매 곤충의 관심을 끌기 위한 꽃의 전략, 꽃이 차려 준 진수성찬을 먹으려는 곤충의 전략, 그 곤충을 잡아먹으려는 거미 같은 포식자의 전략……. 자그마한 공간이지만 팽팽한 긴장감이 돕니다. 긴장을 잠시라도 늦추었다간 쥐도 새도 모르게 도태될지도 모르는 자연 세계. 그것이 숨 막히게 돌아가는 생태계 풍경입니다. 그들만의 방식대로 살아가는 법칙은 사람 머리로는 해석이 잘 안 됩니다. 그들이 살아가는 방식을 두고 어느 누구도 감히 감 놔라 대추 놔라 하며 끼어들 수 없습니다.

허베꽃등에

파리류

꽃버룩류

나나니

산호랑나비 어른벌레의
꽃 사랑

산호랑나비 어른벌레가 풀밭을 시원스럽게 날아다닙니다. 한 바퀴를 휘 돌고 오는가 싶더니 또 저만큼 날아가 풀잎 위에 앉습니다. 그러다 다시 또 되돌아 날아옵니다. 마치 자기 영토에 누가 왔는지 지켜보는 것 같습니다(나비들은 대부분 자기가 돌아다니는 길이 정해져 있습니다. 이 길을 '접도'라고 하는데, 나비들이 날아다니며 텃세를 부리는 것으로 추정하고 있습니다). 그것도 잠시, 녀석은 배가 고픈지 꽃을 찾아 날아갑니다. 녀석의 밥은 꽃꿀. 그러니 꽃이란 꽃은 다 찾아다니며 꽃꿀을 먹습니다. 분홍색 털부처꽃에 앉아 꿀을 먹던 녀석이 인기척에 놀라 날아오르더니 뚝갈 꽃으로 날아갑니다. 녀석은 발이 꽃에 닿자마자 자디잔 꽃들을 여섯 다리로 꼭 움켜쥐며 우산 모양 꽃차례에 매달립니다. 가녀린 꽃줄기가 휘청거립니다. 녀석은 돌돌 말린 빨대 주둥이를 쏘옥 빼 작은 꽃 속에 넣고 꿀을 빨아 마십니다. 뚝갈 꽃이 하도 작아 꿀이 적다 보니 연신 꽂았던 빨대를 빼서 옆 꽃에 넣고, 또 쏘옥 빼서 그 옆 꽃에 넣는군요.

녀석은 날개를 옆으로 활짝 폈다 접었다 하며 꽃꿀 식사를 합니다. 날개 색은 참 화려하고 산뜻합니다. 까만 바탕에 노란 줄무늬가 선명해 언뜻 보면 호랑나비와 많이 닮았습니다. 하지만 산호랑나비와 호랑나비는 날개 무늬가 살짝 다릅니다. 앞날개를 보세요. 앞날개의 위쪽에는 가로로 길게 누운 방이 있는데, 그 방을 전문 용어로 '가운데 방(중실)'이라고 합니다. 산호랑나비의 '가운데 방'에는 세로무늬만 있고, 호랑나비의 '가운데 방'에는 세로무늬와 가

로무늬가 다 있습니다. 찬찬히 들여다보면 구별할 수 있습니다.

이렇게 녀석의 생김새가 호랑나비와 비슷하다 보니 산호랑나비란 이름이 붙었습니다. 산에서 사는 호랑나비란 뜻이지요. 그렇다고 녀석이 꼭 산에서만 사는 것은 아니고 꽃과 풀이 무성한 풀밭에서도 삽니다. 북녘에서는 호랑나비를 '범나비'라고 부르고, 산호랑나비를 '노랑무늬범나비'라고 부릅니다. 부르면 부를수록 참 어감이 따뜻한 이름입니다.

산호랑나비 어른벌레는 풀밭을 누비며 이 꽃 저 꽃 하나하나 찾아가 꽃꿀을 빨아 먹습니다. 어른벌레가 해야 할 일은 알을 낳는 일입니다. 튼튼한 알을 낳으려면 영양분을 많이 먹고 몸보신을 해야 합니다. 꽃꿀을 실컷 마시다가 맘에 드는 짝이라도 만나면 짝짓기를 합니다.

산호랑나비의 구릿대 찾기

짝짓기를 마친 엄마 산호랑나비는 새끼가 먹을 식물을 찾아 풀밭을 날아다닙니다. 미끄러지듯이 힘차게 내려와 식물을 스치기도 하고, 키가 큰 풀 둘레를 크게 빙빙 돌기도 하고, 먹이식물이 아닌 식물에 앉았다 얼른 날아오르기도 합니다.

엄마 산호랑나비가 새끼가 먹을 식물을 찾는 이유는 무엇일까요? 산호랑나비 어른벌레와 애벌레의 주둥이는 다르게 생겼습니

산호랑나비알

다. 그러니 먹이가 다르지요. 어른벌레는 입이 빨대 모양이어서 아무 꽃이든 가리지 않고 찾아가 꽃꿀을 빨아 먹습니다. 애벌레는 씹어 먹는 입이어서 잎사귀를 큰턱으로 쑹덩쑹덩 베어 씹어 먹습니다. 다만 애벌레는 편식을 해 모든 풀의 잎사귀를 먹는 게 아니라 먹이식물을 따로 정해 놓고 먹습니다.

산호랑나비 애벌레는 미나리과 식물을 먹습니다. 식탁에 오르는 미나리, 토끼가 좋아하는 당근, 한약재로 대접받는 당귀, 사람 키보다도 훌쩍 큰 구릿대, 미나리 사촌 큰사상자, 갯방풍, 기름나물 들입니다. 미나리과 식물이 주식이라면 운향과 식물인 탱자나무나 백선 잎사귀는 가끔 먹는 부식입니다.

한참을 날아다니던 엄마가 드디어 구릿대 둘레를 집중적으로 납니다. 저만치 날아갔다가 구릿대로 날아와 앉고, 또 날아올랐다 다시 않고……. 여러 번 되풀이하더니 날개를 파르르 떨듯이 퍼덕이며 구릿대 잎사귀에 매달리듯 앉습니다. 앞다리, 더듬이, 배 꽁무니들로 정말 구릿대가 맞는지 냄새를 맡고 맛을 봅니다. 혹시나 실수해서 엉뚱한 풀에 알을 낳으면 알에서 깨어난 애벌레가 굶주려 죽을 수도 있으니까요. 산호랑나비의 앞다리며 더듬이며 배 끝에는 맛 감각기가 있어 먹이식물을 잘 찾을 수 있습니다.

구릿대라는 것을 확인했나 봅니다. 배 꽁무니를 길게 늘여 잎에 댑니다. 눈 깜짝할 사이에 알 하나를 낳고 금세 날아갑니다. 그러고는 3분도 채 되지 않아 처음 알을 낳았던 구릿대로 날아와 잎사귀에 매달려 번갯불에 콩 볶아 먹듯이 잽싸게 알 하나를 낳고 또 날아갑니다. 이렇게 엄마는 알을 하나씩 하나씩 구릿대 잎사귀에 낳아 붙입니다.

구릿대의 독 물질은 식욕 촉진제

엄마 산호랑나비는 어떻게 애벌레 밥인 구릿대를 찾아낼까요? 구릿대가 풍기는 냄새를 맡고 찾아옵니다. 구릿대에서 나는 냄새는 독 물질 냄새입니다. 구릿대는 초식 동물에게 뜯어 먹히지 않으려고 방어 물질을 만드는데, 방어 물질에는 독이 듬뿍 들어 있어 그 독에 내성이 생기지 않은 초식 동물이 먹으면 소화가 안 되고, 토하고, 심지어 죽을 수도 있습니다.

재미있게도 그 독 물질 냄새는 향긋합니다. 독 물질의 성분은 뭘까요? 쿠마린(coumarin) 계열인 유기 화합물입니다. 쿠마린류에는 간단한 화합물 구조를 갖는 하이드록시쿠마린(hydroxycoumarin), 선형 쿠마린(linear coumarin), 굴절형 쿠마린(angular coumarin) 따위가 있습니다. 이들은 '미나리 무침'을 먹었을 때 나는 미나리과 식물들 특유의 독특하고 향긋한 냄새를 풍깁니다. 엄마 산호랑나비는 더듬이나 몸에 붙어 있는 털 같은 감각 기관을 모두 써서 구릿대에서 나는 쿠마린류 향기를 맡고 찾아온 것입니다. 물론 구릿대만 쿠마린류 독 물질을 품고 있는 건 아닙니다. 구릿대와 같은 집안 식구인 미나리, 당귀, 당근, 궁궁이, 방풍 같은 미나리과 식물들도 다 가지고 있지요.

그럼 구릿대의 독 물질이 산호랑나비 애벌레에게 해가 되지 않을까요? 애벌레는 오랜 진화 과정을 통해 구릿대의 독 물질에 내성이 생겨 아무런 해가 없습니다. 되레 독 물질은 식욕을 돋우는

방풍 꽃을 먹는 중
국별뚱보파리

섭식 자극제 또는 섭식 유인제 구실을 합니다. 산호랑나비 애벌레한테 식물을 먹는 일은 죽느냐 사느냐의 문제입니다. 식물에 독이 있든 없든 간에 뭐라도 먹어야 목숨을 유지하기 때문입니다. 하지만 애벌레가 모든 식물의 독성에 맞서기에는 역부족입니다. 그래서 오랜 세월 조상 대대로 미나리과 식물을 집중적으로 먹었을 것입니다. 그러는 사이 미나리과 식물이 만든 독 물질에 내성이 생겨 면역이 되고, 해독도 시켰을 것입니다. 현재까지 산호랑나비와 미나리과 식물의 공진화 결과는 산호랑나비가 승리했습니다.

쿠마린류 독성을 이겨 내는 곤충들

식물의 방어 물질은 곤충이 자기 먹이인지 아닌지 알아볼 수 있게 합니다. 미나리과 식물의 방어 물질인 쿠마린류 가운데 푸라노쿠마린(furanocoumarin)은 초식 곤충에게 치명적인 독입니다. 초식 곤충이 푸라노쿠마린을 먹고 햇빛에 노출되면 장님이 되거나 생리 현상에 문제를 일으키는 광독성 또는 빛독성(phototoxicity) 증상(광독성 물질이 피부에 닿았을 때 햇빛의 자외선과 작용해 일어나는 증상)이 생겨 결국 죽습니다. 쿠마린류 독성에 적응한 곤충은 윈뿔나방류, 창주둥이바구미류, 굴파리류, 과실파리류, 산호랑나비 같은 몇몇 종이 있습니다.

쿠마린류가 우리가 먹는 향긋한 미나리 따위에 들어 있다니 놀

바다나물 꽃을 먹고 있는 산호랑나비 4령 애벌레. 쿠마린류 독 물질에 내성이 생겼다. ——

랍습니다. 물론 인간은 쿠마린류에 아무런 해를 입지 않습니다. 적응을 한 것이지요.

쿠마린류는 미나리과 식물을 먹는 곤충들의 식욕을 돋우는 섭식 자극제이자 섭식 유인제입니다. 곤충은 멀리서도 이 냄새를 맡으면 밥인 줄 알고 찾아옵니다. 그뿐이 아닙니다. 어떤 곤충은 쿠마린류를 먹고 제 몸에 모아 두었다가 위험이 닥치면 눈 깜짝할 새 없이 내뿜어 천적을 위협합니다.

이렇게 곤충들이 식물을 공략한 세월은 상상을 뛰어넘는 긴 시간입니다. 곤충은 지구 역사상 오랜 기간 적응 과정을 거치면서 식물의 방어 물질을 자신이 좋아하는 향신료로, 화학 무기로 바꾼 것입니다.

꽃도 씹어 먹는
애벌레

산호랑나비가 알을 낳고 날아간 구릿대로 다가갑니다. 제 키보다 훌쩍 큰 구릿대 앞에 서서 잎사귀를 뒤적여 봅니다. 아, 있군요. 산호랑나비가 방금 낳은 알이 물기도 안 마른 채 잎사귀에 붙어 있습니다. 어쩌면 저리도 동그랄까? 조그만 공 같고 연노란색 매니큐어를 칠한 것처럼 반짝반짝 윤이 납니다.

시간이 지나면서 알은 점점 거무튀튀한 색으로 바뀝니다. 그러다 알 낳은 지 약 10일쯤 지나면 애벌레가 알에서 꼬물꼬물 깨어나 부화합니다. 갓 태어난 녀석은 자기가 깨고 나온 알 껍질을 사각사각 먹어 치웁니다. 알 껍질에 들어 있는 영양분도 섭취하고, 천적에게 들키지 않으려고 알 흔적을 없애는 것입니다. 그런 다음 곧바

산호랑나비 2령 애벌레는 새똥으로 변장해 몸을 지킨다.

로 구릿대 잎을 먹기 시작합니다.

갓 깨어난 애벌레는 커 봤자 3밀리미터 정도로 작습니다. 색깔과 모양은 새똥과 비슷합니다. 녀석이 하는 일이라곤 오로지 먹는 것뿐입니다. 큰턱으로 구릿대 잎 가장자리부터 한 입씩 베어 씹어 먹습니다. 몸이 커지면 허물을 벗고, 또 먹다가 몸이 커지면 허물을 벗고……. 그렇게 애벌레가 네 차례 허물을 벗으면 종령 애벌레인 5령 애벌레가 됩니다. 애벌레로 지내는 기간은 약 보름쯤 되는데, 1령에서 4령까지 기간이 일주일 정도이고, 5령 기간이 약 일주일 정도입니다.

몸집이 큰 5령 애벌레는 연한 구릿대 잎사귀를 성큼성큼 기어다니며 닥치는 대로 먹어 댑니다. 대식가인 데다 몸집까지 헤비급이다 보니 가늠할 수 없을 정도로 많은 양을 먹습니다. 그래서 다 큰 애벌레가 지나가면 잎사귀는 사라지고 잎줄기만 나무 꼬챙이처럼 남아 있습니다. 잎사귀를 다 먹어 치우고도 배가 고프면 꽃으로 기어 올라갑니다. '와, 꽃이다. 배고픈데 꽃도 먹어야지.' 녀석이 꽃자루에 꼭 매달려 꽃을 야금야금 통째로 씹어 먹습니다. 큰턱이 단단하고 튼튼하니 연약한 꽃을 씹어 먹는 것은 식은 죽 먹기죠. 대식가인 녀석이 꽃이란 꽃은 모두 먹어 치우니 구릿대는 앙상한 잎자루와 꽃자루만 남아 바람에 흔들거립니다.

산호랑나비는 일 년에 한살이가 두 번 돌아갑니다. 애벌레는 봄(1세대)과 여름(2세대)에 두 번 나오는데, 특히 여름에 나오는 2세대는 꽃을 즐겨 먹고, 꽃이 다 없어지면 잎사귀로 옮겨 와 잎을 먹습니다. 아무래도 미나리과 식물의 꽃이 여름부터 피기 때문인 것으로 여겨집니다.

변화무쌍한 애벌레의
몸 색깔

산호랑나비 3령 애벌레는 몸에 샛노란 점이 여러 개 있다.

산호랑나비 애벌레는 허물을 벗을 때마다 몸 색깔을 바꿉니다. 곤충계의 카멜레온이자 변신의 귀재이지요. 알에서 갓 태어났을 때는 까만색 피부에 하얀색 띠가 새겨져 있어 마치 새똥 같습니다. 그러다 허물을 벗고 2령 또는 3령 애벌레가 되면 까만색 피부에 샛노란 점들이 30개도 넘게 콕콕 찍혀 있습니다. 이때까지는 여전히 배 위에 하얀 띠를 허리띠처럼 차고 있습니다. 그러다 또 허물을 벗고 4령 애벌레가 되면 몰라보게 화려해집니다. 하얀 피부에 까만 무늬와 샛노란 무늬가 교대로 줄 맞춰 그려져 있습니다. 녀석은 마지막 허물을 벗고 5령 애벌레가 될 때 또 한 번 탈바꿈합니다. 하얀 피부는 온화한 연둣빛으로 바뀌고, 수십 개도 넘는 까맣고 노란 무늬는 한층 더 또렷해집니다. 참 아름답습니다.

녀석은 왜 변신을 자주 할까요? 다 자기 몸을 지키기 위해서입니다. 어렸을 때는 새똥 색과 비슷하게 변장합니다. 주변과 다른 모습이나 빛깔로 도드라지게 해서 몸을 지키는 전략입니다. 좀 더 자라면 잎사귀 색깔과 구별할 수 없게 위장을 합니다. 특히 다 자란 5령 애벌레가 되면 피부 색깔을 구릿대 잎사귀와 비슷하게 위장해서 천적을 헷갈리게 만듭니다. 자기 몸을 주변과 어울리게 치장해 천적을 속이는 전략으로, 말하자면 보호색을 띠는 것이지요. 초록빛 피부에 크고 작은 무늬를 찍어 놓아 피부의 초록빛을 분산시키는 분단색으로 천적의 눈을 교란시킵니다.

어디 이뿐인가요? 녀석한테는 또 다른 비장의 무기가 있습니다.

산호랑나비 4령 애벌레

산호랑나비 5령 애벌레

산호랑나비 애벌레
냄새뿔 나오는 과정
—

바로 냄새뿔(취각)입니다. 천적이 가까이 다가오면 머리에 있는 구멍 속에 숨겨 놓은 취각을 불쑥 밖으로 내밉니다. 고무풍선처럼 빵빵한 V자 모양의 취각이 갑자기 튀어나오니 개미나 새 같은 천적은 깜짝 놀라 떠납니다. 게다가 색깔까지 화사한 주황색이라 새들이 겁을 먹습니다. 또 냄새뿔에서 풍기는 냄새는 어떻고요. 냄새가 아주 고약해 새들이 도망갑니다. 사실 냄새뿔에서 나는 냄새는 독 물질 냄새입니다. 물론 그 독 물질은 먹이식물인 구릿대 속에 저장된 쿠마린류 방어 물질을 기본 원료로 하여 만든 것입니다. 잘못 건드렸다간 큰코다치니 알아서 피하는 새들이 영리할까요? 허세 부리며 으름장 놓는 산호랑나비 애벌레가 영리할까요? 물론 이렇게 자기 몸을 지키려 여러 전략을 써도 포식자에게 번번이 잡아먹힙니다. 그게 자연 생태계의 이치입니다.

번데기
시대

　드디어 산호랑나비 종령 애벌레가 먹는 일을 딱 멈추었습니다.
그 좋아하던 구릿대 잎은 쳐다보지도 않는 걸 보니 번데기가 되려
고 준비하는 것이지요. 녀석은 굼실굼실 천천히 기어 다니며 번데
기를 만들 아늑한 장소를 찾습니다. 그러는 와중에 수시로 몸속에
있는 똥과 오줌을 몸 밖으로 빼냅니다. 번데기로 지내는 동안 몸속
에 남은 분비물이나 똥오줌 때문에 몸이 썩을 수도 있으니까요.
　마음에 드는 장소를 찾았나 봅니다. 녀석은 풀 줄기에 자리를 잡
고선 자기 몸을 고정시키기 시작합니다. 풀 줄기에 매달린 채 머리

를 배 꽁무니 쪽으로 완전히 돌린 다음 아랫입술샘에서 나오는 명주실을 입으로 토해 배 꽁무니를 풀 줄기에 단단히 동여맵니다. 그런 다음 둘째 배다리 부분에 실을 휘휘 둘러 자기 몸을 풀 줄기에 꽁꽁 붙들어 맵니다. 몸을 매다느라 힘들었는지 풀 줄기에 매달린 채 잠시 쉽니다. 이제 녀석은 풀 줄기를 붙잡고 있던 배다리마저 미련 없이 놔 버리고 몸을 살짝 풀 줄기 바깥쪽으로 젖힌 채 조용히 번데기가 되기를 기다립니다.

몇 시간이 지난 뒤 녀석의 머리와 앞가슴등판에 나 있는 탈피선이 갈라지면서 번데기가 나옵니다. 아주 서서히 애벌레 옷을 벗습니다. 통통한 소시지 같던 몸이 감쪽같이 번데기로 바뀝니다. 번데기가 살짝 뒤쪽으로 젖힌 채 풀 줄기에 비스듬히 매달린 모습이 아

산호랑나비
번데기

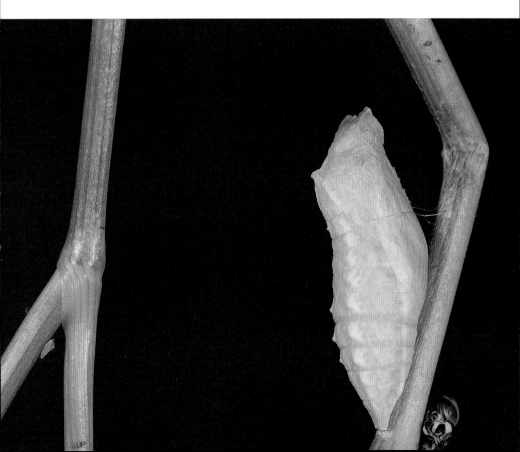

주 안정적이어서 비바람이 불고 눈보라가 쳐도 잘 버틸 수 있을 것 같습니다. 이런 모양의 번데기를 '대용'이라고 합니다.

한번은 명주실이 얼마나 질긴지 알아보려고 풀 줄기에서 번데기를 떼어 내려고 잡아당겨 봤습니다. 명주실이 끊어지기는커녕 되레 제 손가락이 아플 정도였습니다. 명주실이 질기기가 쇠심줄 저리 가라입니다.

산호랑나비는 일 년에 두 차례 이상 한살이를 하기 때문에 번데기로 지내는 기간은 계절마다 다릅니다. 봄에 활동하는 1세대 번데기에선 3주쯤 뒤에 어른벌레로 날개돋이합니다. 반면에 여름에 활동하는 2세대 번데기는 추운 겨울 내내 겨울잠을 잔 뒤 이듬해 봄에 어른벌레로 날개돋이합니다.

목화와

목화명나방

목화솜

목화 열매가 벌어지고
부푼 솜뭉치가 모습을 드러냈습니다.

얼마 전 경상북도 청도에 있는 비슬산에 갔습니다.

내려오는 길에 산자락 근처에

자그마한 집을 짓고 사는 지인을 찾았습니다.

저 멀리 겹겹이 쌓인 산봉우리들이 부드럽게 솟아 있어

집 앉음새가 참 아늑합니다.

그런데 마당 한쪽에 말끔한 텃밭이 있군요.

오이, 고추, 가지, 상추 같은 채소가 가득한데 얼마나 정갈한지

집주인의 부지런한 티가 넘쳐 납니다.

아, 그런데 목화꽃이 다 피었군요. 아기 주먹만 한 목화꽃이

꽃줄기에 주렁주렁 매달려 피어 있으니 볼만합니다.

웬 목화를 다 심었냐고 여쭤보니 언젠가 태어날 손주에게

목화솜 넣어 만든 이불을 선물하려고 해마다 심는다고 합니다.

따뜻한 마음이 고스란히 느껴집니다.

한 고랑에만 여남은 포기를 심었으니

몇 년은 가꿔야 이불 하나 만들 것 같습니다.

목화

이 꼭지는 나비목 풀명나방과 종인 목화명나방(*Haritalodes derogata*)과 먹이식물인 목화 이야기입니다.

목화
꽃 중의 꽃!

옛 어른들은 "꽃 중에서 가장 고운 꽃은 목화꽃"이라고 하셨지요. 예쁜 걸로 치면 목화꽃보다 더 화려하고 고운 꽃들이 많습니다. 그런데 다른 꽃들은 필 때만 잠시 예쁘지만, 목화꽃은 필 때도 예쁘고 지고 나서도 예쁜 짓을 합니다. 그러니 옛 어른들한테 사랑을 듬뿍 받았지요. 목화꽃은 지고 나면 그 자리에 보송보송한 솜을 빵빵 터뜨립니다. 그 솜으로 옷도 해 입고 이불도 만들어 덮으니 그보다 더 '예쁜 짓'이 또 있을까요?

날씨 좋은 날, 목화밭을 찾아갑니다. 공원 한구석 목화밭엔 교육 관찰용으로 심은 목화꽃이 가득 피었습니다. 목화꽃 앞에 서자 어느새 입에선 '목화밭~ 목화밭~ 목화밭~ 목화밭……' 노래가 새어 나오는 걸 보니 나는 나이 든 사람인가 봅니다. 터질 것 같은 꽃봉

활짝 핀 목화꽃

가장 편한 자세로 우윳빛 꽃과 마주 앉습니다. 목화꽃, 참 곱습니다. 꽃잎도 우윳빛, 수술도 우윳빛, 암술도 우윳빛, 참 청순합니다. 큼직한 꽃잎 5장이 파티에 입고 나갈 풍성한 치마처럼 사이좋게 겹쳐져 있습니다. 그런데 옆에는 분홍색 목화꽃도 있습니다. 분홍색 꽃도 들여다봅니다. 우윳빛 꽃과 똑 닮았습니다.

왜 목화꽃은 같은 포기인데도 우윳빛 꽃도 있고, 분홍색 꽃도 있을까요? 그 까닭은 꽃잎 속에 들어 있는 색소가 시간이 지나면서 변하기 때문입니다. 목화꽃은 아침에 꽃봉오리를 터트리는데, 그때는 연한 노란빛을 내는 플라본류(flavone) 색소가 많이 들어 있고, 시간이 흘러 저녁이 되면 꽃잎에 안토시아닌(anthocyanin) 색소가 많이 만들어지면서 붉은빛으로 바뀝니다. 그래서 우윳빛이던 꽃이 저녁이 되면 분홍색 꽃으로 바뀌어 있지요. 그러고 보니 목화꽃은 '꽃 세계의 카멜레온'입니다.

하나도 버릴 게 없는
목화꽃

따지고 보면 목화는 야생이 아니라 여러 번 사람들의 이용 목적에 맞게 길들여 온 풀입니다. 꽃을 많이 피워 열매를 많이 맺게끔 품종 개량한 원예종입니다. 그래서인지 목화는 어디 흠잡을 데 없

목화꽃은 아침에 우윳빛 꽃봉오리를 터뜨린다.

목화꽃 꽃잎은 저녁이 되면 우윳빛에서 붉은빛으로 바뀐다.

이 말쑥하게 꽃을 피우고, 열매에서 흰 솜까지 빵빵 터뜨려 사람들을 기쁘게 합니다.

아기 주먹만큼 커다란 목화꽃을 한참 들여다봅니다. 병풍처럼 둘러쳐진 꽃잎 속에 수술이 130여 개씩이나 붙어 있고, 수술들 한가운데에는 암술 하나가 다소곳이 놓여 있군요. 그런데 한참을 기다려도 목화 꽃가루를 찾아 날아오는 곤충이 거의 없습니다. 알고보니 목화꽃은 중매쟁이 곤충의 도움을 받지 않고 거의가 자기꽃가루받이(자가 수분)를 합니다. 그러니 어쩌다 중매쟁이 곤충이 다른 꽃의 꽃가루를 날라다 줘도 별 소용이 없는 것 같습니다. 목화꽃은 꽃가루받이가 되면 '다래'라는 열매를 맺는데, 맛이 달착지근해 예전에는 군것질거리로도 먹었습니다. 커다란 꽃받침에 둘러싸인 다래는 마치 왕관 속에 파묻힌 복숭아 같습니다.

다래는 거의 두 달에 걸쳐 자랍니다. 자라는 동안 다래 속에서는 씨앗이 여물어 가고, 씨앗 표면에서는 하얀 솜털이 생겨납니다. 하얀 솜털은 계속 자라 다래가 다 자랄 때쯤이면 하얀 솜처럼 뭉쳐집니다. 다 자란 다래는 속이 솜털로 빵빵하게 채워져 더 이상 버티지 못하고 드디어 벌어지기 시작합니다. 다래 표면에 난 홈(3~5개)이 갈라지면서 방이 3~5개 드러나는데, 각각의 방에서는 부푼 솜이 빵빵 터져 나옵니다. 방 한 칸에 들어 있는 솜뭉치를 가만히 만져 봅니다. 참 따스하고 보드랍군요. 솜뭉치를 살살 젖혀 보니 까만 씨앗이 7개가 넘게 파묻혀 있습니다. 솜털에서 씨앗을 떼어 내려니 잘 안 떨어집니다. 하얀 솜뭉치에는 탄수화물인 셀룰로오스가 많이 들어 있고(87~90퍼센트), 물(5~8퍼센트)과 자연적인 불순물(4~6퍼센트)이 들어 있습니다.

목화 씨앗은 왜 솜털을 달고 있을까요? 종족 번식을 위해서지요. 재배를 하기 위해 사람들이 여러 번 품종 개량을 했지만, 자손을 남기려는 꽃의 본성은 그대로 남아 있습니다. 솜털을 가능한 한 많이 만들어야 다래 속이 부풀면서 빵 터져 씨앗이 바깥세상으로 나올 수 있습니다. 바깥세상으로 나온 씨앗은 솜털 덕분에 짐승 털에 잘 묻기도 하고, 바람에도 잘 날려 멀리 퍼뜨릴 수 있습니다. 솜털을 이용한 목화꽃의 지혜로운 번식 전략 덕분에 우리네 사람들이 덕을 보고 있습니다. 솜털을 따서 이불을 만들고 옷도 만들고 하니까요. 그뿐이 아닙니다. 목화 씨앗 속에는 영양분이 잔뜩 들어 있어 씨앗의 기름을 짜 면실유나 마가린, 비누 따위를 만듭니다. 기름을 짜고 난 씨껍질은 집짐승이 먹는 사료나 거름으로 쓰고 있으니 목화꽃은 뭐 하나도 버릴 것이 없습니다. 그런데 화학 섬유가 많아지고, 값싼 면이 많이 수입되면서 언제부턴가 목화꽃 보기가 힘들어졌습니다.

목화 잎을 전세 낸
목화명나방 애벌레

밥그릇같이 큰 목화꽃에 취해 한참을 앉아 있다가 일어서려는데, 널따란 잎사귀가 말려 있는 것이 보입니다. '아이고, 이게 뭐야'

하며 다시 앉습니다. 이번엔 아예 철퍼덕 땅바닥에 앉아 목화 잎사귀를 살펴봅니다. 재미있게도 누가 잎사귀를 한쪽이 넓은 나팔 모

양으로 말아 놓았는데, 어린아이 손바닥만큼 큼지막해 눈맛이 시
원하고 눈에도 금방 띕니다. 내친김에 둘레에 있는 잎사귀들도 둘
러봅니다. 멀쩡한 잎사귀들 사이사이에 돌돌 멍석처럼 말아 놓은
잎이 제법 많습니다. 잎사귀를 한 번 접기도 힘들 텐데, 이렇게 '명
석말이'에 도전하다니!

말려 있는 잎사귀를 살짝 들여다봅니다. 누가 이렇게 정교하게
말아 놨을까? 모양새로 봐서는 나방 애벌레가 만 것 같은데, 과연
잎사귀를 돌돌 말아 풀로 붙인 것처럼 명주실로 촘촘히 붙여 놨군
요. 커다란 잎사귀 속에는 쪼그만 애벌레가 숨어 있습니다. 몸길이
가 1센티미터도 안 되는 것을 보니 한 번 허물을 벗은 2령 정도 되
었나 봅니다. 인기척을 느꼈는지 깜짝 놀란 녀석이 겁을 먹고 몸을
이리 틀고 저리 틀면서 기어 도망갑니다. 도망가 봤자 말아 놓은
잎사귀 안입니다. 이 조그마한 녀석이 손바닥만 한 잎사귀를 말다
니, 얼마나 힘들었을까! 미안한 마음에 잎을 도로 접어 둡니다.

솜씨 좋은 이 녀석은 누굴까요? 목화명나방 애벌레입니다. 목화
잎사귀로 집을 짓고 살지요.

목화명나방
한살이

목화명나방 애벌레는 겁이 많습니다. 잎사귀 집 속에 있다가 누
가 가까이 오는 낌새만 보여도 멍석말이 집 양쪽에 난 옆구리 구멍

을 통해 땅으로 뚝 떨어집니다. 잎사귀를 돌돌 말았기 때문에 구멍이 양쪽에 나 있지요. 어쩌다 도망가지 못했을 때는 잎사귀 위에서 몸을 마치 미꾸라지 요동치듯 요리조리 심하게 꿈틀대며 발버둥칩니다. 그 모습을 보면 한편으로 성질이 좀 사나워 보이고, 다른 한편으로 얌체처럼 생각됩니다. 살짝 건드리기만 해도 난리 난 듯 발버둥 치는 것이 아기가 울며 떼쓰는 것 같아 그런가 봅니다.

잠잠한 틈을 타 애벌레를 살펴봅니다. 몸길이가 2센티미터가 넘는 걸 보니 다 자란 종령(5령) 애벌레입니다. 목화명나방 애벌레 몸은 늘씬합니다. 머리는 까맣고, 몸은 온통 연한 연둣빛입니다. 피부는 말간 게 속이 다 보일 정도로 투명합니다. 기다란 털이 듬성듬성 나 있어 나름 멋을 부렸습니다.

말린 목화 잎사이로
목화명나방 애벌레
와 똥이 보인다.

목화명나방 애벌레는 애벌레 시절 내내 목화 잎사귀로 만든 집에서 삽니다. 집에서 밥도 먹고, 똥도 싸고, 잠도 자고, 허물도 벗습니다. 이러니 목화 잎사귀 집만큼 녀석에게 완벽한 거처가 있을까요? 또 집 밖으로 좀처럼 나오지 않으니 집 속에 시커먼 똥들이 명주실에 주렁주렁 붙어 있습니다. 녀석은 먹는 일에 정말 목숨을 걸었습니다. 틈만 나면 집 안에서 자기 집인 목화 잎을 아작아작 베어 씹어 먹습니다.

하루 종일 먹고 싸다 보면 먹을 것이 동이 납니다. 그러면 옆에 있는 잎사귀로 이사를 가서는 도착하자마자 곧바로 집을 짓습니다. 집 짓는 데 사용하는 연장이라고는 큰턱과 여섯 다리 그리고 명주실뿐입니다. 큰턱과 가슴다리로 잎사귀를 끌어당겨 아랫입술샘에서 명주실을 쑥쑥 뽑아내 붙입니다. 30분 만에 멍석말이 목화 잎사귀 집 하나가 뚝딱!

집 짓느라 힘을 뺐으니 잠시 쉬면 좋으련만 녀석은 잎사귀 집을 뜯어 먹기 시작합니다. 매일 같은 음식만 먹는데 질리지도 않나 봅니다. 알에서 깨어나 오로지 목화 잎만 먹고 자라니 말입니다. 목화명나방 애벌레는 허물을 모두 4번 벗으며 무럭무럭 자랍니다. 1센티미터도 안 되던 녀석의 몸길이가 2센티미터를 넘으면 5령 애벌레입니다. 5령 애벌레가 되면 더 이상 허물을 벗지 않고 번데기가 될 때까지 그저 먹기만 합니다.

알에서 깨어난 지 벌써 2주 정도 되었습니다. 번데기 될 시기가 가까워 오면 그 곱던 연노란색 피부가 포도주색으로 바뀝니다. 다 자란 포도주색 애벌레는 번데기를 만들 잎을 고릅니다. 이리저리 돌아다니다 맘에 드는 잎사귀를 만나면 자리를 잡습니다. 그러고는 입에서 실을 토해 잎을 접듯이 겹쳐 실로 붙인 다음 그 속에다 고치(번데기 방)를 만듭니다. 고치는 명주실을 섬세하게 엮어 만들기 때문에 속이 다 비치는 고운 망사 이불 같습니다.

고치를 만든 지 이틀 뒤 녀석은 고치 속에서 허물을 벗고 번데기가 되지요. 목화명나방은 일 년에 한살이를 두세 번 정도 합니다. 여름과 가을에 번데기에서 목화명나방 어른벌레가 나오지만 녀석들을 만나기는 쉽지 않습니다. 밤에 불빛이 비치는 창문에 가끔 붙어 있기도 하지만, 낮에는 잎사귀나 나무줄기 뒤에 붙어 있어 눈에 잘 띄지 않습니다.

목화명나방 어른벌레는 참 우아하게 생겼습니다. 몸은 비늘로 덮여 있는데 비단처럼 광택이 납니다. 풀잎이나 나뭇잎 위에서 쉴

목화명나방 애벌레가 자기 집인 목화 잎을 뜯어먹었다.

목화명나방 애벌레는 번데기 될 때가 가까워 오면 몸빛이 불그스름해진다.

때는 대개 날개를 세모꼴로 펼치고 앉습니다. 거의 모든 명나방류는 앉아 있을 때 날개 모습이 세모꼴입니다. 이따금 날개 4장을 활짝 펼치고 앉아 있을 때면 자태가 참 곱습니다. 재밌게도 녀석의 날개 무늬는 도시의 꼬불꼬불한 뒷골목처럼 생겼습니다. 베이지색 바탕에 새겨진 갈색 띠무늬가 붓 가는 대로 그린 것처럼 거침없고 아름답기만 합니다.

초가을에 깨어난 목화명나방 애벌레는 목화 잎사귀를 먹으며 무럭무럭 크다가 추워지면 땅으로 내려갑니다. 그리고 아예 따뜻한 땅속으로 기어 들어가 겨울 내내 잠을 잡니다. 이듬해 따뜻한 봄이 되어 목화 잎이 싹 틀 때쯤 겨울잠에서 깨어나 땅 위로 올라옵니다. 찬란한 햇빛을 받으며 한살이를 다시 시작합니다.

목화명나방 애벌레의 천적

재미있게도 목화명나방 애벌레는 아주 어릴 때 만든 집과 좀 자라서 만든 집 모양이 다릅니다. 대개 어릴 때는 잎을 한 번 접은 뒤 그 속에서 살고, 어느 정도 자라 힘이 세지면 멍석 말듯이 잎을 돌돌 말아 그 속에서 삽니다. 이렇게 만든 집에서 살면 무엇보다 천적을 따돌릴 수 있어 참 좋습니다. 몸속에 아무런 독 물질을 갖고 있지 않은 힘없는 애벌레가 대놓고 잎 위에서 살면 천적한테 잡아먹히기 딱 좋지요. 잎 둘레에는 거미, 침노린재류, 쌍살벌류, 사마

귀 같은 아주 무시무시한 천적들이 많으니까요. 그런데 잎 속에 있으면 늘 안전할까요? 아닙니다. 잎사귀 양쪽에 난 구멍을 이용해 집 안으로 들어오는 고약한 천적도 있으니까요.

한번은 돌돌 말린 잎 속에서 목화명나방 애벌레가 자기보다 훨씬 작은 애벌레에게 잡아먹히는 장면을 보았습니다. 사냥꾼이라 하기엔 너무나 연약해 보이는 애벌레가 요동치기로 둘째가라면 서러울 목화명나방 애벌레를 잡아먹다니! 그 거침없는 사냥꾼은 바로 꽃등에류 애벌레입니다. 벌을 빼닮은 꽃등에류 어른벌레는 꽃가루를 먹지만, 꽃등에류 애벌레는 오로지 고기만 좋아하는 육식성입니다.

꽃등에가 파리목 가문의 식구이다 보니 꽃등에 애벌레는 당연히 구더기입니다. 구더기는 다리가 퇴화되어 있는 둥 마는 둥 흔적만 남았기 때문에 움직일 때는 몸을 구부렸다 폈다 하며 기어 다닙니다. 마치 갓난아기가 배밀이로 기어가는 것처럼 말이죠. 그렇게 사냥꾼은 소리 소문 없이 목화 잎 속으로 침입해 목화명나방 애벌레와 맞닥뜨립니다. 구더기는 '통통한 것이 군침이 도는군. 요놈 한 마리만 잡아먹어도 배 터지겠는걸.' 하면서 뾰족한 주둥이를 목화명나방 애벌레 몸에 꽂습니다. 신선하고 물컹거리는 고기만 먹는 구더기는 목화명나방 애벌레의 체액을 신나게 빨아 먹지요. 그렇게 목화명나방 애벌레는 서서히 죽어 갑니다. 체액을 다 빨리고 나면 멍석말이 목화 잎사귀 집 속에는 목화명나방 애벌레의 허연 빈 껍질만 덩그렇게 남습니다.

세밀화로 보는
곤충과
먹이식물

잎벌레 무리

잎벌레 무리는 몸 크기와 생김새가 다양하다.

몸길이가 1mm부터 27mm까지 이르고, 생김새도 길쭉한 종,

반구형인 종, 타원형인 종, 온몸이 가시털로 덮여 있는 종까지 다양하다.

'잎벌레'라는 이름처럼 어른벌레나 애벌레가 다 식물의 잎을 먹는다.

줄기, 뿌리, 열매도 먹는다.

대부분 잎벌레들은 저마다 좋아하는 잎이 따로 있어서 먹이 경쟁을 피한다.

돼지풀잎벌레

몸길이 4~7mm

파잎벌레

몸길이 11~12mm

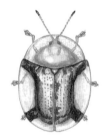

모시금자라남생이잎벌레

몸길이 6~7mm

배노랑긴가슴잎벌레

몸길이 5mm 안팎

적갈색긴가슴잎벌레

몸길이 6mm 안팎

쑥잎벌레

몸길이 7~10mm

박하잎벌레

몸길이 7~9mm

벼뿌리잎벌레

몸길이 6mm 안팎

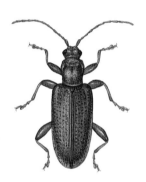

넓적뿌리잎벌레

몸길이 7~11mm

발리잎벌레

몸길이 4mm 안팎

일본잎벌레

몸길이 4~6mm

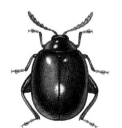

점날개잎벌레

몸길이 4mm 안팎

상아잎벌레

몸길이 7~10mm

큰남생이잎벌레

몸길이 7~9mm

네발나비 무리

네발나비 무리는 우리나라에서 흔히 볼 수 있다.

네발나비는 다리 여섯 개 가운데 앞다리 두 개가 퇴화되어 아주 짧거나 흔적만 남아 있다.

그래서 다리가 네 개만 있는 것처럼 보인다고 이런 이름이 붙었다.

네발나비 무리는 날개 윗면은 알록달록하고 아름다운데, 아랫면은 칙칙한 색을 띤다.

날개를 접고 앉아 있으면 나뭇잎으로 착각한다.

어른벌레는 꽃꿀을 먹는데 더러 동물의 배설물, 진흙물 따위를 먹기도 한다.

네발나비 수컷
날개 편 길이 41∼55mm

산네발나비 수컷
날개 편 길이 44∼51mm

거꾸로여덟팔나비 수컷
날개 편 길이 35∼46mm

작은멋쟁이나비 수컷
날개 편 길이 43∼59mm

큰멋쟁이나비 수컷
날개 편 길이 47∼65mm

흰뱀눈나비 수컷
날개 편 길이 51〜60mm

먹그림나비 수컷
날개 편 길이 47〜71mm

청띠신선나비 수컷
날개 편 길이 55〜64mm

황오색나비 수컷 검은형
날개 편 길이 55〜76mm

번개오색나비 수컷
날개 편 길이 68〜76mm

왕오색나비 수컷
날개 편 길이 71〜101mm

은판나비 수컷
날개 편 길이 71〜89mm

곤충의 먹이식물

지구에는 곤충이 100만 종쯤 사는데 이 가운데 식물을 먹고 사는 초식 곤충이
30퍼센트나 된다. 곤충과 식물은 생존을 위해 떼려야 뗄 수 없는 관계이다.
식물은 생존과 번식을 위해 곤충의 힘을 빌려야 한다.
그래서 온갖 빛깔로, 냄새로, 모양으로, 꽃꿀과 꽃가루로 곤충을 꾄다.
곤충은 생존과 번식을 위해 꽃밥을 먹다가 우연히 꽃가루받이를 해 준다.
꽃과 곤충은 따로 또 같이 살아간다. 식물을 알면 곤충이 보인다.

*이 책에 나온 들꽃을 가나다차례로 실었다.

감자
꽃 피는 때 여름(5~8월)

괭이밥
꽃 피는 때 봄, 여름, 가을(4~10월)

구릿대
꽃 피는 때 여름(6~8월)

깨풀
꽃 피는 때 여름, 가을(8~10월)

눈괴불주머니

꽃 피는 때 여름, 가을(7~9월)

닭의장풀

꽃 피는 때 여름(7~8월)

돼지풀

꽃 피는 때 여름, 가을(8~10월)

마름

꽃 피는 때 여름(7~8월)

메꽃

꽃 피는 때 여름(6~8월)

며느리밑씻개

꽃 피는 때 여름(7~8월)

모시풀

꽃 피는 때 여름(7~8월)

목화

꽃 피는 때 여름, 가을(8~9월)

물봉선

꽃 피는 때 여름, 가을(8~9월)

박하

꽃 피는 때 여름, 가을(7~10월)

벌개미취

꽃 피는 때 여름, 가을(6~10월)

복수초

꽃 피는 때 봄(3~4월)

서양민들레

꽃 피는 때 봄, 여름, 가을(3~9월)

쑥

꽃 피는 때 여름, 가을(7~9월)

앵초

꽃 피는 때 봄(4~5월)

얼레지

꽃 피는 때 봄(4~5월)

왕고들빼기

꽃 피는 때 여름, 가을(7~9월)

원추리

꽃 피는 때 여름(6~8월)

제비꽃

꽃 피는 때 봄(4~5월)

천남성

꽃 피는 때 봄, 여름(4~6월)

큰개불알풀

꽃 피는 때 봄(3~5월)

패랭이꽃

꽃 피는 때 여름(6~8월)

피나물

꽃 피는 때 봄(4~5월)

환삼덩굴

꽃 피는 때 여름, 가을(7~10월)

찾아보기

참고 자료

국내 서적

강전유, 김철응, 박형기, 이상길, 이용규, 정호성. 2008. 나무해충도감. 소담출판사. 328pp.

강창수, 김진일, 김학렬, 류재혁, 문명진, 박상옥, 여성문, 이봉희, 이종욱, 이해풍. 2005. 일반곤충학. 정문각. 631pp.

강혜순. 2003. 꽃의 제국. 다른세상. 271pp.

국립생물자원관. 2019. 국가생물종목록. III. 곤충. 디자인집. 988pp.

권민, 김주일, 김점순. 2010. 큰이십팔점박이무당벌레(*Henosepilachna vigintioctomaculata*(Motschulsky))의 생태적 특성 및 강릉지역 발생소장. 한국응용곤충학회지 49(3): 199-204.

권성환. 2003. 식물의 세계. 아카데미서적. 203pp.

권오희. 2007. 생생 청소년 건강보감. 미래를 소유한 사람들. 308pp.

기청산식물원부설 한국생태조경연구소, 2004. 우리꽃 참 좋을씨고. 얼과 얼. 217pp.

김미량. 1985. 한국산 애꽃벌아과(Andreninae)에 관한 분류학적 연구(Hymenoptera: Apoidea). 고려대학교. 138pp(학위논문).

김상수, 백문기. 2020. 한국 나방 도감. 자연과 생태. 781pp.

김성수. 2003. 나비, 나방. 교학사. 335pp.

김성수. 2006. 우리나비 백 가지. 현암사. 476pp.

김성수. 2012. 한국나비생태도감. 사계절. 539pp.

김성수, 김정규, 김태우, 박해철, 손재천, 유정선, 이영준(번역감수). 2003. 자연학습도감 곤충. 은하수미디어. 208pp.

김용규. 2009. 숲에게 길을 묻다. 비아북. 270pp.

김정환. 2006. 우리가 정말 알아야 할 우리 나비 백가지. 현암사. 476pp.

김정한. 2005. 토박이 곤충기. 진선출판사. 237pp.

김종길, 박해철, 이종은, 진병래. 2004. 한국의 반딧불이. 한국반딧불이연구회. 94pp.

김준민, 임양재, 전의식. 2000. 한국의 귀화식물. 사이언스북스. 281pp.

김준호. 2007. 한국생태학 100년. 서울대학교출판부. 569pp.

김진일. 1998. 한국곤충생태도감, 딱정벌레목 III. 고려대학교 곤충연구소. 255pp.

김진일. 1972. 한국산 꽃등에. 고려대학교. 95pp(학위논문).

김진일. 1999. 쉽게 찾는 우리 곤충. 현암사. 392pp.

김진일. 2002. 우리가 정말 알아야 할 우리 곤충 백가지. 현암사. 399pp.

김태정. 2010. 우리가 정말 알아야 할 우리꽃 백가지(개정 2판). 현암사. 547pp.

꿈비행. 2010. 톡, 까놓은 씨앗 이야기. 반디. 189pp.

나선희, 조영호, 박영준, 김영진, 한용구, 남상호, 권오석. 2008. 돼지풀속 잡초의 생물방제종인 돼지풀잎벌레와 반원무늬애기잎말이나방의 개체군 동태 연구. 한국잡초학회지 28(3): 279- 285.

남상호. 1996. 한국의 곤충. 교학사. 서울. 519pp.

다나카 하지메 지음, 이규원 옮김. 2007. 꽃과 곤충, 서로 속고 속이는 게임. 지오북. 261pp.

류경수. 1986. 한약개발에 관한 심포지움(5) 한약과학화의 측면에서 본 한국생약연구의 발전과정: 한국산 산형과 식물의 성분연구(Symposium on Deveoolopment of Pharmacognostical Studies in Korea : Study on the Constituents of Umbelliferae Plant in Korea). 생약학회지 7(2): 142-143.

메이 R. 베렌바움 지음, 윤소영 옮김. 2005. 살아있는 모든 것의 정복자 곤충. 다른세상. 461pp.

박규택. 1999. 한국의 나방(I). 곤충자원편람 IV. 생명공학연구소·곤충분류연구회. 358pp.

박규택. 2001. 자원곤충학. 아카데미서적. 334pp.

박정규, 김용균, 김길하, 김동순, 박종균, 변봉규. 2013. 곤충학용어집. 아카데미서적. 548pp.

박중직. 1994. 한국산 남생이잎벌레아과의 미성숙 단계에 관한 분류학적연구. 안동대학교대학원 석사학위논문

박진영, 권오석, 박재읍, 이인용, 이종은. 2008. 깨풀의 생물학적 방제곤충, 발리잎벌레의 생태[(Biology of *Altica caerulescens*(Baly), Agent for the Biological Control of Acalypha australis L.] 한국잡초학회지 28(3): 248-254.

박해철. 2003. 푸른아이 시리즈 29. 반딧불이. 웅진닷컴. 57pp.

박해철, 김성수, 이영보, 이영준. 2006. 딱정벌레. 교학사. 358pp.

박해철. 2006. 딱정벌레, 자연의 거대한 영웅 딱정벌레에 관한 모든 것. 다른세상. 559pp.

박해철. 2007. 이름으로 풀어보는 우리나라 곤충 이야기. 북피아주니어. 231pp.

백문기. 2012. 한국 밤 곤충 도감. 자연과 생태. 448pp.

백유현, 권민철, 김현우. 2009. 주머니 속 나비 도감. 황소걸음. 344pp.

부경생, 김용균, 박계청, 최만연. 2005. 농생명과학연구원 학술총서 9, 곤충의 호르몬과 생리학. 서울대학교출판부. 875pp.

불교월간. 2011. 대한불교진흥원.

손기철, 윤재길. 2004. 꽃의 색의 비밀. 건국대학교출판부. 260pp.

손상봉. 2009. 주머니 속 딱정벌레 도감. 황소걸음. 456pp.

손재천. 2006. 주머니 속 애벌레 도감. 황소걸음. 455pp.

손재천, 안승락, 이종은, 박규택. 2002. 외래종 돼지풀잎벌레(*Ophraella communa* LeSage)의 국내 발생과 분포현황[Notes on Exotic Species, *Ophraella communa* LeSage (Coleoptera: Chrysomelidae) in Korea]. 한국응용곤충학회지.

송기엽, 윤주복. 2003. 야생화 쉽게 찾기. 진선출판사. 607pp.

송기엽, 이유미. 2011. 내 마음의 야생화 여행. 진선출판사. 277pp.

송홍선. 2003. 꽃말유래 풀꽃나무 이야기. 풀꽃나무.

신유항. 1991. 한국나비도감. 아카데미서적. 364pp.

신유항. 2001. 원색한국나방도감. 아카데미서적. 551pp.

심하식, 권오길, 조동현, 최준길. 1999. 한국산 파파리반딧불이의 발광양상. 한국생태학회지 22(5): 271-276.

심하식. 2001. 한국산 Hotaria속 반딧불이의 분류 및 파파리반딧불이. *Hotaria papariensis* (Doi)의 생태학적 연구. 강원대학교.

심하식. 2001. 한국산 파파리반딧불이(*Hotaria papariensis* Doi)의 생태학적 연구. 한국동굴학회 2001년도 하계학술발표대회 2001 발표자료.

오쿠이 카즈미츠 지음, 문창종 옮김. 2006. 어린이 동물행동학 사전. 함께읽는책. 157pp.

오홍식, 강영국, 남상호. 2009. 애반딧불이(*Luciola lateralis*) 유충의 상륙에 미치는 수온의 영향. 한국응용곤충학회지 48(2): 203-209.

올리히 슈미트 지음, 장혜경 옮김. 2008. 동물들의 비밀신호. 해나무. 207pp.

윌리엄 C. 버거 지음,2010. 채수문 옮김, 꽃은 어떻게 세상을 바꾸었을까? 바이북스. 390pp.

유태종. 2001. 음식궁합 2. 아카데미북. 394pp.

이나가키 히데히로 지음, 최성현 옮김. 2003. 풀들의 전략. 오두막. 232pp.

이상태. 2010. 식물의 역사. 지오북. 303pp.

이상태. 김무열. 1984. 매미꽃과 근연식물의 화분분류학적 연구. 식물분류학회지 14: 181-186.

이성규. 2003. 식물의 살아남기. 대원사. 202pp.

이승모. 1987. 한반도 하늘소과 갑충지. 국립과학관. 287pp.

이영노. 1998. 한국의 멸종위기 및 보호야생동식물. 교학사. 302pp.

이영노. 1998. 원색한국식물도감. 교학사. 1246pp.

이영노, 오용자. 2004. 관속 식물 분류학 Taxonomy of Vaxcular Plants. 삼원문화. 259pp. 서울.

이완주. 2008. 식물은 지금도 듣고 있다 -그린음악 농법. 도서출판 들녘. 198pp.

이유미. 2007. 광릉 숲에서 보내는 편지. 지오북. 313pp.

이종욱. 1998. 한국곤충생태도감 IV. 벌, 파리, 밑들이, 풀잠자리, 집게벌레목. 고려대학교 한국곤충연구소. 246pp.

이종욱, 유성만, 전영태, 정종철. 2000. 한국경제곤충 2. 잎벌과(벌목). 농업과학기술원, 222pp.

이종은, 안승락. 2001. 잎벌레과(딱정벌레목). 한국경제곤충 14호. 농업과학기술원. 229pp.

이종은, 조희욱. 2006. 한국경제곤충 27. 농작물에 발생하는 잎벌레류. 농업과학기술원. 127pp.

이창복. 1985. 대한식물도감. 향문사

이한일. 2007. 위생곤충학(의용·절지동물학) 제 4판. 고문사. 467pp.

장 앙리 파브르 지음, 김진일 옮김. 2008. 파브르 곤충기 3. (주)현암사. 484pp.

장 앙리 파브르 지음, 김진일 옮김. 2009. 파브르 곤충기 7. (주)현암사. 492pp.

장 알리 파브르 지음, 추돌란 풀어씀. 2011. 파브르 식물 이야기. 사계절출판사. 362pp.

장현규, 이승현, 최웅. 2015. 하늘소 생태도감. 지오북. 399pp.

정계준. 2018. 야생벌의 세계. 경상대학교 출판부. 449pp.

정부희. 2013. 생물학 미리보기. 길벗스쿨. 147pp.

정부희. 2014. 대한민국 생물지 한국의 곤충, 개미붙이과. 국립생물자원관. 66pp.

정부희. 2015. 사계절 우리 숲에서 만나는 곤충. 지성사. 335pp.

정부희. 2016. 갈참나무의 죽음과 곤충 왕국. 상상의 숲. 287pp.

정부희. 2019. 먹이식물로 찾아보는 곤충도감. 상상의 숲. 447pp.

정부희. 2021. 곤충의 밥상. 보리출판사(재출간). 799pp.

정부희. 2021. 곤충의 보금자리. 보리출판사(재출간). 739pp.

정부희. 2022. 곤충의 살아남기. 보리출판사(재출간). 679pp.

제임스 B. 나르디 지음, 노승영 옮김. 2009. 흙을 살리는 자연의 위대한 생명들. 상상의 숲. 431pp.

조복성. 1959. 한국동물도감 (I) 나비류. 문교부. p.243.

주흥재, 김성수, 손정달. 1997. 한국의 나비. 교학사. 437pp.

차윤정. 2007. 나무의 죽음. 웅진 지식하우스. 267pp.

차윤정, 전승훈. 1993. 신갈나무 투쟁기. 지성사. 256pp.

차윤정, 전승훈. 2009. 숲 생태학 강의. 지성사. 232pp.

청목전사 등, 2005. 일본산 유충 도감. 학연. p.336.

최광식, 최원일, 신상철, 정영진, 이상길, 김철수. 2007. 산림병해충도감. 웃고문화사. 402pp.

平井博 今伊泉忠明. 2000. "飼育と觀察", ニュ-ワイド 學研の圖鑑.

Thomas M. Smith and Robert Leo Smith 지음, 강혜순, 오인혜, 정근, 이우신 옮김. 2007. 생태학 6판. 라이프사이언스. 622pp.

토마스 아이스너 지음, 김소정 옮김. 2006. 전략의 귀재들 곤충. 삼인. 568pp.

한국생태조경연구소. 2004. 우리 꽃 참 좋을씨고. 얼과얼. 217pp.

한국성인병예방연구. 2006. 약초한방대백. 아이템북스.

한호연, 권용정. 2001. 과실파리과(파리목). 한국경제곤충지 3호. 농업과학기술원. 113pp.

한호연, 최득수. 2001. 꽃등에과(파리목). 한국경제곤충지 15호. 농업과학기술원. 223pp.

허북구, 박석근, 이일병. 2004. 재미있는 우리 나무 이름의 유래를 찾아서. 중앙생활사. 343pp. 서울.

허운홍. 2012. 나방 애벌레 도감. 자연과 생태. 520pp.

허운홍. 2016. 나방 애벌레 도감 2. 자연과 생태. 392pp.

허재연, 정창호, 심기환. 2003. 환삼덩굴 잎과 줄기의 화학성분(Chemical Components of Humulus japonicus Leaves and Stalks). 농업생명과학연구 37(1): 1-7.

현재선. 2007. 식물과 곤충의 공존전략. 아카데미서적. 298pp.

현재선. 2007. 식물과 곤충의 공존전략. 아카데미서적. 298pp.

현재선. 2009. 곤충의 진화와 생활사 전략. 아카데미서적. 298pp.

Hopkins, W.G., Huner N. P. A. 지음, 권덕기. 박연일. 이혜연, 전성수, 조형택, 진창덕 옮김. 2006. 식물생리학. 월드사이언스. 552pp.

영문 자료

Byun, B.K., Y.S. Bae, and K.T. Park. 1998. Illustrated Catalogue of Tortricidae in Korea (Lepidoptera). In Park, K.T.(eds): Insects of Korea [2]. 317pp.

Crowson, R.A., 1981 The biology of the Coleoptera. Academic Press, New York. 802pp.

Eisner, T. and J. Meinwald. 1966. Defensive secretion of arthropods. Science 153: 1341-1350.

Gilbert Waldbauer. 1999. The Handy Bug Answer Book. Visible Ink Press, U.S.A., 308pp.

Gilbert Waldbauer. 2003. What good are bugs? Harvard University press.

Grimaldi, D. and M. S. Engel 2005 Coleoptera and Strepsiptera. pp. 357-406. In: Evolution of the Insects. Cambridge University Press, New York. pp. 1-755.

Gullan P.J. and Cranston, P.S., 2000. The Insects. An outline of Entomology (second edition). Blackwell science. 470pp.

Han, H.Y., D.S. Choi, J.I. Kim and H.W. Byun, 1998. A catalog of the Syrphidae (Inseca: Diptera) of Korea. Ins. Koreana 15: 95-166.

Jolevet, P., 1995 Host-plants of Chrysomelidae of the world. Bachhuys Publishers Leiden. pp. 1-281.

Joliver, E. P. and T. H. Hsiao, 1988 Biololgy of Chrysomelidae. Kluwer Academic Publishers, Netherland. pp. 1-615.

Kim J. I., Kwon Y. J., Paik J. C., Lee S. M., Ahn S. L., Park H. C., Chu H. Y., 1994. Order 23. Coleoptera. In: The Entomological Society of Korea and Korean Society of Applied Entomology (eds.), Check List of Insects from Korea, pp. 117-214. Kon-Kuk University Press, Seoul.

Kimoto, S. and H. Takizawa, 1994. Leaf beetles (Chrysomelidae) of Japan. Tokai University Press. pp. 539.

Kim, T. J., 1994. Medically Available Wild Plants in Korea. Guk-il Media Co.

Kurosawa, Y., Hisamatsu, S. and Sasaji, H., 1985. The Coleoptera of Japan in Color Vol. III. Hiokusha publishing co., Ltd. Japan. 500pp.

Lee and Park, 1996. Immature stages of Korean Thlaspida Weise (Col. Chrysomelidae). Kor. J. Ent., 26(2): 125-134.

Lee, J. E., 1990. Morphological studies on the immature stages of two Japanese species of the genus Galerucella (Coleoptera: Chrysomelidae). Japanese J. Entomol. 58(2): 425-439.

Moodie,, G.E.E., 1976. Heat production and pollination in Araceae. Can. J. Bol. 54: 545-546.

Ougushi, T. 2005. Indirect interaction webs: Herbivore movement, and insect-transmitted disease of maize. Ecology, 68: 1658-1669.

Richard E. White, 1983. A field Guide to the Beetles of North America. Houghton mifflin company, pp.368, boston New York.

Uemura S. K. Ohkawara, G. Kudo, N. Wada and S. Higashi, 1993. Heat production and cross-pollination of the Asian Skink Cabbage Symplocarpus renifolius (Araceae). Amer. J. Bot. 80: 635-640.

정부희

저자는 부여에서 나고 자랐다. 이화여자대학교 영어교육과를 졸업하고, 성신여자대학교 생물학과에서 곤충학 박사 학위를 받았다.

대학에 들어가기 전까지 전기조차 들어오지 않던 산골 오지, 산 아래 시골집에서 어린 시절과 사춘기 시절을 보내며 자연 속에 묻혀 살았다. 세월이 흘렀어도 자연은 저자의 '정신적 원형(archetype)'이 되어 삶의 샘이자 지주이며 곳간으로 늘 함께하고 있다.

30대 초반부터 우리 문화에 관심을 갖기 시작해 전국 유적지를 답사하면서 자연에 눈뜨기 시작한 저자는 이때부터 우리 식물, 특히 야생화에 관심을 갖게 되어 식물을 공부했고, 전문가에게 도움을 받으며 새와 버섯 등을 공부하기 시작했다. 최초의 생태 공원인 길동자연생태공원에서 자원봉사를 하며 자연과 곤충에 대한 열정을 키워 나갔고, 우리나라 딱정벌레목 대가의 가르침을 받기 위해 성신여자대학교 생물학과 대학원에 입학했다.

석사 학위를 받고 이어 박사 과정에 입학한 저자는 '버섯살이 곤충'에 대한 연구를 본격화했고, 아무도 연구하지 않는 한국의 버섯살이 곤충들을 정리할 원대한 꿈을 향해 가고 있다. 〈한국산 거저리과의 분류 및 균식성 거저리의 생태 연구〉로 박사 학위를 받았으며, 최근까지 거저리과 곤충과 버섯살이 곤충에 관한 논문을 60편 넘게 발표하면서 연구 활동에 왕성하게 매진하고 있다.

이화여자대학교 에코과학연구소와 고려대학교 한국곤충연구소에서 연구 활동을 했고, 한양대학교, 성신여자대학교, 건국대학교 같은 여러 대학에서 강의하고 있으며, 현재는 우리곤충연구소를 열어 곤충 연구를 이어 가고 있다. 또한 국립생물자원관 등에서 주관하는 자생 생물 발굴 사업, 생물지 사업, 전국 해안사구 정밀 조사, 각종 환경 평가 등에 참여해 곤충 조사 및 연구를 해 오고 있다.

왕성한 연구 작업과 동시에 곤충의 대중화에도 큰 관심을 가진 저자는 각종 환경 단체 및 환경 관련 프로그램에서 곤충 생태에 관한 강연을 하고 있고, 여러 방송에서 곤충을 쉽게 풀어 소개하며 '곤충 사랑 풀뿌리 운동'에 힘을 보태고 있다.

2015년 〈올해의 이화인 상〉을 수상하였으며, 저서로는 '정부희 곤충기'인 《곤충의 밥상》, 《곤충의 보금자리》, 《곤충의 살아남기》, 《곤충과 들꽃》, 《나무와 곤충의 오랜 동행》, 《갈참나무의 죽음과 곤충왕국》이 있고, 《곤충들의 수다》, 《버섯살이 곤충의 사생활》, 《생물학 미리보기》, 《사계절 우리 숲에서 만나는 곤충》, 〈우리 땅 곤충 관찰기〉(1~4권), 《먹이식물로 찾아보는 곤충도감》, 〈세밀화로 보는 정부희 선생님 곤충교실〉(1~5권), 《정부희 곤충학 강의》들이 있다. 학술 저서로는 〈한국의 곤충(딱정벌레목: 거저리아과)〉 1권, 2권, 3권, 〈한국의 곤충(딱정벌레목: 개미붙이과)〉, 〈한국의 곤충(딱정벌레목: 버섯벌레과)〉, 〈한국의 곤충(딱정벌레목: 긴썩덩벌레과)〉, 〈한국의 곤충(딱정벌레목: 허리머리대장과, 머리대장과, 무당벌레붙이과, 꽃알벌레과)〉들이 있다.

정부희 곤충기 4
곤충과 들꽃
생존을 위한 곤충과 식물의 공진화

1판 1쇄 펴낸 날 2022년 9월 29일

글 사진 정부희

사진 도움 박경현(123쪽, 125쪽)
세밀화 옥영관, 권혁도, 박신영, 송인선, 윤봉선, 윤은주, 이원우, 임병국

편집 김소영, 김수연, 김용란 | **사진 보정** 문수영 | **디자인** 한아람
제작 심준엽 | **영업** 나길훈, 안명선, 양병희, 원숙영, 조현정
독자 사업(잡지) 정영지, 김빛나래 | **새사업팀** 조서연
경영 지원 신종호, 임혜정, 한선희
인쇄 (주)로얄프로세스 | **제본** (주)바이블코리아

펴낸이 유문숙 | **펴낸 곳** (주)도서출판 보리 | **출판 등록** 1991년 8월 6일 제9-279호
주소 (10881) 경기도 파주시 직지길 492
전화 031-955-3535 | **전송** 031-950-9501
누리집 www.boribook.com | **전자우편** bori@boribook.com

값 60,000원

보리는 나무 한 그루를 베어 낼 가치가 있는지 생각하며 책을 만듭니다.

ISBN 979-11-6314-264-5
ISBN 979-11-6314-172-3(세트)